同济博士论丛
TONGJI Dissertation Series
总主编 伍 江 副总主编 雷星晖

朱宇晖 路秉杰 著

上海传统园林研究

Study on Shanghai Traditional Gardens

同济大学出版社
TONGJI UNIVERSITY PRESS

内容提要

本书介绍了上海园林从唐以前的萌芽到宋元的蔚起，从明中晚期至清初文人园的高潮到清中叶公众世俗化园林的勃兴，从晚清前期海派园林的出现到清末民初后期海派园林的潮涌这样一段雅俗纷呈、随遇而化的演进过程。本书可供高校建筑专业师生以及相关研究人员阅读。

图书在版编目(CIP)数据

上海传统园林研究／朱宇晖，路秉杰著．—上海：同济大学出版社，2019.12

（同济博士论丛／伍江总主编）

ISBN 978-7-5608-7005-2

Ⅰ．①上…　Ⅱ．①朱…　②路…　Ⅲ．①古典园林—研究—上海　Ⅳ．①K928.73

中国版本图书馆 CIP 数据核字(2020)第 011186 号

上海传统园林研究

朱宇晖　路秉杰　著

出 品 人　华春荣　　责任编辑　袁佳麟　熊磊丽

责任校对　徐春莲　　封面设计　陈益平

出版发行　同济大学出版社　　www.tongjipress.com.cn

（地址：上海市四平路 1239 号　邮编：200092　电话：021-65985622）

经　　销　全国各地新华书店、建筑书店、网络书店

排版制作　南京展望文化发展有限公司

印　　刷　浙江广育爱多印务有限公司

开　　本　787 mm×1092 mm　1/16

印　　张　22

字　　数　440 000

版　　次　2019 年 12 月第 1 版　2019 年 12 月第 1 次印刷

书　　号　ISBN 978-7-5608-7005-2

定　　价　98.00 元

“同济博士论丛”编写领导小组

组　　　长：杨贤金　钟志华

副　组　长：伍　江　江　波

成　　　员：方守恩　蔡达峰　马锦明　姜富明　吴志强
徐建平　吕培明　顾祥林　雷星晖

办公室成员：李　兰　华春荣　段存广　姚建中

“同济博士论丛”编辑委员会

总 序

在同济大学110周年华诞之际，喜闻“同济博士论丛”将正式出版发行，倍感欣慰。记得在100周年校庆时，我曾以《百年同济，大学对社会的承诺》为题作了演讲，如今看到付梓的“同济博士论丛”，我想这就是大学对社会承诺的一种体现。这110部学术著作不仅包含了同济大学近10年100多位优秀博士研究生的学术科研成果，也展现了同济大学围绕国家战略开展学科建设、发展自我特色，向建设世界一流大学的目标迈出的坚实步伐。

坐落于东海之滨的同济大学，历经110年历史风云，承古续今、汇聚东西，秉持“与祖国同行、以科教济世”的理念，发扬自强不息、追求卓越的精神，在复兴中华的征程中同舟共济、砥砺前行，谱写了一幅幅辉煌壮美的篇章。创校至今，同济大学培养了数十万工作在祖国各条战线上的人才，包括人们常提到的贝时璋、李国豪、裘法祖、吴孟超等一批著名教授。正是这些专家学者培养了一代又一代的博士研究生，薪火相传，将同济大学的科学研究和学科建设一步步推向高峰。

大学有其社会责任，她的社会责任就是融入国家的创新体系之中，成为国家创新战略的实践者。党的十八大以来，以习近平同志为核心的党中央高度重视科技创新，对实施创新驱动发展战略作出一系列重大决策部署。党的十八届五中全会把创新发展作为五大发展理念之首，强调创新是引领发展的第一动力，要求充分发挥科技创新在全面创新中的引领作用。要把创新驱动发展作为国家的优先战略，以科技创新为核心带动全面创新，以体制机制改革激发创新活力，以高效率的创新体系支撑高水平的创新型国家建设。作为人才培养和科技创新的重要平台，大学是国家创新体系的重要组成部分。同济大学理当围绕国家战略目标的实现，作出更大的贡献。

大学的根本任务是培养人才，同济大学走出了一条特色鲜明的道路。无论是本科教育、研究生教育，还是这些年摸索总结出的导师制、人才培养特区，"卓越人才培养"的做法取得了很好的成绩。聚焦创新驱动转型发展战略，同济大学推进科研管理体系改革和重大科研基地平台建设。以贯穿人才培养全过程的一流创新创业教育助力创新驱动发展战略，实现创新创业教育的全覆盖，培养具有一流创新力、组织力和行动力的卓越人才。"同济博士论丛"的出版不仅是对同济大学人才培养成果的集中展示，更将进一步推动同济大学围绕国家战略开展学科建设、发展自我特色、明确大学定位、培养创新人才。

面对新形势、新任务、新挑战，我们必须增强忧患意识，扎根中国大地，朝着建设世界一流大学的目标，深化改革，勠力前行！

万　钢

2017 年 5 月

论丛前言

承古续今，汇聚东西，百年同济秉持“与祖国同行、以科教济世”的理念，注重人才培养、科学研究、社会服务、文化传承创新和国际合作交流，自强不息，追求卓越。特别是近20年来，同济大学坚持把论文写在祖国的大地上，各学科都培养了一大批博士优秀人才，发表了数以千计的学术研究论文。这些论文不但反映了同济大学培养人才能力和学术研究的水平，而且也促进了学科的发展和国家的建设。多年来，我一直希望能有机会将我们同济大学的优秀博士论文集中整理，分类出版，让更多的读者获得分享。值此同济大学110周年校庆之际，在学校的支持下，“同济博士论丛”得以顺利出版。

“同济博士论丛”的出版组织工作启动于2016年9月，计划在同济大学110周年校庆之际出版110部同济大学的优秀博士论文。我们在数千篇博士论文中，聚焦于2005—2016年十多年间的优秀博士学位论文430余篇，经各院系征询，导师和博士积极响应并同意，遴选出近170篇，涵盖了同济的大部分学科：土木工程、城乡规划学（含建筑、风景园林）、海洋科学、交通运输工程、车辆工程、环境科学与工程、数学、材料工程、测绘科学与工程、机械工程、计算机科学与技术、医学、工程管理、哲学等。作为“同济博士论丛”出版工程的开端，在校庆之际首批集中出版110余部，其余也将陆续出版。

博士学位论文是反映博士研究生培养质量的重要方面。同济大学一直将立德树人作为根本任务，把培养高素质人才摆在首位，认真探索全面提高博士研究生质量的有效途径和机制。因此，“同济博士论丛”的出版集中展示同济大学博士研究生培养与科研成果，体现对同济大学学术文化的传承。

“同济博士论丛”作为重要的科研文献资源，系统、全面、具体地反映了同济大学各学科专业前沿领域的科研成果和发展状况。它的出版是扩大传播同济科研成果和学术影响力的重要途径。博士论文的研究对象中不少是“国家自然科学基金”等科研基金资助的项目，具有明确的创新性和学术性，具有极高的学术价值，对我国的经济、文化、社会发展具有一定的理论和实践指导意义。

“同济博士论丛”的出版，将会调动同济广大科研人员的积极性，促进多学科学术交流、加速人才的发掘和人才的成长，有助于提高同济在国内外的竞争力，为实现同济大学扎根中国大地，建设世界一流大学的目标愿景做好基础性工作。

虽然同济已经发展成为一所特色鲜明、具有国际影响力的综合性、研究型大学，但与世界一流大学之间仍然存在着一定差距。“同济博士论丛”所反映的学术水平需要不断提高，同时在很短的时间内编辑出版 110 余部著作，必然存在一些不足之处，恳请广大学者，特别是有关专家提出批评，为提高同济人才培养质量和同济的学科建设提供宝贵意见。

最后感谢研究生院、出版社以及各院系的协作与支持。希望“同济博士论丛”能持续出版，并借助新媒体以电子书、知识库等多种方式呈现，以期成为展现同济学术成果、服务社会的一个可持续的出版品牌。为继续扎根中国大地，培育卓越英才，建设世界一流大学服务。

伍　江

2017 年 5 月

前言

当上海地区从海滨的芦荡湖沼发展为明中晚期的财富与人文渊薮，从清中叶崛起的东南埠际交易重镇发展为清末乃至民国初的国际都市的时候，上海园林也经历着从唐以前的萌芽到宋元的蔚起，从明中晚期至清初文人园的高潮到清中叶公众世俗化园林的勃兴，从晚清前期海派园林的出现到清末民国初后期海派园林的潮涌这样一段雅俗纷呈、随遇而化的演进过程。

所有的艺术史都是社会史。魏晋时代门阀士族阶层的高蹈、两宋以来主流文化阶层的尊荣、明中晚期后市民阶层的悄然勃兴，以及晚清时期西方文化的破门而入带来了社会权力与财富分配方式的改变，也带来了上海地区造园思想、手法与审美趣味的发展与异化——南宋《云间洞天》描摹仙界全景的大型山水园格局，以秋霞圃、颐园为代表的明中晚期至清初文人园采用"一河两岸"式凝练布局，以曲水园为代表的清中叶公众园林采用离心、无序倾向的多元生长式布局，以豫园点春堂与上海县城隍庙内园为代表的晚清前期海派园林采用改良主义色彩、实用主义倾向的布局，徐园、愚园乃至张园代表了勇于开新、博采兼容的后期海派园林风貌……都忠实记录着上海传统园林走出贵族殿堂与审美迷雾，走向健康的多元、多层结构，参与塑造近现代上海城市文化与精神的漫长历程。

时至今日，当我们回眸硕果仅存的豫园、秋霞圃、古猗园、颐园、醉白池、内园、曲水园这七座古典园林的时候，不禁惊讶于这小小园林群落的真实容量，它们从一个侧面记录了明中晚期以来江南传统园林嬗变进程的斑斑印痕，更成为同一时期上海城市发展历史的特殊参照与浪漫缩影。

先辈们如椽的巨笔勾画着中国传统园林研究的美丽星空，上海园林研究也应当在这片星空里找到自己的位置。让我们在寂静的夜，把关注的目光从这五光十色的都市投向它月光如水的角落。

目 录

绪　论

上海，是个外延不断扩大的概念，它经历了从浦名、镇名、县名到市名乃至直辖市名的全过程。

今人所说的上海，含义有广狭之分。广义上指市辖各区在内的大上海地区——位于太平洋西岸、亚洲大陆东沿、长江三角洲东端，东濒东海，西接江苏苏州、浙江嘉兴两地，南起杭州湾大、小金山，北至长江口的崇明岛；狭义上则专指上海中心市区（图 0－1）。

大上海地区的历史沿革与自然地理

（1）远逝的文明

在上海境内的金山区查山遗址、青浦区崧泽遗址、青浦区福泉山遗址等地考古发掘出的陶罐、陶壶、石斧、石镰、玉镯、玉琮等诸多文物，分别属于距今六千至四千年的新石器时期的马家浜文化、崧泽文化、良渚文化，其中福泉山遗址出土的玉琮已是精美绝伦，令人称奇。但正如古希腊文明与今日之希腊文化并无直接传承关系一样，这些文明的璀璨光芒也并未直接投射在唐宋以后的上海文明上。

夏商时代，上海近郊宁镇地区分布着一种以鬲为主要炊器的、与中原商文化关系密切的湖熟文化（吴文化前身），而上海地区还保持着一种与浙闽地区相一致的、以鼎为主要炊具的越族土著文化——这种文化上的差异与撞击几乎贯穿了位于吴越结合之处的上海地区的整部历史，并在晚清之际升华至中外交流的高峰。

商代末期，上海地区成为吴国东境。在春秋时代，大约淞（吴淞江）北为吴，淞南的北部沿江地带亦属吴，西部与南部属越，云间（习指上海淞南地区）因此被称为“吴越之会”。后来上海全境并入楚国，传为春申君黄歇封地的一部分，开始了它最初的开发。

秦汉时，上海属会稽郡；三国时属东吴，可能是东吴军港所在，后来的青龙镇

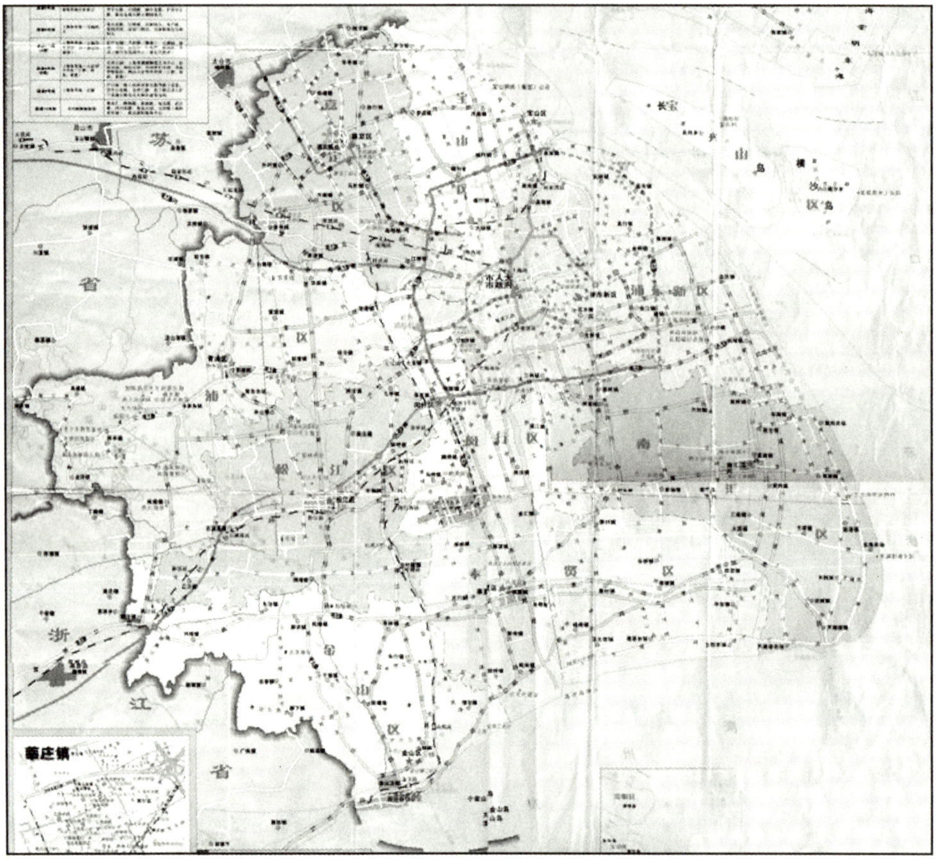

图 0－1　上海地域行政区划现状

即传说得名于吴帝孙权的青龙战舰。此后上海地区的行政隶属断续更迭，但其蛮荒面貌改变不大。

(2) 唐以后的行政建构

唐天宝十年(751)，吴郡(今苏州)太守奏割属下昆山、嘉兴、海盐三县部分地设华亭县，大致辖今上海地区，居吴郡七县之末，县治设于今松江区中心(后来又长期成为府治所在)——这片周围不过数里的土地就此成为上海地区的政治、经济与文化发展重心，直至近千年后的清中前期才为上海县所取代。

唐末、五代时期，华亭县属吴越钱氏之秀州(辖嘉兴、海盐、华亭、崇德四县)，宋代仍属此州。

元初华亭县属嘉兴路，至元十四年(1277)升为华亭府，至元十五年(1278)改设松江府，起初只领华亭一县，元至元二十八年(1291)上海建县后，领华亭、上海两县。元泰定三年(1326)曾有废松江府之举,华亭、上海两县改隶嘉兴府,但到元天历元年(1328),松江府又重新恢复,仍领华亭、上海两县。元至正二十三年(1363),张士诚部将史文炳修筑松江府城城垣,数年后朱元璋复命大将徐达加固,周围四门,东曰披云,西曰谷阳,南曰集仙,北曰通波,此城垣直至辛亥革命后才渐毁,今仅余东门迤南部分夯土残段。

此后随着经济日盛,松江府属县逐渐增多。明嘉靖二十一年(1542)割华亭、上海两县部分地建青浦县,嘉靖三十二年(1553)废之,万历元年(1573)又立,但县治从青龙镇移至唐行镇。清顺治十三年(1656)复分华亭县地建娄县,两县均为松江府城"附郭县",华亭县辖其东、北部,娄县辖其西、南部,这从侧面证明了经明中晚期高速发展后的松江府城的繁荣程度。

清雍正二年(1724),再划华亭县东南部分地设奉贤县,划娄县东南部分地设金山县,划上海县部分地设南汇县,划青浦县部分地设福泉县——这是上海地区行政管理的一次腾越。乾隆八年(1743)福泉县撤废,仍并入青浦县。嘉庆十年(1805)再析上海县、南汇县部分地设川沙抚民厅(厅为县级行政单位)。

至此,松江府属七县一厅的格局大致形成,即华亭县、娄县、青浦县、金山县、上海县、南汇县、奉贤县、川沙抚民厅。除嘉定、宝山、崇明三地以外,今天大上海地区的行政结构基本奠定(图 0-2)。此后的民国元年(1912),娄县被并入华亭县。民国三年(1914),华亭县改称松江县。

(3) 嘉定等地的特殊行政变迁

今嘉定区于南宋嘉定十年(1218)析昆山县东境春申、安亭、临江、平乐、醋塘五乡置嘉定县,属两浙西路平江府(今苏州地区),此后历经变迁,多属苏州地区统辖。清雍正三年(1725),自苏州府改属直隶太仓州。

今宝山区于清雍正二年(1724)九月析嘉定县东部依仁、守信、循义、乐智四乡置宝山县,与嘉定县同城而治,隶太仓州。雍正三年,太仓州升为直隶州,宝山县治迁至今宝山区址。

今崇明区则于元至元十四年(1277)年置崇明州,隶扬州路,明洪武二年(1369)降为县,洪武八年(1375)改隶苏州府,雍正三年属直隶太仓州。

以上三区均于 1958 年改隶上海市。

(4) 地貌、气候条件与自然景观素材

上海地区地势平坦,土壤肥沃。从地貌学来说,其地形由淀泖低地,碟缘高地和河口沙洲三个不同单元构成。气候属北亚热带季风气候,受冬夏季风交替影响,四季分明,冬、夏较长而春、秋较短,热量丰富,雨水充足。境内地表水、地

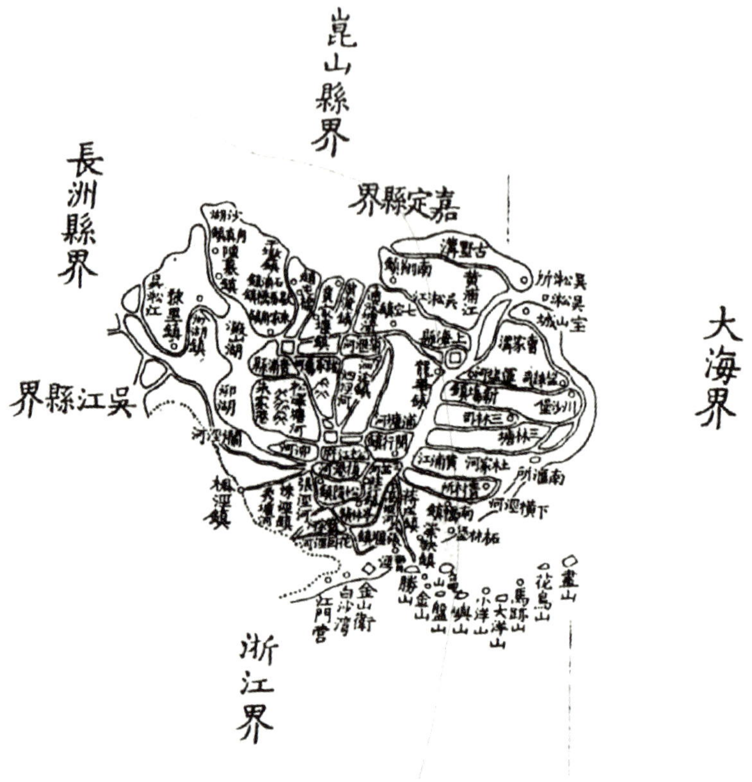

图 0-2　清《古今图书集成》中的松江府疆域图

下水资源均很丰富，黄浦江及其支流吴淞江（即苏州河）、蕴藻浜为流经的主要河道。

上海境内山柔水缓，历史上湖沼密布，自然景观资源较高度城镇化的今日更为丰富，曾被古人广泛用作景观素材，其中最为人艳称者要数在今青浦、松江两区境内的九峰三泖。

“九峰”指古代云间地区一列突兀于江湖与大海之间的山峰，为其面东海的屏障，由西南向东北依次为小昆山（古称昆山）、横云山（古称横山）、机山（又称小机山）、天马山（古称干山，俗称烧香山）、辰山（又名神山，古称细林山）、佘山（又称兰笋山）、薛山（又称玉屏山）、厍公山（原为陆宝山，因被挖平，以此山替代）、凤凰山，逶迤 13.2 公里。各山高不过海拔 100 米，长不过 1 公里。“三泖”在秦代为渺弥的谷水一部，称“古谷三泖”，后退化为众多大小湖泊，形成长泖、圆泖、大泖；唐时仍烟波浩渺，常令游舟迷途。

九峰虽体态柔缓，但有万顷泖水映照，水光山色，倒也蔚然成胜，更有鱼跃鹤

图 0-3　清嘉庆《松江府志》中的天马山与三泖图

翥，鸢飞鹿走，足以令人陶然忘归（图 0-3）。其中横云山东旧有小横山，山岩赭黄，人称“小赤壁”（今不存），佘山有东、西二峰，称东佘山、西佘山，皆以景致绮丽著称；小昆山则作为西晋文坛才俊陆机、陆云的隐居地而名传万口。

宋代以后，三泖逐渐萎缩，但山水胜景不减。清嘉庆年间的《松江府志》描述道：“府境诸山自杭天目而来，累累然隐起平畴间，长谷以东，通波以西，望之如列宿，排障东南，涵浸沧海，烟涛空翠，亦各极其趣焉，而九峰之名特著。”①

陵谷变迁至于今日，九峰如故，而长泖、大泖俱已不存，圆泖则退化为宽阔的泖河——泖水无波，九峰失色，景观质量已大为降低。

此外，自宋代起，淀山湖（旧称薛淀湖）与淀山也逐渐成为上海地区的胜迹。宋时的淀山湖较今日要大得多，高不过数十米的一拳淀山点缀波心，妩媚可人，与今日已登陆的淀山判若云泥。

上海市区的历史沿革

（1）前世——青龙镇

唐天宝五年（746），在今青浦区东北白鹤乡的吴淞江南岸、吴淞江支流青龙江（已湮没）畔设立了青龙镇。由此镇溯江西上可达郡城苏州，泛江东下不远即是波涛汹涌的大海，东南沿顾会浦（今通波塘）则可达五十四里外的华亭县治，西南沿大盈浦可辗转抵达秀州（今嘉兴）。这种踞江瞰海、襟带名城的有利地理位置使青龙镇发展迅速。北宋政和四年（1114）在华亭县设立的市舶务（与下文之

① （清）宋如林修，孙星衍等纂，《松江府志·序》，嘉庆二十三年修刊本。

市舶司同为管理中外商船、征收税款的机构）即主要管理青龙镇事务，足见当时这里已成为中外商贾辐辏的繁盛之地——“论者比之杭州”①。

(2) 从上海浦到“上海道”

宋代后期，由于松江上游淤浅，下游缩狭，海舶无法直接上溯青龙镇，纷纷改泊在上海浦边，即今小东门十六铺岸边。南宋咸淳年间（1265—1274）在这里设镇，隶华亭县，因其地处吴淞江支流——上海浦之西，故名上海镇，即今上海老城厢一带。元至元十四年（1277），与华亭设府同时，在上海镇设立市舶司，为当时全国七大市舶司之一——上海镇至此已完全取代青龙镇成为东南地区对外贸易的重要窗口。

元至元二十八年（1291）经松江知府奏准，划出华亭东北，黄浦江东西两岸的高昌、长人、北亭、海隅、新江五乡，东西广 80 公里（160 里）、南北袤 45 公里（90 里）之地正式设置上海县。至清雍正八年（1730），为弹压通商口岸，清政府将下辖苏州、松江两府的“分巡苏松兵备道”署从苏州移置上海县。乾隆元年（1736），太仓州也划入苏松道管辖范围，改称苏松太道，后来习称“上海道”——此举极大提高了上海县在松江府域乃至整个苏松太道域的行政地位，也从侧面说明了其经济发展程度。此后，松江府域的政治、经济、文化重心自府城逐渐东移至上海县，后者更开始了其逐步取代苏州成为长江三角洲经济核心的漫长历程。

也许是由于商业城市固有的外向性，上海设县之后，即便在“高筑墙”之风盛行的元末明初也并未像其他县治那样筑城自守；但自明嘉靖三十二年（1553）起，来自海上的倭患开始频繁肆虐上海，也就在这一年，乡绅顾从礼奏请筑城自卫，一呼百应，群策群力，两月之间于府城东北九十里筑就九里长城，四周六门，即大东门（朝宗门）、小东门（宝带门）、大南门（跨龙门）、小南门（朝阳门）、老西门（仪凤门）、老北门（晏海门）。另辟三处水门，横跨在方浜与肇嘉浜上。这座中世纪城堡的筑成为老城厢在明中晚期的繁荣及豫园、露香园、日涉园等城市山林的盛极一时提供了安全保障，奠定了其基本城市发展格局。辛亥革命后此城被拆除筑路。

(3) 开埠后的裂变

1842 年 8 月 29 日，《中英南京条约》的签订客观上打开了作为五个通商口岸之一的上海对外开放的大门。

1843 年 11 月 17 日，上海的正式开埠成为整个中华民族结束闭关自守、夜郎自大的悲哀历史，背负屈辱走向近代化与现代化的标志性事件。

---

① (清) 汪祖绶等修，熊其英等纂《青浦县志・序》，光绪五年修，青浦尊经阁刻本。

1845 年 11 月 29 日，英国通过《上海租地章程》在上海设立租界，上海社会从此裂变为华埠与租界两个迥然不同的板块，一地数治，于矛盾与冲突中谱写出别样的发展乐章。租界的设立不但为上海地区经济、社会的发展提供了近在咫尺的舶来样板与源源不断的外在动力，也为其思想、文化、艺术的超前孕育，包括后期海派园林的萌生、成长提供了不受传统势力钳制的特殊舞台，结出了意外而合理的硕果。

此后的上海经历了咸丰至同治初年(1851—1864)“太平军”战事带来的资本与人力资源的空前集聚、1911 年辛亥起义的强劲震撼、1927 年国民政府宣布上海特别市成立、1949 年解放军露宿南京路的起伏跌宕，波澜壮阔的历史全过程。在这一百多年的时间里，上海淋漓尽致地发挥出它襟江带海、腹地广阔的区位优势和门户开放的政策优势，从一座默默无闻的中小城市、“五口通商”之最弱一“口”迅速发展为全国最大都市，人口从二十多万猛增至五百多万，成为极典型的近代崛起城市，在远东乃至全世界占有了重要地位(图 0－4)。

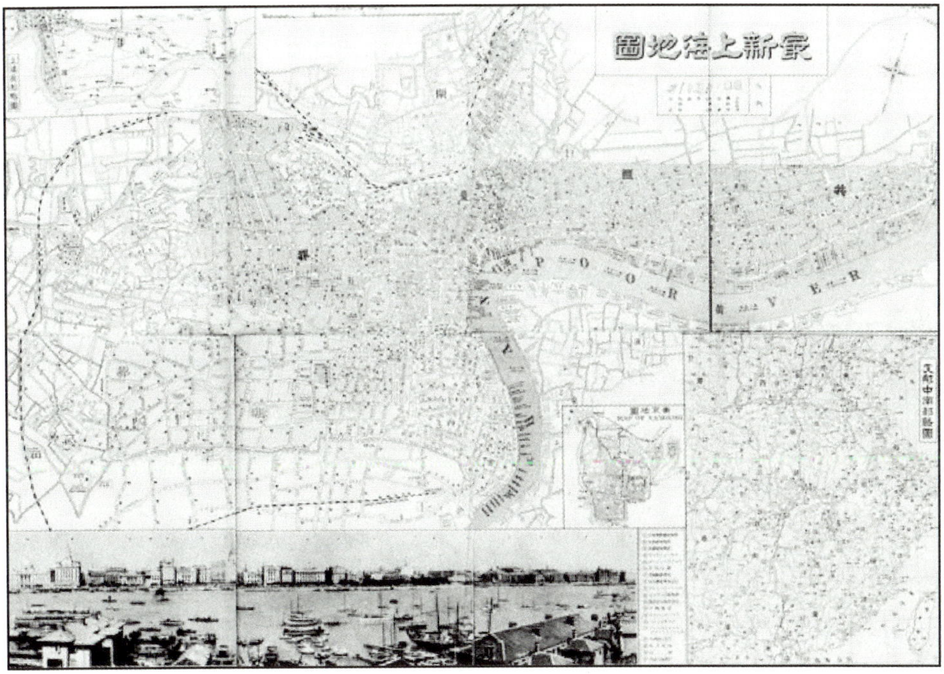

图 0－4　抗战前的上海老城厢及租界地图

上海传统园林概述

“园林——人类出于对大自然的向往而创造的一种自然趣味的游憩玩赏的

环境，是一种审美享受的对象。”①

本书所讨论的上海传统园林是广义的。它不仅在空间上包容了今天的大上海地区，成为整个江南园林圈面向海洋的东翼，而且在时间上跨越了古代、近代直至民国初期——这期间发生的一切，都参与构成了上海传统园林的特殊性格，熔铸为其特殊的传统。我们可以将其粗分为古典园林与近代园林两个大类，但我们更倾向于把它当作一个持续演进的整体去探究其雅俗纷呈的手法异变与随遇而化的心路历程。

由于宋代以来特殊历史、地理环境的作用，上海传统园林作为一个整体经历了一个逐步融入而后又渐渐逸出以苏州等地为核心的传统文人园林圈，从全方位向新兴商家乃至广大市民靠拢的过程。从秋霞圃、古猗园、颐园、醉白池至今仍较纯粹的文人趣味到曲水园日益明晰的公众意识，还有豫园、上海县城隍庙内园经过清中叶至晚清数度改建后逐渐张扬的商业品格，直至晚清租界中的张园呼之欲出的市民精神，上海传统园林走出了一条带着时代与地域深深烙痕的，随波逐浪、异彩纷披的特殊道路，于占据主流地位的传统文人园面目中较多呈现出离经叛道的一招一式、一颦一笑，甚至几乎完全改头换面——这对整篇中国园林史乃至文化史来说，不失为一个卓荦不群的特殊样本。

我们把研究的重点放在实物、文献遗存相对丰富的明、清两代，但晚清至民国初期上海近代园林折射出的夺目色彩也是值得一书的。我们对历史上长期从属苏州文化圈的嘉定等地加以一定的关注，但这并不妨碍我们从总体上把握上海地区传统园林的主流特征。

上海传统园林现存数量不多，有关文献、图片积累远较实物来得丰富，这对我们的研究提出了不同于前辈学人的挑战。

文献背景与论文框架

（1）文献背景

著名建筑学家童寯先生在上世纪三十年代，古建筑、园林学家陈从周先生在上世纪五、六十年代都曾对上海古典园林作过一定深度的踏勘、研究，童先生的著作如《江南园林志》②和《东南园墅》③中的部分章节，陈先生的论文如《上海的

① 杨鸿勋《江南园林论》，上海人民出版社 1994 年 8 月第一版，1 页。
② 童寯《江南园林志》，中国建筑工业出版社 1984 年 10 月第二版。
③ 童寯《东南园墅》，中国建筑工业出版社 1997 年 10 月第一版。

豫园和内园》《嘉定秋霞圃和海宁安澜园》和《明代上海的三个叠山家和他们的作品》[1]都反映了这一领域早期研究的部分成果。此后其他名家在对中国传统园林进行研究、考量的同时也不可避免地涉及上海园林的一些方面，而上海文史、社科界人士长期扎根上海，在上海古典与近代园林研究领域也作了许多扎扎实实的工作，如杨嘉祐先生的《上海园林志略》[2]等多篇相关文章、熊月之先生《张园与晚清上海社会——一个游乐场所的兴衰与公共空间的形成》[3]一文的卓越创见。但从总体看，目前对上海传统园林的研究尚止步于史迹的钩沉与个案、部分时段的探讨，从苏、扬诸派园林的光环中分得一轮别样的余晕，这与上海传统园林作为明中晚期以来江南园林嬗变流程标本式群落的身份很不相符。

周维权先生所著《中国古典园林史》[4]从全方位、多视角，尤其是从文化艺术生态角度对中国古典园林历史进行了梳理爬剔；杨鸿勋先生所著《江南园林论》[5]在前人基础上全面整理，归纳了江南园林理景手法及其生活原型，从技术与艺术角度充分完善了江南园林的理论体系——这都是本书较直接的写作参考。东南大学陈薇教授指导、胡石先生撰写于 2000 年 9 月的硕士学位论文《明清城市庙市》对于清中晚期上海城隍庙园的发展演变研究亦具显著参考价值。

更直接的资料来源包括今上海市域所辖各地方志以及如近年出版的《上海园林志》[6]一书中的丰富资料和有关明清学人的大量笔记，本书中的三个重点时段——明中晚期、清中叶及晚清有关江南地域文化艺术生态的书籍、资料。

近几年笔者作为指导者之一偕我校建筑学专业三年级学生对上海地区秋霞圃、曲水园、醉白池、古猗园、豫园、上海县城隍庙内园诸园进行了大量测绘工作，大部分园林的图纸资料已经完整，成为研究工作宝贵的第一手资料。

作为本书写作的必要知识积累，笔者应出版社之邀耗费较多时间写就《江南园林指南》一书，运用自己的知识、思想积淀对整个江南园林圈作了全景式的扫描、评析。这为把上海传统园林放置在整个江南园林圈大背景前进行考量打下了很好的基础。

经过一定时间的学术吸纳、反刍，在诸多方面有了更多、更深的认识，这对本

---

① 陈从周《园林谈丛》，上海文化出版社 1980 年 9 月第一版，121 页、125 页、116 页。

② 上海市文史馆文史资料工作委员会编《上海地方史资料・六》，上海社会科学院出版社 1988 年 9 月第一版，65 页。

③ 见《南方周末》(2002.4.4.C22)。

④ 周维权《中国古典园林史》，清华大学出版社 1990 年 12 月第一版。

⑤ 杨鸿勋《江南园林论》，上海人民出版社 1994 年 8 月第一版，1 页。

⑥ 《上海园林志》编纂委员会编写《上海园林志》，上海社会科学院出版社 2000 年 4 月第一版。

书的写作也是较为有利的。

(2) 本书框架

刘敦桢先生在《苏州古典园林》①一书中所采用的由史论而及艺术论，再以实例论证的基本框架是缜密而具垂范作用的。本文即基本采用这一框架，分为绪论、上篇和下篇三部分。

绪论为对上海地区相关历史、地理、景观素材的背景介绍和论文框架、文献积累的概述。

上篇为上海传统园林史研究。在纵向梳理由宋以前至晚清的上海传统园林演进脉络的同时，以相当篇幅采纳、引申同时期人文、历史、艺术领域的相关观点、资料，力图复原当时当地的社会文化艺术生态，以曲究其之不得不如此发展的历史场景与必然肇因，同时反向揭示园林这一社会文化的特殊载体在上海社会由中世纪走向近现代的各个历史阶段所发挥的特殊作用。

以下三个时段为本篇之剖析重点：

一是明中晚期至清初，即整个中国社会继宋代之后再次处于“亚近代”，或称“前近代”的时期，也即以文人园为主流的江南园林继南宋之后的第二个高潮时期，或称巅峰期。这一时期的上海园林以其灿若星辰的主流作品、缤纷瑰丽的园居生活、格调鲜明的造园家群体以及划时代的、回归现实主义的造园理论——张氏(张涟)园论蔚为汹涌澎湃的园林文化大潮，在从属于以苏州为核心的江南文人园林圈的同时初步展现出自己的个性，而同一时期“云间画派”的勃兴及其“南北分宗”画论的提出更起到举足轻重的助推作用。

二是清中叶，这一时期的江南社会经过百年积累、发展，重新呈现出类似但又显著有别于南宋与明中晚期的“亚近代”形态，而江南园林、包括文人园也在明中晚期的基础上继续着其世俗化的进程。同时期的上海园林更在城市经济浪潮的鼓荡中逐渐挣脱相对轻简的传统负荷，逸出苏州文人园林清雅朴茂的风格体系，呈现出日趋多元与世俗的体貌，其代表现象便是公众参与性园林，尤其是城隍庙内园的蓬勃发展；后者作为城隍信仰的物质载体之一为广大商贾市民提供了开放、多元、时尚的城市公共空间，呈现出与传统文人园不同的审美趣味与价值取向，开创了前期海派园林的先声。虽然其园林艺术水准貌似退步于一时，但较诸明中晚期以压缩大部分人生活与审美需求为代价换来的园林艺术辉煌局面却不失其人文的进步意义——园林艺术终需走出(文化)贵族殿堂与审美迷雾，

① 刘敦桢《苏州古典园林》，中国建筑工业出版社 1979 年第一版。

进入大众生活，形成健康的多元、多层结构，起到应有的社会服务与化育功能，纵然一时迷失于平庸鄙俗之间，也应充满自信、无怨无悔。

三是晚清时期，即上海开埠后整个社会政治、经济、文化结构从改良走向裂变的时期。这一时期的上海园林从全方位突破了传统文人园的形态、功能与审美藩篱，展现出贴合于时代的全新面貌，形成了宽泛而又鲜明的风格特征。我们称这一特殊时域与地域内酿成的园林风格为“海派园林风格”。

海派园林风格的形成经历了前、后两个不同的阶段。其中具有改良主义倾向的前期海派园林更多地表现为古典园林形式为适应近代商业社会所作的极限调整，以及民众与园林艺术本身借助传统园林躯壳所实现的对更多元、多层化生存方式及表现形式的追求。而后期海派园林更一度以其奔放恣肆的形态与功能填补着新旧交替时代的诸多社会真空，于无形中悄然改造着海上平民的生活形态、审美趣味乃至整个精神世界，并挟强势文化之威地向周边地区有力扩散，甚至包括江南地区的传统文化重镇——苏州。

下篇为上海传统园林艺术研究，主要分以下三个方面进行论述：

一是代表性造园思想研究，主要就明末清初上海地区造园大师张涟以墙内之“实”写墙外之“意”的回归现实主义造园思想之形成背景、主要内容、实践成就与广泛影响，包括其与西方古典主义戏剧流派之“三一律”的偶合进行述评。

二是理景技法研究，对上海古典园林在布局、掇山、理水、建筑等多方面的艺术特征及成就进行分析，其中对明末清初可能常见于江南地区的以寄畅园与秋霞圃为代表的“一河两岸”式布局，以及古猗园“小松冈”于主要厅堂与核心景域间造就的特殊间离效果进行了较深入广泛的探讨。

三是造园实例研究，对上海地区现存豫园、颐园、秋霞圃、古猗园、醉白池、曲水园、上海县城隍庙内园等七座代表性园林之生成历史及理景艺术进行了分析探讨。

由于后期海派园林的艺术表现形式宽泛不羁，成就有限，所以不在艺术研究之列。

上　篇

上海传统园林史研究

第1章

华亭鹤唳——上海园林的萌芽期

这一时期大致从西晋延续至两宋以前，主要指两晋、南北朝时期。

早在春秋后期的吴文化时期，与上海相邻的今苏州地区就已拥有了如馆娃宫、长洲苑、梧桐园这样的早期王室园林建筑，而当时上海地区的峰泖、湖荡、滩涂间还只是鸟兽出没的场所："华亭向以鹤称"①，是鹤类的理想栖息地；华亭又有"茸城"之称，为草木丛生的鹿族乐园——鹤鸣三泖，鹿游九峰，引得吴国的君王将相们从一百里外的都城赶来狩猎作乐，难免需要一定规模的临时住处——好在此前吴王寿梦已经在这里构筑了一座馆舍，除供休憩外，尚具备一定军事作用，据说上海之称"华亭"就溯源于此。

这或许是上海滩成陆以来最纯净美丽的时刻：峰泖连缀，湖荡漾溢，滩涂绵延，烟涛空翠……可成日浸泡在江南温山软水中的狩猎者们只知盘马弯弓，呼鹰喝犬，哪里顾得上什么审美观照与体验——这种并非出于生产目的，以重返山林、纵马逐鹿为乐的早期自然山水活动，正是上海地区园林游乐活动的最初原型。

鹿鸣呦呦，马鸣萧萧。在这快乐的蛮荒岁月，上海园林如同未分娩的胎儿，在母体内静静孕育，只有偶尔的一丝悸动，如三月的春风拂过水面，预示着她的降临。

第1节　两晋、南北朝时期上海及周边地区的文化艺术生态

两晋、南北朝时期是属于门阀士族的时代。出身高门大姓的士族成员们把持着品评、选拔官吏，构建社会统治阶层的权力，直至与王权抗衡；出身庶族的普

① (清)王韬《瀛壖杂志》，上海古籍出版社1989年5月第一版，20页。

通人则难以获得进入社会上层的可能——这虽然在一定程度上保证了社会精英层面的稳定性，使其得以在相对充裕、持续的物质保障中薪火相传、孜孜不倦地进行艺术与精神领域的追索，却付出了令整个社会丧失活力与稳定性的沉重代价。

士流独立人格的化育："华亭鹤唳"的感喟与招引

两晋、南北朝时期也是士流精神从两汉经学、谶纬神学的重压下解脱出来，开始仪容的修饰、个性的张扬、独立人格的塑造，开始自觉思考人与自然、社会及自身关系的时代。社会动荡、政治污浊、祸福无常，苦痛中的士人纷纷向玄学、佛学寻求解脱，向山水、田园寻求慰藉。"取欢仁智乐，寄畅山水阴"①——这是典型的魏晋人宣言。

这段时间发生在上海地域的一个重大事件就是陆氏池亭主人——陆机、陆云兄弟的"入洛"与惨死。

陆机(261—303)，字士衡，吴郡吴县华亭人，与其弟陆云同为西晋时名冠天下的文学家、文艺理论家，人称"二陆"。其祖陆逊、父陆抗则为东吴名将。江东地区传统以"朱、张、顾、陆"四姓为盛，华亭即以陆、顾二姓为首。

西晋太康元年(280)，晋灭东吴，陆氏昆仲回到祖父封地华亭之昆冈，即九峰中的小昆山(图1-1)乡居，于纵情山水、观鱼赏鹤之余埋头书卷，度过了将近十

图1-1　清嘉庆《松江府志》中的昆山图

① (东晋)王羲之《答许椽》。

年傲岸不群的隐逸生活。太康十年(289)，二陆来到都城洛阳，就此卷入纷繁的政治斗争，只能以“孤兽思故薮，离鸟悲旧林；翩翩游宦子，辛苦难为心；仿佛谷水阳，婉娈昆山阴”[①]这样的诗句寄托对故园山水的眷恋——七百余年后，北宋进士朱之纯在华亭县治西南旧西湖上所建谷阳园即以此为名。西晋太安二年(303)，二陆双双遭谗被诛，据说陆机临刑前慨然叹道：“欲闻华亭鹤唳，可复得乎？”[②]其声袅袅，伤心千古。

陆机的一声叹息标志着上海地区第一代精英知识分子在现实社会遭受的第一次伤害，也构成了他们裹藏在心灵角落、挥之不去的凄楚记忆和超脱世事、寄情山水、追求精神独立的第一次推动力，对后世上海园林内在性格的养成有重要影响。此后的东晋吴郡太守、上海“寓贤”袁山松(“沪”的简称始于此人)即喜欢高唱《行路难》曲，往往于酒酣耳热之际引吭高歌，令听者流涕——悲伤、焦虑与叹息弥漫了那个乱世的上海士流情怀。

山水诗、画的发端与顾野王的乡居

两晋、南北朝已是谢灵运(385—433)“登楼池上”、陶渊明(367—427)“采菊东篱”的时代，由他们分别开创的山水、田园诗风吹散了一度弥漫诗坛的喃喃玄言，在回旋之初即展现出万千仪态。

同一时期的山水画作为独立画科却还处于稚嫩的滥觞时代——“或水不容泛，或人大于山，率皆附以树石，映带其地，列植之状，则若伸臂布指”[③]。幼稚期的山水画坛有以下几点值得特别关注：

(1) 大批文人加入绘画队伍，提高了绘画的艺术格调和绘画者的社会地位，如出身阀阅世族的文化名人顾恺之，历任右军将军、吴兴太守的张僧繇均成为画坛领袖。

(2) 随着文人士流的加入，绘画开始出现“匠体”和“士体”之分，文人作画必称“士体”，惟恐坠入匠流——俨然是后世“文人画”、“文人园”之说的预演。

(3) 出现了宗炳的《画山水序》、王微的《叙画》这样领先于绘画实践、对后世山水画创作影响深远的早期山水画论。两者提出应以山水之形写山水之神，强

---

① (西晋) 陆机《赠从兄车骑》，引自王永顺主编《陆机文集·陆云文集》(松江文献系列丛书·文集专辑)，上海社会科学院出版社 2000 年 7 月第一版，41 页。

② (南朝宋) 刘义庆《世说新语·尤悔第三十三》，吉林文史出版社 1996 年 1 月第一版，593 页。

③ (唐) 张彦远《历代名画记》，转引自沈子丞编《历代论画名著汇编》，文物出版社 1982 年 6 月新一版，37 页。

调山水的拟人化倾向以及近大远小的透视原理，对后世山水园林创作有重要启迪。

虽然园事与绘事间有着与生俱来的联系——一涉造园，即需比比划划，稍稍复杂便需形之于图，但这一时期山水绘画与山水园林的互渗恐怕还不能如后世那么紧密、自觉；而同时期兴象清美、自然浑成的山水、田园诗歌却很难不对山水园林景象塑造产生一定影响。

当时的画坛“六朝三杰”中，顾恺之是今无锡人，陆探微、张僧繇是今苏州人，都距上海不远；而画艺为当时一绝的文人顾野王更曾在上海地区构建乡居，潜心著述，为这片土地留下几许恬淡的遐想（详见下文）。

吴郡园亭的袅袅余波：竹暗辟疆园

西晋时，中原地区的洛阳城外已有如金谷园这样以人工池沼与金谷涧水穿错萦流于建筑、林木之间的大型庄园别墅，但江南地区尚少见园事的记载。

两晋之交，黄河流域烽火连天，中原经济、文化势力仓皇南渡，无形中成就了江南地区的第一次腾飞和江南文人园在东晋的萌芽。如果说居于文化主流地位的中州名士给江南园林注入了更多的独立人格，那么“千岩竞秀、万壑争流”①的江南山水则极大拓展了他们的审美视野，对主流造园艺术产生了重要影响。园林的平民化与城市山林的兴起、造园手法由写实向写意的转化均是这一时期园林发展的趋势。私家园林作为一方与世暂绝的个人天地，一个独抒性灵的私密场所，在这一时期开始赢得士流的青睐与向往。

东晋时，今苏州城内出现了第一座名闻遐迩的私家园林——顾辟疆园，令大书法家王献之慕名闯园，也令后世大诗人李白发出“竹暗辟疆园”②的吟哦（唐时此园仍在）。而高士戴颙的住宅也曲具园亭之胜：“聚石引水，植林开涧，少时繁密，有若自然。”③稍晚的南朝刘宋时期，同处吴文化圈外缘并深受其影响的今扬州城外也出现了位于今瘦西湖上的风亭、月观、吹台等江湖地园林名胜。由于史料的缺失，我们难以判断这些园事的袅袅余波到底对上海地区产生过多少浸润，但以下几处史迹确实有助于诱发我们的相关联想。

---

① （南朝宋）刘义庆《世说新语·言语第二》，吉林文史出版社 1996 年 1 月第一版，84 页。
② 转引自魏嘉瓒《苏州历代园林录》，燕山出版社 1992 年 3 月第一版，44 页。
③ （宋）朱长文《吴郡图经续记》，江苏古籍出版社 1999 年 8 月第一版，62 页。

第 2 节　上海私家园林的雏形——陆氏池亭与读书堆

仿佛是魏晋时代门阀世族兴盛局面的旁证，当时上海地区几处轻淡隐约的园亭雏形正是出自陆、顾两大世族。其中陆氏即陆逊、陆抗、陆机、陆云家族。

陆氏池亭及其他

松江一带文献记载中的陆机别宅、陆瑁养鱼池、昆山、华亭谷、北花园等多处陆氏遗迹中有两处较可能具有园亭胜概：

(1) 陆机别宅

此宅大约兴建于汉建安二十四年(219)陆逊受封为华亭侯后。

清《古今图书集成》载："陆机宅在昆山下平原村，别宅在谷阳门内今普照寺，相传为陆氏园亭。"①按昆山即九峰中的小昆山古称，陆机别宅于唐代建为大明寺，宋代奉旨改称普照寺，寺中有二陆祠。1949 年后毁寺建厂，即松江区通波塘大桥西堍的松江自来水厂，今寺中旧物仅存清初古银杏二株。清嘉庆《松江府志·卷七十七》亦载："陆机别宅，在谷阳门内……陆氏家本昆山，不在邑中。"

所谓陆机别宅有池亭之胜，根据有三：一则有文献佐证，除晚近的记载外，成书于唐、时代相近的《吴地记》载："华亭县在郡东一百六十里，地名云间，水名谷水。天宝五年置，盖晋元侯陆逊宅，造池亭华丽，故名。"②按"郡"指吴郡，即今日之苏州。二则陆氏家族因功受封、地位尊崇、财力雄厚、累代不衰，而陆机、陆云昆仲尤具不凡审美趣味与追求。三则三国时的东吴政权已在今南京玄武湖南岸兴造园池，至西晋，中原已出现如金谷园这样的豪门世族造园实例；陆氏家族之"别宅"虽不致于如金谷园那样清流映带，林樾幽邃，但有一点池亭之胜是很自然的。

(2) 陆瑁养鱼池

养鱼池为陆逊之弟陆瑁在宅旁所辟水面，周围三里，位于后来的松江府城西南二里，湖东有唳鹤滩，为鹤族聚集饮水之处。嘉庆《松江府志·卷七十四》载：

---

① (清)《古今图书集成·方舆汇编·职方典·第七百一卷》，中华书局、巴蜀书社 1985 年 10 月出版。
② (唐) 陆广微《吴地记》，商务印书馆中华民国二十八年十二月初版。

"养鱼池……今名瑁湖，即陆瑁所居，相传有宅基存焉。"此湖因在城西，也称西湖，后又习称旧西湖，似系利用自然水系疏浚深挖而成，带有理水意味；既用作养鱼、观鱼总须晴雨兼顾，湖畔有一些朴素的人工建筑用于避雨、休憩并衍生出景观功能也是题中应有之义，后世上海地区尚有如元代"知乐亭"这样的类似实例。北宋时此湖水域依然宽广，官方在其北渚、中洲点缀亭台，成为公众游乐胜区；进士朱之纯也在湖上构筑谷阳园，赓续着陆门风流。元、明两代西湖日渐萎缩，但仍为松江仕流、百姓恣意游赏、陶然忘归之地。20 世纪 70 年代此湖残留水面被彻底填平。

（3）北花园

光绪《华亭县志·卷二十一》载："晋'北花园'在今通波门外，其西即采花泾，其北夜游泾，皆以园得名……相传陆氏自园泛舟夜游于此……元至顺中（1330—1333），有得喜师以北花园地结庵，即今善应庵。"但嘉庆《松江府志·卷七十四》列其为元代园林，并未言及其与陆氏渊源，《古今图书集成》亦未及此。而光绪《华亭县志》尚载元时另有北花园于府治北门（即通波门）外，为卫宗武所筑，遗址即北花园巷。

上述三例中，陆机故宅可能初具宅园雏形，或以水庭为胜；陆瑁养鱼池则似粗具一保留原始生产功能的江湖地园林轮廓；而北花园是否为陆氏私园尚欠资料佐证。

顾野王"读书堆"

顾野王读书堆位于今金山区亭林镇寺平南路西、大通路北。

南宋《绍熙云间志·卷上》载："顾亭林湖……南有顾亭林，陈顾野王居此，因以为名焉。今为宝云寺，有伽蓝神记云：'寺南高基，野王曾于此修《舆地志》。世传以为'顾野王读书墩'。"清《古今图书集成》所载更为详尽："读书堆，在亭林宝云寺后，即顾野王修《舆地志》处，其高数丈，横亘数十亩，林樾苍然……今半为居民所侵……顾府君宅，在亭林镇，顾野王于此修《舆地志》，时呼'野王读书堆'，北有湖，湖南有林，因呼'顾亭湖'，亦曰'顾亭林'。宅今为宝云寺，有沼深黑，冬夏不竭，云'野王墨池'，有古松，云野王手植，盖附会也。"[①]按"宝云寺"创建于唐大中十三年（859），后晋天福五年（940）为避水灾迁至堆前，就此与读书堆长相厮守。因其俗称大寺，此堆也称大寺山。嘉庆《松江府志·卷七十四》还载："堆西

① （清）《古今图书集成·方舆汇编·职方典·第七百一卷》，中华书局、巴蜀书社 1985 年 10 月出版。

麓有览翠楼，今圮，旁有池名‘洗砚池’。按读书堆应作读书墩，宋时避讳，改墩为堆。”

顾野王(519—581)，字希冯，南朝吴郡吴县(今苏州)人，年少即以儒术知名，后来仕梁，除太学博士，迁中领军，正欲有所作为时遭逢父丧，丁忧归家。后来侯景作乱，蹂躏江南，他毅然招募乡党进援京邑，表现出乱世间知识分子应有的道德诉求与社会责任感。入陈后他历官黄门侍郎、光禄卿，又表现出相当的通达。他一生有《玉篇》《舆地志》《符瑞图》《续洞冥记》等著作，为当时著名文字训诂学家。他又善画草木、人物，为画坛一绝。其墓今存于苏州市郊横塘、上方山下。

千百年来，顾氏读书堆与邻近的小昆山“二陆读书台”、常熟虞山东南麓梁昭明太子萧统读书台相映照，一直为途经松江的骚人雅士游屐必到之处，南宋名园“云间洞天”主人钱良臣(约 1126—1189)、元代最闲园主人王逢(1319—1388)都曾在这里留下诗句——仿佛暗示着某种意味深长的传承。王诗为：“世仰希冯一伟才，亭林有岿读书台；呼鹰日落荆州敛，游鹿春深茂苑衰；舆地河山曾版入，招提风起再天开；钟声淡入香云里，旌旗疑从野色来”①，对顾于埋头书案之余不忘担当国事，勇赴国难的情怀表达了由衷的景仰，考虑到王逢身处元末乱世，为避兵祸来到上海，为人亦行侠仗义，这样的景仰就更多现实意味了。

1949 年后宝云寺全毁，读书堆主峰则于 1968 年取土填河时惨遭削平，但残堆仍占地数百平方米，高约数米，上有乔木参天，仿佛伫望着先贤远去的背影。

以下是关于读书堆的几点疑问：

(1) 顾氏伫留年代

顾野王官至中领军时按制丁父忧回家，乡居无事，即于今读书堆结茅筑舍，潜心著述，修《舆地志》30 卷——官至中领军总该二十开外，姑假定二十四岁，则为梁大同八年(542)，至梁太清二年(548)侯景作乱时结束隐居生活，其间共计六年，守制、修书都已足够。当然他还有可能于晚年重返这里，继续其隐居、著述生活。

(2) 假山、烽堠之辨

顾野王来到读书堆畔的年代已多见模山范水，纳繁复景色于有限空间的造园活动记载。如梁武帝之弟湘东王萧绎曾“造湘东苑，穿地构山，长数百丈”②，

① 转引自上海市金山县亭林镇人民政府编《亭林镇志》，上海科学普及出版社 1993 年 2 月第一版，196 页。

② 《太平御览·卷一九六》，转引自周维权《中国古典园林史》，清华大学出版社 1990 年 12 月第一版，44 页。

再如北魏大官僚张伦宅中的大假山——景阳山“重岩复岭……高林巨树，足使日月蔽亏”①，故有疑此堆为顾野王所主持堆掇之大型土山者；但高数丈，横亘数十亩的“假山”出自因父丧归家守制的一介文士之手，实难令人置信。

好在南宋初年人钱良臣凭吊此堆的诗篇为我们提供了另一种解释：“伊昔边烽备不虞，太平移作梵王居；而今江表全无事，借我三椽更读书。”②——所谓读书堆，昔日可能为“边烽”，即古代大型烽堠遗迹，堆北的顾亭湖（疑已淤为平地）或为夯造烽堠时取土形成；后来为“梵王居”，即宝云寺所据。南宋《绍熙云间志·卷上》亦载：“今亭林南冈阜相望，即古者……筑台举烽燧之地。《寰宇记》：‘南带海上有烽火楼基，吴时以望海处，今其遗址尚存’”，更明言这一带的烽堠遗迹系春秋晚期所筑，堪为旁证。钱良臣题诗的年代，半壁江山沉沦敌手，民族矛盾极端尖锐，他身居高位，反庆幸江表无事，似有些过于超脱了。

其实上海境内类似烽堠还有多处，如嘉定区南翔镇北南宋建炎四年（1130）韩世忠所筑鹤槎山，宝山区明永乐十年（1412）所筑“宝山”等（今不存），只是年代均不及此堆来得久远罢了。

（3）顾氏兴造情况

在私家造园之风初兴的南朝，善画草木、胸具丘壑的顾野王有可能在乡居的数年间对这片“山”林湖沼进行自觉的审美建设，因处丧期，建造量一定不大，风格也应较朴素。史料中提及了亭（时人似称“顾亭”）和览翠楼（也可能系后人建造），则顾野王可能曾在这里广植各类草木为绘画蓝本，于堆上、湖畔、林间稍稍设置亭、楼以蔽风雨、揽翠色，于堆麓构建乡村趣味的小型宅院以供栖居——我们可以把它揣测为一处粗具形态，较多文人情怀、艺术气息的早期山林、江湖地园林遗址。

又想起陆机临终前的叹息——华亭鹤唳，可得闻乎！陆氏家族的池亭、顾氏读书堆的亭、楼构成了上海园林第一声缥缈的鹤唳，直至数百年后的北宋，我们才捕捉到它那姗姗来迟的回响。

---

① （北魏）杨衒之《洛阳伽蓝记·卷二》，上海古籍出版社1978年12月新一版，100页。

② 转引自上海市金山县亭林镇人民政府编《亭林镇志》，上海科学普及出版社1993年2月第一版，196页。

第2章

云间洞天——上海园林的发展期

这一时期大致从北宋延续至明中叶以前，主要指宋、元两代。

此前的隋唐时期，长安城外的郊野地自然山水园已经盛极一时，唐代王维的辋川别业更引发了园林文学、园林绘画的繁荣，成为文人园自东晋萌芽以来的真正绽放。而城市山林、宅第园林如白居易的履道坊宅园则为普遍登上政治舞台的文人士大夫提供了徘徊于入世与出世之间的便利介质。此外，儒、释、道思想在园林中的逐步合流对造园思想的升华与深层次意境塑造的推动，园林景象塑造与品赏的局部化，诗、画乃至音乐、戏曲等艺术门类与园林的逐步自觉互渗，宗教世俗化带来的城市寺观公共交往中心化与寺观园林普及化、早期场所化都是隋唐时代的园林气象。

隋唐时期的江南以扬州最为繁荣，而隋代的皇家宫苑，唐代的裴堪樱桃园、郝氏园、席氏园更为这座城市增添了异彩。晚唐时，随着城市的空前发育，扬州官方特辟设"赏心亭"园以满足市民对于公众游憩、交往空间的渴求——这在江南地区是较早的公众园林实例，或可视为清中叶上海公众园林的先声。

唐代的苏州以孙园著称，至五代偏安，园事更盛，吴越钱氏所建南园、金谷园都名闻遐迩。

盛唐的上海地区开始设立华亭县治，松江南岸的青龙集镇也已初现端倪，但距苏扬二州相差何止千里。两晋南北朝时期偶发的园事此刻归于沉寂，期待着二百多年后的宋代，经济、文化力量充分积聚后的真正兴起。

第 1 节　宋代的上海园林

两宋是中国古代君主专制社会从汉、唐的开疆拓土、建功立业向文治靖国、经济强国健康转化的关键，也是唯一时期。由唐至北宋，直至南宋的社会演进虽屡遭相对落后社会形态的狙击却未曾中断，反因战火加剧了物质与人力资源的集聚；这与宋末、明末因遭元、清阻断而异化的社会演进过程迥然不同，也同清中叶以后猝然遭遇西方先进文明时的手足无措大相径庭。小农经济对庄园经济的取代，商品货币经济的划时代跃进，城市商业的空前繁荣，城市面貌的焕然一新，百万人口繁华都市的出现，海外贸易的极度兴盛……都是这个时代于孱弱的军力、屈辱的外交之外留给我们的美好记忆——无怪有人认为："北宋鼎盛时期是近代型高速经济增长与合理精神充溢的'东洋文艺复兴'，甚至是超越它的'亚近代'。"①

两宋也是我国经济重心继续南移的时期，中原地区的频仍战火和孱弱的自我修复能力始终是推动这一进程的重要因素；而南方地区，尤其是东南沿海地区固有的区位、气候等优势则或许是更关键的。到靖康之难后的南宋，南方作为全国经济中心的地位已正式确定下来。

宋代上海及周边地区的文化艺术生态

随着航海业的发展，宋代的外贸口岸由唐代的广州一处发展到泉州、杭州、明州、扬州、密州等多处，并在各处分别设立市舶司。"外贸收入相当可观……占政府财政收入的百分之十五左右。"②海上贸易的兴盛意味着东南沿海地区，包括上海地域的区位优势逐渐显露。虽然当时这里只置华亭一县，到南宋中后期才在平江府下置嘉定县；但唐代崛起，宋代达到顶峰的青龙镇使尚处于经济起步期的上海地域第一次拥有了繁盛的对外贸易港口。鼎盛期的青龙镇号称拥有三亭、七塔、十三寺、二十二桥、三十六坊（当时苏州不过六十坊），人烟浩穰，海舶辐辏，对上海地域经济文化发展起到有力的顶托作用。

(1) 文人社会的初成与文人园的萌发：从青龙镇到谷阳园

"宋代政治结构变化的一个重要方面，即是'士大夫'为基础的文官体制取代公卿贵族累世相传的统治……宋代文化最为重要的特色，就是文化的普及和整个社会民众素质的提高，文学艺术走出宗教迷雾和贵族殿堂，向着平民化、世俗化与普及化发展……宋代精神文化的一个重要特点，是'俗化'即世俗化倾向，除了民间文化的普及和提高以外，士大夫阶层的文化特色也雅而俗化。"③

---

① （日本）界屋太一《知识价值革命》，三联书店 1987 年版，151 页。
② 叶坦、蒋松岩撰《宋辽夏金元文化志》，上海人民出版社 1998 年 10 月第一版，20 页。
③ 叶坦、蒋松岩撰《宋辽夏金元文化志》，上海人民出版社 1998 年 10 月第一版，34 至 37 页。

经历了隋唐的发端、演化，宋代科举制度已经走向成熟，门阀士族垄断政治的现象基本绝迹，平民知识分子昂首走上政治舞台，宽容的文人政治初步形成。“朝为田舍郎，暮登天子堂”①的美好图景激发起全社会欣欣向学，凭借自身努力改变个人命运、参与国家政治的激情，铸造出一个文人全方位占据社会主流地位、文化知识具有空前吸引力的时代——某种程度上我们已可称宋代社会为文人社会。

以当时尚徘徊人后的上海地区论，青龙镇镇学已具“阙里观书，镇学列三千余名之学士”②的规模，雨露化育，影响深远。而当时的大诗人梅尧臣（1002—1060）因叔父在苏州为官，也曾频繁往来于苏州、青龙之间，大书画家米芾（1051—1107）还曾一度担任青龙镇监……他们的出现，令上海地区直接领受到一流文化、艺术的熏染。

当时的上海名园主人中，华亭县谷阳园主人朱之纯为北宋元祐六年（1091）进士，柳园主人、户部侍郎柳约为北宋大观三年（1109）进士，云间洞天主人、端明殿文学士、参政钱良臣为南宋绍兴二十四年（1154）进士；嘉定县龚氏园主人龚明之亦为绍兴年间（1131—1162）进士，碧玉亭主人龚天定为龚明之孙、咸淳七年（1271）武进士……一代文人士大夫群体纷纷通过宽畅的科举途径实现社会以及自身对自我价值的认同，赢得优越的社会地位和充裕的物质条件，为文人园在上海的萌发创造了条件。当时龚氏园主人龚氏家族竟出现同胞三兄弟齐中进士的场面，其家族欲不兴旺、园事欲不繁盛也难。而如醉眠亭主人李行中那样以布衣秀才终身的逸士，与苏轼等著名文士交游，也具有一定社会地位和影响力。

社会的文人士大夫化必然伴随着文人士大夫某种程度的社会化。在文人群体的价值趋向、审美趣味主导整个社会的同时，伴随着城市的成熟、繁荣而日益兴起的市民阶层也以其种种趋向、喜好有力影响着涵泳其间的文人群体。这逆向进程在宋代的上海尚不显著，至数百年后的明中晚期则不可遏制了。

市民阶层的兴起必然带来对城市公众空间、公众活动日益增长的渴求。宋代的城市生活，包括夜生活都较前朝更为丰富，汴京城内勾栏瓦肆等娱乐场所的广泛分布，马行街、潘楼街夜市的沸反盈天，大相国寺等宗教场所的墟市化，洛阳城内私家园林的公众化……都在悄然诉说着城市之于市民的真正意义，勾画着上海地区的城市发展前景。某种程度上，各种娱乐、休闲方式杂陈的勾栏、瓦子、

① （宋）汪洙《汪神童诗》。
② （宋）应熙《青龙赋》，载南宋绍熙《云间志・下》，转引自《丛书集成续编・47 册》，上海书店出版社 1994 年 6 月第一版。

“茶汤钱”积少成多的洛阳私园(详见下文)都是上海地区晚清经营性海派园林久远的前世。

(2) 山水画的全面成熟与潜在影响:半边一角与截豁断谷

隋代展子虔的山水画探索,唐代李思训、李昭道父子的金碧青绿山水,王维的水墨渲染山水,吴道子的大写意山水,五代荆浩、关仝、董源、巨然对北国峻岭与江南丘壑的描摹……数百年艺术积累直至北宋,在皇家的大力扶持、提倡和社会经济的滋养哺育下形成山水画创作的全盛局面,院体写实画风一时成为画坛主流。此外,以下几点也值得关注:

① 北宋山水画家如李成、范宽等人大都致力于大山大水的全景式表现,甚至如王希孟《千里江山图》这样的超大制作;而到了南宋,马远、夏圭等人却好取边角之景,人称“马一角”“夏半边”(图 2-1),时人讥为残山剩水,以为是偏安局面所致。实则北宋江山又何尝完整!由整体展现、无微不至向局部刻画、深藏妙露的转变正是艺术发展的必然规律。马、夏的山水空间表达融写实的意趣与丰富的想象于一身,实开后世上海地区造园家张涟(南垣)“截豁断谷”造园思想的先声(详见下篇第 1 章)。

图 2-1 (南宋)夏圭《雪堂客话图》

② 在代表画家文同与苏轼、米芾等人的大力提倡与推波助澜下,文人画蔚然兴起,一代士大夫靡然风从,纷纷研习墨戏以资消遣,使统治阶层在全面文人

化的同时又在很大程度上艺术化——所谓文人画上承魏晋南北朝的士体画风与唐代王维衣钵，其创作者主要为士大夫，创作目的主要为怡情遣性与自我表现，创作题材多寓含画外之意，创作技法多率性不拘，创作旨趣为写对象之神而非其形。文人画的兴起对文化阶层、文官政治的审美化育具有积极的社会意义，更为同时期文人园的发展奠定了基础。

文人画流风对尚属偏僻的上海地区也有所波及。宋末华亭僧人温日观即善以泼墨法画葡萄，甚至以头濡墨而画，绰有唐人张旭之风，人称“温葡萄”；其人法名子温，天性狂怪，能诗，擅草书，传世有《葡萄图》轴，并有题画诗。苏轼好友、上海地区名园“醉眠亭”主人李行中题咏醉眠亭诗作中亦有“倦游拂壁画山径”①、“壁上客游堆醉墨”（嘉靖《上海县志·卷之七·文志上》）之句，似乎这位逸士亦通画艺，并能以画会友，其山水画工或许得苏轼所传？

③ 出现了郭熙的《林泉高致》这样的鼎盛期山水画论，就山水画的构图技法提出高远、深远、平远的“三远”理论，对山水画与山水园林的空间处理影响深远。

④ “园林中熔铸诗画意趣比之唐代就更为自觉……山水诗、山水画、山水园林互相渗透的密切关系，到宋代已经完全确立。”②宋时上海地区如谷阳园、柳园、东皋园、光风霁月亭都有佳篇题咏，醉眠亭更因得苏轼、苏辙兄弟及秦观题咏而身价百倍，嘉定怡园则有诗集传世。

有宋一代的上海地区尚不足以山水绘事知名，只是爱石成痴、以“米家山水”著称的大书画家米芾曾治事青龙镇，对这里的艺术发展，包括园林发展产生了积极影响。

（3）周边园事的鼎盛期：苏州、吴兴的次第辐射

文人园林至宋代已与文人画同步形成潮流，并开始占据园林发展的主流。宋代文人园景象空间简淡疏朗，建筑风格平易质朴，意境创造则有文学性、思想性升华，这些都与宋代文人对园林创作日益广泛的参与有关；而造园技术如山石垒叠、植物引栽、建筑兴造水准也随时代进步有大幅度提高。

宋代北方多名园，北宋李格非《洛阳名园记》所载已达十九处，汴京（今开封）城内的艮岳更是名标史册。中原园林盛况对江南影响非浅，北宋时江南地区造园活动已日见频繁，这可以从培育出造园家、恶棍朱勔的苏州城内众多名园，如朱长文所筑乐圃，梅宣义所筑五亩园，苏舜钦所筑沧浪亭的赫赫声名中想见。这

① （清）宋如林修，孙星衍等纂《松江府志·卷七十八·名迹志》，嘉庆二十三年修刊本。
② 周维权《中国古典园林史》，清华大学出版社1990年12月第一版，95页。

一时期初起的上海园林可能受苏州影响较多。

南宋时衣冠南渡，江南地区园事更盛，临安（今杭州）、吴兴（今湖州）一带官僚私园尤多——吴自牧《梦粱录·卷十九》载临安园林十六处，周密《武林旧事·卷五》载临安园林四十五处、《吴兴园林记》（即周密《癸辛杂识前集·吴兴园圃》）载吴兴园林三十六处……大建筑家、园林家童寯先生更言“宋时江南园林，萃于吴兴”[①]，则此时上海园林受鼎盛期的吴兴园林影响可能更甚。

宋代上海园林概况

下文分类列举一些较具代表性的上海地区宋代园林，言及其位置时或借用后世名称，后附括号内是其清代所属县治：

(1) 城市地园林：赵氏园与柳园

宋时上海地区城镇化程度尚不高，城市地园林应主要分布于华亭县与后来的嘉定县治，盛极一时的青龙镇也有一定分布。

① 赵氏园：在嘉定孩儿桥西。北宋至和年间（1054—1056）户部仪曹赵安国辟。（嘉定县）

② 柳园：在府治西北柳家巷，为宋户部侍郎柳约园，按柳约宅亦在柳家巷，则柳园似为其宅园。

柳约，字元礼，华亭人，北宋大观三年进士，经学、诗文俱为时人所重，《宋史》有传。此园以主人姓氏为名，可能建于柳约登第之后，即园事高涨的北宋末年。

宋人许尚《华亭百咏·柳园》诗曰：“芳草池塘暖，东风桃杏繁。春归人亦散，寂寞锁园门。”[②]从诗中看，此园应为一以池塘型水景及植物景观为主的城市地园林，而人散园锁，倒似与宅邸分开，任人游赏者——或许此园虽与宅同处一巷，仍有所间隔，故可纵人游观。唐宋时这类独立私园多公众化倾向，北宋理学家邵雍有句云：“洛下园池不闭门……遍入何尝问主人”[③]，当时洛阳人游览私园，只需付给门人少许“茶汤钱”即可，积少成多，亦颇为可观。

元时，大山水画家黄公望（号一峰，1269—1354）曾一度寓居柳家巷，宅名“一峰小隐”，或许小有林亭之胜，至清代为福泉庵；明代显宦陆树声之适园亦在此巷内柳约读书台旧址，今均无存。（华亭县）

③ 云间洞天：在府治东南里仁坊钱家巷，即今北迄松江区中山东路松华药

---

① 童寯《江南园林志·沿革》，中国建筑工业出版社 1984 年 10 月第二版，33 页。
② （清）《钦定四库全书·集部四·别集类三·宋·华亭百咏》，上海古籍出版社 1987 年 6 月第一版。
③ 转引自孙小力编著《咫尺山林——园林艺术文粹》，东方出版中心 1999 年 1 月第一版，58 页。

厂，南至迎宾路的地域，为北宋端明殿文学士、参政钱良臣私园，详见下文。(娄县)

(2) 山林地园林：来鹤亭

由于地貌条件所限，上海地区山林地园林主要分布于九峰一带。宋时这里已是文人游屐屡及之处，并见诸诗文，如北宋黄庭坚的《过横云山渡长谷》诗，张耒的《玉窦泉》(在北竿山下)、《寄题华亭竹堂》诗(堂在凤凰山下)[①]……这为九峰园林在南宋末年的发端及元、明两代的兴盛局面打下了基础。

① 来鹤亭：南宋宣慰使周显建于九峰中的干山，即天马山，以宋人习气，应为以亭为中心的一片园林胜区。"来鹤"一称多少受到高士林逋(和靖)西湖孤山放鹤亭的影响，又有辽东人丁令威"鹤归华表"[②]掌故的影子，而华亭鹤原本就独步天下。园以鹤为名，这在上海地区是较早一例。(娄县)

② 山舟：南宋咸淳年间(1265—1274)，周镛、周镐兄弟在天马山西麓建宅隐居，周镛字山隐，著述甚富，宋末屡征不出，很为时人称颂；大书画家赵孟頫(1254—1322)未出仕前与二周交好，以大篆题其斋屋榜额曰"山舟"——周氏为天马山一带世族，人称"山周"；赵稍讹其字，传达出"山有舟兮不可以济，龙在野兮孰与治世"[③]的感喟。元末最闲园主人王逢有"虚舟辞"传世。周氏子孙世居此山，至清代仍有兴筑。

此宅可能具园亭之胜，或开后世写意型船舫建筑先河。(娄县)

(3) 江湖地园林：旧西湖园亭与东皋园

上海地区江河纵横，湖荡密布，最宜江湖地园林的广泛建造。宋时此类园林见于华亭县治西南的旧西湖一区，三泖一带则尚未兴起。旧西湖上开放式公众园林与私家园林相对的局面或许是当时上海地区除青龙江上穿梭往来的樯帆外最美妙的图景。

① 旧西湖公众园区：旧西湖亦称瑁湖，位于县治西南，即西晋陆瑁养鱼池故地。北宋起官方陆续在湖上点缀亭台，成为开放式江湖地公众园林——"其北渚有风月堂(胡承美取白居易'水槛虚凉风月好'之句为名)、湖光亭(在风月堂西)，中洲有思吴堂、泳波亭(宋嘉祐中，华亭县令吴及建亭曰'环碧'。及有惠政，去后民怀之。元祐中刘鹏辟为堂，榜曰'思吴'。绍兴间，杨寿亭即堂址建亭曰'泳波')"[④](括号内为原文中注释)，亭台隐隐，与后起的朱氏谷阳园景相互因借。

---

① 参见上海市松江县政协文史工作委员会编《松江九峰》，上海古籍出版社 1995 年 9 月第一版，4 页。
② (晋) 陶潜《搜神后记·卷一》。
③ (清) 谢庭薰修，陆锡熊纂《娄县志·卷十三·名迹志上》，乾隆五十三年刻本。
④ (清) 谢庭薰修，陆锡熊纂《娄县志·卷十三·名迹志上》，乾隆五十三年刻本。

至元、明两代，官方、私家仍在湖上有所兴造。（娄县）

② 谷阳园：在谷阳门（府治西门）外旧西湖上，为北宋元祐六年进士朱之纯别墅。朱之纯自号谷阳先生，以文学闻名乡里，晚年久居园中。此园以东晋陆机《赠从兄车骑》一诗中“仿佛谷水阳，婉娈昆山阴”[①]句意为名，似应建于朱之纯登第后的北宋晚期。

朱氏曾自作《湖斋》一诗云：“平湖十顷水汪洋，得意茅斋且屈藏。园种小桃今结子，池载翠芰更闻香。六龟已兆千年瑞，双鹤看呈八月祥。居此倏然忘世味，此心尤懒去龙阳。”[②]诗中“平湖十顷”应是平借外部西湖水面，而园内自有池半顷，应是自湖面分出的水体，面积也已相当可观，依宋人趣味，多半处理为自然延伸的港汊，未必会拙劣地重复湖泊景象；“茅斋”即是湖斋，可见其形态之质朴，园中尚有文澜堂等建筑，风貌也应相对一致；由“小桃”、“翠芰”可见园内植蔬果，栽菱藕，带有生产型园林遗意；“双鹤”则为文人趣味的动物点缀。综观全园，应为一兼具田园风味的江湖地园林。

绵延至清代中期，园中文澜堂遗址犹在。（娄县）

③ 醉眠亭：在吴淞江南岸支流青龙江东岸。北宋嘉祐、元符年间（1056—1100）逸士李行中晚年构筑，详见下文。（青浦县）

④ 东皋园：在披云门（府治东门）外张塔桥西北，为北宋钱知监别业，“皋”意为水边的高地，园既以位置得名，又借取了晋人陶渊明《归去来辞》中“登东皋以舒啸”句意。宋末诗人储泳（字文卿）有《登涟漪阁》诗记之：“杰阁枕平川，秋光淡远烟；窗开林外景，影占水中天。野色归吟笛，征帆过客船；危阑人徒倚，飘渺十洲仙。”[③]按“十洲”为道家所谓海上仙境。从园名及诗句可知此园坐落河岸，似以临水踞坡的高阁为主要建筑，登阁可俯借平川、远借沙渚，是以借景为重的滨水园林，高阁自身也成为河岸很好的点缀。宋人好兴建楼阁于山坡，以资游眺，此阁即为例证之一。元时此园废。（华亭县）

（4）村庄地园林：龚氏园

① 龚氏园：在嘉定“黄姑塘中”[④]，即今嘉定区娄塘乡北境，南宋绍兴年间进士、宣教郎龚明之辟于绍兴前期，疑属村庄地园林。园以主人姓氏为名，有期颐

---

① （西晋）陆机《赠从兄车骑》，引自王永顺主编《陆机文集·陆云文集》（松江文献系列丛书·文集专辑），上海社会科学院出版社 2000 年 7 月第一版，41 页。

② （清）谢庭薰修，陆锡熊纂《娄县志·卷十四·名迹志下》，乾隆五十三年刻本。

③ 转引自林晓明主编《松江文物志》，上海人民美术出版社 2001 年 11 月第一版，95 页。

④ （清）宋如林修，孙星衍等纂《松江府志·卷七十八·名迹志》，嘉庆二十三年修刊本。

堂、农隐堂、栖闲亭等建筑。“农隐、栖闲”等建筑名称传达出园林的风貌与旨趣。龚氏为嘉定望族，传至明代复由龚明之后人龚弘在嘉定城内辟建有龚氏园，后易名为秋霞圃（图 2 - 2），存留至今，为上海地区现存古典园林中艺术价值最高者。（嘉定县）

图 2 - 2　嘉定秋霞圃“舟而不游轩”正立面

（5）环境状况不详者：瞿氏园及其他

① 瞿氏园：在今南汇县下沙乡，下沙于宋时为沿海一大盐场，瞿氏以盐官起家，赀财之富，号称浙西第一。元人陶宗仪在《南村辍耕录》中称：“浙西园苑之胜，惟松江下砂瞿氏为最古，宋秀州守方岳亦有诗留题壁间。后紫阳虚谷翁来游，继题十绝，其一云：‘壁间墨客埽龙蛇，所写诗佳字亦佳；忽见题诗增感慨，吾家宗伯老秋崖。’是也。次则平江福山之曹，横泽之顾，又其次则嘉兴魏塘之陈……福山、横泽、下砂，皆无有久矣，可胜叹哉！”①按“方岳”号秋崖，为南宋绍定年间（1228—1233）进士，钱氏“云间洞天”亦有其题咏（详见下文）；“紫阳虚谷翁”即南宋著名诗人方回（1227—1307），字万里，号虚谷，南宋景定年间（1260—1264）进士，宗江西诗派，有《桐江集》等传世，历仕宋、元两代。此园构建年代至少在北宋，似坐落于当时的郊野湖沼滩涂间，元时园即废，面貌已无从判断。（南汇县）

② 晚风清亭：位置不详。北宋史家园林，园以亭名，由米芾书额，为其在上

① （元）陶宗仪《南村辍耕录》，辽宁教育出版社 1998 年 3 月第一版，314 页。

海地区留下的墨迹。(华亭县)

③ 光风霁月亭：在璜溪，大理寺长官吕重庚构筑。这一亭名或出自北宋文学家黄庭坚对理学名儒周敦颐的赞誉："人品甚高，胸中洒落，如光风霁月。"[①]园以此亭为名，既表达了对一代大儒的敬慕，也成为个人襟怀的榜示。宋人有诗咏之曰："百年心事无人会，付与茅亭伴吕仙。"[②]看来园中主要建筑为一座可能供奉有与主人同宗的道家神仙吕洞宾(传为唐时人)的茅亭，融北宋新儒家的洒落与道家的玄想于一体了。茅亭、茅斋之设多见于当时的上海文人园林。

吕氏为松江巨族，此后的元末，文学家杨维桢还于璜溪吕良佐家主持"应奎文会"。(金山县)

④ 碧玉亭：在嘉定"仁里桥北"[③]，龚明之孙、咸淳七年武进士龚天定筑。(嘉定县)

⑤ 怡园：在嘉定南翔镇。南宋宝庆年间(1225—1227)，陆纮(字冠垂)辟，"垒石穿池，亭台竹木甲于里中"[④]，似具一定规模。此园题咏较多，宋时即编辑成集，是上海地区较早的园林诗集。(嘉定县)

宋代上海园林分析

(1) 综述：文人园的初起

从前文所列十五例中可初步分析出宋代上海地区园林的以下特点：

① 尚处于学步期的宋代上海园林作为一个地域性园林群体在数量、规模及艺术水准等方面已初具形态。

② 宋代上海园林地域分布重心大致在华亭、嘉定两县治及青龙镇域；时域、类型分布重心则尚难判断。

③ 上海地区的文人士大夫群体已经初步形成并开始进入园林领域，文人园在上海园林中的主流位置初步确立，山水诗文与山水园林的互渗已蔚然成风。

④ 园林建筑密度远较后世为低，常以形态优美的亭、楼而非厅堂为主要建筑，风格取向以质朴为主流，多见茅草覆顶的记载——"极简"如醉眠亭、恢宏繁复如"云间洞天"均如此。

⑤ 多种称谓方式并存，其中以主要建筑如亭、楼、堂称谓园名者最具时代

---

① (南宋)朱熹《周敦颐事状》，见《周敦颐集》。

② (清)宋如林修，孙星衍等纂《松江府志·卷七十八·名迹志》，嘉庆二十三年修刊本。

③ (清)程其珏修，杨震福等纂《嘉定县志·卷三十》，光绪六年修。

④ 转引自《南翔镇志》，上海人民出版社1992年12月第一版，407页。

特征。

⑥“云间洞天”已开创上海地区大型峰岩景观塑造与审美的先河。

⑦ 早期公众园林已随着城市的发展而出现；自然风景区——九峰三泖间的造园活动已初现端倪。

(2) 醉眠亭：早期极简文人园的代表

醉眠亭主人李行中字无晦，本为吴兴(雅称霅川，今浙江湖州)人，徙居松江，不愿出仕，以诗酒自娱；晚年建造园亭，以“醉眠”名之。

① 文献背景：苏门华章

李行中与苏轼等文士吟游园中，使醉眠亭成为宋代上海园林中名人题咏最多、声名较著者，下面列举其中几首：

苏轼《李行中醉眠亭诗三首》之二：“君且归休我欲眠，人言此语出天然；醉中对客眠何害，须信陶潜未若贤。”

苏辙《次韵吴兴李行中秀才见寄并求醉眠亭诗二首》之一：“是非一醉了无余，唯有胸中万卷书。已把人生比蘧传，更将江浦作阶除。欲眠宾客从教去，倒卧氍毹岂暇舒。京洛旧游真梦里，秋风无复忆鲈鱼。”

晁端佐《醉眠亭》诗四首之二：“磐石幽亭乐未央，是非穷达两相忘；尘寰下望知何许，烂醉高眠自有乡。”

韩宗文《醉眠亭》诗三首之三：“昔有遗贤世所怜，沧浪亭下醉时眠；松江变酒终难待，却对残灯理短篇。”

李行中《醉眠亭》诗一：“檐低槛曲莫嫌隘，地僻草深宜昼眠。代枕暮凭溪上石，当帘时借屋头烟。倦游拂壁画山径，贪醉解衣还酒钱。一水近通西浦路，客来犹可棹渔船。”①

李行中《醉眠亭》诗二：“要识荒亭路不赊，浦西桥头对渔家；窗嫌日曝新栽竹，蔬占畦长未种花；壁上客来堆醉墨，篱根潮过积寒沙；被人误号陶彭泽，也学门前五柳遮。”(嘉靖《上海县志·卷之七·文志上》)

② 命名方式：我醉故我在

唐代以前私园尚少题名，如南朝庾信的小园。唐时则常以园林位置为名，如蓝田别墅、庐山草堂。入宋以后园林称谓、命名方式日益多元化，如以主人姓氏冠诸园名——但这或许只是他人所施称谓，当时吴兴诸园大都如此；又好以园中主要建筑如亭、阁、堂为名，此类园名即较多个性的昭示，如苏州今存之沧浪亭；

① (清) 宋如林修，孙星衍等纂《松江府志·卷七十八·名迹志》，嘉庆二十三年修刊本。

而另行题命的园名也逐渐增多，尤能体现园主卓然的志趣与独具的意匠。北宋司马光（1019—1086）之独乐园、苏舜钦（1008—1048）之“沧浪亭”较诸唐代白居易（772—846）不动声色的“庐山草堂”“履道里园”显然更多个性的宣示与现实的挑战意味，而这种不加掩饰的表现欲甚至挑战欲正是“园林艺术向个性化发展的内在动力和基础”①。某种程度上，一个响亮的名字才能成就一座真正完整意义上的文人园；这同两宋画院名家多将名款落于画幅隐处，元代文人画家始傲然题名落款同一道理——好在有宋一代优容士大夫，虽风波迭起却绝少举起屠刀，使他们得以纵情驰骋才思；同样的园名出现在所谓“康乾盛世”，或许就有“恶毒攻击”之嫌了。

对照前文所列宋代上海园林，数种命名方式俱存，如以园主姓氏为名的瞿氏园、赵氏园、柳园、龚氏园，以主要建筑为名的“醉眠”、“晚风清”、“光风霁月”、“碧玉”、“来鹤”诸亭，以园主志趣、信仰或祈愿为名的东皋园、谷阳园、云间洞天、怡园、山舟。而醉眠亭一称似取意于唐人李白《山中与幽人对酌》中“我醉欲眠卿且去，明朝有意抱琴来”句，其中流露出的孤傲洒落，独立于流俗外的情怀上承西晋二陆，无疑是其中较耐人寻味的。

③ 布局设想：亭的景观主导

从苏辙“更将江浦作阶除”句、晁端佐“磐石幽亭乐未央”句、李行中“檐低槛曲莫嫌隘，地僻草深宜昼眠。代枕暮凭溪上石，当帘时借屋头烟”等句可知醉眠亭或许坐落于江水与溪流交汇处，以“檐低槛曲”的亭为主要建筑、也即主要观赏点，借江上风光为景象核心，亭周磐石、菜畦散点，清溪萦带，疏篱横斜，与江面共同构成主要景域，布局属“极简”型，是不求建筑之华美、景象空间之繁复，以滨水田园景象塑造为旨归，以借景见长、以意境动人的典型宋代文人园。由“君辄暂眠舍后亭”（李常《醉眠亭》诗，嘉靖《上海县志・卷之七・文志上》）句尚可知景域外部隔树丛、散石当藏有一定面积的居住建筑。

值得一提的是，宋时似常以形态表现力较强的楼阁、亭作为园中主要建筑，相对呆板的厅堂常退居次要，不似明清园林厅堂之惟我独尊，导致对园林景象空间的多重干扰。除醉眠亭外，前文所述东皋园即似以临水高阁为主要观赏与被观赏点。

④ 名园类比：沧浪亭的江上投影

韩宗文“昔有遗贤世所怜，沧浪亭下醉时眠”句则将醉眠亭与去此不远的苏

① 孙小力编著《咫尺山林——园林艺术文粹》，东方出版中心 1999 年 1 月第一版，50 页。

州城南著名文人苏舜钦建于北宋庆历五年(1045)的名园沧浪亭(图 2－3)联系在一起。

图 2－3　民国时期的苏州沧浪亭

苏舜钦为北宋景祐元年(1034)进士,“庆历新政”失败后被贬,以青钱四万、也即区区四十贯购得苏州府学以东一片三面临水的弃地作为自己的林栖之处(青龙江上地价当不过此数),“构亭北碕,号‘沧浪’焉,前竹后水,水之阳又竹无穷极。”①“沧浪”二字则取诸《楚辞・渔父》中“沧浪之水清兮,可以濯我缨,沧浪之水浊兮,可以濯我足”句,正是因水名亭,因亭成园。虽所费无多,景物亦简约清旷至极,却因园主而闻名遐迩,成为一时失意文人效仿的对象。苏舜钦在园中清斯濯缨,浊斯濯足,度过了他生命的最后四年,园则辗转存留至今。

苏舜钦园与李行中园俱以亭为名;选址俱在人弃我取的滨水僻地;格局俱属极简型——皆以区区陋亭为景象核心,面向开阔水面,周遭掩映树石而已;立意俱以超脱世事、自得其乐为指归……只是后者年代稍晚,声望较微,仿佛是前者投向青龙江上的美妙倒影。

文人园明定身份的关键点是其景象与意境塑造需充分体现文人士大夫的审美趣味与精神向往,而其拥有者、创作者是否为文人,建造目的是否为怡情遣性与自我表现,园居生活是否文人化、艺术化等诸多方面也参与构成着其全部内

① (北宋)苏舜钦《沧浪亭记》,转引自陈植主编《中国历代造园文选》,黄山书社 1992 年 1 月第一版,54 页。

容——离开苏轼等诸多名人的题咏，醉眠亭即不成其为完整的醉眠亭了。

此园虽遗迹泯灭，记载简略，但人文含量较丰，于上海地区园林精神、园林性格的塑造贡献较多，允称上海地区早期文人园的代表作。

(3) 云间洞天：大型山水园的先声

钱良臣(约1126—1189)，字友魏，一字师魏，是华亭人中较早官至高位者，云间洞天则是其刻意经营的终老之地，乾隆《娄县志·卷十四》称其在"在今府城东南隅县界内"，属坐落市廛间的大型"城市山林"。园址里仁坊习称"钱家府"，南宋人方回咏园景诗亦称《钱府百咏》，足见其为与宅第相接的宅园。清《古今图书集成》载："按明《一统志》，宋钱良臣参大政，多访江南奇花异卉、古松怪石以营之，其中美景佳致，有如洞天，故名，今钱家巷其遗址也。"①

① 文献背景：钱氏年谱与《钱府百咏》

A. 钱良臣简略年谱：

约北宋靖康元年(1126)生。

南宋绍兴十四年(1144)，19岁，入太学。

绍兴二十四年(1154)，29岁，登进士第。

淳熙五年(1178)六月，53岁，升任端明殿学士，签书枢密院事；十一月，任参知政事。

淳熙九年(1182)九月，57岁，罢参知政事，降为资政殿大学士奉祠。

淳熙十年(1183)三月，58岁，任镇江知府。

淳熙十二年(1185)正月，60岁，改任建康(今南京)知府，政绩卓著。

淳熙十五年(1188)八月，63岁，朝廷批准其本人请求，改任洞霄宫提举(宋代安置失势或赋闲官员的特殊职位，名义上主持宫观，实则只领俸禄，奸臣蔡京亦曾提举杭州洞霄宫)。

淳熙十六年(1189)十一月卒，享年64岁，谥文惠。

B. 南宋诗人方岳《钱府百咏》选四：

方岳之咏钱府可能已在钱良臣身后，但其园、宅尚无衰颓景象：

"洞天闷云间，景胜三十六。花柳迷远近，岗峦互重复。祥光烜宸赐，夜半斗牛宿。时有众仙游，笙歌响幽谷。"

"作堂面东岩，笑傲日饮酒。爽气浮须眉，归云叆窗牖。深心乐青山，高卧听

① (清)《古今图书集成·方舆汇编职方典第七百一卷·松江府古迹考》，中华书局、巴蜀书社1985年10月出版。

白首。寄语安石翁，苍山望君久。”

“山顶绝佳处，危亭冠其巅。苍烟散林端，晓日浮栏前。俯视毛发竦，仰观河汉连。何当蹑长梯，醉拍洪崖肩。”

“楚山固多奇，云根巧雕锼。上接飞鸟道，下瞰清溪流。当年高堂梦，莫慰神女愁。行云晚来归，遗踪寄情游。”①

② 历史沿革：百年一瞬

由前述年谱可知，钱氏年近而立时登第于宋高宗朝；五十三岁时，(即淳熙五年十一月)于孝宗朝攀至仕途顶峰；五十七岁时，(即淳熙九年九月)自政坛高点跌落，奉祠回乡，此时致力营造终老之地从心绪、财力角度均再合适不过；翌年(即五十八岁起)在江南镇江、建康一带任职，仍便于就近指点园事，还可于公事之余访求名花异卉、古松怪石，增饰自家园亭。这样看来，云间洞天的始建年代或许早于其荣登高位的淳熙五年，但大肆营造时代应不早于此年，而其回乡奉祠的淳熙九年九月以后则尤可能为其以仕宦多年的财力、势力，遍览临安、吴兴、平江、建康御苑、名园的识力在乡里全力打造园林巨观的时期。

然而，如此园林巨观一刻也少不得强力的维护，这注定了其命运之短暂——此园元代即废，算来存在不过百余年。惟“东岩”(应为石包土假山)因舍入寺庙得以保存，“峰峦竹树，犹为城市山林之胜”②，峰巅尚存旧日“朋云亭”废基，这是上海地区名园荒芜后转为寺庙祠观、成为公众园林的较早一例；而“巫山十二峰”则半归尼庵慧海寺。

此后峰岩俱废，但此园旧址仍峰石迭现。明成化年间(1465—1487)，人们在这里掘得几座奇峰，被松江知府王衡送到府治园圃(今松江二中)布置，至清嘉庆年间(1796—1820)犹存。从嘉庆《松江府志》“府署图”中可见府署西路有园，园中又以海石堂为主要建筑，其南面对峰峦、船屋与斋屋一区，按当时习气，云间洞天遗峰可能被设置于海石堂南的峰峦中(图 2-4，并参见图 3-12)。

直至 1990 年 8 月，在此园故址、今松华药厂东墙外土丘中还惊现 4.5 米高的太湖石立峰，被移立于厂内空地，成为百年名园的吉光片羽。此石疑为“巫山十二峰”之一。

③ 命名方式：回归洞天

宋代真宗、徽宗两代君主均上承唐玄宗余绪，下启明世宗歪风，迷恋、推崇道

① 转引自《上海园林志》编纂委员会编《上海园林志》，上海社会科学院出版社 2000 年 4 月第一版，630 页。

② (清) 宋如林修，孙星衍等纂《松江府志·卷七十八·名迹志》，嘉庆二十三年修刊本。

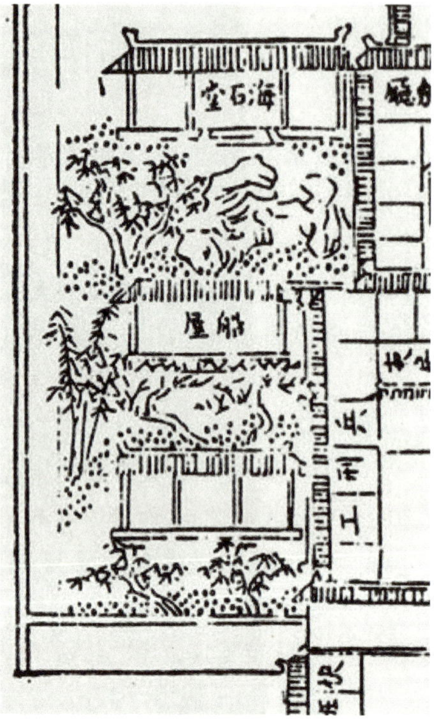

图 2-4 清嘉庆《松江府志》中的“松江府署图”局部

教，动辄装神弄鬼、大兴土木。受皇家影响，宋代信奉道教者众多，且于园林中多有反映，如前文吕重庚之“光风霁月亭”即供奉吕仙，而钱良臣似沉溺更甚。这可以从他请求以洞霄宫提举为政坛归宿看出，更可以从此园命名中看出：“云间”言其地，是上海地区古称，又含云霄之间意味；“洞天”则从道家“十洲三岛”“十大洞天”“三十六小洞天”“七十二福地”之说中化出，唐代道士司马承桢《天地宫府图》、唐末杜光庭《洞天福地岳渎名山记》对此均有记载，虽不尽相同，但都可实指其地。“云间洞天”一称实指云霄间之仙乡福地，而园中三十六景更是对道家“三十六小洞天”的附会，可看作秦汉园林摹拟海上神山遗风的新发展，只是肯定较其繁密细腻得多。

④ 造园思想：仙界全景的凡俗表达

钱氏营造此园的南宋，山水画已在北宋格局森严的全景式展现基础上演变出“高亢、豪纵”与“简括、清劲”①并存的自由裁减新体貌；而同时期作为南宋高层官僚退养之地的吴兴诸园虽尽有规模较大者，如南沈尚书园面积“近百余亩……大池几十亩，中有小山，谓之蓬莱”②，亦存海上神山的遗风，但也未见如此园“千里江山”式的仙界全景展现，所以钱氏虽或有以此一园景观抗衡临安、吴兴私园，为乡里增色的心愿，但在时人乃至后人看来实有过度夸示恩宠、炫耀财富之嫌。明代诗人、松江名园庆云山庄主人张弼即曾讥嘲道：“嚣尘不到即仙家，何必洞天三十六”③，一语道破此园欲以尘世之繁复表现仙界之简淡的逻辑困境。

但客观看来，此园之“三十六洞天”构想亦不过是以内在意蕴统一全园的一种方式。反观后世如明中期的苏州拙政园，广袤二百余亩，清旷出尘，亦有三十

① 上海古籍出版社编《古代艺术三百题》，上海古籍出版社 1989 年 11 月第一版，284 页。
② （南宋）周密《癸辛杂识前集·吴兴园圃》，中华书局 1988 年 1 月第一版，8 页。
③ 转引自林晓明主编《松江文物志》，上海人民美术出版社 2001 年 11 月第一版，96 页。

一幅园景册页传世，不过未言“三十一洞天”耳；崇尚繁密奢华的明晚期，上海豫园面积七十余亩，景物之纷纭似有过于“云间洞天”，但一“豫悦老亲”的旗号即解释了一切。

⑤ 布局设想：岗峦花木的景观主导

据文献描述，此园景物颇为纷繁——建筑景观如“东岩堂”“朋云亭”“流杯亭”“侈赐亭”“雪窗”“云榭”，山景如“巫山十二峰”“观音岩”“桃花洞”，水景如“桃谿”“明月湾”“来禽渚”，植物及“疑似”植物景观如“桔坞”“柳村”“杏村”“薝蔔林”“香风”“露香”“笼锦”，不明景观如“龟巢”“围乡”等——以道家洞天之说来统一诸多景物确不失为举重若轻的巧妙构思。

意蕴既统一，即需进一步分清景物主次、层次，确定核心景域以统率全园，以不同层次的次要景域烘托核心景域……而核心景域需配以核心建筑，此园核心景域即似在“作堂面东岩”的“东岩堂”一带。而从“花柳迷远近，岗峦互重复”（见前文）句可知，此园似以峰峦、花木为主要空间分隔手段，多“橘坞”、“柳村”、“杏村”这样别致的乡野景观表现；而文献中所列建筑名目之稀少与元代上海地区曹氏园之洋洋数十处厅堂形成鲜明对比，其建筑密度之低不言自明，如此既省财力，又避免了人工建筑尘俗气冲淡“洞天”意境的表达——总的推测，此园建筑稀疏，花木繁茂，虽冈峦迭起尚不失清淡之致，未脱仙家旨趣。

⑥ 手法特征：稚嫩期的峰岩审美大观

将北宋李格非《洛阳名园记》与南宋周密《吴兴园林记》作一对比，不难看出前者多以理水及植物配植见长，几乎不见掇山描述。后者则已见如南沈尚书园“池南竖太湖三大石，各高数丈，秀润奇峭”、俞子清侍郎园“峰之大小凡百余，高者至二三丈，皆不事饾饤，而犀珠玉树，森列旁午，俨如群玉之圃……众峰之间，萦以曲涧，甃以五色小石……”[①]的景象，可见南宋江南地区园林造景手法的发展与好石成癖的社会风气。上海园林沾濡其间，亦当有所反映，云间洞天之“巫山十二峰”景区或许就是吴兴俞子清园峰群、曲水景观之上海版。而由宋人“作堂面东岩，笑傲日饮酒。爽气浮须眉，归云叆窗牖”“山顶绝佳处，危亭冠其巅。苍烟散林端，晓日浮栏前”（见前文）等不失夸张的吟哦亦可见园中掇山规模之一斑。

此园既有上海地区最早的著名石峰群体的列置，又有东岩、观音岩等山岩的堆掇，峰岩之盛，似不亚于同时期吴兴诸园，而开上海地区大规模峰岩景观审美

① （南宋）周密《癸辛杂识前集・吴兴园圃》，中华书局 1988 年 1 月第一版，8 至 15 页。

之先河。只是以多座通常只适宜单独或三三两两观赏的太湖石峰并峙一处，再以曲水萦绕，似有悖自然理趣，故常为后世所不取。如清中叶扬州九峰园之“九峰”、稍晚的苏州寒碧庄（今留园）之“十二峰”皆分组设置或随地点缀，各自拥有相应的展示区间，已远离了稚嫩的罗列时代；而同时期青浦佘山遂高园中的“十二亭”“四面奇石矗立，如巫峰之数”①，则似又老调重弹了。

⑦ 何处云汉昭回？

清嘉庆《松江府志・卷七十七》载“云间洞天”中有云汉昭回之阁，光绪《华亭县志・卷二十一》也载：“钱良臣参政园在里仁坊内……府有御书‘云汉昭回之阁’（按云汉阁其址后为慧镫庵，见县志稿）”；而清乾隆《娄县志》《古今图书集成》均不载。后者“上海县”部分尚载明：“云汉昭回之阁在芦子浦南，南宋淳熙十年端明殿学士钱良臣建以藏宸翰，其额系光宗在东宫时书，今碑存静安寺，阁废。”②万历《上海县志卷一・园亭》载：“云汉昭回之阁在芦子浦，南宋淳熙十年端明殿学士钱良臣建以藏宸翰匾额，光宗在东宫时书，今碑存静安寺，阁废。”按宋孝宗曾询钱良臣以时事，钱应对称旨，孝宗乃书“通儒”二字赐之，所谓“宸翰”即指此而言。而阁额“云汉昭回之阁”由光宗所书，无非是言祥云缭绕、星汉辉耀、护佑其父手迹之意，是专为贮“宸翰”处而题。当时如文学家范成大在苏州城中的府第中也有供奉御书的“重奎堂”（转据王謇《宋平江城坊考》，江苏古籍出版社 1999 年 8 月第一版，50 页），“芦子浦”在今静安寺一带，为旧日“静安八景”之一。《民国丛书・第四编》也载：“钱良臣在芦子渡建造了一所阁，特地来保藏当时皇帝写的‘通儒’两个字，这所阁的阁额‘云汉昭回之阁’六个字，却是宋光宗的御笔。”③几说相互印证，再对照今存阁额位置（见下文），似以此阁始建于后来的上海县境内、当时的华亭县远郊胜区较为可信。至于此后“宸翰”是否曾移至华亭县治内的“云间洞天”并另建新阁、镌新额，形成两处“云汉昭回之阁”的局面，就难以确定了。

南宋嘉定九年（1216），原在吴淞江（今苏州河）畔的静安寺南迁至芦子渡一带今址，当时云汉昭回之阁应尚存，与静安古刹楼台相望，燕雀往还。阁废后，御书六字石额即流落寺中，自元代起一直镶嵌在静安寺大殿壁上，至 1936 年时还

---

① （民国）于定等修，金咏榴等纂《青浦县续志・卷十一》，民国二十三年刻本。

② （清）《古今图书集成・方舆汇编职方典第七百一卷・松江府古迹考》，中华书局、巴蜀书社 1985 年 10 月出版。

③ 《民国丛书・第四编・81・上海研究资料续集》，上海书店 1992 年 12 月第一版，16 页。

“在大殿前面右边墙夹缝里嵌着”①，至今安然无恙——此额体量巨大，令人油然想见一代名阁飘然远去的背影。

云间洞天为上海地区可考而最早的大型山水园林作品，也是其两宋时期造园实践的巅峰之作。如果说醉眠亭为早期上海园林注入了较多的精神内涵，那么云间洞天则更多地从形态角度探索了大型、复合山水景象空间的塑造技法，从掇山、理水、种植、建筑等多方面为上海地区后世园事开拓了创作思路。

值得注意的是，云间洞天还以其名宦家园的强大号召力于无形中对上海百姓完成了一次初级、间接的园林审美化育，其潜移默化的影响将在此后的漫长岁月逐渐显现。

宋代的上海园林从青龙江上的磐石幽亭、旧西湖畔的水槛虚凉到里仁坊的岗峦重复、柳家巷的芳草池塘，直至天马山外的翩翩鹤影、黄姑塘中的处处蛙鸣，多方蔚起，五色杂陈，形成初期的兴盛局面。由于上海地域的相对冷僻，这一局面较少受到宋末战火的摧残蹂躏，成为元代上海园林蓬勃发展的美妙温床。

第2节　元代的上海园林

元王朝的建立是冷兵器时代相对落后民族往往能够战胜先进民族的典型例证之一。奉行奴隶制的蒙古统治者在以极端暴力血腥手段建立起人类历史上空前的庞大帝国、极大促进东西方经济、科技与文化交流的同时也涂炭了万千生灵，吞噬了众多文明的成果，迟滞了其前进脚步，南宋统治下的江南地区就是受创较重的区域之一。好在这里固有的经济活力依然生生不息地修补着战火与落后体制带来的创痛，而上海地区僻处海隅、经济薄弱，较少受到战火波及，反而获得更多发展契机。

元代上海及周边地区的文化艺术生态

元代运河通畅，但漕运始终以海运为主，位于江海要冲的上海地区成为海运要点，发展迅速——至元十四年(1277)华亭置府，崇明置州(隶扬州路)，上海镇

① 《民国丛书·第四编·81·上海研究资料续集》，上海书店1992年12月第一版，15页。

设市舶司；至元二十八年（1291）上海建县；元贞元年（1295），返自海南的上海人黄道婆开始向民间传授纺织技术，揭开上海地区以棉纺业雄立天下的序幕；元贞二年（1296），嘉定例升中州（隶平江路，元制5万户至10万户为中州）——短短二十余年间，上海地域就已由宋时的区区两县（华亭、嘉定）发展为一府两县及北部两州。到元末，松江寓贤、文学家陶宗仪（1316—?）更发出“况松江尚侈靡、习淫风者久矣”的感叹①，足见当时上海地区经济、民风的发展程度。

战火接踵而至——陶宗仪《南村辍耕录》载：“松江自丙申二月十八日军乱…… 首尾两月之间，焚杀掳掠，十里之城，悉化瓦砾之区，视它郡尤可畏”②，描述的就是元末至正十六年（1356）松江府城战乱之惨状。但就整体而言，上海，尤其是其东部地区在元末仍为避兵乐土，府城东北九十里外的上海县即始终毫发未动，以至其直至明中后期始修筑城墙——嘉庆《松江府志・疆域志》称：“我松文物之盛，莫甚于元，浙西诸郡皆为战场，而我松僻，峰、泖之间以及海上皆可避兵，故四方名流，汇萃于此，熏陶渐染之功为多。”

(1) 辉耀一时的文人群体：政治与战火边缘的聚集

蒙古统治者对被征服民族按其降附先后给予不同的政治地位和权利，至元朝建立时，已形成蒙古、色目、汉人（契丹、女真和北方汉人）、南人（南宋统治下的江南人民）四个等级，带有明显的种族歧视、压迫色彩。元代虽实行科举，但蒙古人、色目人与汉人、南人分榜取士，政策偏倚极多；即便由此入仕，也大都沉沦州县，不得擢拔。且有元一代九十八载，不过开科十六次，几乎退回到以血统、军功定贵贱的灰暗年代。

被排挤至政治边缘的知识分子社会地位迅速下降，“一官、二吏、三僧、四道、五医、六工、七猎、八娼、九儒、十丐”③之说触目惊心。一个漠视人才、拒斥知识的社会即便经济仍有相当发展，其前景之黯淡可想而知。生不逢时的文人士大夫群体不得不消极处世，或潜遁田园、山林，或流连曲坛、绘事，或沉溺佛经、道藏，形成在野文化空前繁盛的别样图景。

元代的上海地区经数百年经济积累，风物柔美、经济小康，邻接地域中心城市却又相对僻静，一时失意文人雅士纷至沓来，或寓居，或往还，切磋文事、艺事，激扬文字，挥洒才情，对于迅速提升上海地区文化含量、艺术水准起到至关重要

---

① （元）陶宗仪《南村辍耕录》，辽宁教育出版社1998年3月第一版，359页。
② （元）陶宗仪《南村辍耕录》，辽宁教育出版社1998年3月第一版，103页。
③ 转引自上海古籍出版社编《中国历史三百题》，上海古籍出版社1989年9月第一版，329页。

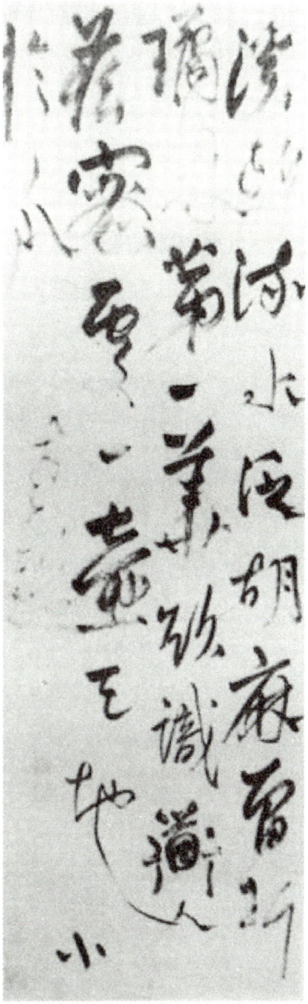

图 2 - 5　杨维桢草书

的作用，更为其明晚期的文坛、艺坛鼎盛局面埋下伏笔。在他们中间我们可以寻觅到赵孟頫、黄公望等人的清劲身影。元末战火频仍，尚属平静的上海地区却人文更甚，草玄阁主人、文学家、书法家杨维桢（1296—1370），南村草堂主人、文学家陶宗仪（1316—?），最闲园主人、诗人王逢（1319—1388）都是避兵来此的文坛高士，其中又以杨维桢最为引人注目。

杨氏为元后期诗坛领袖，其"铁崖体"乐府诗名擅当时，其草书作品之粗头乱服、天趣浑成更洞穿"以书载道"的书法本质，令观者失色（上海博物馆藏有他的《草书七绝诗轴》，图 2 - 5）——讥之者称有乱世气，其实元末正是当"乱"之时！其人则气度高旷，才思纵横，放浪形骸、风标独具，往往不惜以牺牲传统、震愕世人为代价，赢得抒发个人生命感受的自由，其学术及个性特征对后世上海士人有深远影响，其门弟子贝琼、袁凯（以《白燕》诗闻名，人称"袁白燕"）即为明前期上海文坛健将，当时上海诸园多得其题咏。

此时上海地区乡土文化氛围也较前代浓郁，出现了庄肃、夏庭芝这样的藏书名家——庄肃，字恭叔，号蓼塘，"住松江府上海县青龙镇，尝为宋秘书小史。其家蓄书数万卷……江南藏书多者止三家，庄其一也"①；夏庭芝则为华亭县人，身兼戏曲、藏书家，有《青楼集》传世，保存戏曲史料极多——退居乡隅，坐拥书城，政治与战火边缘的上海文人仍在精心构建着自己的精神家园。

（2）文人写意山水画的完备：山水景象的个性化表达

有元一代是山水画风从北宋的全景展现、南宋的主动取舍向以形写神、抒情表意转化的时代，更多文人的加入对这一转化起到关键作用。由于周边地区的繁盛艺事和元末的连绵战火，元代的上海画坛在短时间内即呈现出俊采星驰的璀璨局面。

① （元）陶宗仪《南村辍耕录》，辽宁教育出版社 1998 年 3 月第一版，322 页。

① 文人画的蓬勃兴起：挥别院体

元代文人远离政坛，人格相对独立，精神面貌焕然一新，这种面貌形诸笔墨，使简率、尚意、高古的文人画取代工笔写实、与亡国之痛紧密相连的院体画成为画坛主流；而失意文人对自然山林的普遍向往又使山水画就此一跃成为文人画主流，攀上历史的高峰。

元代画风的开拓者赵孟頫（1254—1322）倡导用书法笔意入画，为普遍缺乏绘画基本功训练但长于书事的文人士大夫大量介入绘事，进而介入园事提供了可能——这为明中晚期文人、画家乃至造园家合流的局面打下了基础。

② 九峰三泖间的绘画实践：王蒙与南村草堂

上海境内的九峰三泖山温水软，兵迹罕至，成为元时众多文化、艺术精英居留、盘桓、创作、交流的理想场所。

元初，一代画宗赵孟頫即时常光顾松江，寓小北庵，其岳家管氏即在今青浦小蒸。他的外甥黄公望则生于常熟，后寓居松江柳家巷，又筑室横山隐居，称“黄公庐”；他曾创作《九峰雪霁图》，将雪后九峰描绘得超尘绝俗；而他的代表作、被誉为画中兰亭的《富春山居图》据题记就作于松江西佘山夏氏知止堂。后人称黄公望“探阅虞山朝暮之变幻，四时阴霁之气运，得之于心，而形于画，故所画千丘万壑，愈出愈奇，重峦叠嶂，越深越妙。”①其实虞山也不过是探入常熟城内的土丘一抔耳，虞山之外，具体而微的九峰三泖又何尝不是黄氏朝夕摹写的山水模特呢？

元末，兼诗、画名家于一身的倪瓒（1301—1374）也曾浪迹峰泖，留下众多艺术佳作，他的《三月一日自松陵过华亭》一诗即写尽吴江、松江一带山水神韵：“竹西莺语太丁宁，斜日山光淡翠屏。春与繁花俱欲谢，愁如中酒不能醒。鸥明野水孤帆影，鹳没长天远树青。舟楫何堪久留滞，更穷幽赏过华亭。”②而著名画家高克恭、柯九思等也曾流寓上海地区。

赵孟頫外孙、大画家王蒙（1301—1385）为名园南村草堂主人陶宗仪表弟，每次经过陶氏筑于松江泗泾的南村草堂“辄流连不忍去，兴酣落笔，秾郁深至，可一扫丹青故习，非松风阁、听雨楼、琴鹤轩诸卷所可比伦也”③，足见园林与书画艺术的高层次互动交融实有难以言传而又摄人魂魄之处。王蒙曾绘有《南村图》，

① 郑逸梅《清娱漫笔》，上海书店 1982 年 6 月第一版，55 页。

② 转引自湖北省社会科学院文学研究所编《历代诗词曲佳句名篇大全》，长江文艺出版社 1992 年 1 月第一版，594 页。

③ （清）钱泳《履园丛话·卷十》，中华书局 1979 年 12 月第一版，282 页。

以九峰为背景，农舍竹林，小桥流水，一派田园村落景象。

③ 本土画家：曹氏园池与任家高阁主人

元代的松江画坛已拥有了自己的高水准创作群体，包括专攻山水的曹知白(1272—1355)、以水利家兼画家的任仁发(1254—1327)，还有张梅岩、沈月溪、张可观等人。

曹知白，字贞素、又玄，号云西，华亭人，山水画名家。他的画风渊源自北宋李成、郭熙，笔墨疏秀，较多个性，为黄公望、倪瓒所推重，晚年则归于古淡天真，卒后归葬天马山。北京故宫博物院藏有他的晚年画作《疏松幽岫图》，台北外双溪故宫博物院藏有其画作《群峰雪霁图》。他曾于至元年间(1335—1340)出任昆山教谕，后辞官隐居，筑园凿池，成为有元一代上海地区最大园林之一(下文另详)，曹氏亦可能为上海地区最早的造园家。此园中藏千卷书、百卷法书名迹，赵孟頫、黄公望、倪瓒、王冕(1287—1359)、虞集(1272—1348)等名家都是他的座上常客。

任仁发，字子明，号月山道人，松江青龙镇人，官至浙东道宣慰副使。他主持过吴淞江、通惠河、黄河等多项大型水利工程，其中吴淞江水闸遗迹近年已重见天日。他是画马名家，人物、花鸟亦佳，但不以山水名；上海博物馆藏有他的花鸟画名作《秋水凫鹥图》，工整艳丽，接近宋代院体风格。任仁发宅中有来青、览辉二楼及莲巢诸胜，远借山色，近揽莲塘，形胜绝佳，布局、建筑风格可能接近其画风。杨维桢有诗描述道："大江如龙入海口，青山似凤来云间；任家高阁东西起，左江右海南青山……"①但文人笔墨，往往有所夸张。

(3) 周边园事的小城镇化：在野的现实享乐

"元代在绘画思想上的巨大变化，写意山水画的创新和取得的杰出成就，不可能不对造园艺术产生影响，特别是四大家之一的倪瓒，自己构有清閟阁、云林堂，并参与狮子林的叠山意匠。他那逸笔草草，不求形似的画风，借笔墨来写出胸中逸气的创作思想，显然不会再去追求客观对象的忠实，走摹写山水的老路……这种写意式的叠石之山，在开创之初，恐怕很难达到高度概括、提炼的成熟程度，但它标志着以自然山水为创作主题的中国园林，由摹写山水向写意山水的过渡和变革，为明清写意山水园的创作开辟了道路。"②

元代中后期的江南从宋元之交的战火中逐渐恢复，赓续起南宋的造园遗风，

① (清)宋如林修，孙星衍等纂《松江府志·卷七十八·名迹志》，嘉庆二十三年修刊本。
② 张家骥《中国造园史》，黑龙江人民出版社 1986 年第一版，119 页。

但如苏、扬二州的园事却仍然寥落，倒是如刚刚由县升州的无锡等更小型城镇“百里之内，第宅园池甲乙相望，譬诸木焉”[①]——或许这正是一个园林分布小城镇化的时代。元政府的颟顸暴虐催生出元人追求现实享乐的恣纵、洒脱心态，这可能是“元代东南部分地区”园事“得以继续兴盛的心理基础”[②]。

元代上海园林概况

下面粗略分类列举一些元代上海地区园林概况：

(1) 城市地园林：草玄阁

元代上海地区城市地园林的冷落与各乡野间的楼台迤逦形成极其鲜明的对比。

① 草玄阁：为元末文学家杨维桢寓所，在府城南门内迎仙桥西北，“为东吴胜概”[③]，应有园亭之胜。明人陈继儒(1558—1639)《太平清话·卷二》载：“草玄阁至今存望仙桥阁署，亦付之祝融”，则其至明晚期始毁于火。但明崇祯十六年(1643)邑人李凌霍又重修，至清中叶遗址已不可考。

② 慧海寺庭园：宋代大型园林“云间洞天”于元代荒废后，著名的“巫山十二峰”之半归入尼庵慧海寺，由此可见此寺庭园应具一定胜景，其位置疑在府城钱家巷附近。此外，“云间洞天”中之“东岩”也因舍入寺庙得以保存，“犹为城市山林之胜”[④]，则此寺园亭应更具规模，但不知其名。

(2) 山林地园林：小山招隐与瑶芳诸亭

有元一代，九峰间发端自南宋末期的营宅造园之风日趋浓烈，至元末已盛极一时。因九峰体量普遍较小，故名为“在某山下者”可能仅为背山而建，未必真属居于山麓的山地园。

① 小山招隐：在小横山下，为孙稷别业，园名极雅。小横山在横山东，奇石壁立约四十米，其色赭黄，有“小赤壁”之称，1949 年后采石不止，削山为坑。

② 瑶芳亭：在凤凰山，费榕建，匾额出自赵孟頫手笔。

③ 芝泉亭：在辰山，杨氏筑，王逢有诗记之。

---

① 《夷白斋稿·风林亭记》，转引自孙小力编著《咫尺山林——园林艺术文粹》，东方出版中心 1999 年 1 月第一版，83 页。

② 孙小力编著《咫尺山林——园林艺术文粹》，东方出版中心 1999 年 1 月第一版，84 页。

③ (清)《古今图书集成·方舆汇编职方典第七百一卷·松江府古迹考》，中华书局、巴蜀书社 1985 年 10 月出版。

④ (清) 宋如林修，孙星衍等纂《松江府志·卷七十八·名迹志》，嘉庆二十三年修刊本。

④ 雨濡亭：在北竿山，余寅筑，王逢有诗记之。

(3) 江湖地园林：梧谿精舍与淀山草堂

元代上海地区江湖地园林除兴起于三泖、淀山湖外，还散见于青龙江、旧西湖等处。

① 旧西湖公众园区：北宋起官方即于松江府治西南的旧西湖一区点缀亭台，其“北渚”有风月堂、湖光亭，“中洲”有思吴堂、泳波亭。至元代，知府张之翰在泳波亭故址建西湖书院，县丞魏云翼于唳鹤滩重建泳波亭，成为府城第一佳胜。

② 梧谿精舍：在青龙江上，今青浦区中心附近，可能筑于元末义军徐寿辉部攻克江阴的至正十二年(1352)，是王逢全家东迁乌泥泾、筑最闲园之前的住所，因王母徐夫人曾手植两株梧桐于故里横河之上，故以梧谿为名。王逢有《梧谿集》七卷，载有咏哦园中“萝月山房”、“冥鸿亭”、“小草轩”诸胜的诗篇。其中“小草轩”实寓“在山为远志、出山为小草”[①]之义，表达了隐逸不出的志趣。从其《久雨坐梧谿精舍》诗中“青梧阴四合，长夏含秋清”[②]等句中可知此园或以摹仿其故里江阴溪头景色、寄托亲情、乡思为指归。

③ 野亭：在泖水之滨，华亭世家子弟沈铉(字文举)筑，杨维桢有记云其“莳花竹，筑亭四楹……颜其亭曰‘野’”[③]，赵孟頫之子、陶宗仪舅父、书画家赵雍(1286—1358)篆书其额，人因称沈铉为“沈野亭”。此园之简率犹存宋风。

④ 春草堂：在泖水之滨，别驾谢礼所居，宅中有光涤亭，显具林泉之胜。杨维桢晚年常居住于此，并有记记之。时人有“白发草元杨子宅，红妆檀板谢家湖”[④]之句，可从中窥见其艺术化的园居生活之一斑。“草元”应即前文所述之杨维桢宅“草玄阁”。“元人谢伯理居淞之泖湖，富而好礼，构光涤亭，为宴乐之所，九日，会友于其间，有园丁以佛顶菊花方开，献之筵间求诗，众为赋之”，[⑤]此“众”包括杨维桢、顾仲瑛等一时名士。

⑤ 淀山草堂：在淀山湖侧，为李升(字紫筼)隐居处，有白云窗，多名人题咏。园似傍湖临溪，遥借湖中淀山(此时淀山应尚未登陆)，故有“积玉溪头水拍天，草堂只在淀山前。鸣鸠啼鸟青春里，古木疏篁落照边……”“大泖当门鲈正肥”之

① (元) 赵孟頫《罪出》诗。
② (清) 宋如林修，孙星衍等纂《松江府志・卷七十八・名迹志》，嘉庆二十三年修刊本。
③ (清) 宋如林修，孙星衍等纂《松江府志・卷七十八・名迹志》，嘉庆二十三年修刊本。
④ (清) 宋如林修，孙星衍等纂《松江府志・卷七十八・名迹志》，嘉庆二十三年修刊本。
⑤ 明郎瑛《七修类稿》，文化艺术出版社 1998 年 8 月北京第一版，371 页。

句[1],杨维桢亦有诗记之。

(4) 村庄地园林:翡翠碧云楼与南村草堂

在元代江南园林分布小城镇化的趋势下,上海地区园林亦出现村镇化趋势,村庄地园林之盛远迈宋代,精华作品几乎毕集于斯。

① 翡翠碧云楼:在杜村,位于今南汇县周浦,为宋代名臣杜衍(著名文人苏舜钦岳丈)九世孙杜元芳建,是以楼为园名的一例。此楼似因高出林表、浮居翠色之上而得名,楼中贮书万卷,奠定其文人园品格。园东南尚有杜氏别业一区,云林池岛绝胜。

由文字记载揣测,此园面积广袤,或以楼为主要建筑,高踞于以土为主、植被丰茂的假山上,楼下局部叠石为崖,环以碧水,再于密林间穿插"竹深荷静""晴好雨奇"等轩斋"凡七十二所。"[2]因园中建筑数量惊人,景域广大,故可能不得不以此楼之高度、体量为全园点睛。

此园为元代上海地区最大园林之一。

② 曹氏园池:位于今青浦区小蒸镇,原为南宋曹泽之别业,后其从孙、画家曹知白大加扩建,与翡翠碧云楼同为元代上海地区最大园林。(详见下文)

③ 最闲园:位于今闵行区乌泥泾镇,原为宋代张氏故居,元至正二十六年(1366)诗人王逢为避兵祸从青龙江上的居所——梧豁精舍移居于此,建园隐居。(详见下文)

④ 南村草堂:在泗泾之南,今松江区泗泾镇南村酒家一带,为元末明初文学家陶宗仪耕读之所。陶字九成,号南村,浙江黄岩人,工诗文,善书画,为躲避元末战乱举家来到泗泾南村,筑宅园隐居。其中主要建筑应为南村草堂,此外尚有竹主居、蕉园、来青轩、闿杨楼、佛镜亭、罗姑洞、蓼花菴、鹤台、渔隐、螺室等十景,此园以乡村景观的刻画塑造为指归,似偏重植物景观,稍稍点缀建筑而成。陶宗仪作有"南村十咏",其悠然自处之意溢于言表。

草堂建成后成为一代文人诗酒徘徊之所,陶宗仪弟子、开吴门画派先声的画家杜琼(1396—1476)有"南村十景"册页传世,存上海市博物馆。陶宗仪朝夕吟啸其间,亦有《南村诗集》及著名史料笔记《南村辍耕录》传世,令南村之名传诵于久远。

此后,陶宗仪又于凤凰山麓筑南村居,于干山麓筑菊庄,隐逸峰泖间达五、六

---

① (清)宋如林修,孙星衍等纂《松江府志·卷七十八·名迹志》,嘉庆二十三年修刊本。

② (清)《古今图书集成·方舆汇编职方典第七百一卷·松江府古迹考》,中华书局、巴蜀书社1985年10月出版。

十载。

⑤ 拨赐庄：在盐铁塘畔，位于今闵行区杜行乡建新村，又称百花庄，传系元至正四年(1344)元顺帝因其妹百花公主下嫁脱脱丞相之子，拨赐其妹的庄园，庄中有“野塘春涨、官堤秋晓、古寺天香、懒园老松、荒坟银杏、毛湾斗鸭、斜桥步月、椿园晚照”[①]八景，似以庄园野趣、植物景观为主，借尽周边景色，未必有多少自觉的景象塑造。

⑥ 云所园：又名南园，在华亭县陶宅镇，今奉贤县青村乡陶宅村，元末松江府八大富豪之一陶舆权建。其宅名陶宅，宅前溪名陶溪。园中有“西湖晓色、南园霁景、道院幽栖、园桥纵步、东庵华表”[②]诸景，景名不脱商贾气息，时人有“陶溪八咏”传世。明初书法家、诗人张弼(1425—1487)有《陶溪八景总咏》一首：“瞳昽旭日照西湖，光映南园霁色多。仙馆百年高大卧，园桥三月丽人过。东庵鹤去空华表，北宅春来长绿莎。听击黄昏楼上鼓，隔溪渔火对渔歌。”[③]明嘉靖年间(1522—1566)，陶宅一带沦为倭寇巢穴，园亦遭毁。今残存园中湖面，人称花园沟。

⑦ 清樾堂：在泗泾，夏氏所有。陶宗仪《南村辍耕录》载：“至正庚子秋七月九日，饮松江泗滨夏氏清樾堂上。酒半，折正开荷花，置小金卮于其中，命歌姬捧以行酒。客就姬取花，左手执枝，右手分开花瓣，以口就饮，其风致又过碧筒远甚。余因名为‘解语杯’，坐客咸曰然”[④]——这是一种精心修饰的乡野风趣，同杨维桢以“鞋杯”行酒相比要蕴藉得多，足见当时上海地区园居生活之一斑。

其地至清康熙年间(1662—1722)为附贡生马潮所得，葺为肯园，有古榆、银杏各一，相传为清樾堂遗物。嘉庆年间(1796—1820)归秦氏，一九四九年后成为泗泾中学，仍存旧屋两间、荷池一片。

(5) 郊野地园林：知乐亭与小桃源

① 北花园：在松江府城北门，即通波门外，园西的采花泾和园北的夜游泾都以园得名，想来园居生活是很丰富而著名的，后废为丛冢；一说此园为西晋陆氏家族所有，见第 1 章第 2 节。

② 陈家园：园以主人姓氏为名，在松江府城东门外马弄内，元至正年间

---

① (清) 宋如林修，孙星衍等纂《松江府志・卷七十八・名迹志》，嘉庆二十三年修刊本。

② (清) 宋如林修，孙星衍等纂《松江府志・卷七十八・名迹志》，嘉庆二十三年修刊本。

③ 上海市文史馆文史资料工作委员会编《上海地方史资料・六》，上海社会科学院出版社 1988 年 9 月第一版，181 页。

④ (元) 陶宗仪《南村辍耕录》，辽宁教育出版社 1998 年 3 月第一版，337 页。

(1341—1368)春时府人多游宴于此，似为一座带公共性的私家城市山林，但也有言其元时已废者[1]。其地至清代为金山司马钱培荪之复园。

③ 知乐亭：在小蒸，邵桂子葺，是就一片洼地因势利导，“疏为大池，中设四洲，蓄鱼尾之盈寸者万计……环以土堤，隐若长垣，上种桑槿、编竹篱为障蔽……乃于水中筑小亭，四面渟洄，八窗玲珑，不藻绘，不甃治，自南堤北行至于亭二百步为二板桥以达焉。”[2]此亭用庄子知鱼之乐故典为名，堪与晋代陆琄养鱼池并称姊妹篇。

④ 小桃源：在泖水之西，为隐士陈衡栖居处，杨维桢有记云陈氏“既遗其子东、西两第，又为园池东西两第间，治屋庐其中，其堂曰‘清晖’，楼曰‘明远’，而又额其亭曰‘小桃源’……清绝如在壶天，四时花木晏温，常如二三月时，殆不似人间世也。”[3]园实以亭名，有清晖堂、明远楼、小桃源亭诸胜，而四时花木的葱茏大概得益于园艺手段，非真有营造小气候之能。

元代上海园林分析

(1) 综述：九峰三泖之间

与前代相较，元代的上海园林具有如下特点：

① 在江南园林总体分布可能出现小城镇化趋势的时代背景下，元代上海园林充分利用多种契机，上承两宋余绪、下启明中晚期鼎盛局面的先声，整体数量、质量均有充分发展。

② 就类型分布而言，元代上海城市地园林明显坠入低潮，江湖、山林、村庄、郊野诸地园林则较为繁盛，其中又似以散布较广的村庄、郊野地园林最盛；就时域分布而言，由周边战火导致的物质、文化资源骤然注入使上海园林在元末出现一个发展高潮，并可能部分地延续至明前期；就地域分布而言，以清代各县、厅范围而论，相对后起的南汇即有瞿氏园(元末废)、翡翠碧云楼、烟霞阁(阁后有池，有古柏)，奉贤有云所园、海鹤轩，宝山有潭氏园、沈氏园、严氏园……而华亭、娄县、上海、青浦、嘉定等开发较早地域更不必说——其园事蔓延显较前代为广，其中青浦小蒸、娄县泗泾、上海县乌泥泾等城镇当时似园事较盛，俨然是乱世间的世外桃源。

③ 文人、画家对园事的更多投入，包括他们自主构筑园林的风潮，进一步提

---

① (清) 杨开第修，姚光发等纂《华亭县志·卷二十一》，光绪四年重修。
② (清) 宋如林修，孙星衍等纂《松江府志·卷七十八·名迹志》，嘉庆二十三年修刊本。
③ (清) 宋如林修，孙星衍等纂《松江府志·卷七十八·名迹志》，嘉庆二十三年修刊本。

高了上海园林的艺术与审美水准，丰富了其园林文化内涵，确立了文人园的主流位置。其中画家曹知白或可视为上海地区第一代本土造园家。

元代赵孟頫、黄公望、王蒙、倪瓒等一流书画家，杨维桢、陶宗仪、王逢等著名文人常出没于上海地区各种园居文化活动，篆额题画，吟诗作记，流传于方志之堂记、轩记、斋记、园记及各类诗赋远较宋代为多——上海地区山水诗文、绘画与山水园林的交融互渗第一次变得如此紧密自然、势不可遏。而文人、画家自主筑园也成为一时风气。黄公望之"一峰小隐"、黄公庐或许还只稍具丘壑；杨维桢之小蓬台、拄颊楼、草玄阁等别业则已"皆为东吴胜概"①；陶宗仪拥有南村草堂、南村居、菊庄三处别业；王逢先后有梧谿精舍、最闲园两处宅园。元代上海如曹氏园、翡翠碧云楼这样的大型园林也已不再专属于显宦，而创自以文事、艺事见长，蛰居乡里的富家翁。

图 2－6　王蒙《青卞隐居图》

④ 元代上海园林仍传承着宋代由简至繁的多种体例：极简者如知乐亭、野亭仅以一亭为景观核心，其余不过山石、花木、水面而已，简洁清旷一如宋代沧浪、醉眠诸亭，而以亭为名的方式也袭自宋风。较简者如梧谿精舍、最闲园、小桃源也只寥寥数座亭舍，质朴动人，与宋代旧西湖上之谷阳园相当。两者的意匠源泉或许是如倪云林《渔庄秋霁图》那样清逸的"疏体"画风。极繁者如翡翠碧云楼、曹氏园之建筑密度则似较宋代"云间洞天"更高，景物缤纷，耀人眼目，其意匠源泉或许是如王蒙笔下《青卞隐居图》(图2－6)那样结构繁复而又苍茫浑朴的"密体"画风，同极简者相比似更多世俗的审美趣

① (清)《古今图书集成·方舆汇编职方典第七百一卷·松江府古迹考》，中华书局、巴蜀书社 1985 年 10 月出版。

味与功能化倾向。其中翡翠碧云楼以楼为景观核心，似稍近宋风，而建筑数量之大又令人咋舌；曹氏园之以厅堂为主则更接近明清两代园林布局风格。

⑤ 园林建筑风格中偶见时代烙印。如钱皋之“纯白窝”“又于堂右个辟窝一所，上结圆顶，下方四落，皆垩为雪色，泥窦牖六，又以云母片幂之，浑然氈穹庐也，名之曰纯白”[①]，或许主人曾有驰骋大漠，醉卧穹庐的体验。

⑥ 峰岩景观塑造与审美进一步发展，如出现象征主义倾向，实例参见王逢最闲园。

⑦ 在自然山水景区——九峰三泖及淀山湖一带，村庄、山林、江湖、郊野诸地园林出现了第一个发展高潮。从春秋时代的呼鹰喝犬、唐宋时的游山泛水，直至元代的采菊东篱、辍耕南村，九峰三泖间的园林活动日渐成熟。

(2) 曹氏园："密体"文人园的世俗倾向

① 文献背景：《曹氏园池行》

曹氏建园时曾广邀文人为园中主要建筑分别作记，故其文字流传较多，有著名文人虞集之《厚堂记》、画家柯九思之《安雅斋记》，声名较逊的黄溍之《古斋记》、王畈之《知本堂记》、知乐亭主人邵桂子之《题曹云西蔬屋诗》等，但对整座园亭的详尽描述则当推南村草堂主人陶宗仪之《曹氏园池行》——曹氏园极盛时，陶宗仪避兵松江，常泛舟踏访，由曹知白之孙曹炳款陪，园中景致皆曾寓目；园毁后，他无限感喟地赋诗追忆，将昔日胜景一一蕴涵其中："……我昔避兵贞溪头，杖屦寻常造园所……翁之交游皆吉士，赵邓虞黄陈杜李。或铭或记或篆颜，华构翚飞耀闾里，中堂曰厚德茂存(厚堂)，翼室且可栖琴尊……红杏作花锦千树，簾卷高楼听春雨(听春雨楼)……有时怡旷倚阑干(怡旷楼)，九点晚山清且远(清远楼)……地脉衰疲草树焦，颓垣断址低昂见……"[②]

此外，黄溍《古斋记》言："独此斋之屋犹为六世故物……君复缮治藻饰，环以佳花美木，池台水月之胜，萧然如在穹林邃谷间……"[③]亦可供揣测其山水景观环境。

② 历史沿革：雪与水

曹氏原为永嘉(今浙江温州)大族，后徙居松江，落地生根，南宋咸淳年间(1265—1274)始登进士科名，至元代已成为当地望族。

曹氏园址旧日为南宋教授曹泽之别业乐静堂，宅后有东、西果园，仍是生产

① (清)宋如林修，孙星衍等纂《松江府志·卷七十八·名迹志》，嘉庆二十三年修刊本。
② (清)宋如林修，孙星衍等纂《松江府志·卷七十八·名迹志》，嘉庆二十三年修刊本。
③ (清)宋如林修，孙星衍等纂《松江府志·卷七十八·名迹志》，嘉庆二十三年修刊本。

型庄园格局。后来其孙曹和甫修葺此堂，植竹千竿，重饰园庐，改名为“居竹堂”，由大书画家赵孟頫书匾，诗人方回作记。其从孙曹知白则获得东、西果园地，凿池叠石，构堂作轩，将其改筑为占地八十余亩的休闲型园林。如假设曹知白二十岁以后始兴筑此园，则此园之兴建年代应不早于至元二十九年(1292)，但园中部分建筑如古斋等则年代更早。

名园薄命。天历二年(1329)冬，大雪冻毙园中竹树，园景损失惨重；翌年，即天历三年(1330)七月，江南大水，江、浙、湖广被祸最甚，此园亦未能幸免——其时曹知白已近花甲之年，似再无心力兴复，因而此园存在时间至多不过四十年。

此后曹氏子孙仍在此园周遭陆续兴造园亭，但规模均无法与之相比，如曹知白子曹永筑有古节斋，其孙曹炳以园东偏数亩地筑“皆春园”……至明初，松江瞿、曹、吕、陶、金、倪诸巨族在政府严厉打击下大伤元气，曹氏园事才基本终止。

清初，其地复有田氏水西草堂，园中“九客楼”即以曹知白曾迎养九位高士的往事为名，楼后即曹氏园池故址。清时，园址残存“土山峰石甚佳，取者辄得祸，故尚存一二”[①]——一代名园已渐渐蒙上神秘色彩。

③ 布局设想：建筑与山水的极限对比

据光绪年间刊修的《青浦县志·卷十二》，曹氏园景几乎尽以建筑为主导，包括志中所列“厚堂”“求志堂”“玉照堂”“且堂”四堂，“古斋”“止斋”(嘉庆《松江府志》作“正斋”，似误，以下称“嘉”)“停云听松斋”“松石斋”“常清净斋”(“嘉”作“清净斋”)“元虚斋”“卧云斋”“卧元翠斋”八斋，“暖香”“摇雪”“息影”“潔芳”“遂生”“清浅”“楚诵”“晋逸”“乾坤一草”“灌畦”(“嘉”作“濯畦”)“笙月”“白醉”“清晖外霞”十三亭，“滢盈轩”“素轩”“扪虱轩”“受采轩”(“嘉”作“受采)”四轩，“怡旷”“清远”“巢云”“听雨春”四楼，“东庄”“小墨庄”两庄，“雪舟”“藕花舟”两舟，“遗安室”(“嘉”作“遗安堂”)“小谿吟屋”“花竹间瀼”“云中春雪月最佳处”“警梦”“尸居”六建筑，“雪洞”“流月”“霞川”“蹑虹”“月窦”“仁寿”六桥等，计四十九项，而全园建筑实共计八十余项，扣去通常不计为建筑的桥梁，也在七十项以上，有些或许还是建筑组群，而其总面积不过八十余亩——向前比照南宋钱氏“云间洞天”，周围数里，计三十六景，但建筑景观尚不足三分之一；向后比照明中叶之苏州拙政园，

---

① (清)《古今图书集成·方舆汇编职方典第七百一卷·松江府古迹考》，中华书局、巴蜀书社 1985 年 10 月出版。

广袤二百余亩，建筑仅十一处左右；而明晚期园风嬗变，沪上豫园占地七十余亩，建筑也不过二十余处……似乎惟有建于晚清的苏州留园东部甚至上海县城隍庙内园等前期海派园林之建筑、景观密度可能与之相当。

才兼书画、品位不凡的陶宗仪称“浙右园池不多数，曹氏经营最云古”①，“古”显然非言其古老，而是揄扬此园尽得元人以高古为尚的画意；然而“高古”二字向来与萧疏、寂寥、清旷、荒寒相连，而与高建筑密度无涉——或可解释为此园着意以极度集中的建筑组群与大片恬淡古雅的山水空间构成充满张力的对比，其间稍加穿插互渗（不知是否能如后世张涟等人那般纯熟自如）；而建筑风格仍应以质朴为尚，惟局部点缀以“华构翚飞耀闾里”——曹知白以其绘画才情主持此园之意匠经营，或为此园之名闻遐迩的主要原因。

曹氏园之超高密度建筑组群处理体现了规模日见扩大、内涵日益丰富的园居文化生活之时代要求，在一定意义上开创了后世，主要是晚清时期以建筑群落为主的园林创作手法的先声，也从深层次反映了有元一代乡野文化、休闲活动的繁盛和上海地区文人园林早期世俗化进程之一斑。

（3）最闲园：个性化的“疏体”文人园

最闲园是上海文人园林在两宋基础上进一步个性化发展的典型作品，是元人于兵火迫近之际信笔点染而就，逸笔草草，直抒胸臆的小幅山水册页。

① 文献背景：王氏年谱与《移居最闲园诗》

王逢，字原吉，自号梧溪子、最闲园丁，又自称席帽山人，江阴人，元末诗人，擅行草。他少年时即从陈汉卿学诗，又得著名文学家、学者虞集传授，有《梧溪集》七卷行世，多记载宋元之际忠孝节义之事，表达出作者自身的价值趋向。诗坛领袖杨维桢称他“本山泽之士，其淡泊闲静，是其本状”②，又有载其“能以一言活党乱者数千人之命，以一檄降恶少五千之众，又聚瘗无锡之歼于兵者千百人之胔胳”者③，则是其急公好义之一面了。明史有其传。

A. 王氏脱略年谱：

因史料稀疏，只能为王逢编一脱略年谱，着重梳理其两度迁居、筑园与元末战事之因果关系。

① （清）宋如林修，孙星衍等纂《松江府志·卷七十八·名迹志》，嘉庆二十三年修刊本。

② （元）杨维桢《梧溪集》序，载《丛书集成初编·梧溪集·附补遗·三册》，中华书局1985年北京新一版。

③ （元）周伯琦《梧溪集》序，载（元）杨维桢《梧溪集》序，载《丛书集成初编·梧溪集·附补遗·三册》，中华书局1985年北京新一版。

时　间	事　　件
元延祐六年(1319)	出生
元至正年间前期(约 1341—1350)	20 余岁。以一篇《河清颂》赢得权要垂青,但称疾拒官,声誉渐起
元至正十二年(1352)	34 岁。义军徐寿辉部攻克杭州、湖州、常州等地,10 月,克江阴。王逢极有可能于是年避兵青龙江上,构筑梧谿精舍。就此长留松江数十载,直至其辞世
元至正十六年(1356)	38 岁。义军张士诚部攻克平江(今苏州),更取松江、湖州、常州等地,松江府城从此为其掌控。翌年,张因屡败于朱元璋,用王逢策请降于元。此举可与王逢前事相印证
元至正二十五年(1365)	47 岁。10 月,朱元璋攻张士诚所据各地,王逢深感松江兵火将至,可能已着手在乌泾构筑最闲园以便退居
元至正二十六年(1366)	48 岁。3 月 28 日(5 月 8 日),举家自青龙江迁徙至乌泾。10 月,朱元璋大举进攻张士诚,11 月,进围其老巢苏州。翌年 9 月俘之。王逢因迁居僻壤,幸得置身事外。吴人多拥戴、同情张氏,王逢恐亦如此
明洪武初年	携门生、乡里登黄歇浦(黄浦江)中新近淤涨成的沙洲,目睹群雉(野鸡)鸣集,欣然名洲名为“文翚洲”——此洲就此成为上海县胜景,后似渐与岸相连
明洪武十五年(1382)	64 岁。以文学优异被强行征召为官,幸得其子、通事司令王掖叩头泣请,才渡过难关
明洪武二十一年(1388)	70 岁,辞世

B.《移居最闲园诗》:

好诗成癖的王逢于最闲园中诸景皆有题咏,这里录其《移居最闲园诗》四首(共六首):

“卜宅宾贤里,生涯始有涯。忧缘常念世,贫为数移家。径合交枝果,帘当独树花。池台几峰石,相又卧烟霞。”(按乌泥泾镇亦称宾贤里)

“平生一丘壑,今住小林泉。树古走藤蔓,沙虚行竹鞭。红蛛网石罅,白燕下琴边。不有故山忆,溪南买祭田。”

“邻曲郭新好,园林恍昔游。衣冠时径入,棋局夜忘收。已遂莼羹兴,何烦杞国忧。人生贵行乐,两鬓飒先秋。”

“无才甘在野,多懒惬行园。石露溥云气,池风损水痕。草深眠雉子,林静集鸦孙。拟著幽居录，渔樵共讨论。”①

② 历史沿革：袅袅余音

最闲园原传为宋人张骥院（亦称张百五，不知系何人）故居，至元末或许仍稍具林木丘垅，故王逢选择建园于此。园约于清初前废，晚清同治《上海县志·卷二十八》载：“其遗址之仅存者，今为张氏所居。”但直至抗战前的一九三六年，仍有人前往寻访遗迹——“他又指着路左右两方更近镇市的一带地势较高的地方说：‘那里不是比较高起许多的么？便是最闲园的遗址了’……有一座朝南的三开间明式平房……勉强看出‘闲闲草堂’这四个草体的大字……农人说，草堂是一个姓唐的人造了的，后来屡经易主，今为刘氏所有。”②——这野坡陋室正是一代文人名园长留人间的袅袅余音。

③ 景象概况及成因：简率与高古

最闲园以俭德堂为中心，有山名“先民一丘”，沟名“先民一壑”，此外尚有“藻德池”、“怀湘坡”（一作“怀新坂”）、“乐意生香台”、“幽贞谷”、“濯风所”、“卧雪窝”、“流春矼”、“海曙岩”、“林屋余清洞”等景物。园东另辟有菜园，名青园，尚具生产型园林遗意。

总体看，最闲园以自然景象为主，仅稍稍点缀建筑，简率、清旷，属文人园中的“疏体”、逸格，形成这一风格的原因有王逢自身审美趣味的驱使，有其此前构筑梧谿精舍和游赏九峰诸园的意匠积累、提炼，有因屡次迁居而削弱（“贫为数移家”）的财力，还有元末兵火的虎视眈眈……但时代艺术风尚的影响仍是最主要的。

④ 其他特征：景象空间与意象空间

A. 园居活动的“习俗化”与“去城市化”

王逢因徐寿辉战事而一迁于青龙江上，构筑梧谿精舍；因朱元璋战事而二迁至乌泥泾，筑最闲园，其于辗转亡命之际不忘流连园事之情让人想起《世说新语》中的晋人王徽之（字子猷）——“王子猷尝暂居人空宅住，便令种竹。或问：‘暂住何烦尔！’王啸咏良久，直指竹曰：‘何可一日无此君！’”③

或许对于那些远离了城市的喧嚣与战火的元末上海文人来说，“去城市化”的园林空间已成为他们具有强烈认同与归属感、甚至能够带来安全感的、须臾不可或离的精神家园，园居活动也已成为其文化习俗的一部分——梧谿精舍与最闲园的次第兴建、惨淡经营就是最好例证。

---

① 转引自《民国丛书·第四编·81·上海研究资料续集》，上海书店 1992 年 12 月第一版，38 页。

② 转引自《民国丛书·第四编·81·上海研究资料续集》，上海书店 1992 年 12 月第一版，38 页。

③ （南朝宋）刘义庆《世说新语·任诞第二十三》，吉林文史出版社 1996 年 1 月第一版，490 页。

B. 景象空间与意象空间

王逢好为诗，所以最闲园中每一景都经王逢题咏。王逢思乡、思亲情重，所以在青龙江上时命园名为“梧谿”，又曾作有《怀先民赋》，而最闲园中亦有景名如“先民一丘”“先民一壑”“怀湘坡”。王逢忠于元王朝却又性情高洁，藐视权位，所以最闲园中有景名“幽贞谷”“濯风所”“卧雪窝”……王的个人襟期、怀抱较为浓烈地贯注入最闲园恬淡的景象空间，使其得以主观化、复合化，或者说，王氏于此园的景象空间之外构筑起了绵密的意象空间，使其于貌似清旷的表象中生出更多个性、层次与传达方式的艺术感染力。这也是其圮毁多年后仍不断有人探访遗址、重建草堂的根本原因。

C. 象征主义的峰石审美

园中“林屋余清洞”上立有“直节峰”，或属斧劈石一类；峰旁二石，一名“泗磬”，一名“丰钟”，应是取其象形，或取其敲击时之异声——钟（金）声与磬（玉）音标示着古乐的始终，所以孟子言“孔子之谓集大成，集大成也者，金声而玉振之也。金声也者，始条理也；玉振之也者，终条理也……”①，即形容孔子学说之有始有终，体系完备。而以此两者并置于“直节峰”旁，则成为园主人直节堂堂、生死以之的精神昭示。

这一观赏性石组如节、如磬、如钟，较一般湖石之透漏备至、弄巧成拙可能要浑厚朴拙得多，较后世园中叠石象形、芜杂不伦的手法更不可同日而语，倒是日本园林中大量运用、意味深长的象征主义石造景观与之更多共同点。其尺度与直观表现力虽或远逊于宋代“云间洞天”中之“巫山十二峰”，但其以石代言，意在言外的主观表现力与感染力则似较后者有新的发展。

宋元时代的上海园林从总体看仍处于发展阶段，但从个案来看，南宋的“云间洞天”似已不亚于同时代的吴兴名园；元代曹氏园、翡翠碧云楼之规模宏大、景物纷繁，最闲园之信手拈来、清韵独具则令人尤难忘怀。它们从相关艺术门类和相邻地域园林中孜孜不倦地汲取养分，从多个层次和角度为发展中的上海园林贡献着新的尝试，体验着新的迷茫与惊喜。

预报明中晚期上海文人园鼎盛局面的钟声就在它们手中次第敲响了。

---

① 《孟子·万章下》。

第3章

逸豫无期——上海园林的鼎盛与悲哀

这一时期大致从明中叶延续至清前期，主要指明中晚期至清初。

元朝统治者的仓皇北窜和明王朝的入主中原是历史必然而无奈的选择——因元王朝的残暴狙击而中断的两宋社会准近代化进程再也无力在中华大地健康接续，明王朝重新迈出的只是一个社会继续、深入专制化的沉重步履，这类过程总是更多暴露出其腐朽、衰颓和血腥的一面。

经过百余年艰难的自我修复，至明中期以后，在社会经济的有力顶托下，“中国历史进入了从传统社会向近代社会的转型时期，也有的学者称之为近代早期”①；但精神与制度文明发育的极度滞后与经济浪潮的蓬勃奔涌间始终存在着巨大反差与尖锐矛盾，强力阻滞着社会近代化的步伐。与此同时，又一次相对落后社会形态的狙击却已在辽东的白山黑水间悄悄孕育，终于在明末酿成惊天巨变，再次将中国君主专制制度“成功”延续二百六十余年——相当于明末的英格兰，国王与议会正在进行专制与民主的军事对决，至清初的顺治六年(1649)，所谓“康乾盛世”前夜，查理一世已经被无情地押上了断头台——二百年后鸦片战争的耻辱此刻已经铸成。

走在全国经济与社会发展最前列的明末江南地区或许最痛切地感受到了这场巨变的消极后果，这可能是向来以民风柔缓著称的江南百姓会在地方文人士大夫的领导下以最惨烈的方式、最沉重的代价抗拒这场变化的潜在原因。从“扬州十日”“江阴守城”、到上海地区的“嘉定三屠”和松江、金山保卫战，众多江南文化精英以“是不可为，而义不可已”②的壮烈情怀表率万千百姓，毁家纾难，从容赴死，至今仍令人追思不已，史学家陈寅恪先生曾为此痛切陈辞：

---

① 商传撰《明代文化志》，上海人民出版社 1998 年 10 月第一版，16 页。

② 转引自商传撰《明代文化志》，上海人民出版社 1998 年 10 月第一版。

"夫三户亡秦之志，九章哀郢之辞，即发自当日之士大夫，犹应珍惜引申，以表彰我民族独立之精神，自由之思想"①。

第 1 节　明中叶至清初上海及周边地区文化艺术生态

上海地区相对平安地度过了元末战火。虽然明初在上海设立的市舶司至洪武七年(1374)即因倭患猖獗而停罢，易之以自绝于世界的海禁；但发轫自元代的棉花种植和棉纺织业依然以不可遏制之势在这片土地迅速崛起，至明中叶以后，上海地区已作为全国棉纺织手工业的中心迎来了她历史上的第一个黄金岁月——当时的长江中下游平原上，苏州、松江、嘉兴、湖州诸府负势竞上，蓬勃互动，形成振奋人心的经济金三角，在承担极其繁重的赋税同时傲视全国，成为明中晚期江南资本主义经济形态萌芽与江南园林发育的主要土壤。隆庆元年(1567)海禁重开，更有力推进了这一历史进程，与晚明江南的文人园高潮有着显著的联系。

经济的繁荣带来中心城市的进一步发展与周边地域的迅速城镇化——明代的松江府城"东西南北，非官家栉比，即商贾杂居，市物杂列，无一隙地，所谓锦绣江南，无以逾此"，②故有"云间锦绣"③之称。而嘉靖年间(1522—1566)的上海县城则至少已形成了像三牌楼街、四牌楼街、新衙巷等十多条南北、东西走向的整齐、交叉街道；至嘉靖三十二年(1553)筑城御倭之后，发展更劲。明嘉靖二十一年(1542)，分华亭、上海两县地建青浦县，至清顺治十三年(1656)，又分华亭县地建娄县[此前崇明于明洪武二年(1369)降为县]。而自明正德年间(1506—1521)至明末，松江府域的市镇已由 44 个发展为 62 个，其城镇化速度在长江三角洲地区极为突出(图 3-1)——各镇又具自身特色，如当时尚隶苏州府的嘉定县南翔镇即以布市闻名。

明清易代对正处上升期的上海地区经济、文化摧残极甚。清初严酷的海禁、迁海令与繁重的税课使这里一度"民力凋敝而比岁不登……故往时为大家富室者，今多萧然悬罄"④。而继陈子龙(1608—1647)、夏允彝(1596—1645)等一代

① 《陈寅恪文集之七・柳如是别传》，上海古籍出版社 1980 年 8 月第一版，4 页。
② 郭廷弼等修，周建鼎等纂《松江府志・序》，清康熙二年修刊本。
③ 郭廷弼等修，周建鼎等纂《松江府志・序》，清康熙二年修刊本。
④ 郭廷弼等修，周建鼎等纂《松江府志・序》，清康熙二年修刊本。

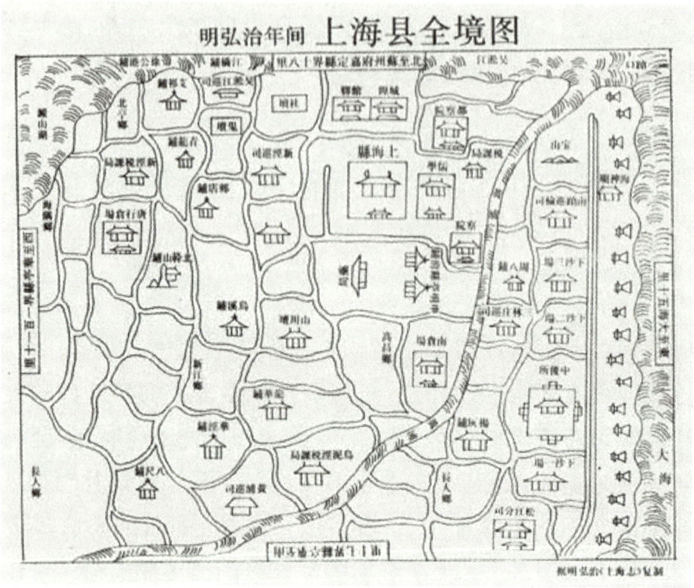

(a)

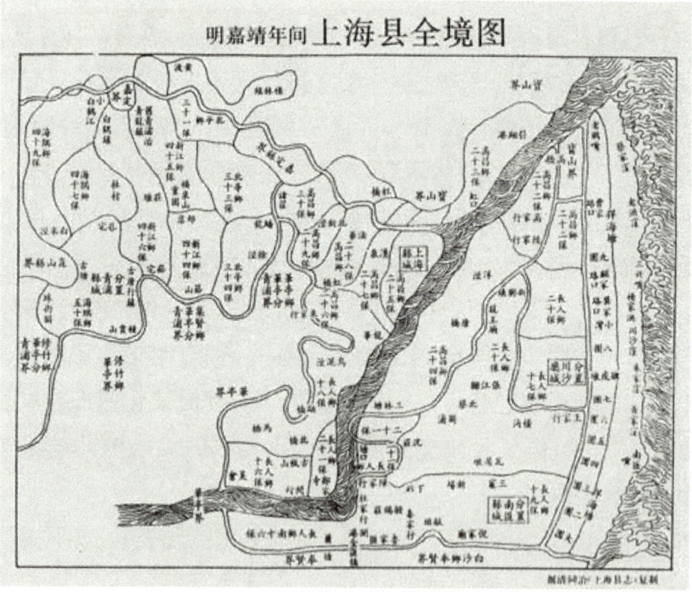

(b)

图 3－1　明代上海县域的城镇化发展

风华正茂的文化精英在战火中损折殆尽之后，清顺治十八年(1661)蛮横追讨逋欠的“奏销案”又令松江、苏州、常州、镇江四府及溧阳一县万余名知识分子被革去功名，断送前程，令上海地区陆、顾等世家大族纷纷破产，文人志士几乎一蹶不振——该年新科进士、名园“九峰草堂”主人诸嗣理即被削去刚刚获取的功名，不得不流连九峰以终；面积达百亩的松江顾氏熙园也被迫拆卖于这场浩劫中——战火与奏销案、文字狱的连续重击对上海地区主流文化发展走向产生了重要影响，这或许是其文人园鼎盛局面仅凭惯性滑行至清初，未能如传统文化的重镇——苏州那样长期延续的重要原因。

泛文人化社会与人文思潮：从陈继儒到陈子龙

(1) 文官政治："文化"资本主义与龚氏园的易主

明代的文官政治在仁、宣时代(1425—1435)即已确立，而“学校、科举制度是明代最主要的选官制度，这一制度既决定了明代官僚队伍的构成，同时也决定了世人的价值观念和精神状态”[①]。它既使以追求科名为终身奋斗目标的士人思想、精神受到严重束缚、摧残，也在另一方面促进了文化的普及与传播，确立了主流文化、“成功”文人几乎至高无上的地位。

马克斯·韦伯(Max Weber, 1864—1920)曾称俸禄体制下的古代中国为“政治资本主义”[②]，以此作为其无力发展出近代西方企业资本主义的解释，其实联系明清两代高度成熟、程式化的科举制度，似也可戏称其为“文化资本主义”或“前文化资本主义”——主流文化在一定程度上成为社会博弈的资本，并连带成为沽名钓誉的工具。当时的寒族一旦有人得中巍科，往往声势大振，财源广开，带动族人，俨然成为世家，甚至有带动一地人文蔚起、经济繁荣者；而世家一旦科名不继，便逐渐黯淡沦落。明末松江人吴履震称：“吾松士大夫仕归，一味美宫室，广田地，蓄金银，豢妻妾，宠嬖幸，多僮仆，受投靠……穷宴馈而已”[③]，足见当时主流文化拥有者们的尊荣与豪奢。

文化资本的流风不可避免地波及园事——此时力足以构筑园亭者多为名登科第的文人、世家，而园事之兴衰又往往与其家族功名紧密相连；随社会经济的发展而兴起的商家私园则或以高度文人化的面目出现，或自惭形秽而少见于著录——数量实未必少。其中嘉定县龚氏园的两度易主即颇具典型意义(图 3-2)：龚氏园由明成化十四年(1478)进士、工部尚书龚弘(1451—1526)始建于嘉靖年间(1522—1566)，龚弘身后家族式微，又遭遇“奴变”，园归于徽商汪氏。

---

① 赵子富《明代学校、科举制度与学术文化的发展》，载《清华大学学报·哲学社会科学版》1995 年第二期。

② [德] 马克斯·韦伯(Max Weber)《儒教与道教》，北京商务印书馆 1995 年第一版。

③ (明末) 吴履震《五茸志逸》。

万历元年(1573),龚弘玄孙龚锡爵乡试中举,家道复振,汪氏又知趣地将园亭璧还。翌年龚锡爵即登进士第,后来官至广西布政使,又购得嘉定县石冈门东的石冈园。明清易代之际龚氏家族矢志抗清,几乎一门俱尽,园复归汪氏后人,改称秋霞圃,并大加改建,但仍保持纯粹的文人园格调,直至清雍正四年(1726)被邑绅醵资购赠邑城隍庙,此后面貌亦无大的改变——此园于龚、汪两姓间的辗转不只体现出当时文化资本之于商业资本的强势,而且关乎上海地区的文化气运,预示着其未来的世俗化走向。

图 3-2　龚氏园(秋霞圃)核心区轴测图

还可举上海县名园主人为例:后乐园主人陆深,明弘治十八年(1505)进士,官至四川左布政使。豫园主人潘允端,嘉靖四十一年(1562)进士,官至四川右布政使;父潘恩,嘉靖二年(1523)进士,官至都察院左都御史;兄潘允哲,嘉靖四十四年(1565)进士,官至陕西提学副使。潘氏一门父子兄弟进士,家族鼎盛,园亦盛极一时。露香园主人顾名世,嘉靖三十八年(1559)进士,官至尚宝司丞。日涉园(图 3-3)主人陈所蕴,明万历十七年(1589)进士,官至太仆寺少卿……即使是未登科第或厌弃功名者,如能以文事之长享誉当时,通常也能席丰履厚,生活裕如,甚至有余力筑园自处,如明末高士陈继儒(字仲醇,号眉公,1558—1639)筑有东佘山居、施绍莘(1581—1633)筑有西佘山居,均为人称美于当时。

(2) 泛文人化社会:"陈记"文化与露香园文化

据明末大儒顾炎武(1613—1682)估计,明末全国生员(即"秀才")已达 50 万

图 3－3　（明）日涉园景图中的浴凫池馆

人，童生数量又远超生员（因其录取率仅为 2%～3%）——天启四年（1624）春试，仅松江府华亭一县参试童生即有三千余人；崇祯七年（1634），松江府娄县参试童生也不下二三千人①——童生正是当时社会文化的基础承继者。

就精英层面论，明洪武元年至成化四年（1368—1468），松江一府登进士第者为 99 人，成化五年至隆庆三年（1469—1569）骤增至 204 人，隆庆四年至崇祯十六年（1570—1643）则为 158 人——有明一代，松江府进士总数占到江苏全省六分之一，于全国府郡中则排名十二，其中又以中后期为极盛（苏州府属嘉定一县也有进士 90 人）。此外如上海县豫园主人潘氏，华亭县董氏（书画家董其昌一族）、徐氏（阁老徐阶一族）这样的科第世家，南翔镇（进士 10 人、举人 16 人）这样的科第名镇在上海地区亦不乏见。地域文化流风所及，连明中晚期的松江"皂快偶得居止，即整一小憩，以木板装铺，庭蓄盆鱼杂卉，内列细棹拂尘，号称书房，竟不知皂快所读何书也"②——附庸风雅总比公然践踏风雅、鼓吹知识无用论要好得多。由此也可见当时上海地区文化下移与文化人"泛化"程度之一斑。

① 云间诗派及其他

科名既盛，显宦必多，明代上海显宦如徐阶（1494—1574）、潘恩（1496—1582）、徐光启（1562—1633）、董其昌（1556—1636）皆声名赫赫，而足与他们相辉

① 转引自赵子富《明代学校、科举制度与学术文化的发展》，载《清华大学学报·哲学社会科学版》1995 年第二期。

② （明）范濂《云间据目抄·卷二》，转引自《笔记小说大观·六》，江苏广陵古籍刻印社 1984 年 3 月第一版。

映的则有陈继儒、莫是龙(1539—1587)、施绍莘、李流芳(1575—1629)等在野名士。他们或擅诗文,或精书画,或车马交游,或扁舟往还,或切磋砥砺,或风标独引,朝野相应,声气相求,一时间风云际会,山鸣谷应,蔚为缤纷瑰丽的文化大潮,勾画出千帆并进、万舸争流的繁盛人文图景。薪传自赵孟頫、元四家,至明晚期人才辈出、独领画坛风骚的云间画派,薪传自赵孟頫、杨维桢,开创自明初华亭"二沈"(沈度、沈粲),集大成于董其昌的云间书派,以民族英雄陈子龙、夏允彝为代表,高迈雄浑,苍凉沉郁,长于古风叙事的云间诗派、词派都是其中的动人浪花。若非骤然遭逢堤坝封杀,潮头所至实不可限量。

② "陈记"文化的"海派"倾向

松江文化大潮中的代表人物董其昌、陈继儒均以书画、诗文见长,"亦山人中最名贵者。然名既高,则习气亦大,而谤亦随之……"①,董氏在朝之明哲保身,居家之横行乡里早为人所指责;而陈氏虽早早绝意仕进,遁迹山林,但终究免不了名利场的诱惑。况且明中晚期的山林、江湖园居生活早已为世潮润及,其精雅、昂贵程度决非昔日读书堆畔的顾野王、青龙江上的李行中所能想象与维持。陈氏为名为利,免不了将交游权贵、夸示清名与操持生计融为一体,渐渐得心应手——其主要手段之一即著书。陈氏一生竟有如《岩栖幽事》《太平清话》《古今韵史》《福寿全书》等数十部通俗书籍问世,其书一如其学术,博而浅,清而幽,充满睿智与机巧,契合晚明大众审美趣味,因而为民间广泛争购,陈氏亦因之成为具有偶像、传奇色彩的大名士——清初戏剧家、造园家李渔(1611—1680)所作《笠翁十种曲》中的《意中缘》即演述董其昌、陈继儒与擅长书法、丹青的少女杨云友、妓女林天素间的爱情纠葛,晋剧、蒲剧亦有此剧目;而清代京城名菜中更曾有一道与"东坡肉"齐名的"陈眉公(即陈继儒)栗子焖鸡"。更令人错愕的事例则是陈氏曾集结穷苦士人组成创作班子,在他的名义下大量采摘遗闻轶事,汇集成畅销书籍,且多不注出处——实堪称文化产业化、品牌化的先驱、产业包装推广的名家;联系后世沈从文先生的名言:"'名士才情'与'商业竞卖'相结合,便成立了我们今天对于海派这个名词的概念"②,则陈氏似已遥遥成为后世"海派"文人的鼻祖了。

"陈记"文化产业之烜赫一时虽属时代潮流所致,终究为人所侧目——清中叶诗人蒋士铨(1725—1785)所撰《临川梦》第二出"隐奸"中有陈继儒出场,其上场诗云:"妆点山林大架子,附庸风雅小名家;终南捷径无心走,处士虚声尽力夸;

① 《明季杂录》,转引自谢兴尧《堪隐斋随笔》,辽宁教育出版社1995年10月第一版,239页。

② 沈从文《论"海派"》,转引自倪墨炎选编《名人笔下的老上海》,北京出版社1999年1月第一版,293页。

獭祭诗书称著作，蝇营钟鼎润烟霞；翩然一只云间鹤，飞来飞去宰相衙”①——其实陈氏于享尽山林荣华之际未必不知世人清议，只是他身处晚明文化世俗化、商品化的潮头，或许已有身不由己之叹了。

③ 露香园文化的世俗倾向

文化世潮波袭浪卷，润及园林，使上海地区朱、张、顾、陆等文化巨族中也出现了如露香园顾氏、慈云楼朱氏这样绵延数代的园林文化世家，其中又以露香园顾氏最是名传万口。

露香园由尚宝司丞顾名世建于明中晚期，当时“胜擅一邑”②，清初园景渐废，但其人文风物之盛却流传久远——如顾名世次子顾斗英(字仲韩，号振海)清名远播，与华亭名士莫是龙(字廷韩)并称“云间二韩”；如顾名世次孙顾寿潜为董其昌入室弟子，能诗善画，而其他顾门子弟也多长于文事、艺事；再如露香园园林文化的多种标志性副产品：顾绣、顾振海墨、顾菜、水蜜桃……

A. 露香园顾绣指居住园内的顾氏家族众多女眷、婢妾的刺绣作品。相传其绣法传自皇家内院，擘丝细过于发，针刺细如毫，配色精妙，绣绘配合，既具宋代院体写实画风，又不失文人趣味。其领军人物至少可历数三代：创始人为顾名世长子顾汇海之妾缪氏；集大成者则为顾名世次孙媳韩希孟，韩氏能融绘画六法与传统“闺阁绣”针技于一体，以摹绣宋元名画享誉于时，人称“韩媛绣”；顾名世身后家族衰败，不得不以女红维持生计，其中顾名世曾孙女顾玉兰守寡家贫，以绣技授徒为生，使“顾绣”流播殆遍，名震海内二百余年，几成刺绣代名词——后世刺绣业尊露香园主顾名世为绣祖师，苏州醋库巷水仙庙侧旧有供奉他的绣祖庙。

顾氏之得以一族、一园绣艺独步天下，大致有以下几点原因(表 3－1)。

表 3－1　顾绣得以闻名的原因

原　因	略　　解
时代与地域背景	明中晚期上海地区的经济文化大潮是露香园文化、尤其是顾绣得以崛起的根本原因
物质基础	顾绣起初只是闺阁消遣的产物，因家族繁盛，物用充足，故而得以不厌其烦，锐意求精，韩希孟一幅绣品之成有时竟需穷数年心力；又因其无须迎合市场，故能尽情表达自我，渐入上乘。至于其日后竟成为拉动一地经济、为万千妇女谋求生计的产业品牌，又因一味迎合市场、脱离艺术追求而日渐衰颓，则非深闺中的韩希孟们所能逆料了

① 转引自(民国)李详《药裹慵谈・卷四》，江苏古籍出版社 2000 年 1 月第一版，64 页。

② (明)朱察卿《露香园记》，载(清)宋如林修，孙星衍等纂《松江府志・卷七十八・名迹志》，嘉庆二十三年修刊本。

续　表

原　因	略　　解
文化基因与艺术氛围	顾氏家族文化底蕴的深厚滋养使顾绣得以从根本上摆脱寻常绣品的匠气，“绣格”自存。而其家藏宋元绘画名迹及其他艺术品更营造出浓郁艺术氛围，其家族成员朝夕濡染，也习画成风。如韩希孟曾学画于章岂，其夫顾寿潜则学画于董其昌，所以韩氏所绣山水有米（米芾）画墨趣，花鸟草虫则直追五代黄筌、黄居寀父子，人物亦神采奕奕，以神似为指归
性格特征	明末清初人叶梦珠曾言顾氏家族“豪华成习，凡服食起居，必多方选胜，务在轶群”①，“轶群”二字正点出其好追求极致的家族与时代性格特征
名家揄扬	画坛领袖董其昌曾为顾绣题赞，亦使其声誉鹊起
环境因素	顾氏家眷朝夕涵泳于露香园的山水、花鸟、亭阁间，潜移默化，悉心观察，自然得之于心，应之于手——此园作为顾绣发展的环境容器，亦为顾绣的登堂入室贡献了力量

B. 顾振海墨由“云间二韩”之一顾斗英创制。他以松烟和油脑、金箔、珍珠、紫草、鱼胞捣二万杵成墨，只送不卖，最多只赠一锭，一时名闻遐迩；又言其曾以倭墨翻制成墨，圆柱状，无款，表面作松皮纹，较前者更妙。

C. 顾菜本是一种细茎、扁心、叶细如蒿的芥菜，名“银丝芥”或“佛手芥”，顾氏用密法采制，经年色香依旧；后制法流传，不再珍贵。

D. 露香园内水蜜桃皮薄浆甘，入口即化，雷雨后生红晕一点，其味更佳，因得艳名“雷震红”；园圮后桃亦逐渐绝种，但后世上海地区水蜜桃往往自称为其遗种，如今南汇水蜜桃。

此外尚有所谓“露香瓜（酱菜）”及制藕粉密法等，它们与顾门子弟的文采风流交互融汇滋养，支撑起缤纷多彩而又隐忧深重的露香园文化，折射出风雅而迷茫、以快乐代替克己、以感官享受代替理性思考的时代精神特质，构成了文人与文人园林世俗化的另类图景。

(3) 人文思潮：几社诸子的名园雅集与死难

随着经济的恢复与腾飞，明代的文化发展可分为两个不同时期，其前期突出表现为传统文化的复兴与过度成熟，具体说来便是文化专制的空前发展，如宋代宽容的文化政策为明初苛峻的文字狱所取代。明中叶以后“则表现为传统文化的变异，具体来说便是多层、多元文化的发展与主文化的转换”②。虽然朝政依

① （清）叶梦珠《阅世编·卷十》，转引自《丛书集成续编·50册》，上海书店出版社1994年6月第一版。
② 商传撰《明代文化志》，上海人民出版社1998年10月第一版，24页。

然专横紊乱，厂卫（东厂、锦衣卫）也依然森严可怖，但如发端于宋代、带有人本主义色彩的市民文化的复兴，占据主流位置的士流文化与市民文化的互动、交融，各种带有人文启蒙色彩的社会新思潮的次第涌动，包括王守仁（1472—1528）强调个人主观合理性的心学，李贽（1527—1602）肯定物欲合理性、强调个性解放的自然人性论……都已如春潮拍岸，回荡天外了。潮头波及文事、艺事、园事，使信笔写来、倾吐心声的小品文，随意涂抹、抒发块垒的文人画，奴役风月、荡涤尘嚣的文人园都盛行于一时。

同样是在人文世潮浸润下，明代晚期，尤其是崇祯初年，各种文人社团纷纷涌现，遍布大江南北。文社之立，虽大多打着揣摩时文（八股文）风尚、切磋文事的旗号，但其成员诗酒往还、雄谈阔论，却在无形中有力推动了文化思想的交流与辐射；而文社力图扭转如露香园顾氏、东佘山居主人陈继儒那样似过分颓靡的士风，讲求风标气节、推崇经世立功的风尚更上承东林道统，体现出一定的政治色彩，某种程度上表达着尚处稚嫩期的城市中产阶级知识分子参与国家政治的朦胧诉求——这也是其为后人津津乐道、念念不忘的原因所在。

文社活动多于名园，这可以从某社章程见其一斑：“名园雅会，乐事赏心，虽形骸已尽蠲除，而言语当忌秽杂。或征僻事，或歌古诗，诵人间未见之书，谈宇内瑰奇之事，间有雅谑，何妨绝倒”①……率性自然的园林环境显然有助于文社自由风气的滋长。太仓人张溥、张采组织的应社即常雅集于常熟凤基园，而松江文士陈子龙、夏允彝等六人创立于松江府城东门外“春藻堂”的几社则常雅集于府城西塔弄之宜园及南门外之南园等处——应、几二社正是晚明文社之首。晚清柳亚子等人倡立的南社之集会于上海愚、张诸园及松江高家花园（即颐园），实是秉承晚明遗风。

当时江南众多文社合并为复社，以学术团体发展为政治派别，高蹈于晚明社会舞台；而几社成员在积极参与其间的同时似仍以松江名园为活动中心，切磋诗文，忧愤时事——清初文学名著《桃花扇》主人公侯方域上场时即称“选诗云间，征文白下，新登复社之坛”②。他们在泉石烟岚间的慷慨雄谈最终演化为明清易代时的悲壮赴死——陈、夏们的死构成了上海地区精英知识分子继西晋“二陆”之后在现实社会遭受的最沉重伤害，上海士人经数百年辛勤文化耕耘而初成的独立精神、昂扬个性几乎就此泯灭，这对有清一代上海文人与文人园的内在性格养成产生了重

① （明）谢肇淛《说郛续・卷二十九》，转引自马美信编选《晚明小品精粹》，复旦大学出版社 1997 年 11 月第一版，336 页。

② 清・孔尚任《桃花扇》，人民文学出版社 1959 年 4 月北京第一版，第 5 页。

要影响。

此后江南文人立社之风仍断续延续至清初，直至顺治九年(1652)禁止结社、出版自由，顺治十七年(1660)严禁任何结社，这股自由风潮才基本衰歇。然而，不论几社、复社诸子如何奋发踔厉，始终无力挣脱“忠君”的思想枷锁，直至黄宗羲(1610—1695)等清初启蒙思想家们于刀丛与血泊中痛定思痛，才突破最后的精神藩篱，呼喊出“为天下之大害者，君而已矣”①这样的震烁之言，几成晚清以前两千载君主专制社会人文思想的最强音。

“一切变化都只能在不伤及旧体制的前提下进行，这样的结果也就造成了晚明社会观念更新最终还是回到了无厌的物质追求和有限的个性追求上面。”②矛盾与痛苦中的晚明士大夫们往往于醉生梦死中得过且过，无形中主导、推动了社会奢靡风气的盛行——正是这种对膨胀物欲的认同、对有限超脱的沉醉构成了明中晚期江南、包括上海地区文人园极盛局面的精神基础。

泛文人化艺坛：董氏画论之于文人园

明代是我国画坛继隋唐与宋元两个艺术高峰之后的向多元化、个性化发展，画派纷呈，名家辈出的时期。其发展也呈现与文化思想相类似的走向，即前期仍处于统治者的艺术专制下，由“浙派”主导，在继承宋代院体严整画风的同时作有限发挥；中后期则成为文人画高唱凯歌，于一统天下的同时尽显个性的时代，“吴门”和继起的“云间”两大文人画派几乎占尽了时代的风流。

(1)“云间”画派与云间园事

明代中期，苏州地区物阜民丰，文艺昌盛，滋养出以沈周(1427—1509)、唐寅(1470—1524)、文徵明(1470—1559)、仇英(约 1482—1559)等四人为首的“吴门画派”，开创了文人画主导画坛的局面。百年后的明晚期，仿佛是周边地域长期艺术濡染的丰厚回报，以莫是龙、顾正谊、孙克弘(1533—1611)为前驱，以董其昌、陈继儒、赵左、沈士充为中军的“云间画派”又继“吴门画派”之后站在了时代的潮头(也有视其为吴派一枝者)，其麾下分别有顾正谊为首的“华亭派”，赵左为首的“苏松派”，沈士充为首的“云间派”，一时风起云涌，人才济济；而“嘉定四先生”中的李流芳、程嘉燧与董其昌等人合称“画中九友”，画风也多少倾向“云间”。

---

① (明)黄宗羲《明夷待访录·原君》，转引自陈谦豫主编《历代名篇选读》，上海古籍出版社 1997 年 8 月第一版，554 页。

② 商传撰《明代文化志》，上海人民出版社 1998 年 10 月第一版，17 页。

云间画派以沉着潇洒的笔墨一反文徵明去世后吴门末流的纤弱之风和过度商业化的习气，创造出平淡天真的意境，挽回了文人画的衰颓趋势；但其强调绘画者自我人格修养和笔墨本身表现力的倾向有时也会流为墨戏，故有“松江派头”之说，成为后世“海派”一说的前身。该画派活动时间直至清初，名园醉白池主人顾大申即为其后劲，清初娄东、虞山诸派也深受其影响。

画坛的兴盛为园林艺术及理论的发展提供了强有力的支撑，而明中晚期山水绘画与山水园林的互渗、交融也已达到顶峰——云间画派人物多拥有自己的私园，且往往兼擅园事。如濯锦园主人顾正谊“缀竹石尤为擅长”①，为卓越的造园家，或开张涟（南垣）“麓坡法”先声；顾正谊弟、熙园主人顾正心之子顾懿德、孙顾善有皆善画，对熙园细加增饰琢磨，以至人称“花园顾氏”，其中不无微讽；以花鸟画名世的孙克弘则对其东郭草堂（孙家园）的兴筑亲加指点；李流芳之檀园“一树一石皆手自位置”②；顾大申之醉白池布局据说也出自己手；其他如董其昌之柱颊山房、陈继儒之东佘山居、莫是龙之知乐园（其父莫如忠建，莫如忠亦画家）恐怕也多得主人擘画。

云间画派人物还常应邀为上海名园绘图，如沈士充等人即曾为上海县陈所蕴之日涉园绘制了三十六景图，至今部分仍存（图 3－4）；赵左则曾为川沙厅王观光之南有园绘有园图。

图 3－4　（明）日涉园景图中的偃虹桥

① （清）宋如林修，孙星衍等纂《松江府志・卷七十八・名迹志》，嘉庆二十三年修刊本。
② （清）姚承绪《吴趋访古录》，江苏古籍出版社 1999 年 8 月第一版，149 页。

当时的掇山、造园家亦多擅绘事，如明代的张南阳及明末清初的叶有年（学画于孙克弘）、叶洮父子，同时期的张涟（号南垣，1587—约 1671）也“少写人物，兼画山水，能以意垒为假山，悉仿营丘、北苑、大痴画法为之。峦屿涧濑，曲洞远峰，巧夺化工……”①按“营丘”即李成、“北苑”即董源、“大痴”即黄公望。

画坛的美风艺雨不只飘洒入园林。名闻遐迩的嘉定竹刻、露香园顾绣等亦受吴门、云间画派沾溉，共同构成了晚明上海艺坛的兴盛局面。

(2) 董氏画论之于文人园

云间画派对画坛的突出贡献之一即董其昌、莫是龙等人提出的“南北分宗”画论：

“禅家有南北二宗，唐时始分；画之南北二宗，亦唐时分也，但其人非南北耳。北宗则李思训着色山水，流传而为宋之赵幹、赵伯驹、赵伯骕以及马、夏等辈；南宗则王摩诘始用渲染，一变钩斫之法，其传为张璪、荆、关、董、巨、郭忠恕、米家父子，以至元之四大家，亦如六祖之后有马驹、云门、临济儿孙之盛，而北宗微矣。要之摩诘所谓‘云峰石迹，迥出天机，笔意纵横，参乎造化’，东坡赞吴道玄、王维画壁亦云：‘吾与维也无间然。’知言哉！”②按“马”即马远，“夏”即夏圭，“王摩诘”即王维，“荆”即荆浩，“关”即关仝，“董”即董源，“巨”即巨然——概乎言之，北宗为注重技法的行家画，以工为尚，强调对客观对象的刻画；南宗则为注重个性的文人画，以雅为尚，强调作画者的自我表达。南北宗之间有时并无明显畛域，但董氏扬南抑北的态度则是极为鲜明的。

① 文人园的“独立宣言”

董氏画论挟云间画派的赫赫声势于广泛流播的同时全面确立了文人画在画坛的主流地位，廓清和充实了文人画的概念与体系，并被泛化至其他艺术、人文领域，对明清两代直至今日的艺术发展影响深远、意义重大。

以造园而论，如果说凡由文人建造、拥有的园林均可认为属广义的文人园范畴，那么按照董氏画论，正如前文（见第 2 章第 1 节）所述，只有其景象与意境塑造能充分体现文人士大夫审美趣味与精神向往的园林作品才属真正的狭义文人园，此外则均可归入世俗趣味的另类园林。如苏州地区拙政园中部之

---

① （明）阮葵生《茶余客话·卷九》，转引自《续修四库全书·1138 册》，上海古籍出版社 2002 年 3 月第一版。

② （明）董其昌《画禅室随笔》，转引自沈子丞编《历代论画名著汇编》，文物出版社 1982 年 6 月新一版，253 页。

"山池天然，丹青淡剥，反觉逸趣横生"、留园之"大而能精，工不伤雅"①无疑应属狭义的文人园；而狮子林之"屋宇金碧，失之工整"②则应属另类（图3－5）。再如上海地区秋霞圃、颐园以建筑、危崖隔狭长水面相对的"一河两岸式"洗练布局仍堪称文人园范本，古猗园、醉白池（图 3－6）虽经改建，清隽气质未失，亦属文人园，而曲水园、上海县城隍庙内园及豫园现状之建筑宏敞密集则均属另类（豫园东部近年重建部分应属文人园）——董氏画论稍经敷衍，即可成为狭义文人园概念的核心理论基础；当然其畛域不可能、也不必要划分得过于清晰。

图 3－5　狮子林

图 3－6　醉白池

画坛以文人画独尊与"园坛"以文人园独尊的局面均有其内在发展规律的必然，而"南北分宗"画论实可视为其标志性宣言。

② 张涟"南宗"造园思想的理论源头

晚明造园大师张涟为华亭人，住松江府城西门外西林塔附近，而云间画派领袖董其昌住府城东南角龙门寺西（龙门里），相去并不算远。据言张氏少年学画即私淑董氏，曾"谒董其昌，通其法，用以叠石堆土为假山。谓世之聚危石作洞壑

① 童寯《江南园林志》，中国建筑工业出版社 1984 年 10 月第二版，29 至 30 页。
② 童寯《江南园林志》，中国建筑工业出版社 1984 年 10 月第二版，29 页。

者，气象蹙促，由于不通画理。故涟所作平冈小阪，陵阜陂陁……多得画意”①——当年画坛宗师的一言一行、一颦一笑对弱冠少年有着如何刻骨铭心的印象，今人似不难想见，何况其核心画论！

由此即不难理解为何张氏此后会一语惊人，对相沿已久、于咫尺间作出万千雄奇变化的传统掇山手法发出石破天惊的无情嘲弄：“何异市人抟土以欺儿童哉！”②——这实与董氏对北宗画法之一味工整繁密的轻蔑一脉相承，如出一辙；也不难理解为何张氏作品、言论一出，“华亭董宗伯玄宰、陈征君仲醇亟称之曰：‘江南诸山，土中戴石，黄一峰、吴仲圭常（尝?）言之，此知夫画脉者也。’”③按“董”即董其昌、“陈”即陈继儒、“黄”即黄公望、“吴”即吴镇——张氏之得以简淡平易的“截豁断谷”造园手法独擅一时，名垂史册，无形中成为写实主义造园宗师、“南宗”造园名家，实与松江地区的文化土壤，与董氏文人画论密不可分（下文另详）。

（3）“云间”画派与上海文人园的世俗属性

明代画坛人物往往命运多舛：明初，宫廷画家们动辄有性命之虞，“浙派”领袖、钱塘戴进（1388—1462）即被逐出画院，穷困而死；明中、晚期至明末，吴门唐寅、山阴徐渭（1521—1593）、诸暨陈洪绶（1599—1652）均才华横溢而遭际不遇，愤激之下长期采取与主流社会对抗的傲然姿态，潦倒以终——这些画坛精英的痛苦与狂狷，云间画派的主要人物大都“幸而”不必经历。

董其昌之富贵寿考、陈继儒、莫是龙、顾正谊等人的优游林泉（赵左、沈士充则常为董氏代笔，仅凭其所得润金也应足以维持优裕生活）构成了云间画派的主流生存方式与精神状态。以董、陈二人论，他们注目的或许不过是案头的画稿、窗外的庭园，当然还少不了权贵的禀帖、新购的良田……至于晚明沸反盈天的东林党祸、辽东战火、民众哭号似乎都与他们若即若离——他们太善于风流处世、明哲保身了；而董其昌之纵子行凶、陈继儒之长袖善舞更与近在咫尺的几社诸子反差强烈。或许正是出于这样的原因，真正深受晚明自由思潮影响、体现一代知识分子于忧患与痛苦中追求个性解放的叛逆精神、超前于时代的大画家如徐渭、陈洪绶均不大可能诞生于这一以董、陈为精神领袖的艺术集团中。

---

① （清末）赵尔巽等纂《清史稿·卷五百五·列传二百九十二·艺术四》，中华书局 1977 年 8 月第一版。

② （清初）吴伟业《梅村家藏稿·卷五十二·张南垣传》，转引自《续修四库全书·1396 册》，上海古籍出版社 2002 年 3 月第一版。

③ （清初）吴伟业《梅村家藏稿·卷五十二·张南垣传》，转引自《续修四库全书·1396 册》，上海古籍出版社 2002 年 3 月第一版。

云间画派的生成、壮大及其性格特质在很大程度上滋养、推动了晚明上海园林、尤其是文人园的发展，但其浓重的世俗属性似乎也不可避免地贯注其中，在一定程度上限制了晚明上海文人园所能达到的艺术高度——所谓“云间”，不过是世俗的彩云间罢了。

（4）水磨腔与水磨园

云间画派以外，明中晚期的其他多种艺术门类也与园林艺术相互浸染，交汇成潮，其中又以发源于苏州地区的昆山腔较为突出。

昆山腔常被戏称为“水磨腔”，其曲调细腻婉转，正契合幽雅闲适的晚明江南社会口味，一时风行千里，颠倒众生；文人士大夫则纷置家班，度曲自娱：“明季的士大夫既然有了钱，就要广置田宅，建筑园林，以便于‘蓄妓女，养家伶而教歌舞’。戏剧的发展必须有歌台水榭，以为表演的场所……曲池风荷，余音缭绕，故会有‘曲终人不见，江上数峰青’之感了。于是修建楼阁和建筑园林的风气，就应运而生了。”这是明史专家谢国桢先生的感言①。

晚明的上海除受苏州地区濡染外，自身也具相当戏曲艺术积淀——元时之夏庭芝，明中晚期之何良俊（字元朗，1506—1573）、徐迎庆（显宦徐阶曾孙，1574—1636）、范文若（1588—1636），清初之黄之隽（1668—1748）、周稚廉均耽于此道，卓然成家。其中何氏“蓄家僮习唱，一时优人俱避舍……又教女鬟数人，俱善北曲”（明 沈德符《万历野获编》，文化艺术出版社 1998 年 6 月北京第一版，685 页）。而文学家、戏曲家、礼部主事屠隆（号赤水，1542—1605）在松江府青浦县令任上也蓄有家庭戏班，“每剧场辄阑入群优中作技”（同上，690 页），最终为此被劾罢官。昆腔名家梁辰鱼游历青浦时，屠氏还“命优人演其新剧为寿，每遇佳句辄浮大白酬之，梁亦豪饮自快”（同上，689 页）——如此肥美的戏曲艺术土壤自然会对园林艺术及审美产生滋养，一个很隽永的例子是明时“山人”唐文涛建于松江府城外西北、白龙潭北压鞯浜的拙圃“方可四亩许，而列植奇花名卉，种种绰约，随地点缀，光景皆古雅秀丽，至大树堤、棣萼堂，清气泠泠袭人，能令坐客忘归，时人戏名之曰‘水磨园’”②。

江南园林圈的东线：从南都到松江府

明代的园林发展与其经济、文化、艺术发展相应，也可粗分为前期的高度禁

① 谢国桢《瓜蒂庵小品》，北京出版社 1998 年 2 月第一版，165 页。
② （明）范濂《云间据目抄・卷五》，转引自《笔记小说大观・六》，江苏广陵古籍刻印社 1984 年 3 月第一版。

锢和中晚期的蓬勃发展两个阶段。如明初禁止功臣勋戚滥治宅园:“不许于宅前后左右多占地,构亭馆,开池塘,以资游眺”①;至中晚期则朝政紊弛,世风侈靡,功臣勋戚反成造园先锋——今存南京瞻园明初不过是魏国公徐达府邸内的一片织室、马厩,至嘉靖初年,其七世孙徐鹏举才广征美材,在这里创建园亭,而当时南京城内已遍布徐达子孙园亭了。今日所知其他江南明代园林也大都建于明中晚期。

明中晚期是西起南都、东至松江的江南园林圈形成的关键时期。这一时期的江南园林在其地域经济、文化、艺术的强劲顶托下深入分布至社会的多个层面、都市、乡村的每一角落,回旋鼓荡,姿态万千,蔚为我国园林史上的华彩段落——明王世贞(1526—1590)《游金陵诸园记》所记南京园林、祁彪佳(1602—1645)《越中园亭记》所记绍兴园亭、《娄东园林志》所记太仓园林不过是其中一斑,而扬州郑氏四兄弟的影园、休园、嘉树园、五亩之园,苏州留存至今的拙政园、徐氏东园(今留园)、药圃(今艺圃)、五峰园……也只是其中较为人熟知者。上海园林身处这一园林圈中紧邻苏州的东线,也与其基本同步进入了璀璨迸发的时期。

明中晚期也是园林理论有相当发展、造园家纷纷涌现的时期。流传至今的明末苏州文震亨(1585—1645)之《长物志》、计成(约 1582—?)之《园冶》、兰溪李渔(1611—1680)之《闲情偶寄》都是对明中晚期江南地区造园实践的理论总结与回顾,对其后的园林创作具有相当指导意义,其成书时间集中于明末清初似非偶然。

清兵南下的沉沉铁蹄踏碎了江南文人园“但愿长醉不愿醒”②的袅袅春梦。虽然清初的江南园林在很大程度上仍表现为明中晚期园林风格的惯性延续,而清中叶的江南文人园又在前朝基础上有一定发展,但曾经的梦痕依稀,已经在奏销案、文字狱的棍棒刀斧声中渐渐消散,再难追索了。

第 2 节　明中叶至清初上海园林概况

明中晚期至清初是上海园林经宋、元两代至明前期的长期发展、积淀后首次进入自发的集群式喷涌的时代,下文仅分类列举其中较具代表性而资料又相对详实可考者。

---

① (清)王鸿绪 张廷玉《明史·卷六十八·舆服志四·室屋制度》,中华书局 1974 年 4 月第一版。

② (唐)李白《将进酒》,转引自湖北省社会科学院文学研究所编《历代诗词曲佳句名篇大全》,长江文艺出版社 1992 年 1 月第一版,161 页。

城市地园林：露香园与日涉园

这一时期上海地区城市地园林主要集中于经济繁荣的松江府城及上海、嘉定两县城，其余如青浦县城“建立未久，亦无乡宦巨室，年来虽历有兴作，第寥寥民房数椽而已”①，崇明县城亦与之类似，一些著名城镇如嘉定县南翔镇园林之盛则令人惊讶。下文仅以上海县城内露香、日涉两座风格差异显著的名园作为分析对象，以见其总体面貌之一斑。

(1) 露香园

位于上海县城西北隅，全园面积约四十亩。今黄浦区露香园路、青莲街、阜春街一带路名，都是以园及园中景物得名的。园主顾名世，字应夫，明嘉靖三十八年(1559)进士，历官工部主事、尚宝司丞等职，官位并不尊崇，或许即因此得以更多时间经营园事。顾门子弟如其次子顾斗英、次孙顾寿潜园居无事，多长于文事、艺事，雕琢生活，营造趣味，前文已有述及。

① 沿革

明嘉靖年间，顾名世之兄顾名儒(字道夫)从道州(今湖南道县)知府任上卸官回乡，在上海县城西北建万竹山房，顾名世即在其东建“露香园”，于凿池时挖得元赵孟頫篆书“露香池”(似出自唐人李白《清平乐》“一枝红艳露凝香”句)石一块，欣喜过望，因以名池，并以池名园。其建造年代疑在其登第后不久，历时约十年，则约在嘉靖末年至万历前期，耗银数万两，当时著名文人、慈云楼、旧雨轩主人朱察卿(1524—1572)有《露香园记》传世。顾名世去世后园渐寥落，至其长子顾汇海身后，园中建筑仅十中余一；清顺治十三年(1656)，顾名世孙顾湛(字伯露)去世，因其无后，名园竟成荒草，仅青莲座改为青莲庵得以保存，并存旧日山水轮廓。康熙初年，为建造水师营房，又在此平山填谷，至此名园几全废，但存有“古石二三，池水亩许”②。

道光十六年(1836)，上海知县黄冕动员邑绅醵资，由勇于任事、颇具才干的徐紫珊主持，在演武场东隅兴建义仓，同时于仓西南凿巨池，筑秋波亭(后称秋水亭)、万竹山房、仁粟堂，修复部分园景。其水面开阔，建筑轩敞，风光一如南京莫愁湖，颇具公众园林特征，“为沪中游地之绝胜者”③，但实与明代旧貌无关——

① (明) 范濂《云间据目抄·卷五》，转引自《笔记小说大观·六》，江苏广陵古籍刻印社 1984 年 3 月第一版。

② (清) 王韬《瀛壖杂志》，上海古籍出版社 1989 年 5 月第一版，40 页。

③ (清) 王韬《瀛壖杂志》，上海古籍出版社 1989 年 5 月第一版，41 页。

黄冕还曾为在明代南园旧址兴建蕊珠书院捐养廉银千两，为上海名园之保存颇费心力。鸦片战争前夜之道光十九年(1839)，海防日紧，当局设火药库于园内；二十二年(1842)春，正值英舰徘徊吴淞口外之际，此库忽然爆炸，全园平毁，两月后上海被英军攻占，中国经济中心地域门户从此打开。此后其部分地成为演武场(小校场)，人称“九亩地”。

② 艺术分析

A. 全园可大致划分为以下四片景域：

“阜春山馆”景域：为全园之前导景域，位于露香池西北，由园门、绿荫覆盖的狭长巷道及粉墙围绕的阜春山馆组成，为进入核心景区预作了空间及心理的重重收敛。其西墙外应即为万竹山居，或许有景可借。

“碧漪堂、露香池”景域：为全园之核心景域，以面积达十亩的湖泊型水面露香池为中心。池北为主要厅堂碧漪堂，堂与水面间以“大石棋置，或蹲踞，或陵耸，或立，或卧”①，并点缀“杂花芳树”②加以过渡，既避免了对主体水面的过分凌迫，又不至过多遮蔽视线，影响主要厅堂的观景效果。池南有似为湖石山的全园主山，为露香池支脉所环抱，山脚之红栏曲桥低平绵亘，贴近水面，愈显山之高峻，其淳朴艳丽的色彩成为烟雨江南的绝好点缀。

“积翠冈”景域：土山“积翠冈”横亘于碧漪堂北，既能遮挡朔风，为全园营造宜人的小气候，也可能有遮挡园北街肆的用意。其高度与园中部主山等，登冈可俯借“远近绀殿黔突”③，远借黄浦江“飞帆隐隐移雉堞上”④，景象独特。冈东有独莞轩，为小型点景建筑，可供休憩。

“露香阁”景域：位于园中主山南面，有露香阁南临露香池支脉，其东有潮音庵及曲折小巧、临流顾盼的青莲座，后者应属潮音庵之一部，其东北还有向西突入露香池支脉、隔水面对主山的分鸥亭。从亭中西望主山，因距离极近可能有较大仰角，愈显其雄峻，这是明中晚期的常见手法。

B. 相对于同时诸园的“拜石主义”的情结，露香园景仍以水为主，并未过分

① (明) 朱察卿《露香园记》，载(清) 宋如林修，孙星衍等纂《松江府志・卷七十八・名迹志》，嘉庆二十三年修刊本。

② (明) 朱察卿《露香园记》，载(清) 宋如林修，孙星衍等纂《松江府志・卷七十八・名迹志》，嘉庆二十三年修刊本。

③ (明) 朱察卿《露香园记》，载(清) 宋如林修，孙星衍等纂《松江府志・卷七十八・名迹志》，嘉庆二十三年修刊本。

④ (明) 朱察卿《露香园记》，载(清) 宋如林修，孙星衍等纂《松江府志・卷七十八・名迹志》，嘉庆二十三年修刊本。

夸耀石山的缤纷雄奇，亦不以著名石峰闻名于世——园中石峰千奇百怪，往往喧宾夺主，相互抵牾，未必是园林之福。

C. 园中见于记载的建筑仅“阜春山馆”、“碧漪堂”、“独莞轩”、“露香阁”、“潮音庵”、“青莲座”、“分鸥亭”等七处，相对其约四十亩的面积，密度之低实近于松江熙园（见下文），略具明中期拙政园时代的风范，建筑稀疏则园景往往更近于自然，近乎造园之根本旨趣。

（2）日涉园

位于上海县城南部之南梅家弄东，今黄浦区巡道街、乔家路、梅家街与天灯弄（天灯弄之一段原称竹素堂街）范围内，面积约二十亩。明时园门面西，隔南梅家弄与住宅相对。

园主陈所蕴，字子有，号具茨山人，上海人，明万历十七年（1589）进士，历任刑部员外郎、江岳参议，大名副使、河南学政、南京太仆寺少卿等职，仕途并不得意，但为人端方持重，深孚众望。陈氏有《竹素堂集》传世，其卷十九中有《张山人传》——能与掇山大师张南阳（约 1517—1596）平等相交并为其立传，亦足见陈为人之平易恳挚。

① 沿革

此园本为唐氏废圃，存古榆、古桧及梨树各一。陈所蕴登第后购得此地，于万历三十年（1602）开始建园，历时十数年才大致建成；后来得到浦东后乐园主人陆深故物五老峰（疑来自陆深位于上海县城长生桥南的住宅），又撤庖厨，筑五老堂、友石轩……相对于其区区二十亩面积，可谓字斟句酌，费尽心力。此园之兴造有幸得张南阳、曹谅、顾山师等三位叠石名手的次第经营，已值暮年的张南阳更几乎倾其最后心力于斯。

仿佛是宿命的刻意戏弄，仅仅数十年后的明末，此园即被陈所蕴之子售于陆深族孙陆明允，诚所谓“得之信有数”[①]；陆氏将园门改为东向，与水仙宫相对。陆明允子、奉政大夫陆起凤为侍奉老亲将全园重加修葺，多有改动；陆明允孙陆秉笏又改建园中殿春轩为“传经书屋”。陆明允曾孙、刑部郎中陆锡熊（一字耳山，1734—1792）为乾隆二十七年（1762）进士、著名学者，与纪昀（字晓岚，1724—1805）同为四库全书总纂官，因蒙御赐杨基《淞南小隐》图，将“传经书屋”改名为“淞南小隐”。此后陆氏子孙世守此园，但至清嘉庆初年园中建筑已多圮坏，人称

① （清）陆明允诗，载（清）宋如林修，孙星衍等纂《松江府志·卷七十八·名迹志》，嘉庆二十三年修刊本。

为“陆氏废园”[1]，多蛇虫出没乱石间。嘉庆二十三年(1818)修《松江府志》则称：“遗迹犹有存者”。至同治年间建筑仅五老堂独存。光绪三十年(1904)至宣统元年(1909)后期海派园林“爱俪园”(哈同花园)兴建时又买去园中假山，园址遂逐渐沦为踹布作坊。后来土布滞销，其南部成为曹素功制墨工场，北部成为石库门里弄，但此时陆氏子孙仍有留居梅家弄者。

陈所蕴曾广邀沈士充等云间画派画家绘就《日涉园图卷》计三十六幅，今存其十(图3－7)，其中以松江府城素园主人林有麟之《日涉园全景图》最具价值；

图3－7 (明)日涉园景图中的“明月亭”

陈氏尚有《日涉园记》、《日涉园重建友石轩、五老堂记》(均见于《竹素堂集·卷十八》)传世，均为日涉园研究的重要文献。

② 艺术分析

A. 日涉园的建造年代从整体上应晚于露香园数十年。虽然其面积仅及露香园二分之一，但其于二十亩间至少安置了“竹素”“尔雅”“知希”“啼莺”“五老”五堂，“春草”“殿春”二轩，“漾月”“东皋”“修楔”“明月”四亭，“浴凫池馆”“万笏山房”“来鹤楼”“濯烟阁”(其下层为“问字馆”)、“小有洞天”等十六处建筑，绝对数量竟为露香园之二倍余，空间之繁复更远过于后者——此园之总体布局及建筑密度似较露香园更能体现晚明的时代特征。

① (清)毛祥麟《墨余录·卷四》，转引自《笔记小说大观·十》，江苏广陵古籍刻印社1984年4月第一版。

B. 此园以竹素堂为主要厅堂，以山景为重，包括与竹素堂隔水相望、“高可二十寻”[①]（似过分夸张）的湖石主峰“过云峰”、濯烟阁前后“透迤可登”[②]的湖石山、“小有洞天”庭院中“奇奇怪怪”[③]的英德石小山、“万笏山房”一带的武康、锦川、斧劈石错杂的异形石山、不知以何种材料堆掇成的“翠云屏”及土冈“香雪岭”，还有单座列峙的五老峰等，似乎是晚明峰石审美日趋多样化的例证之一。此后清嘉庆年间建造的扬州个园以黄石、湖石、宣石分别成峰，即是这一趋势的发展。

c. 陈氏自身不擅画，故于造园过程中似较其他诸园更多倚重掇山师的意匠，仅此一园就次第留下张南阳等三位名家的手迹（非名家岂敢为张南阳续貂），仅张一人就在此经营十二年，几乎终老于此——可见此时由市场的广泛需求与频繁磨炼催生出的成熟掇山师群体已初具规模，而筑一园尚动辄经年累月，非后世大生产年代所能比拟，相信张氏应同时往来于相近的几处园林指点兴造。

d. 园中以宏敞的竹素堂面临主体水面，以来鹤楼高居主峰过云峰顶，均可能对核心山水景象空间产生一定尺度干扰，山顶建楼，似尤为不妥；而“万笏山房”一区的群石拥矗、石材混杂也有如刀山剑树（图 3－8）的危险，可能为全园掇山之败笔。（图 3－9a、9b）（表 3－2～表 3－5）

图 3－8　（明）日涉园景图中的“万笏山房”

---

① （明）陈所蕴《竹素堂集・卷十八・日涉园记》，转引自《四库全书存目丛书・集部・172 册》，齐鲁书社 1997 年 7 月第一版。

② （明）陈所蕴《竹素堂集・卷十八・日涉园记》，转引自《四库全书存目丛书・集部・172 册》，齐鲁书社 1997 年 7 月第一版。

③ （明）陈所蕴《竹素堂集・卷十八・日涉园记》，转引自《四库全书存目丛书・集部・172 册》，齐鲁书社 1997 年 7 月第一版。

明中晚期
(01) 豫园
(02) 露香园
(03) 日涉园
(04) 董园(柱颊山房)
(05) 半泾园
(06) 渡鹤楼(即南园，清代之
也是园、蕊珠宫、蕊珠书院)
(07) 桃园

清初
(08) 宜园
(09) 邑庙东园
(10) 铎庵
(11) 一粟庵
(12) 青莲庵
(13) 素园(后称清源书院)

清中叶
(14) 凤树园
(15) 峄园
(16) 吾园(后称龙门书院)
(17) 申江书院
(18) 汎溪园
(19) 丛桂园

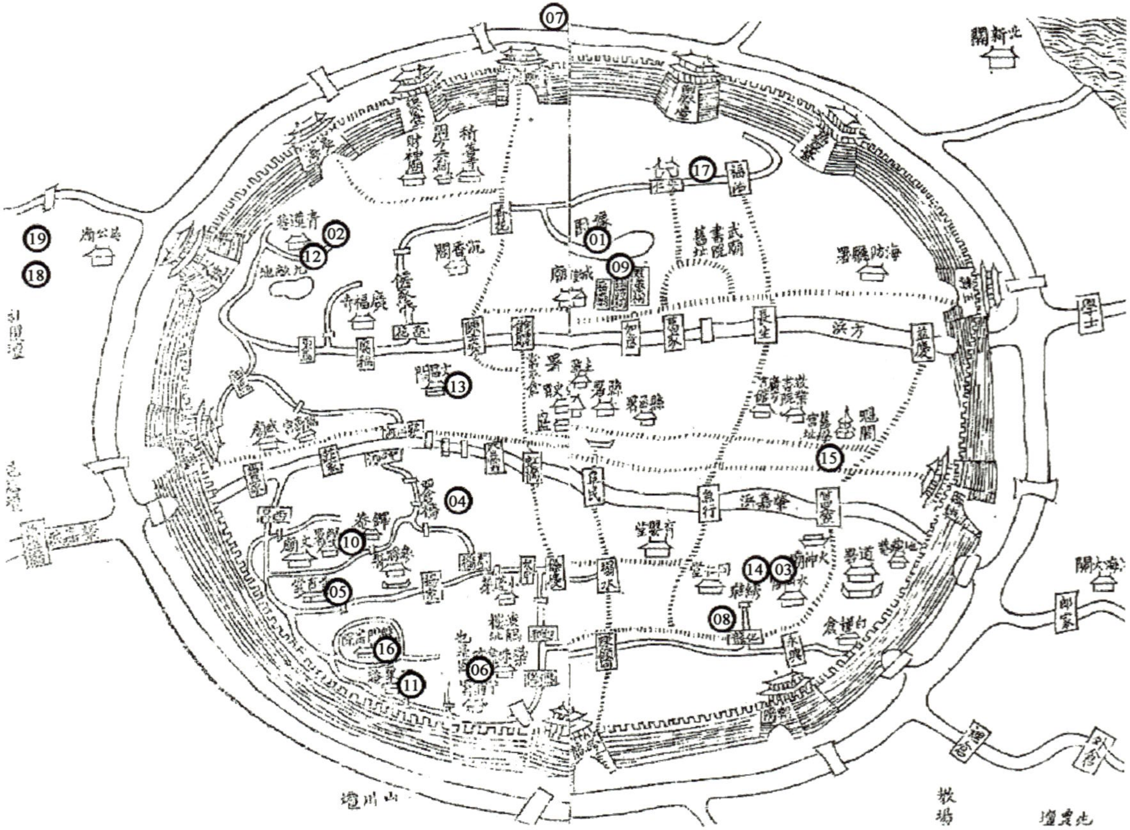

图 3－9(a)　明清两代上海老城厢园林分布图

明中晚期
(01) 啸园(清中叶与古倪园并称沈氏两园)
(02) 文园
(03) 适园
(04) 芝园
(05) 素园
(06) 双鹤园
(07) 竹素园
(08) 遗善堂
(09) 环碧亭
(10) 水西园
(11) 濯锦园
(12) 杨园
(13) 熙园
(14) 倪园(清中叶称古倪园)
(15) 真率园
(16) 孙家园
(17) 孙衍别墅(清初称高家园)
(18) 庆云山庄
(19) 南园
(20) 盛氏日涉园
(21) 高氏园
(22) 因而园(清代称罗氏园、颐园)
(23) 宜园(清初称秀甲园)

清初
(24) 西园(清中前期称塔射园)
(25) 赐金园
(26) 醉白池

清中叶
(27) 梅园
(28) 云间书院东园

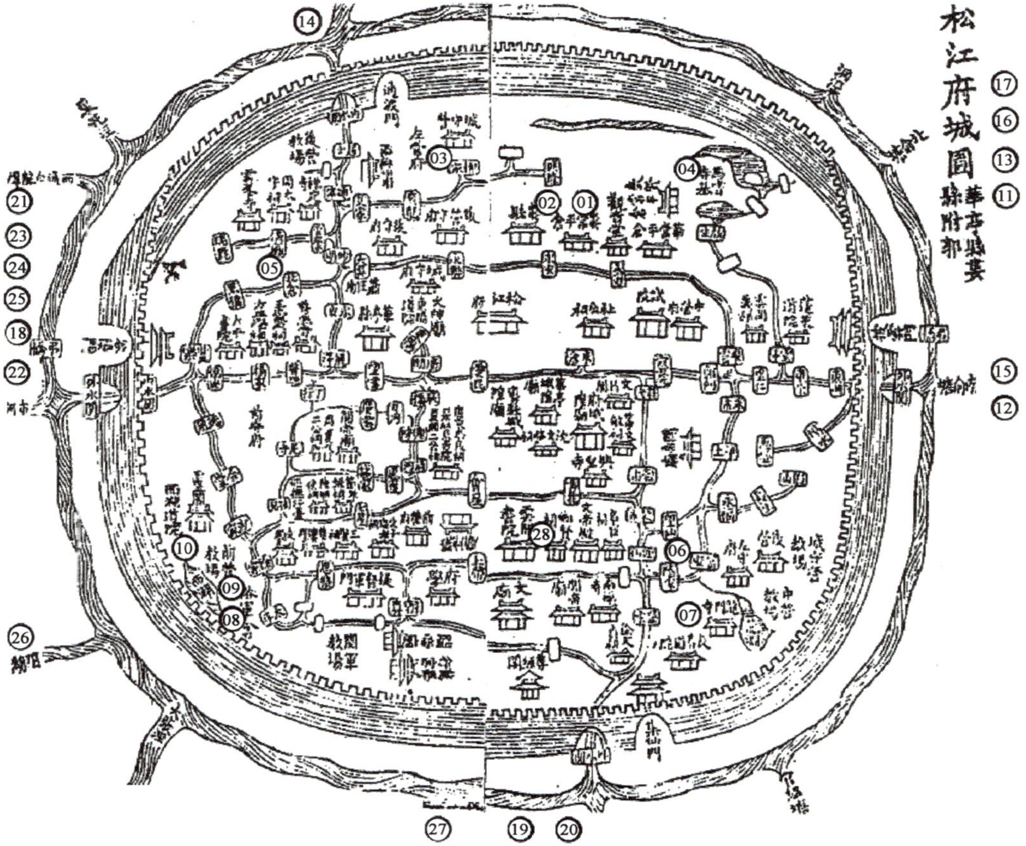

图 3－9(b)　明清两代松江府城内外园林分布图图

表 3-2　明中晚期至清初上海地区部分城市地园林一览表(一)

县别	园名	园　址	园主简况	园林概况及沿革
华亭县	啸园	府城东北东马桥东、绣衣坊北范家巷,松江二中东部	范惟一,明嘉靖二十年(1541)进士,官至江西布政使,为北宋名臣范仲淹后人	园有振文堂、天游阁,以幽丽胜;真率园主人沈恺有《啸园燕集记》;清乾隆年间(1736—1795)园归松江巨富、奉政大夫沈虞扬,与古倪园并称为沈氏两园,详见后;1950年代山池尚存,今仅余部分明代建筑。按东马桥东有范氏东、西两宅,啸园属西宅;范氏尚有宅在南城壕东、坐化庵西、双鹤园故址一带
	文园	府城东北东马桥西,松江二中西部	朱大韶,嘉靖二十六年(1547)进士,官至南京国子监司业	朱大韶宅名经术堂,原为御史苏恩废宅,在东马桥及顾正谊宅西;园在宅后,啸园之西,极一时之绮丽,中有熊祥阁,收藏极富,又有青锦亭,内立青锦屏峰石一座,系以二百斛米价易自著名文人何良俊(1506—1573);朱大韶身后家业散尽,宅归都运陆从平,园为名宦徐阶曾孙、锦衣卫指挥徐有庆所得;今无存
	适园	府城北门内柳家巷,宋柳约读书台故址	陆树声(1509—1605),嘉靖二十年(1541)进士,官至南京礼部尚书	园约建于陆氏自南京国子监祭酒任上辞归之嘉靖四十四年(1565),面积似不过数亩,小有池亭,厅堂亦由旧建筑改饰而成,质朴淡雅,犹存明中期风范。按陆宅在沙家桥西,有天寿堂,另有别宅名淞南草堂,在陆家库;今俱无存
	芝园	府城东北隅北禅寺西,近北俞塘	何三畏,明万历十年(1582)举人,官至绍兴府推官	园以明翰林院编修陈懿德旧第扩建,因频生灵芝得名;其占地数十亩,有观濠堂、歌风馆诸胜,陈继儒有《观濠堂记》,惜毁于明末战火。何氏另有别业"拜石堂"于凤凰山,有石壁百尺,亦无存
	素园	府城西北北仓桥,今景德路机关幼儿园	林有麟(1578—1647),为隆庆二年(1568)进士、南京太仆寺卿林景旸子,详见后	入清后园归处州知府周茂源;道光年间归山东道监察御史钱以同;今无存。按林有麟绘有陈所蕴日涉园全景图存世,并著有《素园石谱》;林景旸宅名玉恩堂,在普照寺西南,巍峨壮丽,内有翼文阁,藏书万卷,后由林有麟承继,素园应即在其后部;林景旸又有新宅在集仙街西;另有别业名"玉兰宇",在府城西南学士里
娄县	双鹤园	府城南门内陆家桥东、望仙桥南	张衿,明景泰五年(1454)进士,官至侍御	此园年代较早;后啸园主人范惟一扩建其地,建两宅于坐化庵西;后其一属陆万言;今不存。按张衿宅名贻白堂,在乡间,又有别宅在迎仙桥西,与陆家桥近在咫尺,疑即此园;陆万言为晚明名士,与董其昌、陈继儒交游,其宅在乌龙潭北;又有别业在卢山(今不存)下水湾畔,名畸墅,又有抱珠楼

续　表

县别	园名	园　址	园 主 简 况	园林概况及沿革
娄县	竹素园	府城东南龙门寺，今茸南苑东南侧	冯大受，明万历七年（1579）举人，官至庆元县知县	园以龙门寺旧址之半改建，周遭水面连缀，园中有玉立亭、广成阁、梓潼阁，借尽园外平畴风光，规模应在数十亩左右，冯氏有园居自咏诗；后园分为三，南为许誉卿园，西为杨汝成侍郎园，东为杜元培园，龙门寺居其中；今无存
	以下清初			
	醉白池	府城西门外，今人民南路南部	顾大申，清顺治九年（1652）进士，官至工部郎中，为书画家	另详

（表中县别为其至清代所属县治，下同）

表 3-3　明中晚期至清初上海地区部分城市地园林一览表(二)

县别	园名	园　址	园 主 简 况	园林概况及沿革
上海县	豫园	城北安仁街潘宅之西，东南与县城隍庙毗邻	潘允端，明嘉靖四十一年(1562)进士，官至四川右布政使	建于明嘉靖、万历年间，面积达七十余亩，其余另详
	柱颊山房	城西南倒川弄（原称董家宅），今文庙路、梦花街一带	董其昌（1556—1636），明万历十七年（1589）进士，官至南京礼部尚书	园中柱颊山房面对广庭，庭中为小型山池一区，木石苍古，颇饶幽致，小池传为董其昌洗笔处，清末民初时“园久废圮”（清末民国初・陈伯熙编著《上海轶事大观》，上海书店出版社 2000 年 6 月第一版，115 页）。其宅则已为邑绅姚紫若居住数世，至抗战前期仍为姚氏聚族而居；今为指甲钳厂厂房。按董氏正宅在松江府城东南隅龙门寺，西有著名的戏鸿堂、画禅室，即“民抄董宦”事件发生地；另有竹安斋（董园）在今闵行区启秀桥一带
	半泾园	城西南半段泾（薛家浜一枝），今半泾园弄东，蓬莱路 225 号蓬莱路第二小学	赵东曦，字驭初，明万历四十七年(1619)进士，官至礼部郎中。其祖父赵灼，字时章，为明嘉靖三十五年（1556）进士	园中多植桂树，有四焉斋；清雍正年间(1723—1735)由顺治四年(1647)进士曹垂燦(绿岩)子、雍正八年(1730)进士、给事中曹一士增葺，为其讲学之处，曹并著有《四焉斋文集》；同治年间(1862—1874)日就废圮；光绪十三年(1887)由官绅捐资购得，后建万寿宫、清节堂于园南，此园遂成其后园；辛亥革命后先设师范传习所，后划归西成小学，即今蓬莱路第二小学；抗战胜利后尚存澄经堂、五峰亭及峰池林木；1976 年修建人防工事时万寿宫被拆除，园亦不存。按赵东曦宅第在今赵家宅弄

续 表

县别	园名	园 址	园 主 简 况	园林概况及沿革
上海县	慈云楼	约在城中部，今四牌楼、学院路一带	朱察卿（1524—1572），国子监生，诗人，有《露香园记》传世	乾隆、嘉庆年间（1736—1820）楼归李筠嘉，成为沪上著名藏书楼，后毁于咸丰三年（1853）“小刀会”战火。按文徵明次子文嘉绘有朱氏七景图，即朱氏七世所建园亭：静庵、寿梅、葵轩、玉渊、青冈（怡老园）、竹溪、醉石（慈云楼），存上海博物馆；又，清中叶城西吾园亦为李筠嘉别业，详见后
	渡鹤楼	城南乔家浜西	乔炜，副贡生，明天启年间（1621—1627）礼部郎中	也称南园，大致建于明天启、崇祯年间（1621—1644），为乔礼部别业。其余另详
	以下清初			
	宜园	城东南部药局弄南，南通乔家浜，东临巡道街，今乔家路77号	周金然，清康熙二十一年（1682）进士	乾隆年间归凤树园主人乔光烈，有乐山堂、吟诗月满楼、寒香阁、青玉舫、快雪时晴、琴台、归云岫、宜亭诸胜；咸丰、同治年间（1851—1874）归郁氏，改称借园，但已“山圮石倾，无复可观”（同上，122页）；民国初年归“海上画派”书画家王震（字一亭，1867—1938），改称梓园；今存梓园门楼及一阁一堂，破败已甚
	邑庙东园	城北县城隍庙东，与豫园相邻	上海士绅醵资兴建	创建于清康熙四十八年（1709），称“小灵台”，其余另详

表 3-4 明中晚期至清初上海地区部分城市地园林一览表（三）

县别	园名	园 址	园 主 简 况	园林概况及沿革
嘉定县	龚氏园	城中部，县城隍庙西北，今东大街314号	龚弘（1451—1526），明成化十四年（1478）进士，晋工部尚书致仕	入清后称秋霞圃，其余另详
	沈氏园	城中部，县城隍庙北，龚氏园东侧	沈弘正，诸生（秀才），喜藏书，多善本	今为秋霞圃之一部，其余另详

续 表

县别	园名	园 址	园主简况	园林概况及沿革
嘉定县	金氏园	城中部，县城隍庙北，龚氏园东北	明万历十年(1582)举人金兆登祖父金翊	今为秋霞圃之一部，其余另详
	归有园	县城西部，演武场(今嘉定体育场)西南侧	徐学谟(1521—1593)，明嘉靖二十九年(1550)进士，官至礼部尚书	娄坚、程嘉燧有诗题咏，王世贞有《归有园记》；园在宅后，仅隔一街，有阳春堂、海曙楼、广池、小岛之胜，近二十亩；清嘉庆、道光年间(1796—1850)景物已无存，园址似被元代古刹西隐寺所并；民国时其园中二石在西门外北圣庙(原妙音庵)“归有山房”前庭院中。按徐氏尚为友人建吕墅草堂于吕墅泾西，似仅稍具亭榭，饶野趣
	唐氏园	县城西北角，演武场西	唐时升(1551—1636)，处士	有梅庵、娱晖亭、紫萱冈，冈上架石为读书台(亦称琴台)，其孙唐懋芝又建梅花书屋；园废后，紫萱冈(为土坡)及读书台犹存，称“唐时升读书台”，文革中毁
	赵氏园	县城南部，孔庙以南	赵弘范，明天启二年(1622)进士，官至陕西道御史	园小巧精致，叠石传为张涟作，又有岁有堂、翥云峰；后园不存，翥云峰先后归王、周二姓，1980年自周氏祠堂天井移至汇龙潭怡安堂前。赵弘范子赵儒珍另有园在永康桥西，亦不存
	猗园	南翔镇东南，太仓州城隍行祠北	闵士籍，官至光禄寺署正、河南嵩县通判	清中叶称古猗园，其余另详
	檀园	南翔镇北金黄桥(桥在南翔寺东北角，1977年拆毁)南	李流芳(1575—1629)，明万历三十四年(1606)举人，因阉党当道，弃科考	有宝尊堂、山雨楼、泡庵、次醉阁、剑蜕斋、慎娱室、翏翏亭、春雨廊、萝壑、芙蓉沜诸胜，与李文邦三老园及其曾孙、李流芳之侄李宜之猗园并称李氏三园，为明代南翔园林代表作；清初园已寥落；乾隆十二年(1747)，乾嘉学派名家、青浦名园三泖渔庄主人王昶曾踏访其遗址，有诗记之；嘉庆年间成为荒园；今不存
	以下清初			
	盆山阁	县城东部，今东塔城路	侯旭，诸生	此阁筑于清康熙十三年(1674)，临流面山，另有鱼听轩、写心亭、碧云馆，芙蓉夹水，老桂飘香，人称绝胜；康熙四十年(1701)一度归他姓，四十四年(1705)复被侯旭之女赎回，当时已仅存此阁；因侯氏无后，嘉庆初年改为华元化祠；今仍存此阁遗迹

表 3-5　明中晚期至清初上海地区部分城市地园林一览表(四)

县别	园名	园　址	园 主 简 况	园林概况及沿革
宝山县	藿圃	月浦镇	周人玉，隐士	园有品菊轩、觅句亭诸胜，又称小山林；有诗云："深巷沉沉数亩宫……野水到门蛙鼓吹"①；今无存
金山县	竹泉轩	卫城内	刘瑛，官至指挥	园中竹下有泉一泓，刘瑛因其父清介似此泉，因以为轩名，今无存
川沙厅	南有园	城东隅，今浦东川沙镇城厢小学	王观光	园有十四景，晚明画坛"苏松派"领军人物赵左绘有园图，有"小辋川"之称(唐人王维有辋川别业)；清中叶仅存蒲菊峰、池塘及银杏一株，今无存

山林地园林：西佘山居与横云山庄、九峰草堂

明中后期上海地区山林地园林除集中于九峰一带外，如青浦县淀山、嘉定县鹤槎山(烽堠遗迹)等处也有少量分布，数量、规模均较元末有更大发展。这一时期的峰泖之间，陈继儒、莫是龙、孙克弘、施绍莘、张之象、陆万言、何三畏等文人雅士隐居地望衡对宇，亭台迤逦，笙歌隐隐，足与府城及上海、嘉定两县城之城市山林分庭抗礼。朝野并重，正是园林盛世气象——只惜其非国家盛世气象。

图 3-10　清嘉庆《松江府志》中的佘山(兰笋山)

(1) 西佘山居

位于松江府城西北之佘山西峰(西佘山)东北坡，邻近东佘山处(图3-10)。园主施绍莘(1581—1633)，字子野，号"峰泖阆仙"，上海县人，寓居松江，为华亭县生员，家道富足。他是明万历年间诗人，工散曲，多才艺，恣纵不羁，深谙造园之道，与居于东佘山的大名士陈继儒为莫逆交。

① 沿革

园址原为施氏家族墓地所在，虽面向东北却有山拥水抱之形胜，

① (清)梁蒲贵、吴康寿修，朱延射、潘履祥纂《宝山县志·卷十三·园亭》，光绪八年学海书院刻本。

墓旁有可供祭拜、礼忏、休憩的精舍。西佘山居即以此精舍为基础，自明万历四十四年(1616)冬起渐次兴筑，至四十七年(1619)施氏移居西佘山，又陆续经营至天启六年(1626)夏，前后历时十年，其亭榭廊舍、花木垣墙皆由施绍莘亲自设计。“因山省挑筑，因水省浚治，花木择其易活者，省培植。简便而措之，平淡而享之，但觉山水花木，自来亲人，而我无应接之烦，是可为真享受矣……”①寥寥数语见出施氏不同于庸常的审美趣味与造园水准，在处处皆欲以人力夺天工的晚明不失为高扬的天籁之音。

明崇祯元年(1628)中秋，大旅行家徐霞客(1586—1641)赴东佘山居探访陈继儒，曾趁便游览施氏西佘山居，时值山居鼎盛期，“疏篱曲水，细柳平桥”②，令心雄万里的徐氏一见倾心。崇祯四年(1631)徐氏再度探访，山居却已易主，施氏也已迁居别处。崇祯九年(1636)，徐氏于壮游西南前仍念念不忘这湖山一隅，三度来访，却见山居已因新主无心经营而屋颓草长，故人亦已去世三年了……屈指算来，此园之存在时间不过前后十数年而已。百年后的清乾隆八年(1743)，乾嘉学派名家、青浦名园三泖渔庄主人王昶(1724—1806)曾赴西佘山寻访施氏山居遗址，却只见空山寂寂，惟有作诗凭吊而已。

西佘山居之外，施氏尚于万历四十七年(1619)筑“泖上新居”(应属江湖地园林)于南泖之西，可驾钓船(名“随庵”)翩然往还于两园之间，使其别号“峰泖阆仙”名副其实，亦足见晚明士大夫园居生活之一斑。只是此样生活貌似简易，实需高昂费用维持，这或许也是施氏山居不久于世的原因。

② 艺术分析

A. 此园随高程的变化自然分为山麓、山腰、山腹三片相对集中的景域，创造出丰富多变、起伏跌宕的空间感受：

山麓之“就麓新居”处于山、水之间，为全园主要景域。此区似以“三影斋”及“罨黛楼”一组为相对主要建筑，东有“语花轩”，西偏有“西清茗寮”，其余“秋水庵”“聊复轩”“妍隐楼”“众香斋”“济胜桥”“香霞台”等众多建筑散落四面，结合缤纷的乡土植物构成不同主题的次景域。

山腰“霞外亭”景域尤以植物景观为主，仅以“霞外亭”背松面水，以桃林景观扣“霞”字，有武陵源般的旷逸。此区为山麓至山腹两大景域间的过渡，故作放松处理。

---

① (明)施绍莘《西佘山居记》，转引自陈植主编《中国历代造园文选》，黄山书社 1992 年 1 月第一版，133 页。

② (明)施绍莘《西佘山居记》，转引自陈植主编《中国历代造园文选》，黄山书社 1992 年 1 月第一版，133 页。

山腹"半闲精舍"景域为全园最高处，亦为全园之发源地。此区以"春雨堂"为主要厅堂，大约面向东偏北，可见"平田远水"[①]及凤凰山"分出于玉屏、东佘间"（"玉屏"即薛山）[②]，还有远处的"一点苍"[③]：北簳山，视野极为开敞，为全园主要借景地，亦为整个游园过程创造出难以忘怀的心理高潮。其西偏"无梦庵"、东偏"诗境"似均相对幽闭，凸显出"春雨堂"之一目千里。"诗境"前有"散花台"，取意佛教故典，凌驾于竹海，为城市地山林难求的景观。稍远的竹林中有"太古斋"，寂静如太古，为这一景域、亦为全园奏响袅袅不绝的余音。

B. 全园植物造景充分利用了丰富多彩的江南乡土树种，如"无梦庵"之松，"诗境""西清茗寮"之竹，"三影斋"之梅，"霞外亭""妍隐楼"之桃，"众香斋"之桂……或挺健，或清雅，或妩媚，各自借重自然，因地制宜，构成主题鲜明、格调统一、缤纷绚丽而又融入山野的种植群落，极大丰富了园林景象与意象空间，似为园林树种运用的范例。

C. 园林中掇山叠石本属于无山处觅山景而施之举，决非每园必备；山地园尤应以顺应地势、地脉为主，即便稍加阐发也应慎之又慎，以免露出马脚，更忌于真山面前搔首弄姿，自起峰峦——施氏此园几不见有叠石痕迹，在好石成痴甚至叠石成灾的晚明尤令人钦佩。百余年后，东佘山之王心尧遂高园即"有假山拾而登，为'十二亭'，四面奇石矗立，如巫峰之数"[④]，此园似应移至平地，免得枉占大好山色，与西佘山居相比，高下立判。

D. 园中建筑虽无详细描述，总疑施氏处处以质朴简易出之，求雅趣而不求"匠趣"，否则很难解释此园为何会在数年之内即告颓败——茅茨土阶悦目而难以耐久，其维持费用或较金碧楼台更为高昂。

（2）横云山庄

位于松江府城西北、九峰中景致最为绮丽的横云山麓，前临"横山塘"，为南宗写实主义造园大师张涟（南垣）的代表作品。

① 沿革

乾隆《娄县志·卷十四》载："横云山庄即明李工部逢申旧园，后归王司农鸿

---

① （明）施绍莘《西佘山居记》，转引自陈植主编《中国历代造园文选》，黄山书社1992年1月第一版，133页。

② （明）施绍莘《西佘山居记》，转引自陈植主编《中国历代造园文选》，黄山书社1992年1月第一版，133页。

③ （明）施绍莘《西佘山居记》，转引自陈植主编《中国历代造园文选》，黄山书社1992年1月第一版，133页。

④ （民国）于定等修，金咏榴等纂《青浦县续志·卷十一》，民国二十三年刻本。

绪”;明末清初大诗人吴伟业(1609—1672)《张南垣传》中称:“其所为园,则李工部之横云、虞观察之预园……为最著”①;则李逢申时代之“旧园”可能即名横云山庄,王鸿绪因其名极盛,故沿用不改——吴伟业此传作于张涟(1587—约1671)暮年,时王鸿绪年方弱冠,尚未登第,横云山庄可能仍属李氏。吴氏于清康熙五年(1666)所作咏松江诸嗣理“九峰草堂”长诗中尚有“李氏名园士女游”②之句,应即描述此园当时盛况。

李逢申,上海人,明万历四十七年(1619)三甲四十四名进士,官至工部郎中,即中央司一级官长,其生平经历不详,但其笃于园事、饶于资财却是可以肯定的。李氏于此园之外,尚在其西邻一水之外拥有原为明兵部职方司主事张履端山居的菉园(后成为张汇、张照父子之宿云坞),还有别业名屏山园、四香亭,据明林有麟素园新主人、清处州知府周茂源“四香亭”诗中“卜筑屏山麓”③句,疑其均在又称玉屏山的薛山之麓。李氏还为其父李可教建宅第于府城西门外之谷阳桥南,名笏溪草堂,也应有园亭之胜——明末江南士大夫不惜倾家造园的风习于李逢申可见一斑。李氏不只好园,似也别具识园的慧眼,与张涟气息相投,使其得以在宽松舒畅的创作环境下解衣盘礴,尽展其技,为生于兹,长于兹的家乡留下平生得意之作。

王鸿绪(1645—1723),字季友,号俨斋、横云山人,华亭人,其兄弟三人均登进士第,满门显贵。王氏尚为康熙朝“南党”重要成员,至四十八年(1709)因议立皇储事以户部尚书解任归里,以修明史为名隐居横云山庄,精心篡夺史学家万斯同的煌煌《明史稿》为己有,直至晚清始为魏源揭穿。王氏于府城西门外竹竿汇另有赐金园。

图3-11 清嘉庆《松江府志》中的横云山庄遗痕

作为久负盛名的张氏作品,横云山庄归王鸿绪后大加改建的可能性较小,应基本留存了晚明风貌。此后的嘉庆二十三年(1818)所修《松江府志》之“九峰三泖图”中还可寻觅到此园身影(图3-11),颇疑其最终废于

① (清初)吴伟业《梅村家藏稿·卷五十二·张南垣传》,转引自《续修四库全书·1396册》,上海古籍出版社2002年3月第一版。
② (清)宋如林修,孙星衍等纂《松江府志·卷七十八·名迹志》,嘉庆二十三年修刊本。
③ (清)宋如林修,孙星衍等纂《松江府志·卷七十八·名迹志》,嘉庆二十三年修刊本。

“太平军”战事。

② 艺术分析

有关山庄园景资料极少，仅知其着笔不多，顺应横云山麓之平缓坡势徐徐展开，以低平的横向线条烘托山势、映照“横山塘”水面，宛如元人倪云林所绘淡雅萧疏、高古旷逸的平远山水，为“南宗”造园“张家样”的范本，其中又以含清堂一区最为幽胜。此外，几座同时期之山麓园佳作亦可供作园景想象的参考，如前文所述施绍莘创作于晚明的西佘山居之山麓部分及今存清顺治年间(1644—1661)经张涟之侄张鉽重新改建的无锡惠山东麓寄畅园，而位于苏州天平山南麓、由范仲淹后裔范允临创建于晚明的天平山庄形胜、面貌可能与其最为相似：

“园外有长堤，桃柳曲桥，蟠曲湖面，桥尽抵园。园门故作低小，进门则长廊复壁，直达山麓。其绘楼幔阁，秘室曲房，故故匿之，不使人见也。山之左为桃源……右，孤山，种梅千树。渡涧为‘小兰亭’……”[①]范氏擅书画，故此园多半出自他的擘画。其中“故作低小”“故故匿之”等句尤发人深省。

(3) 九峰草堂

其主体建筑位于府城西北九峰中的辰山，其他建筑散落分布于其余各峰。园主诸嗣郢(1624—1682)，字越臣，又字乾一、琴庄，别号松错，青浦人，清初著名文人，人称“九峰先生”。

① 沿革

诸嗣郢弱冠时正值明清易代，家国沦亡，彷徨无计间放情山水，或许即于此时目睹九峰妩媚风光及其间胜迹的颓败，暗起兴复之意。后来他于顺治十八年(1661)春得中进士，旋即因“奏销案”被摒落功名，大起大落之下万念俱灰，少年旧梦又自心头浮起。于是聊将经略天下的雄心化作整治湖山的逸志，将万贯家财化作九峰胜景，孜孜矻矻，“手自营葺”[②]，除在辰山自筑九峰草堂外，还将九峰间前人胜迹加以重整，并自出新意，令茫茫九峰一时气韵贯通，神采奕奕。清康熙五年(1666)，诗人吴伟业夜宿青浦诸宅(疑即九峰草堂)，为作《九峰草堂歌》[③]记之，其后记描述园景甚详，则此时园已基本完备。惜今已无迹可寻。

② 艺术分析

九峰草堂实为一逶迤十余公里的集锦式园林群落。该群落选择以位于九峰

---

① (明) 张岱《陶庵梦忆·卷五·范长白》，四川文艺出版社 1996 年 4 月第一版，454 页。
② (清) 宋如林修，孙星衍等纂《松江府志·卷七十八·名迹志》，嘉庆二十三年修刊本。
③ (清) 宋如林修，孙星衍等纂《松江府志·卷七十八·名迹志》，嘉庆二十三年修刊本。

中部的辰山为核心景域(16处建筑)，以“九峰草堂”为核心建筑，其余各景域均有相应主题建筑，自“一峰梧馆”、“二峰啸亭”、“三峰静轩”直至“九峰奕圃”，其名称统一有序；从建筑数量看，其中又似以凤凰山(8处建筑以上)、横云山(10处建筑)为次核心景域，凤、辰、横三山恰分别位于九峰群落之颈、胸、腹部，可将九峰贯为一气；而各景域之间的呼应、因借亦不难想见，故其总体景观控制面积可能达十余平方公里(表3-6)。

作为一次发自个人的大规模自然风景区建设，九峰草堂的兴建虽可能直接导源于清初“奏销案”的打击，但其更多体现的仍是明中晚期百年浸润下江南知识分子对自然山林风光的自觉审美追求与加工意识，是我国园林史上值得一书的事件。此园之后，上海地区文人园的大规模兴造基本结束，此后康熙年间(1662—1722)的赐金园、秀甲园乃至晚清的准文人园——九果园都只是由强而弱，不绝如缕的袅袅余音了(表3-7)。

表3-6　九峰草堂各峰景点分布一览表

山　名	修　复　与　新　建
凤凰山	修复三星堂(明徐阶筑)、芙蓉庄(徐阶筑)、且止园(王元瑞筑)、拜石堂(明何三畏旧园)；新建一峰梧馆、费亭(元费榕建瑶芳亭于此山)、东海亭(明张弼建梅居于此山)、陶亭(元陶宗仪在此山麓建南村居)
库公山	新建二峰啸亭、放鹿亭、库公庵、陆宝村屋
佘　山	修复古香庭院(奉祀陈继儒)、聪道人(北宋高僧)墓；新建三峰静轩、陈亭(陈继儒在此山建东佘山居)、山月亭
辰　山	新建四峰隐庐、招隐堂、鲈鱼亭、点易台、钵堂、勿庵、蠡庵、秋水庵、芭蕉庵、净土庵、长生庵、镜湖草堂、放生亭、万佛万仙廊、尚友堂、九峰草堂
薛　山	新建五峰吟阁、曹斋(疑纪念元曹知白)、学士亭、梅花庵
机　山	新建六峰琴斋、万花庵、平原村屋(山下有平原村，因陆机得名)
横云山	新建七峰雪堂、自怡堂、醉花吟月之堂、常清净室、高视亭、可无诗亭、莲花庵、二十四峰阁、清川堂、纳翠亭
天马山	新建八峰竹楼、半珠庵
小昆山	新建九峰奕圃、玉山学堂、玉光亭、涌月台书屋

(此表据嘉庆《松江府志·卷七十八》吴伟业长诗后记)

表 3-7 明中晚期至清初上海地区部分山林地园林一览表

县别	园名	园址	园主简况	园林概况及沿革
青浦县	东佘山居	东佘山	陈继儒（1558—1639），处士，著名文人、书画家	有白石山房、神清之室、古香亭、含誉堂、顽仙庐、箬帚庵、鹦鹉冢、雪梅井诸胜，收藏颇富，多有名人过往；其中白石山房原为章宪文别业，章身后为陈继儒以五千卷书易得；陈继儒去世后以园中神清之室作为陈祠，后无存。按陈宅在府城慧镫庵桥西北，又有别业藻野堂在东门外
青浦县	松寮别业	辰山	张之象（1507—1587），文史学家，诗人，官至浙江按察使司知事，参与纂写万历《上海县志》，《明史·文苑》有传	园有三十景，以松寮为首，后无存。按张原居龙华，嘉靖三十二年(1553)因倭乱破家，始入府城居住；其宅名听玉斋，在集仙街，又有传砚斋，在察院后；其曾孙张宝臣曾作《熙园记》
青浦县	王氏园	东、西两佘山之间	王陞，明万历四十四年(1616)进士，官至太仆寺少卿	原为明代诗人董黄之东佘草堂，以“皆山阁”闻名；万历年间归王陞，有红雨榭、凝翠亭；清乾隆十八年(1755)其曾孙王祖晋扩建为知止山庄，有碧涵堂、洗衣掬月亭、山晓楼；其玄孙王心尧更增筑寿安楼等，改称遂高园，园域广阔，景物荟萃；嘉庆、道光年间园渐废；“太平军”战事时尚存鹤闲堂；民国时仅存遗迹。按王陞有宅在西门外蒋泾桥
娄县	菉园	横云山麓	李逢申，明万历四十七年(1619)进士，官至工部郎中	原为明兵部职方司主事张履端山居；明末清初园毁；清刑部郎中张汇重建为宿云坞；现无存。按张履端有永锡堂，在城南河东，又有素宜堂，在集仙街
娄县	宿云坞	横云山麓	张汇，清初官至刑部郎中，为康熙四十八年(1709)进士、刑部尚书、书法家张照(1691—1745)之父	原为明李逢申菉园一部分，在横云山庄西，仅一水之隔；据言工部尚书张祥河亦在此建望云山庄；现均无存。按张汇父子宅在秀野桥西，名世泽堂

江湖地园林：后乐园、濯锦园与旧西湖园林群落

明代上海地区的江湖地园林分布更为广泛。除三泖、淀山湖等休闲性较强的开阔水域外，如吴淞江、黄歇浦（今黄浦江）这样以交通性为主的宽广江面也日益成为园亭依傍的对象。而中小型水域如松江府城东门外的南、北俞塘，西门外的白龙潭，甚至城内东北部的邱家湾，东南角的龙渊，西南角的旧西湖等处亦往往因地近宅第，成为私家园林萃集之地。

（1）后乐园

位于吴淞、黄歇浦两江交汇处之东岸，今浦东“花园石桥路”一带；这里原为陆深旧居，因称“陆家嘴”。

园主陆深（1477—1544），字子渊，号俨山，上海人。明弘治十四年（1501）乡试第一名举人（解元），弘治十八年（1505）会试二甲第八名进士，历经宦官刘瑾、权臣桂鹳萼排斥，累官至四川左布政使等职，终其一生，仕途并不得志，卒谥文裕。陆深为著名书法家，楷、行、草俱佳；行文则有六朝小品文神韵，有《俨山集》、《俨山外记》等。

① 沿革

陆深于明嘉靖三年（1524）因父丧归家守制，家居无事，遂于浦西上海县城东部建新宅。其宅位于横跨方浜的长生桥南、学宫之北，一如其他明代官宦宅第般宏敞，其东有高阁称“邻黉”（“黉”即学宫）；宅中尚有园，累土石为山，下有静胜轩。今其地仍称“陆家宅”。

三年守制期满，陆氏仍倦于宦游，于是又在其位于浦江东岸的旧居北隅兴建后乐园，作久居不出的打算——则此园始建年代约为嘉靖六年（1527），在上海明代园林中是较早的。此后陆深不免重入宦海，直至嘉靖十九年（1540）辞官回乡，又在园中继续兴筑——这时距他辞世只有四年了，从他留下的诗句中可以见出其晚年园居生活的闲适与忧思：“背山亭馆跨山桥，杨柳风多当舞腰；一榻夜凉人不寐，隔窗疏雨滴芭蕉。”①

嘉靖二十三年（1544）陆深去世，其时东南沿海地区倭患渐炽；至嘉靖三十二年（1553）四、五月，倭寇竟两度掳掠上海——当时吴淞口外的崇明岛已渐成倭寇巢穴，可随时溯江呼啸而至；而后乐园又据江流隘口，旦夕有风鹤之警。好在当年九月上海县即兴筑城墙（陆深遗孀梅氏出力极多），两月后工竣，陆氏后人遂举家入城居住，后乐园则于倭寇的频频光顾中逐渐荒芜；其中嘉靖三十四年（1555）“三月，我兵与倭战于浦东陆家园”②、“三月初七日，倭寇五千余突至上海，董佥事率兵战浦东陆氏园”（明・范濂《云间据目抄・卷三》），或许为摧毁此园之关键一役。大约直至嘉靖四十四年（1565），也即陆深身后二十一年，东南倭患始基本肃清。中晚明诗人、慈云楼主人朱察卿（即作《露香园记》者）曾凭吊后乐园废址，

① 转引自《上海园林志》编纂委员会编《上海园林志》，上海社会科学院出版社 2000 年 4 月第一版，631 页。

② （明末清初）李节之《云间杂志・卷之上》，转引自《四库全书存目丛书・子部・244 册》，齐鲁书社 1997 年 10 月第一版。

有诗云："乱后重来百感生，青山谁主鹤相迎。已无金谷园中会，空有山阳笛里情。曲径秋风衰草合，败垣斜日乱虫鸣。门前江水依然在，却送归舟似掌平。"①按"乱"即指倭患，从诗意看，园中山水轮廓仍存，建筑则似仅存残迹了。至二百余年后的清中叶，府志更称"遗址无存"②。

实则直至抗战前的民国二十四年(1935)年底，此园山水轮廓仍依稀可辨——"庄先生指着那一片荒丘，说，那就是当时后乐园的假山，从前还有荷花池，现在被附近工人将垃圾填满，也看不出来"③。此"荒丘"似即园中土冈"俨山"，以后乐园位置之明确，应不致张冠李戴。今日其地则高楼拔耸，街衢纵横，天翻地变了。

② 艺术分析

后乐园占地"顷余"，即一百余亩，但也只是略言其大，并疑其将芦洲沙渚都计算在内——当时浦东地价想必低贱，故陆氏能有此豪举。明人朱察卿在《露香园记》中称："浦之东西，居者相埒，而学士陆公园最胜，层台累榭，稍侈矣"④，则直至嘉靖、万历之间，浦江两岸，含上海县城诸园在内，仍以此园景致最胜。

A. 园中以"俨山"土冈结合黄浦江面构成主要山水轮廓，山之绵亘数里与江之宽广悠长既有形态的呼应，又暗含刚柔、虚实的对比，为滨江园林中少见的大手笔。全园也似乎借此山而大致分为山林、滨江两大景域，并似以后者为主，有"后乐精舍"(又称俨山精舍)"望江楼"(又称"快阁")"江东书楼""江东山亭"等建筑，"极花木水竹之胜"。山林景域则似相对次要，有"澄怀阁""四友亭"等建筑，并有"小沧浪""柱石坞""小康山径"等次景域，点缀有三川石、武康石山等小型石景观，似尚不致伤害山体的连贯气韵。

B. 园中土冈不高，但称"俨山"反觉从容不迫，饶有余地，较日涉园"过云峰"之锋芒毕露似乎更高一筹；此大型土山作品似尚能体现出明中期以前重土不重石的掇山风格遗存——或许此地本有土垄可借。园中水面仅"叠石疏渠，作流觞曲水"⑤，或处理为农家池塘："新筑方塘漾柳梢"⑥，或可能处理为江滨水湾，皆以

① 转引自《民国丛书·第四编·81·上海研究资料续集》，上海书店1991年12月第一版，9页。
② (清)宋如林修，孙星衍等纂《松江府志·卷七十八·名迹志》，嘉庆二十三年修刊本。
③ 转引自《民国丛书·第四编·81·上海研究资料续集》，上海书店1991年12月第一版，9页。
④ (清)宋如林修，孙星衍等纂《松江府志·卷七十八·名迹志》，嘉庆二十三年修刊本。
⑤ (清)宋如林修，孙星衍等纂《松江府志·卷七十八·名迹志》，嘉庆二十三年修刊本。
⑥ 转引自《上海园林志》编纂委员会编《上海园林志》，上海社会科学院出版社2000年4月第一版，631页。

不与江面争胜为指归。大概是为不受潮水影响，其水体未与江水沟通，而采用辘轳引泉水的方式，很具观赏性，并有动人水声；这与浦西人家庭园之千方百计沟通江潮，以求祥瑞形成鲜明对比。

C. 此园植物景观富于江湖、田园特色。不仅“被以蒹葭，带以杨柳”①，有盎然水趣；且有极富乡土特色的“木棉坂”，体现出为官者关心农桑的情怀。

D. 此园充分利用沿江之利，将江水、隔岸景物借入视野。借隔江景物可称“平借”，以园中杨柳与柳外蒹葭为近景，以江水、渔船为中景，以隔江城郭、田野为远景——“望中城郭故依依，乔木千章水合围”，“渔浦一篙翻白雪，麦田千顷湿黄云”②，静中寓动，层次颇觉丰富。俯瞰江上景物可称俯借，“外皆芦洲，可以瞰江”③，朝晖夕阴，过尽千帆——当时黄浦江上满载货物的沙船来往如梭，也颇足娱目。

E. 陆深园居时还曾买一船，称“水晶宫”，“随潮上下”④，还作有“龙江汛舟曲”，意兴阑珊。此舟可与西佘山居施氏名为“随庵”的钓船相映照，为城市山林中旱舫之实体化回归。

(2) 濯锦园

位于府城东门外北俞塘畔（其地后以园名，称濯锦江）、今北果子弄底，占地约四十余亩。

园主顾正谊，字仲方，似又字君实，号亭林，国子监生，万历年间（1573—1620）官至中书舍人。顾氏家藏多书画名迹，顾正谊朝夕揣摩，渐至卓然成家，成为著名的“华亭派”领军人物，云间画派创始人之一，而顾氏子侄即为华亭派中坚。顾正谊画宗元人黄公望，自然深秀，别具特色，今南京博物馆藏有其山水册页；其人又工诗，有诗集传世。顾正谊父顾中立，嘉靖五年（1526）进士，官至广西参政，顾正谊为其长子。其弟顾正心，为规模甲于一方的熙园主人，详见下文——顾氏一门富贵风流，对明中晚期上海地区文化艺术、尤其是园林艺术发展作出了突出贡献。

① 沿革

顾正谊生卒年月不详，以下为文献中透出的点滴光亮（表 3-8）。

---

① (清) 宋如林修，孙星衍等纂《松江府志・卷七十八・名迹志》，嘉庆二十三年修刊本。

② 转引自《上海园林志》编纂委员会编《上海园林志》，上海社会科学院出版社 2000 年 4 月第一版，631 页。

③ (清) 宋如林修，孙星衍等纂《松江府志・卷七十八・名迹志》，嘉庆二十三年修刊本。

④ (清) 宋如林修，孙星衍等纂《松江府志・卷七十八・名迹志》，嘉庆二十三年修刊本。

表 3-8　顾正谊大事记

万历三年(1575)	作《溪山秋爽图》,今存世
万历二十三年(1595)	奉命饷边,时明军抗日援朝战役方告一段落,朝廷依靠江南富户赞助军饷,其“中书舍人”一职或即源自此举
万历二十四年(1596)	作《天池石壁图》,今存世;刻所纂《百咏图谱》二卷、《新词图谱》一卷
万历二十八年(1600)	青浦唐汝询为其纂《顾氏诗史》十五卷成

作为云间画派前期重要画家,顾正谊年齿应较董其昌(1556—1636)等人更长——据言董氏早年曾学画于顾氏。再参照表中情况,颇疑万历二十八年前顾氏已辞世,故需他人代其作总结性作品编纂。又据光绪《华亭县志》,顾氏晚年筑园亭(应即濯锦园)于江畔,故自号亭林,园中有一堂未成顾氏即辞世……综合以上情况,濯锦园应大致建于明万历前期。

南明弘光元年、也即清顺治二年(1645)清兵南下,松江士绅百姓婴城固守,战况惨烈,濯锦园距城池较近,不免覆没,但相信山水轮廓尚存。后其地为钱氏宗祠,又毁于抗日战争。今存园中旧有五老峰之三,已移入方塔园。

顾正谊宅在东马桥、文园主人朱大韶宅东,附有宅园,有诗廊、韵廊、莲池亭榭之胜。

② 艺术分析

由于文献脱略,仅知此园注重依照江南地域山柔水缓的特殊地貌、顺应园址周边积水弥漫的特殊环境塑造景象空间。其水景似以外借为主,山景则似以尺度较大的平缓土冈为主体,以自然麓坡的刻画为核心与指归,山、水主体似分处不同景域,其间以潺潺细流穿插渗透,以求得各自充分饱满的形态、尺度表达。建筑则似以敞闲堂为主要厅堂,另有可提供高视点的天琅阁(似收藏较富),其余则不见于著录,想来数量不多,故能保证园林景象的纯净自然。全园麓坡绵延,竹树阴翳,雅隽幽邃,多南宗山水况味,实为艺坛多面手顾正谊厚积薄发之晚年力作,堪与造园大师张涟作品——李逢申之横云山庄并称为明中晚期上海地区艺术价值最高之两园。

此园建成后好评如潮,为一时文人雅士奔聚之所,相信弱冠时代的张涟也曾盘桓其间,园中真实感人、不事雕饰的麓坡一定在他心中留下了深刻印象——日后张氏以刻画山麓景象的回归现实主义造园手法独步一时,其中未必没有濯锦园的依稀身影。这也从侧面证明了一种艺术流派的诞生往往并非偶然,而是多种因素齐头并进、交互感染的结果。

（3）旧西湖园林群落

位于松江府治西南角的旧西湖至明代仍存留一定面积水面，成为府城仕民朝夕流连、游子梦魂萦绕的乡土胜区。自幼家临湖畔的一代显宦徐阶言："西湖称绝胜于华亭，予家湖上，自少时即得而恣游焉……少长始或偕友朋、具尊酒饮于湖上，醉而歌而钓而操舟以漾于其中，自以为极乐……故其情最亲，虽顷刻不能舍去……"①；明人卫谦亦称："湖虽小，介于阛阓，民舍鳞鳞，亭阁相望。予犹记从父老杖履游于春风中，笙歌载水，冠盖翳陆，下至途翁野老，携杖头百钱，所至皆醉乡……"②；可见明时旧西湖水面虽较宋、元两代为小，湖畔园事却较前代兴盛，渐成交互映带的小型园林群落，以下几例是其中声名较著者。

① 环碧亭

卫谦于《环碧亭记》中称："唳鹤滩……于湖东南洲，与中洲相为雄长，归于势家，莽为荆榛……今赞府捐俸入得之……他日过之，有亭翼然，已大书'环碧'其上……复逾年……一日，复觞客其间，临流有阁，'椿桂'有堂，奇峰异卉，群立锦绚，此亭不得专此洲矣……"③这是由官方捐建于湖东南唳鹤滩的公众园林，以亭阁花木拥揽湖面，除供公众游憩外，也有充作官场酬酢之所的考虑。其中"势家"疑即显赫的首辅徐阶家族。

② 遗善堂

位于旧西湖南岸，建造年代当在明中期，尚早于陆深后乐园。园主顾清（？—1527），字士廉，华亭县人，为著名学者，明弘治六年（1493）进士，官至南京礼部尚书，曾主纂《松江府志》32 卷，有《遗善堂自记》④，描述此园园景甚详。此园以面阔三间之遗善堂为主要厅堂，其后有面阔五间之观稼楼，可眺望西南方的城外稻田。另有东奥堂（左楹名天香室，右楹名绿净室）、来鹤楼、静观轩、芳兰室、南亭、碧寒亭、鱼乐桥诸胜，具有一定规模，今无存。

此园理水仅引流渠、注小池（锦石池），想来以借重当时尚具一定面积的旧西湖水面为主；掇山仅以小型石山（小东山）略备其意，并不大做文章；园中尚于僻隐处安排蔬圃瓜田，以增逸趣。但其与西湖水面如何交融则不得而知——以顾

---

① （明）徐阶《雨观楼自记》，载（清）谢庭薰修，陆锡熊纂《娄县志·卷十三·名迹》，乾隆五十三年刻本。

② （明）卫谦《环碧亭记》，载（清）《古今图书集成·方舆汇编·职方典·第七百三卷·松江府部》，中华书局、巴蜀书社 1985 年 10 月第一次印刷。

③ （明）卫谦《环碧亭记》，载（清）《古今图书集成·方舆汇编·职方典·第七百三卷·松江府部》，中华书局、巴蜀书社 1985 年 10 月第一次印刷。

④ 参见（清）谢庭薰修，陆锡熊纂《娄县志·卷十三·名迹》，乾隆五十三年刻本。

清之官声，似有不愿侵占湖面的考虑。

按顾清宅名鸿范堂，在府城西门外超果寺南。

③ 水西园

位于府城西门内南隅，蒋泾之西，旧西湖北岸，似与遗善堂隔湖相对。其地为嘉靖二年(1523)探花及第之显宦徐阶(1494—1574)别业，南面为千户费雄旧宅。园主徐璠为徐阶之子，改费雄宅为园，并整治旧西湖残余水面以营造园景——想来其时旧西湖水面淤塞日甚，而徐璠仗徐阶之势，可任意为之。此后的明隆庆四年(1570)，应天巡抚海瑞巡视华亭，抑制豪强，迫使徐阶退出所占田地，并惩办了徐璠。园今无存。

表 3-9　明中晚期至清初上海地区部分江湖地园林一览表

县别	园名	园址	园主简况	园林概况及沿革
娄县	杨园	府城东门外南俞塘畔	杨忠裕，明万历十六年(1588)举人，官至刑部员外郎	园广二十亩，三面环水，南有黄石垒叠之招鹤台，中有湖石峰峦，其东有池名“花湖”；清初改建为地藏庵；今其址为化城院，存遗址、遗石，一名“矾石阿”，一名“如意”，今存松江区博物馆
南汇县	储芓西园	南汇县芓泾西，今浦东新区三林塘芓泾西	储昱，明正德十二年(1517)进士，上海人，官至江西布政使少参	又习称储少参园、储氏园、南园，约成园于明正德、嘉靖年间，“水竹环绕，擅亭馆之胜”①；后乐园主人陆深有月夜泛舟游园诗，言其“峰峦岩壑俯中流”②，则山景亦佳；据说储昱之女嫁归豫园主人潘允端之弟潘允亮，即以玉玲珑石为媵；清初王氏修葺；同治年间(1862—1874)为张氏别业；今无存
嘉定县	石冈园	在石冈门东、公孙泾北	沈学博	嘉定四先生娄坚、程嘉燧、唐时升、李流芳均有诗题咏，有石冈草堂(董其昌题额)、溪山堂、西爽轩、木犀坞诸胜，因园外较多水面，故似以山景为主；后归龚氏园(后称秋霞圃)主人龚锡爵；清时园归苏楷；今不存

村庄地园林：东庄

上海地区长山大水并不丰富，除城市地园林外，明代仍应有一定数量园林坐落于村庄地，只是因其记载简略，故较难界定，但无论如何均难以重现元代那样一枝独秀的局面了。

① (清)宋如林修，孙星衍等纂《松江府志・卷七十八・名迹志》，嘉庆二十三年修刊本。
② (清)金福曾、顾思贤修，张文虎等纂《南汇县志》，光绪五年刻本。

市隐园

位于嘉定县葛隆镇，今外冈乡葛隆村，园主孙以明号石溪，以山人自称。园在住宅东偏，张意有园记描述其大略①。

村庄地园林因地处平畴，通常须凿池掇山，以创造高视点与障景，丰富观赏角度，增加景物层次。此园即似以“朝阳冈”“天开一鉴池”构成主体山水轮廓，以主要厅堂“市隐堂”面对主要山水区间，以“浣俗”“涵碧”“听秋”诸亭散点水畔山际，以“牡丹台”“芍药栏”作为“市隐堂”北的花供，另有且坐轩、长春宜晚坊、采芸径、绿云深处、琴台、分翠桥、鹤冢、苍玉圃、贤奕坛诸胜，建筑密度似乎较低，而植物景象颇为绚烂。

郊野地园林：熙园

明中晚期上海地区城市日益繁荣，城镇化速度明显加快，市廛间往往地价腾贵，且难觅造园余地；而郊野地自然景观条件相对优越，较易取得较大面积，故明代上海地区郊野地园林在元代基础上更有大的发展。其中邻近城市的郊野地尤受青睐。

熙园

位于松江府城东门外积善桥左，约距府城东郭三里；即今松江区华阳桥镇东，杨家桥、曹家桥之间。园主顾正心，字仲修，号青宇，华亭人，国子监生，广西参政顾中立次子，濯锦园主人顾正谊弟。顾正心为人喜交游，善经营，并急公好义，曾买义田五万余亩以助邑人完纳赋税差役等费用，并于万历十六年(1588)出粟两万石赈济灾民，故获赠光禄寺署丞衔，足见其资财之富、意兴之豪，但较其兄之风流蕴藉、雅擅丹青则又有所不及了。这种差异也反映至两人的园亭上：“郡城园囿之胜，以顾氏东园、北园为冠”②，其中北俞塘畔的顾正谊濯锦园(亦称顾氏东园)虽说面积不及顾正心熙园(亦称顾氏北园)之半，但清雅幽丽非其可比。

① 沿革：

熙园成于顾正心之手，而其子顾懿德、孙顾善有皆善画，自然参照画意，细加增饰琢磨，故其建设时间自明嘉靖中后期至万历前期，绵延达数十年之久。佘山“松寮别业”主人张之象曾孙张宝臣作有《熙园记》，记述了明末鼎盛期的熙园胜景。清顺治末年“奏销案”发，官方以蛮横手段追征江南仕民逋欠，松江陆、顾等巨族纷纷毁家破产，此园建筑亦被忍痛拆卖殆尽，惟存山池树木。至康熙初年，花木、山石亦

---

① (清)程其珏修，杨震福等纂《嘉定县志 · 卷三十》，光绪六年修。
② (清)杨开第修，姚光发等纂《华亭县志 · 卷二十一》，光绪四年重修。

废，只余宣和遗石一峰兀立于罗汉堂旧址前；至乾隆年间被浙商以万斛米价易去，置于杭州孤山行宫文澜阁前，至今犹存，此石也因此被称为万斛峰(或万米峰)。直至20世纪50年代，熙园故地尚有石桥、水面等遗迹可寻，现已无存。

此园面积达百亩，与上海县黄歇浦东之陆深后乐园、浦西之徐龙与桃园同甲于明中晚期的上海地区，但后两者之景象密度恐尚不及此园，徐氏桃园更系自桃圃改建而成。同时期灿若星辰的江南私家园林中，声名赫赫如无锡邹迪光愚公谷不过数十亩，太仓王世贞弇山园也不过七十余亩，苏州甫里许自昌梅花墅则广袤百亩，与之相当；惟独较早的苏州王献臣拙政园面积达二百余亩，似属私家园林中的异数了。

顾氏宅第列建于府城内马桥东南，占地数十亩，居顾正伦、正心兄弟；其中有书云阁、红霞阁，“西第‘朴庵’为江南第一精舍……修梧绿柳，掩映河桥”①，备极华美。

② 艺术分析：

A. 据文献揣测，熙园以“芝云堂”为主要厅堂，似可粗分为至少五个主要景域：

“芝云堂”景域：以芝云堂面对“疏峰万叠，古树千章”②及“华沼一曲，荷香十里”③，也即主要山景与次要水景(似为濠濮型水面)，山之雄，树之古，水之曲，构成震慑观者的壮丽画面——水面一阔，往往会削弱山峦的体量感，且令其他景域缺少创作余地，故而园林中高山往往伴以曲水。

“与清轩”景域：以与清轩“前临广池……遥睇南岸……其壶瀛宫阙幻落尘界乎”④，形成主要水景。此处水面广阔，故能有足够余地观赏对岸景物在池水中的迷离倒影，并因距离产生仙境般的恍惚；而无论与清轩体量如何，其檐口总应较低，以绵长的水平线条呼应水面，其名“轩”而不名“堂”，亦可见设计者不欲求其宏伟的匠心；体量较为宏大的芝云堂与这一水面的间离则可保证其开阔感。

“菌阁”景域：在芝云堂北，“复道相属”⑤，为全园郁闭度较高、私密性较强的空间，但这并不妨碍其“凭楼西眺，璇台飞观，隐隐树杪间”⑥，即远借松江府城楼

---

① (明) 范濂《云间据目抄·卷五》，转引自《笔记小说大观·六》，江苏广陵古籍刻印社1984年3月第一版。

② (明) 张宝臣《熙园记》，载(清) 杨开第修，姚光发等纂《华亭县志·卷二十一》，光绪四年重修。

③ 同上。

④ 同上。

⑤ 同上。

⑥ 同上。

观——愈是闭合的园林空间愈需以特殊的视觉廊道加以疏通。

“齐青阁”景域：以矗立平冈，“周绕广除，可驰骏足”①的齐青阁“北望平畴绿净，欸乃四起……对面翠屏壁立，峭嵑郁盘”②，形成重要借景与次要山景。由“广除”可想见阁之高、冈之平，但平庭之广适足以僵滞平冈的绵延体势，凸显高阁的迫人体量，与对面山景构成反差过于强烈的对比；而杰阁之高也难免扰乱平冈与对面山屏的尺度感——该景域或为园中一败笔。

“五百罗汉堂”景域：以罗汉堂为核心建筑，结合藏经小楼、宣和遗石、关壮缪祠（在堂东）以及成片梅林、竹林、怪石构成园中的泛宗教主题景域。高“十丈许”的宣和遗石从侧面反映出罗汉堂的峻伟——园林中有五百罗汉堂，无论其法身大小，均足以惊世骇俗，亦可见园主处处皆欲胜出古人的雄心。明人范濂《云间据目钞·卷五》载：“罗汉堂前后修篁怪石，尤为绝胜”；明末清初人李节之《云间杂志·卷之下》亦载：“而罗汉堂梅花，东廊数百步，尤兹园最胜也”；足见此景域以其纯净清幽胜过其他景域的繁丽罗列，独予人以深刻印象。

以上五景域应以前二者为重，又似以芝云堂之山景尤重，所谓“石第一，水第二”③，而与清轩则可视为仅次于芝云堂的全园第二主体建筑了。

B. 此园之以山景为重，并作为分隔景域的主要手段，体现出晚明掇山、赏石成风的社会审美倾向；而廊道则为全园主要空间引导手段，园记中屡见“复道相属”、“长廊响屧”、“回廊数十盘”④的描述，竟有“朱廊数千椽”⑤，足见其盘曲幽长。

C. 园中建筑见于记载者仅芝云堂、齐青阁、与清轩、小秦淮（仿秦淮河房水榭）、菌阁、药房、四美亭、池上亭、五百罗汉堂、大士阁、关壮缪祠、步虚廊等处，虽说定有相当漏载，但相对于其广袤的面积，建筑密度总不会太高，似未沾染过分“建筑化”的明中晚期造园习气，值得称许——或许受到了濯锦园的良好启发。

D. 园中五百罗汉堂与大士（观音）阁、关壮缪（关羽）祠体现了晚明士人佞佛好道的泛宗教化风气，当时文人园如潘允端豫园、顾名世露香园均多见此类建筑。

E. 顾正心子孙参照顾恺之、王维画意经营、增饰此园，亦为明中晚期山水画、山水园林间水乳交融关系的最佳例证。

---

① （明）张宝臣《熙园记》，载（清）杨开第修，姚光发等纂《华亭县志·卷二十一》，光绪四年重修。
② 同上。
③ 同上。
④ 同上。
⑤ （明）范濂《云间据目抄·卷五》，转引自《笔记小说大观·六》，江苏广陵古籍刻印社1984年3月第一版。

表 3－10　明中晚期至清初上海地区部分郊野地园林一览表(一)

县别	园名	园　址	园主简况	园林概况及沿革
华亭县	倪园	府城北门外,市河西	倪邦彦,国子监生,官至光禄寺丞	明末归董其昌;清顺治年间(1644—1661)归朱轩;康熙六十一年(1722)归姚培谦,重加整饬,称"北垞";乾隆年间归松江巨富、奉政大夫沈虞扬,称古倪园,与啸园并称为沈氏两园,详见后。按倪氏尚有园于南汇县域
	真率园	府城东门外起云桥侧	沈恺,明嘉靖八年(1529)进士,官至太仆寺卿	此园风貌自然古朴,有环谿草堂、清节轩、镜光池、采诗楼、萃景楼、先春、可山、浣花诸亭,今无存。沈恺于府城东北隅北禅寺西另有宅名环谿西墅,稍稍点缀林亭,称小真园
	孙衍别墅	府城东门外马弄口西	孙衍,明成化十四年(1478)进士,官至延平知府,为孙承恩之父	清初为翰林待诏、诗人高不蹇园,称高家园,园中有白鸥池,荷花颇盛;清末荒芜,归钱子馨,称复园,俗称钱家花园,面积 9.9 亩;今存数百平方米山石、古木及部分住宅建筑
	东庄	府城东门外,俞塘车墩以东	孙承恩,明正德六年(1511)进士,官至礼部尚书,赠太子太保,为孙衍之子,孙克弘之父	此园为孙承恩别墅,似以主要厅堂"读书堂"面对由"翠云屏"(疑为植物配置丰富的土冈)、"联璧池"构成的主要山水景象区间,以"丛桂"、"吸月"、"悠然"三亭或临池,或踞山,其中"悠然"亭或许可俯瞰全庄、眺望园外平畴。又有"玉虹轩"、"雪香林"(应为梅林)诸胜
	孙家园	府城东门外果子弄北,近北俞塘	孙克弘(1533—1611),为孙衍之孙、孙承恩子,以父荫官至汉阳知府,云间画派著名画家	原为孙承恩宅,有勤有堂、敦复堂;孙克弘在其东建园,有东郭草堂、听雨轩、赤霞阁诸胜,水面开阔,规模宏大;康熙年间(1662—1722)尚部分存留;嘉庆年间《松江府志·卷七十七》则称:"读书楼危峙将圮,奇石卧荆棘中,今且殆而尽矣";民国初年成为菜田,仅存美人峰,已迁入方塔园。按孙承恩另有东庄于车墩;孙克弘另有孙氏山庄于辰山麓

表 3－11　明中晚期至清初上海地区部分郊野地园林一览表(二)

县别	园名	园　址	园主简况	园林概况及沿革
娄县	庆云山庄	府城西门外,今松江清真寺一带	张弼(1425—1487),明成化二年(1466)进士,官至南安(今江西大余县)知府,为著名书法家	原有陵霄奇石,嘉庆年间(1796—1820)尚存,今仅存"廉石"于醉白池乐天轩东。按张氏有绿汇堂在谷阳桥西南,今中山小学附近,有"梅居"在凤凰山下;其五子宏玉有笏洲亭,在谷阳桥南

续　表

县别	园名	园　址	园主简况	园林概况及沿革
娄县	南园	府城南门外阮家巷	陆树德，明嘉靖四十四年（1565）进士，官至右佥都御史，其兄即适园主人陆树声	园中有梅南草庐、读书楼、濯锦窝诸胜，似建筑稀疏，草木繁茂，崇祯年间（1628—1644）几社诸子常雅集于此；后归明南京吏部主事陆彦桢；今无存
	日涉园	府城南门外吕巷桥畔	盛当时，明嘉靖四十四年（1565）二甲第一名进士（传胪）	无存，按盛宅在府城内“中千户所”
	高氏园	府城西郊外约二里	高仕，明嘉靖二十六年（1547）进士，任职礼部，疑为主事	似为一规模极大之庄园。以一片汪洋的瑶潭为中心，潭南古木森森郁郁，多山林气象，潭北高楼可俯瞰水面，北眺九峰，其余高楼广厦、奇花怪石极多。园周多良田可供生产
	因而园	府城西门外秀南桥西，秀南街陈家弄东侧，今上海市第四福利院内	赵氏？	后称颐园，其余另详
	宜园	府城西门外，今西塔弄底	徐尔铉，其祖父为徐阶之弟、嘉靖二十六年（1547）进士徐陟	原为徐陟之竹西草堂，徐尔铉扩建为园，其子徐洊承、徐汲臣为几社社友，故明末几社雅集大都于此；其后为清初王顼龄秀甲园
	以下清初			
	秀甲园	府城西门外，今西塔弄底	王顼龄（1642—1725），清康熙十五年（1676）进士，官至太子太傅、武英殿大学士	原为明徐尔铉宜园；康熙南巡时四十四年（1705）、四十六年（1707）两度驾临松江，均“临幸”此园，赐“蒸霞”二字；乾隆年间归张氏；道光年间（1821—1850）西部归宁绍会馆，东部归陈化成祠；同治年间（1862—1874）毁，又重建，添秉彝堂、檀斋；今废，仅存“秀甲园”三字刻石于醉白池碑廊。按王顼龄宅名世恩堂
	赐金园	府城西门外竹竿汇	王鸿绪（1645—1723），清康熙十二年（1673）进士，官至户部尚书，王顼龄弟	康熙两度驾临秀甲园时亦“临幸”此园，赐“松竹”二字，今无存。按王鸿绪宅名敬慎堂，又有兰雪堂。王氏另有《赐金园集》传世

续 表

县别	园名	园 址	园 主 简 况	园林概况及沿革
娄县	西园	府城西门外，今东塔弄青松石南	许缵曾，清顺治六年（1649）进士，官至云南按察使	此园由张涟营造于清初；后半为李氏购去，半归举人张维煦，清雍正五年（1727）营葺为塔射园；“太平军”战事中东部房屋被毁；民国二十年（1931）火灾又毁去大部；今仅存部分假山驳岸

表 3－12　明中晚期至清初上海地区部分郊野地园林一览表(三)

县别	园名	园 址	园 主 简 况	园林概况及沿革
上海县	桃园	县城北门外，近吴淞江	徐龙与，为明万历三十二年（1604）进士、太子太保徐光启（1562—1633）之子	其地原多桃林，此园亦本为徐氏桃圃，面积约百亩，中有土山而已；明崇祯十六年至十七年间（1643—1644）改筑为园，除以桃林为景观主体外，尚增高土山，凿池垒石，有“平江一笠”轩、翼然亭、在涧亭、“徐文定（徐光启谥号）公藏书处”、摄摄桥诸胜，自园中土山可俯瞰吴淞江、黄歇浦；入清后日渐荒废，顺治十四年（1657）改为演武场，以土山为瞭望台；今无存
南汇县	朋寿山	鹤坡塘西，今闵行区杜行乡召楼鹤坡塘西	谈田，为天顺元年（1457）进士、工部右侍郎谈伦之子	明天顺后期至成化前期谈田为颐养其父建于宅畔，占地约四十亩，峰峦岩岫、桥梁谷洞层出不穷，主峰朋寿山上立有朋寿石；建筑密度则较低，亭台馆榭仅十三处，或多萧疏淡雅之致，谈田有《朋寿山百咏》；今仅存朋寿石于莘庄群众艺术馆
南汇县	习园	下沙	王佐，官至南安县令	园中有鹤雏草堂、玉华轩、宝帖斋、杏花书屋、石坪诸胜；清初王佐之孙王梅皋更凿池植荷，花时常作诗酒雅集；今不存
嘉定县邻境	畏垒亭	原在安亭镇昆山县境，属苏州府，临吴淞江	归有光（1506—1571），明嘉靖四十四年（1565）进士，官至南京太仆寺丞，文学大家	建于明嘉靖二十一年（1541）归氏徙居安亭时，归氏于《畏垒亭记》中称“宅西有清池古木，垒石为山，山有亭”①，可远借吴淞江、九峰、青龙镇浮屠诸景，属上承苏舜钦沧浪亭风范的极简文人园。归氏大约居此十三年，讲学授徒，极大推动了当地人文发展。清道光八年（1828），江苏巡抚陶澍复奏请于安亭镇菩提寺东侧，即今嘉定区安亭中学内明归有光先生讲学处建震川书院，并于书院东偏建因树园，园中有异地复建之畏垒亭。今均不存

① （明）归有光《畏垒亭记》，转引自陈植主编《中国历代造园文选》，黄山书社 1992 年 1 月第一版，123 页。

特殊园林类型

以上所述诸园大都属广义的文人园范畴，此外，当时的上海地区尚有其他几种较具特色的园林类型值得一书：

(1) 大型公共山水园林

这一时期大型公共山水园林的兴造往往以儒、释、道等信仰为基本动力，发自社会上层并体现出公众对城市、郊野等空间朦胧的审美诉求，如嘉定应奎山之为崇儒、崇明金鳌山之为佞佛。清中叶以后，这类行为则似更多社会基层的自发参与。

① 应奎山与汇龙潭：

位于嘉定县城南部，今嘉定区南大街，为嘉定文庙、县学建筑群的一部分。该建筑群系历经宋、元、明、清四代踵事增华，逐步建成，为江南诸多县级庙学建筑群中规制较完备、特征较鲜明、保存较完整者。应奎山与汇龙潭则位于其三路建筑轴线的南部尽端(图 3－12)。

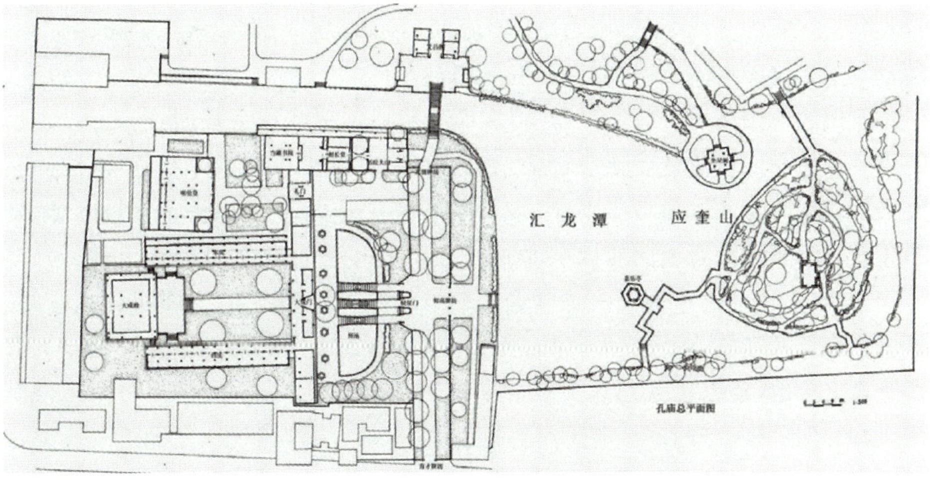

图 3－12　嘉定文庙、汇龙潭现状总平面图

A. 沿革

这组山水园林空间系历经明中后期地方官员三度营造、改建而成。

明天顺四年(1460)，嘉定知县龙晋在文庙中轴南端堆掇应奎山，“应奎”即所谓上应奎星(文星)。明正德元年(1506)，巡按饶榿将应奎山南移四十寻(8 尺为 1 寻，故约合百米)，并疏浚山下河道，加高山体。万历十六年(1588)春，知县熊密更拓展山北水面为潭,周围200余丈,至秋日竣工,成为嘉定城内新渠、野奴泾、唐家浜、南杨树浜、北杨树浜5条溪流汇聚之处,一潭五溪恰成“五龙抱珠”之势,名为汇龙潭。潭中位于县学东南方的魁星阁也可能建于此时(现存建筑系1976年在原址基本按原样重建)。

民国十七年(1928),文庙、汇龙潭一区被辟为奎山公园,抗战爆发后日渐荒圮。1979年起重新在这里设立汇龙潭公园,虽然昔日奔涌入潭的五“龙”仅存其三,但水光山色,明艳依旧。

B. 动因

光绪六年(1880)修讫的《嘉定县志・庙学・龚宏记略》中对这一景域的前两次兴筑作出了解释:“嘉邑赀货甲吴郡,惟人才恒不逮他郡,自嘉定中,学随县设,留光寺适抗前方……故有宋及元,人才闲出。天顺间筑山障之,人才为之一盛,阅今五十余年,山日减卑,科目又因之一盛一衰。今年春……饶公持节至邑,曰‘山,学之案也,迫甚非宜,迁南四十寻,则学宫高显,寺、几退隐委伏,此明彼障,吾道兴焉。’……山之名与椳星对峙,由是乾象坤势,山高水深,灵化潜融,科目之盛,岂不曰自此山欤?”按“嘉定”指南宋嘉定年间(1208—1224),即嘉定建县之时。“留光寺”位于嘉定县城南门(即澄江门)内,建于北宋天圣年间(1023—1032),毁于民国年间。

筑山的作用在于上应文星,并将文庙与庙南的留光禅寺隔断,前者为虚,后者为实。想必旧日留光寺建筑宏伟,香火喧杂,客观上干扰了办学环境,故而有应奎山应运而生。但因考虑不周,眼光亦不够开阔,所筑之山过于接近庙学,好似让青衿学子面壁思过而非抚案读书,只得再费一番周章,营造开阔天地。

光绪《嘉定县志・庙学・徐学谟记略》则对第三度改造作了解释:“嘉靖初,术士妄言神宫在前,凌压文庙,增筑土山障之,自土山既作而解额寝缩矣。夫嘉固土重之邑也,益以水克。”这又推翻了前两度的论断,认为堆掇土山是适得其反,凿池才是“硬道理”——堪舆家各持己见,莫衷一是,客观上反倒进一步改善了庙南的自然环境。

此外,魁星阁位于庙学东南也是为使“巽方高耸”、利于文运的通例。而南临汇龙潭的石栏望柱头部的七十二只石狮则与曲阜孔林神道两侧的七十二株古柏一样,象征着孔门七十二贤,寄寓着地方士人的无限景慕与久远期待。

C. 艺术分析

尘埃落定的庙学前部以应奎山为通常规制中的“万仞宫墙”照壁,以汇龙潭为泮池外的天然泮池,虽说山只一拳,水只一勺,但已足以与严整庄严的建筑群落交相映发，在喧嚣市廛中围合出一方水木清华的净土。而庙前“仰高”、“兴贤”、“育才”三坊与南临汇龙潭的石栏不仅构成了庙学建筑与周边山水、街廓环境的亲密对话，也进一步清晰界定出庙学的前导空间。此外更有魁星阁突入潭水，亭亭静峙，顾盼流眄，成为多方的视觉焦点，且与文庙前的仰高坊互为对景。只是从风水角度欲求其挺秀，从景观角度又望其檐口低平，呼应水面，终究难以两全。

值得一提的这一空间之基本奠定是在明正德元年的第二次改造中。有识之士在南移应奎山，疏浚山下水体的同时“撤庙前垣”——此“垣”应指棂星门外的照壁及或许并不存在的文庙南围墙，并建立面向应奎山的“应奎坊”（即今“仰高坊”），树立棂星门左右的木栅栏。这一工程不仅使整座庙学向山水敞开了襟怀，而且在应奎山与大成门间构成了层次分明、赏心悦目的多重空间限定，堪称嘉定县文庙营造史中的一大飞跃。全部工程结束后的有清一代，嘉定县竟于全国 112 名状元中独占 3 席——仁者乐山，智者乐水，谁说不是这拳山勺水带来了潜移默化的心智阐发呢？

除为莘莘学子带来福祉外，这片位于县城东南部的特殊城市开放空间也为一县黎庶百姓提供了可供游赏的胜地。每逢端午佳节，这里的龙舟竞渡为全县最盛。

作为宋徽宗筑艮岳以求“多男之应”①、明成祖筑景山以厌镇前朝风水等皇家行为的乡土版，应奎山与汇龙潭景域以地方官绅振兴文运的美好愿望以及对风水学说的笃信为建设动力，以公众对美好环境与生俱来的诉求为潜在肇因，前后历时一百余年，终于成功地融文庙、县学入山光潭影，为这座千百年来宣扬名教、巩固伦常的儒学精神容器增添了动人的颜色，也为上海地区大尺度城市园林空间的塑造提供了垂照后世的范例。

杨鸿勋先生亦于《江南园林论》中推赞道：“江南现存最大的土山作品，在上海市嘉定县汇龙潭。汇龙潭大土山环境开阔，是兼顾远观与近玩的作品。”②

② 金鳌山：

位于旧崇明县城东门外五里许之寿安寺北，今崇明区鳌山乡。

A. 沿革

此山向来与古刹寿安寺并存，其渊源远不可考。相传宋时山在三沙东仁乡，有插竹重生的祥瑞，故有僧人在山旁建富安寺，元时改称永福寿安寺，至明初，

① （宋）张淏《艮岳记》，转引自陈植、张公弛选注《中国历代名园记选注》，安徽科学技术出版社 1983 年 9 月第一版，57 页。

② 杨鸿勋《江南园林论》，中国建筑工业出版社 1984 年 8 月第一版，54 页。

山、寺俱圮。

明万历十一年(1583),崇明县治迁至长沙今址,知县何懋于城东五里的享沙重建此寺,改称寿安寺。清康熙七年(1668),有观音大士像浮海而来,被总兵张大治迎至寿安寺,并在寺北买地一顷余为园,与知县王恭先征集民夫重筑此山,山下"凿玉莲池,建紫竹林亭"①,池中有岛,岛上有六角亭,后称"大有亭"(疑取意"大有可观")。此园虽属寺园,但因其面积达一百余亩,实具较强公众性。

乾隆四十二年(1777),崇明知县范国泰又倡捐重修此园,增筑清远堂、观音阁、醉花轩、丰乐亭、月圃等建筑,并镌刻"鳌山八景"诗碑,景物一时称盛。此后园景渐圮,至晚清几乎全废;仅于光绪十九年(1893)六月由某大户捐建十米高的镇海塔于山巅,意在遏制令崇明由州降县的海坍灾害,并建"翰墨林"三间。

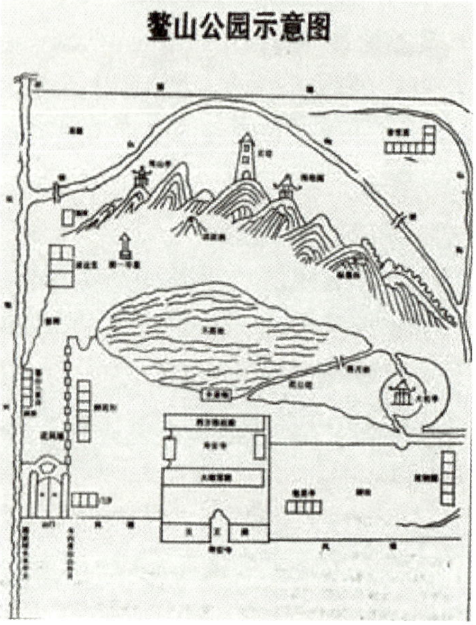

图 3-13　鳌山公园现状

民国六年(1917),经教育界人士倡议,将此山与寿安寺后部改建为鳌山公园,将原观音阁改为沧海阁,并于寺北建水香榭,并修清远堂,筑得月桥,浚玉莲池,建大有亭,翌年 7 月竣工。抗战中园因无人管理重归荒芜。20 世纪 50 年代玉莲池被填,清远堂、清凉洞、沧海阁被拆,水香榭改为仓库,仅余土墩古树及镇海塔、大有亭、明抗倭英雄唐一岑纪念碑。1985 年起与尚存三圣殿、天王殿的寿安寺同时着手修复,1991 年 3 月重新作为鳌山公园开放(图 3-13)。

B. 艺术分析

园中土山虽沿用旧称"金鳌山"为名,其创作意匠实似以《华严经》中的南海普陀珞珈山为假想原型,意在为落户寿安寺的观音大士提供一片可资游憩的净土,同时也为邑人创设一处可供登临眺望海景的胜迹。因此景象塑造以凿池掇山,广种植物为主,建筑量较小。其山有九峰,以中峰最高(今余十二米),总体形态似稍嫌呆板;山上植桧柏、银杏(今犹存数株),山麓及平地则广种紫竹,池中似

① (清)徐崧、张大纯辑《百城烟水·卷九崇明县》,江苏古籍出版社 1986 年 11 月第一版,448 页。

栽白莲花；建筑仅亭廊一二；从整体看仍带有明代园林简淡风格的遗存。当然这也与其系较大面积公众园林有关。

清中叶对此园的大规模修缮则充分体现了寺庙公众园林蓬勃兴起及园林建筑密度日益增大的时代印痕，加深了其公众与世俗属性，原先清淡缥缈的珞珈仙山创作意匠则在无形中被淡化了。至于晚清的山巅建塔虽有助于远借海景，却扰乱了山体尺度感，得不偿失。

此山与嘉定应奎山一在郊野，一在城市，同为上海乃至江南地区难得的明代至清初大型园林土山作品遗存；更晚的清中叶，扬州瘦西湖中尚有“小金山”的堆掇，只是技艺发展，趣味转移，山形更趋高峻了。

(2) 寺观、祠庙、官署园

明代上海私家园林多建有庵堂，内居尼僧，以便内眷礼佛，如豫园之大士庵、露香园之潮音庵、青莲座；但有时“庵”也只是文人斋屋的习称，如西佘山居之无梦庵，清初九峰草堂位于辰山之勿庵、蠡庵、秋水庵、芭蕉庵、净土庵、长生庵等。名园衰败后亦常转为寺庵，如南宋“云间洞天”即有部分园景因舍为寺庙得以保存，明代露香园荒废后幸存的“青莲座”也成为青莲庵，这使得寺庵园林与私家园林的关系一如寺庙之于民居，有了更多的交流与融合。与之形成对比的是世俗性较强的道家庙宇如城隍庙等在明中晚期至清初似尚未有如清中叶那样成规模的庙园群体出现。其他如祠堂、官署等建筑当时亦留下了一定的园林记载。

① 城市地寺庵园林：一粟庵、铎庵与青莲庵

A. 一粟庵：

位于上海县城西南隅城墙内侧、明代乔氏南园之西南、清中叶李氏吾园之东南，四周河道密布，较为僻静。其北首小弄今仍称一粟庵弄。

园址本为徐氏废园，至清初之康熙七年(1668)由浙江宁波僧人超浚购地建庵。地虽不广，但于庭园中“引水为池，依陂种竹，迴廊曲折，声远尘嚣……官绅士庶有庆吊等事皆借此为修斋礼忏之处”①，庵后尚有暗通潮汐之放生池。辛亥革命后的“庙产兴学”风潮中庵内曾设师范传习所，后改为教育局。抗战爆发后水池被填塞，园渐荒废，现设尚文路幼儿园在内。

此园似以水面为核心，以竹为主要植物，廊屋周绕，形成静谧幽深的水院，景象塑造纯净动人，无寻常私家园林的繁琐做作，充分契合了宗教主题，故能赢得

① (清)《上海杂记·卷五》，光绪三十一年刊绘图本，文宝书局印。

各界人士广泛认可。

B. 铎庵：

与一粟庵同处城西南隅，原为晚明人张在简宅第，悬有董其昌所题"蔽竹山房"横额，见出张氏与云间画派人物过从之密，后人雅称"张在简读书处"。康熙初年由邑绅、顺治四年（1647）进士曹垂燦（绿岩）收买，改为庵堂，由江西僧人犀照于庵旁隙地"聚石凿池，构亭艺树……春时溪桥花隐，斋阁柳深，修篁丛筱间清磬遥闻，殊觉城市而有山林之趣"①。故而此庵得以与一粟庵、青莲庵并称"海上三名庵"——三庵皆具园亭胜概。

咸丰三年（1853）"小刀会"起事时此庵遭毁，后虽重建，已无复昔日之胜。晚清至民国时期庵废，故址即今文庙路小学。

此园亦不求其景物纷繁而以淳朴简净感人，境界自高。

C. 青莲庵：

上海县城西北隅原明露香园主山南麓有露香阁，南临露香池支脉，阁东为潮音庵及"斜榱曲构，依岸成宇"②的青莲座，两者相距"不五武"③，实为一体，由名称看皆为供奉观音大士的佛教建筑，与露香阁、分鸥亭相因借，宛然为露香池主景区外自成一格的宗教景域。

明末露香园荒废后青莲座以其精巧体态与宗教内涵独存，由僧人启峰建为青莲庵，颇疑其亦包括原潮音庵在内，并纳露香井（"造两室者，咸盥手于露香井"④）及露香池支脉部分水面于庭院中，自成一小型建筑群。至清乾隆年间（1736—1795），僧人法恒筑不染楼，嘉庆年间（1796—1820），陈元锦建海印堂于庭院中，"辟地疏泉，颇加修洽"⑤，似仍以水庭为主。晚清人则称"庵前有方池一泓……四围树木茏葱阴翳，诚有山林景象，而不仅以池内青莲足以誉之也"⑥。1950 年代庵仍存，今已平毁。

② 郊野地祠园：二陆祠（乞花场）

位于府城西北九峰中的小昆山麓，原为乡人陈氏庄墅，明末高士陈继儒等人为纪念曾隐居于此的西晋大文学家陆机、陆云昆仲，于明万历十四年（1586）春购

---

① （清）王韬《瀛壖杂志》，上海古籍出版社 1989 年 5 月第一版，34 页。

② （明）朱察卿《露香园记》，载（清）宋如林修，孙星衍等纂《松江府志・卷七十八・名迹志》，嘉庆二十三年修刊本。

③ 同上。

④ 同上。

⑤ （清）王韬《瀛壖杂志》，上海古籍出版社 1989 年 5 月第一版，36 页。

⑥ （清）《上海杂记・卷五》，光绪三十一年刊绘图本，文宝书局印。

得此地，据原格局稍加改建成祠，亦称“乞花场”，其总体景域面积当在数十亩左右。

A. 王氏园记

此园虽早已无迹可寻，却因明中后期文坛盟主、声名赫赫的弇山园主人王世贞(1526—1590)所作园记而得以另一种方式长存于世：

“……前俯清流，左右垒黄石为短垣，其阳独缺，树槿藩之，曰‘槿垣’。中有堂三楹，颇整靓，斑竹千竿拥之，苍翠袭几席，曰‘湘玉堂’。侧室蕉数本辅之，曰‘蕉室’。中奉二陆主，曰‘二陆香火处’。祠之后左偏，石岩高可数十丈，空阔瑰奇，石楠十余树覆之，石皆作紫绀色，曰‘赭石壑’。竹后小池蜿蜒，至屋角而尽，蘋藻空明，倏鱼出没，曰‘蝌蚪湾’。

出槿藩门则所谓清流者，其浅可以菱，菱熟则红如夕霞，曰‘红菱渡’。渡之东，板桥横焉，左右多垂杨，曰‘杨柳桥’。稍折而东，堰水一区，方广三亩，驯鹤浴之，没不能踁(原文如此)，曰‘洗鹤溪’。斑竹之余势上延山椒，芟其繁者，得地而亭，曰‘花麓亭’。湘玉堂之阳与祠之左，为广场且六亩……当目之曰‘乞花场’。场之右方有井，洌而甘，亦前目之曰‘浇花井’，而属山人为记……”①

B. 艺术分析

由园记可知，此园可分为南、北两部分。

北部为祠堂主体庭院，东、西、北三面的黄石矮垣粗犷浑成，石缝参差，藤萝盘绕，苔痕斑驳，其简洁的横长线条与垣内挺拔茂密的竹林构成纯净动人的画面；南面则易墙为篱，轻盈通透，槿花敷缀，与石垣的板实厚重形成明艳夺目的对比。院内祠屋三间，仅以明间供奉二陆，次间自成小室，尚可休憩聚谈，其尺度把握堪称准确。屋后则可仰借小昆山一隅之陡峭石壁，俯瞰竹丛中的蜿蜒曲池，既得壮观，又不失幽趣——小昆山高不过数十米，周围不过三里，自狭小院落赏其一隅或为最合适的借景方式。

南部为祠堂引导及外延部分，以清溪、板桥、石堰、茅亭(极疑“花麓亭”为茅亭)、平场(“乞花场”疑原为晒谷场)、水井等乡村常见景物稍加整理、阐发而成，浑不费力而又亲切自然之至。红菱渡之红菱，杨柳桥之柳荫，花麓亭之斑竹四布，洗鹤溪之堰水清浅都发人遐思，而花麓亭尤为就小昆山坡势俯瞰全园的关键视点。

---

① (明)王世贞《二陆祠乞花场》，载(明)卫谦《环碧亭记》，载(清)《古今图书集成·方舆汇编·职方典·第七百三卷·松江府部》，中华书局、巴蜀书社1985年10月第一次印刷。

此园之意匠经营未囿于寻常祠堂的森严形式，而是以陆机“婉娈昆山阴”①之句为创作主题，仍沿袭着乡野村居与自然交融的开放心态与优美形式、格局，既成为对留恋乡土的“二陆”最好的纪念方式，也于无形中体现着园林艺术创作的难得回归，与同时期上海地区诸多林壑重重、亭廊交错的城市山林相比古风独存，可能出自其倡建人、云间画派重要画家陈继儒之手。

③ 官署园林：松江府署庭园

松江府署位于松江府城中部偏北，前后临河，东北即为明代著名的啸、文二园，东南与府城隍庙及兴圣教寺方塔相望。其庭园位于中路轴线东、西两侧，东路南部有旷地、竹林，西路有以海石堂为主要建筑的庭园（图 3－14）。晚清光绪二十九年（1903），松江府署改建为松江二中校舍，今仅存前部谯楼残基（即“云间第一楼”，现已重建），庭园则早已无存。

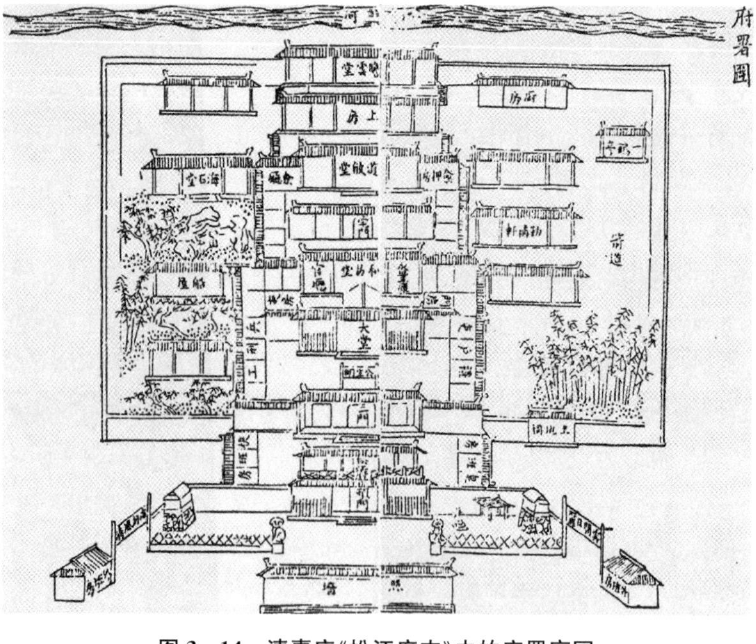

图 3－14　清嘉庆《松江府志》中的府署庭园

自元至元三十一年（1294）始建以来，松江府署位置长期未变；明中叶以后，似乎沾染世风，渐趋雅观。嘉庆《松江府志·卷七十八》载：“‘云间洞天’在娄县东南里仁坊……后峰岩俱废，而居人往往于其地得山石。明成化间得数峰尤奇，

① （西晋）陆机《致从兄车骑将军》。

知府稷山王衡辇至郡圃，至今存焉。”这里的“郡圃”指的就是府署庭园，则此园至少成化年间(1465—1487)已有。该志中并附有“府署图”，从中可略窥其庭园风貌；因府署格局规整，变化余地不多，且自明成化至清嘉庆年间未见有大的毁改，故疑其大致保存了明代格局。

该庭园以北部的海石堂为主要厅堂，堂名似取意于三国陆绩“廉石”故事，其位置约与中路后部内宅部分的堂屋(道敏堂)平齐，两者间应可通连，以便内眷、内客游园。海石堂南面似为主要山池，其中又似以山景为主，峰峦高出墙头，可为中路所借。山南为形态古朴、似存明代旧貌的大写意型船屋，南临小池，池南又有斋屋，幽雅阒静，自成一区。其中海石堂、船屋、斋屋三建筑基本处于同一轴线上，带有较浓重的官署园林气息，与兴建于清中叶的上海县城内上海道署庭园(晚清称“洁园”，更多变化)颇为相似。

第 3 节　明中叶至清初上海园林分析

综述：早期“城市化”的光辉岁月

(1) 明中叶至清初的上海园林经历了宋、元至明前期长期持续、稳定的发展与积淀，在地域文化艺术全面达到鼎盛局面的同时进入了以文人园林为主流的全方位成熟期，并在从属于以苏州为核心的江南文人园林圈的同时展现出自己的个性特征，一度处于造园理论探索与实践的领先位置，开始了对江南文人园林圈具有积极意义的反哺。

(2) 就时域分布而言，这一时期的上海园林发展可分别以嘉靖中叶的倭患和明清之交的战火为中界分为发展、高峰和惯性延续三个主要阶段，其中明末清初的战火为上海地区传统园林存亡的第一道严峻门槛；就地域分布而言，则以府城及嘉定、上海、青浦三县最为集中；就类型分布而言，其城市、江湖、山林、村庄、郊野诸地园林均进入全面繁盛期，其中城市等地园林集中分布于府城、嘉定、上海二县及其周边地域，山林地园林则集中分布于府城西北及青浦县境的九峰一带；就规模分布而言，既多嘉定县赵氏岁有堂庭院这样的小制作，也涌现出府城熙园、上海县后乐园、桃园这样的巨型作品；随着晚明上海地区城镇化程度的极大提高，各乡镇园林也有相当发展，其中以嘉定县南翔等镇为最。

(3) 在云间画家、文人与造园家的合流与互动中，上海地区成为造园基础理论与先锋园论的重要源头、掇山、造园名家的摇篮，涌现了如张涟这样的划时代大师和张南阳等掇山名手，以及顾正谊、朱稚征等以画家、竹刻家兼擅造园的名家，他们背后站立的成熟掇山师群体可能已开始在江南大地纵横驰骋、大展其技了。张涟的写实主义园论更是上海园林史上最辉煌的篇章。

(4) 文人园的世俗化、“城市化”程度逐渐加深，表现为建筑面积、密度的增大、景象构成的日趋繁密及其泛宗教化的倾向等，潘允端豫园、陈所蕴日涉园为典型的例证；与之相映成趣的是，随着社会经济的潮涌而兴起的商家园林却往往以高度的文人化来摆脱边缘化的命运，如清初的汪氏秋霞圃。

(5) 公众参与性园林有一定发展。如嘉定文庙前之大型城市地公共山水园——应奎山、汇龙潭及崇明寿安寺后大型郊野地寺园——金鳌山；后者更与约略同时期之一粟庵园、铎庵园、上海县城隍庙东园共同开辟了清中叶附属于宗教建筑的公众参与性园林兴盛局面的先声。

(6) 传统自然山水景区——九峰三泖间的园事进入了继元末之后的第二个发展高潮，也即其鼎盛时期；自觉的自然风景区整体建设开始萌芽，清初诸嗣理九峰草堂的建设为我国园林史上值得一书的事件。

(7) 园居生活日益审美化、多元化、个性化，甚至不计花费，不惜代价，堕入一味追慕虚荣浮华的窠臼，为此也往往被迫于表面的唯美中掺入一定经营韬略，以求得经济的相对平衡，如陈继儒盘踞于东佘山居时之种种引人瞩目的“海派”表现。

(8) 峰石审美继南宋“云间洞天”的萌发以来几乎达到“拜石主义”的最高峰，不只名峰叠出，且似常因此伤害园意。

(9) 多种园林称谓方式仍然并存。但或直抒胸臆、或曲尽其意以展现个性光彩的简洁文人园名已充分占据时代主流，如自得园、真率园、适园、啸园、拙圃、归有园等。一些经典名称如日涉园之类重复率极高，如松江府城盛当时、上海县陈所蕴、金山县姚士元及南汇县顾允贞等人私园均以日涉为名。而以主要建筑如亭、楼、堂称谓园名者亦占相当部分，如佘山章宪文白石山房、凤凰山何三畏拜石堂及九峰间之诸嗣理九峰草堂等，而公众园林似尤倾向于此类称呼，如旧西湖环碧亭等。

时域与地域分布

(1) 时域分布：三个发展阶段

明中叶至清初的上海地区园林以文人园为主流，可大致分为三个发展阶段：

① 第一阶段：发展期

这一阶段约自明中叶正德年间(1506—1521)至嘉靖前期。

经历了百余年经济与文化积淀，明中叶的江南社会逐渐摆脱了明初的低迷拘谨状态，不同阶层的江南文人群体也在与广大市民群体的初期互动、趋同中逐步占据了从政治生活到文化艺术等诸多方面的主流地位，其价值趋向、审美趣味几乎成为整个社会的共同导则。与此同时，走向成熟期的江南文人园也以初期的世俗化为代价，顺理成章地继续占据着园林文化的主流，并极大推动了其繁荣与发展。这一时期的上海由于较少受到元明之交的战火波及，其文人园林更饱受地域经济的蓬勃滋养，遥承元末兴盛局面的余绪，舒青涨绿，生机勃发。

嘉靖三十二年(1553)，长期海禁的恶果——沿海地区倭患开始频繁肆虐于上海地区，区域经济发展受到极大阻遏，山林、江湖、村庄、郊野诸地园林多遭劫难，华亭县陶宅镇南园(建于元末明初，后属奉贤县)、上海县乌泥泾镇朱尚书园及陆深后乐园均毁于此厄。惟独城墙围护中的松江府城及该年九月兴建城墙后的上海县城等处城市地园林得以保全。

② 第二阶段：高峰期

这一阶段约自嘉靖后期至明末。

明人范濂(1540—?)《云间据目钞·卷五》称："年十五避倭入城，城多荆榛草莽，迄今四十年来，士宦富民竞为兴作，朱门华屋，峻宇雕墙，下逮桥梁、禅观、牌坊，悉甲他郡"；晚明人王沄《云间第宅志》亦称："嘉、隆以前，城中民居寥寥，自倭变后，士大夫始多城居者……崇祯之末，庐舍栉比，殆无隙壤矣"——看来倭寇蹂躏虽令四乡蒙难，却在一定程度上以高昂的代价推动了上海地区少数中心城市及城市地园林的发展，这与晚清"太平军"、"小刀会"战事对上海地区城市化进程的极大促进在客观上也有相似之处。

嘉靖四十四年(1565)倭患基本肃清，两年后海禁重开，一度受挫的江南经济文化大潮与造园风习重又汹涌澎湃，千里江南一时楼台迤逦，泉石棋布。世潮浸润之下，营造私园已成江南士大夫交游于主流社会的必修课程与夸示清名、炫耀格调的时尚方式，园林空间几成个人名片，一掷千金为园亭已蔚然成风。这一时期，尤其是晚明也是上海地区文化艺术空前发展的黄金时代，云兴霞蔚，波涌浪卷之下，上海地区文人园亦如春花盛绽、春草怒生，冉冉绿遍山崖水际、城郭乡村，而高度文人化的商家园林也随着社会经济的繁盛和市民阶层的逐步兴起有一定发展。松江府城、嘉定、上海两县城及九峰三泖间的园事更达到了历史巅峰。

③ 第三阶段：惯性期

这一阶段约自明末延至清康熙年间(1662—1722)。

南明弘光元年(1645)，清兵南下，天崩地陷，鼎盛期的江南社会经济文化遭受重大打击，上海地区抗清果决，兵祸尤烈，名园被毁颇多，如堪称一时极品的濯锦园。更多的名园则因原有维护体系骤然崩溃而荒芜。明末清初人叶梦珠于《阅世编・卷十》中概叹："余幼犹见郡邑之盛，甲第入云，名园错综，交衢比屋，阛阓列廛求尺寸之旷地而不可得……一旦遭遇兵火，始而劫尽飞灰，继之列营牧马，昔年歌舞之地，悉化为荆榛瓦砾之场……金谷楼台，鞠为茂草，平泉花石，终属他人"。按"郡邑"即松江府城。王澐《云间第宅志》亦称："乙酉兵火之余，惟东西大道官署民居仅有存者。其他皆为瓦砾。"按"乙酉"即南明弘光元年。

历经战火及此后海禁、奏销案、文字狱的多重摧折，陈子龙、夏完淳、侯峒曾、黄淳耀们用鲜血与生命捍卫的江南社会文化体系，连同崇尚个性的士林风气、美风艺雨的生活环境都已发生重大改变，使江南文人园一时痛失生存土壤。好在此时的上海文人园凭借晚明鼎盛局面的丰厚积淀，仍能有一定惯性发展，如顺治七年(1650)府城醉白池的兴建，而顺治末年至康熙初年诸嗣理"九峰草堂"的营建更可以视为一个标志性事件。此后海禁重开，经济恢复，世风转移，虽仍有一定数量文人园作品问世，但已无法与鼎盛期相比拟了。

表 3 - 13 说明上海园林，包括文人园与其他类型园林在此三阶段的主要兴造情况，括号中是其清代所属县治，其中第一阶段部分园林年代可能略早，尽量用"早"字标出，时代不能确切者尽量用"疑"字注出。

表 3 - 13　明中晚期至清初(附部分明初)上海地区主要园林兴造情况表(一)

阶段	县 别	主要园林兴造情况
明前期	上海地区	上海县留耕堂：在今浦东三林乡，明永乐年间(1403—1424)湖广荆门州知州王斗文建，有安分轩、怀静堂、望月楼诸胜 娄县双鹤园：明景泰五年(1454)进士张祚建 南汇县朋寿山：天顺元年(1457)进士、工部右侍郎谈伦之子谈田建于天顺后期至成化前期
第一阶段	华亭县及娄县	庆云山庄(张弼，早)、遗善堂(顾清，早)、孙衍别墅(孙衍，早)、东庄(孙承恩)、自得园(吴稷)、松江府署庭院(早)
	上海县	后乐园(陆深)、朱尚书园(朱恩?)

续　表

<table>
<tr><th>阶段</th><th>县 别</th><th colspan="2">主要园林兴造情况</th></tr>
<tr><td rowspan="4">第一阶段</td><td rowspan="2">嘉定县</td><td colspan="2">龚氏园(龚弘,即后称之秋霞圃,早)、应奎山及汇龙潭景区(天顺至万历前期建成,正德元年的改建尤为关键)</td></tr>
<tr><td>南翔镇</td><td>三老园(李文邦)(疑)</td></tr>
<tr><td>青浦县</td><td colspan="2">梅居(张弼,早)</td></tr>
<tr><td>其　它</td><td colspan="2">习园(王佐)、储芋西园(储昱,即储芋南园、储氏园,在南汇)</td></tr>
<tr><td rowspan="10">第二阶段</td><td>华亭县
及娄县</td><td colspan="2">濯锦园(顾正谊)、熙园(顾正心)、啸园(范惟一)、文园(朱大韶)、真率园(沈恺)、适园(陆树声)、南园(陆树德)、孙家园(孙克弘)、杨园(杨忠裕)、玉兰宇(林景旸)、素园(林有麟)、倪园(倪邦彦)、竹素园(冯大受)、芝园(何三畏)、宜园(徐尔铉)、水西园(徐播)、日涉园(盛当时)、因而园(赵氏,即后称之颐园)、万春亭(王俞)、拙圃(唐文涛)、单园(单恂)、二陆祠园(即乞花场)、横云山庄(李逢申)、南园(吕鸣玉)</td></tr>
<tr><td>上海县</td><td colspan="2">(慈云楼朱氏诸园未列入)豫园(潘允端)、露香园(顾名世)、日涉园(陈所蕴)、半泾园(赵东曦)、柱颊山房(董其昌)、玉泓馆(顾从义)、葆真园(王昌纪)、南园(乔炜)、桃园(徐龙与)</td></tr>
<tr><td rowspan="2">嘉定县</td><td colspan="2">归有园(徐学谟)、吕墅草堂(徐学谟)、唐氏园(唐时升)、沈氏园(沈弘正)、赵氏园(赵弘范)、石冈园(沈学博)、合荫亭(张应武)、时氏园(时偕行)、侯氏东园(侯震旸)、腾氏园(腾伯诚)、市隐园(孙以明)(疑)</td></tr>
<tr><td>南翔镇</td><td>檀园(李流芳)、猗园(李宜之)、嘉隐园(张景韶)、杞园(张鸿磐)</td></tr>
<tr><td>青浦县</td><td colspan="2">松寮(张之象)、孙氏山庄(孙克弘)、东佘山居(陈继儒)、西佘山居(施绍莘)、泖上新居(施绍莘)、知乐园(莫如忠)、拜石堂(何三畏)、畸墅(陆万言)</td></tr>
<tr><td>金山县</td><td colspan="2">小兰亭(曹铣)(疑)、竹泉轩(刘瑛)(疑)、日涉园(姚士元)(疑)、曹园(曹梁)(疑)</td></tr>
<tr><td>南汇县</td><td colspan="2">倪家园(倪邦彦)、习园(王佐)(疑)、叶家山(叶铭)(疑)、日涉园(顾介贞)(疑)</td></tr>
<tr><td>奉贤县</td><td colspan="2">市隐园(姚秋涧)(疑)</td></tr>
<tr><td>川沙厅</td><td colspan="2">南有园(王观光)</td></tr>
<tr><td colspan="3"></td></tr>
<tr><td rowspan="5">第三阶段</td><td>华亭县
及娄县</td><td colspan="2">醉白池(顾大申)、肯园(马潮)、西园(许缵曾)、赐金园(王鸿绪)、秀甲园(王顼龄,由明徐尔铉之宜园改造而成)、秦望山庄(王日藻)、静园(张棠)</td></tr>
<tr><td>上海县</td><td colspan="2">五亩园(曹炳曾)、素园(王陛良)、宜园(周金然)、一粟庵园、邑庙东园</td></tr>
<tr><td>嘉定县</td><td colspan="2">盆山阁(侯旭)、小山堂(张氏)</td></tr>
<tr><td>青浦县</td><td colspan="2">九峰草堂(诸嗣理,草堂实半属娄县,半属青浦)、细林山房(张宪)、水西草堂(田茂遇)</td></tr>
<tr><td>其　它</td><td colspan="2">后圃(邹廷璧,在奉贤)、康园(王澐,在金山)、寿安寺园(即金鳌山景区,在崇明)</td></tr>
</table>

(2) 地域分布：走出苏州

即便身处鼎盛期，上海文人园的发展仍存在着西强东弱的地域不均衡性。由于经济文化发育的相对滞后，上海县城以东地域的文人园繁盛局面一直延迟至清中叶才有所展现，这同上海县城以西地域，尤其是以嘉定县南翔、娄塘等镇为代表的苏州府域内乡镇文人园的兴盛局面形成鲜明对比——这也从侧面说明了此时苏州经济文化圈所具有的强劲辐射力。

表 3－14 为据方志所载，按清代行政区划列出的各县明代园林之大致数量关系（含明前期，未计清初），虽然各志记载详略及取舍、归类标准不同，但松江府属诸县的记载出自同一方志，标准应是相对一致的。

表 3－14　明代上海各县园林统计

<table>
<tr><th>地域划分</th><th>县 别</th><th>园林数量</th><th>文 献 依 据</th><th>备 注</th></tr>
<tr><td rowspan="2">松江府城核心地域</td><td>华亭县</td><td>14</td><td rowspan="8">清嘉庆《松江府志・卷七十七・名迹志・附记园林》（宋如林修，孙星衍、莫晋纂，嘉庆年间松江府学明伦堂刻本）、光绪《松江府续志・卷三十八・名迹志・附记园林补遗》（博润修，姚光发等纂，光绪十年刻本）</td><td>未计魁园</td></tr>
<tr><td>娄县</td><td>15</td><td>计入颐园（因而园）</td></tr>
<tr><td rowspan="6">松江府城外围地域</td><td>上海县</td><td>14</td><td></td></tr>
<tr><td>青浦县</td><td>5</td><td>此县园林多在第宅部</td></tr>
<tr><td>金山县</td><td>4</td><td></td></tr>
<tr><td>奉贤县</td><td>1</td><td>未计元末陶宅南园</td></tr>
<tr><td>南汇县</td><td>6</td><td></td></tr>
<tr><td>川沙厅</td><td>4</td><td></td></tr>
<tr><td rowspan="3">苏州府属地域</td><td>嘉定县</td><td>约 28</td><td>清光绪《嘉定县志・卷三十・第宅园亭》（程其珏辑，杨震福等纂，光绪六年修，光绪七年尊经阁刊本）</td><td>第宅园林混载，难以区分，但不少于此数</td></tr>
<tr><td>宝山县</td><td>12</td><td>清光绪《宝山县志・卷十三・园亭》（梁蒲贵、吴康寿修，朱延射、潘履祥纂，光绪八年学海书院刻本）</td><td>异朝混载，难以区分，但不少于此数</td></tr>
<tr><td>崇明县</td><td>1?</td><td>清康熙《崇明县志・卷二・古迹》（朱衣点修，黄国彝纂，康熙二十年刻本）</td><td>仅载“漏泽园”三字，无年代，无记载</td></tr>
</table>

表中华、娄二县并为松江府附郭首县，经济富庶，文化繁盛，且邻近苏州府域，故园林发展明显领先于府属其他各县。上海一县拥有豫园、日涉园、露香园等多座著名园林，除与经济积淀有关外，似也与其城市发展未足，余地较多，且相

对僻静不无关系。青浦县地近府城，且占据九峰三泖大半风光，实属府城外的休闲度假区域，园林数量足与上海县抗衡；但因其尚距府城有一定距离，不便频繁往返，故该县园林多属可游可居、甚至长期居住的别墅园林，这或许是其多被归入第宅部的主要原因。而金山、奉贤、南汇、川沙等地则园亭稀疏，其中位置稍西的南汇、金山二县又稍优。苏州府属三县中，嘉定县园林发展不亚于松江府城而优于其他诸县；自嘉定县分出的宝山县亦有类似情况，但显然较嘉定逊色；崇明则孤峙江上，一时尚难得到地域经济文化的有力滋养。

园林规模与建筑密度

(1) 规模分布：从娱情适意到殚精劳神

这一时期上海地区园林规模可自数分至百亩以上细分为微型、小型、中型、大型、巨型及超巨型等六种规模类型。其中规模小如府城旧西湖环碧亭者或许仍仅以一亭为景观核心，配以山石、花木、水面，恍如宋代之醉眠亭、元代之知乐亭、野亭；而极大如熙园、豫园者则山雄水阔，景域众多，赓续着宋代之云间洞天、元代之曹氏园、翡翠碧云楼遗风。不同规模园亭各需相应财力以维持其日常修葺布置与园居生活费用。

微型规模者仅于数分庭院中略备其意，如嘉定县赵氏园疑即于赵弘范“岁有堂”庭院中稍缀水石而已，而似晚清上海之于宏大建筑间的隙地作出过多变化的体例恐尚未出现。其余小型者不过数亩，如松江府城唐文涛拙圃(四亩许)、上海县董其昌“柱颊山房”(于广庭中布置小型山池一区)；中型如嘉定县徐学谟归有园(近二十亩)，府城杨忠裕杨园(二十亩)，上海县陈所蕴日涉园(二十亩)；大型如府城顾正谊濯锦园(四十余亩)、何三畏芝园(数十亩)、上海县顾名世露香园(四十亩)、谈田朋寿山(四十亩，后属南汇县)；巨型如府城顾正心熙园(百亩)、上海县陆深后乐园(百亩)、徐龙与桃园(百亩)、潘允端豫园(七十余亩)；超巨型如九峰间的诸嗣理九峰草堂等。

以当时社会经济状况，豪富之家维持数十亩之大型园林似尚觉相称，而一旦家道有所变故，即感难以为继，只得或倾家供园，或转卖他人。前者如芝园主人何三畏“恒不治生产，即岁入租税或四方贤豪有所馈遗，悉以供一园之费”[①]；何氏家道本自富足，又系举人出身，故于此园外尚于凤凰山有别业“拜石堂”，但倾

① (明)范濂《云间据目抄·卷五》，转引自《笔记小说大观·六》，江苏广陵古籍刻印社1984年3月第一版。

力至此，恐难以长久。后者如富家才子施绍莘自万历四十四年(1616)冬至天启六年(1626)夏惨淡经营十年始成西佘山居，其间又于万历四十七年(1619)筑"泖上新居"，可谓极一时之盛，但至崇祯四年(1631)前者即已易主并颓败。而以善于经济的顾正心之财力惊人，其方圆百亩的熙园也"东修而西坏，令子孙难守"①，实已超出私家养园之尺度，故旁观者有"园取娱情适意，非以殚精劳神"②的讽劝。与之面积相当的陆深后乐园、徐龙与桃园建筑密度较小，维持难度应小得多，桃园更具以园养园之特殊条件，却又分别因倭患与明清鼎革而毁废。

与桃园状况类似的还有嘉靖二十六年(1547)进士、任职礼部的华亭人高仕建于府城西郊外二里左右的别业："仕独选胜于西郊外二里许为瑶潭之居，内皆高楼广厦，列植奇花怪石，四围膏腴六顷有奇。潭中巨津汪洋，可当西方小阆苑，绕潭以南，古木森森郁郁，绝类虎丘，北建高阁数楹，俯瞰清泓跃锦，而九峰亘北，翠若列屏"③——据文意可揣测其为一处规模极大之生产型庄园，园以一片汪洋的瑶潭(似取意瑶池)为中心，潭南古木森郁，潭北高楼可俯瞰水面、北眺九峰，其余建筑、花石极多。园周则有良田数百亩可供园林之费、生活之需——此别业似仍存魏晋庄园经济遗风，自给之外，或尚有余，其于同时代诸园中颇具特色，却少见于著录。

(2) 建筑密度：张岱之叹

随着区域经济的日渐繁盛，园居生活与园林审美趣味的日益多元化与世俗化，明中晚期至清初之上海园林建筑密度也呈日益增大的趋势。其中似以明晚期即第二阶段达到高峰，以至晚明人张岱在其《筠芝亭》一文中发出"多一楼，亭中多一楼之碍；多一墙，亭中多一墙之碍"④的冷语，无形中成为对滚滚世潮的微讽。好在此后"张家样"的盛行似对此起到一定的消解作用。

表 3－15 所列这一时期上海部分园林建筑密度统计，以见当时状况之一斑。其中建筑仅计其见于著录者，虽然其叙述详略不等，但相信不至相差过多；园林面积存在争议，故取其较为大家认同者。

---

① (明末清初) 李节之《云间杂志·卷之下》，转引自《四库全书存目丛书·子部·244 册》，齐鲁书社 1997 年 10 月第一版。

② (明) 范濂《云间据目抄·卷五》，转引自《笔记小说大观·六》，江苏广陵古籍刻印社 1984 年 3 月第一版。

③ 同上。

④ (明) 张岱《陶庵梦忆·卷一·筠芝亭》，四川文艺出版社 1996 年 4 月第一版，428 页。

表3-15 明中晚期至清初上海部分园林建筑密度统计表

园别	面积	建筑数量	比率	位置	兴造时代	主要文献依据	备注
后乐园	100余亩	6处	6%	上海	约自明嘉靖六年(1527)至嘉靖前期	清嘉庆《松江府志·卷七十八·名迹志》	建筑实不止此数
豫园	70余亩	20余处	约28%	上海	明嘉靖三十八年(1559)至万历中期	明潘允端《豫园记》	
露香园	40亩	7处	17%	上海	明嘉靖后期至万历前期	明朱察卿《露香园记》	
熙园	100亩	12处	12%	上海	明嘉靖、万历年间	明张宝臣《熙园记》	建筑实不止此数
日涉园	20亩	16处	80%	上海	明万历三十年(1602)至万历末期	明陈所蕴《日涉园记》	
以下为各地参照数据							
独乐园	20亩	7、8处	40%	洛阳	北宋熙宁六年(1073)	北宋司马光《独乐园记》	建筑极简朴卑陋
拙政园	200余亩	11处	5.5%	苏州	明正德年间至嘉靖九年(1530)	明文征明《王氏拙政园记》	
寄畅园	15亩	18处	120%	无锡	明万历十九年(1591)扩建,八年后完工	明王稚登《寄畅园记》	多数建筑体量较小
休园	50亩	26处	52%	扬州	明崇祯年间(1628—1644)	清雍正《扬州府志·卷二十三·古迹》	

(表中园记均据陈植、张公弛《中国历代名园记选注》安徽科学技术出版社1983年9月第一版)

造园家与造园理论、著作

市场的旺盛需求与蓬勃的造园实践必然催生出日趋成熟的造园家与造园理论,而同时期上海地区艺术实践与理论探索的空前繁盛更为此提供了丰厚的土壤。

(1) 掇山、造园家的涌现:从张南阳到张涟

南宋周密在《癸辛杂识前集·吴兴园圃》中称:"工人特出于吴兴,谓之山匠……"①,即掇山匠人,这与当时吴兴园林的繁盛局面密不可分;而纵览明中晚

① (南宋)周密《癸辛杂识前集·吴兴园圃》,中华书局1988年1月第一版,14页。

期至清初的江南造园家群体，似也有“工人特出于”上海地区之感——《清史稿·卷五百五·列传二百九十二·艺术四》所载掇山家不过张涟及其四子及叶洮等六人，均出自明末至清初的上海地区。清初“确考时地，全无假借”（清·孔尚任《桃花扇·凡例》，人民文学出版社1959年4月北京第一版，第11页）的文学名著《桃花扇》中，画家杨龙友称留都（今南京）阉党余孽阮大铖园中“山石花木，位置不俗，一定是华亭张南垣的手笔了”（清·孔尚任《桃花扇》，人民文学出版社1959年4月北京第一版，第32页），也可见当时上海地区造园家之影响力。

① 上海地区的掇山、造园家

旧日的掇山家不仅掇山，通常还负责全园的经营布置，所以亦可称造园家——以掇山家而非如此前的园艺家为造园家的主体，亦是明中晚期以来园林景象塑造与审美时尚的体现，其中名家如张南阳、张涟的作品甚至异化为园主地位、格调的象征。表3-16、表3-17分类说明这一时期上海地区造园、掇山家的概况：

表3-16　明中晚期至清初上海地区部分造园、掇山家一览表(一)

姓名	简　况	今人所知主要作品	主要文献记载
张南阳	约1517—1596，字山人，号小溪子、卧石生，上海县人，其父为画家，他亦自幼习画	上海潘允端豫园、陈所蕴日涉园，太仓王世贞弇山园	明陈所蕴《竹素堂集·卷十九·张山人传》及《卷十七·啸台记》、《卷十八·日涉园记》
顾山师	明中晚期上海县人，出身低微，天资聪颖，疑其无官名，故陈所蕴以“山师”相称，不称“山匠”、“山子”应系表尊重之意，余不详	上海陈所蕴日涉园	明陈所蕴《竹素堂集·卷十八·日涉园记》
曹谅	明中晚期上海县人，余不详	上海陈所蕴日涉园	明陈所蕴《竹素堂集·卷十八·日涉园重建友石轩五老堂记》
张涟	1587—约1671，号南垣，华亭县人，得云间画派濡染，后迁居嘉兴，其术传三代，有张然、张熊等四子，其侄张鉽在其指导下改建无锡寄畅园之手法也令人击节赞叹，寄畅园遂成今存“张家样”作品中唯一可靠者。张涟善画，好谐谑，宽和平易，与吴伟业等最为契厚	以娄县李逢申横云山庄、太仓王世懋乐郊园、常熟钱谦益（1582—1664）拂水山庄及金坛虞大复预园、嘉兴吴昌时竹亭湖墅为最，其他如嘉兴朱茂时之鹤洲草堂（放鹤洲）、吴县东山席本桢东园（与张然合作）等	清初吴伟业《梅村家藏稿·卷五十二·张南垣传》最为切要，另有清黄宗羲《南雷文定前集·卷十·张南垣传》、戴名世《南山集·卷七·传·张翁家传》，《清史稿·卷五百五·列传二百九十二·艺术四》亦有小传，其他如清徐珂《清稗类钞·园林类》、阮葵生《茶余客话·卷九》等多处皆有记载，片言只字言及者则甚多

续　表

姓名	简　　况	今人所知主要作品	主要文献记载
张然	字陶庵，清初华亭县人，为张涟诸子中最著名者，工诗善画，康熙二十八年（1689）应邀北上后名噪京师，称“山子张”，后供奉内廷三十余年	北京皇家之南海瀛台、畅春园、静明园及私家之大学士王熙怡园、大学士冯溥亦园（万柳堂）	清陆燕喆有《张陶庵传》
叶有年	明人，字君山，南汇人，一作上海人，一作华亭人，山水画家，本籍新安（徽州），或得新安画派濡染，又学画于云间画派名家、孙家园主人孙克弘，亦可能于造园一道得其影响，曾应陕西肃王礼聘，于今陕甘地区绘图筑园，名动一方，年八十余尚勤于绘事	疑为陕西肃王府园	俞剑华编《中国美术家人名辞典》
叶洮	清初人，叶有年子，一作叶陶，字金城，号云川（一作秦川），青浦县人，善画，康熙年间供奉内廷。疑其得名于其父西北之旅	北京畅春园	《清史稿·卷五百五·列传二百九十二·艺术四》有数十字小传，清吴振棫《养吉斋丛录·卷十八·附录》及陈康祺《郎潜纪闻初笔·卷六》均提及

表3-17　明中晚期至清初上海地区部分造园、掇山家一览表（二）

姓　名	简　　况	今知主要作品
朱稚征	生卒不详，晚明人，字三松，嘉定县人，工诗善画，尤擅竹刻，与祖朱鹤，父朱缨并称“嘉定三朱”，实为其中最杰出者	嘉定南翔镇古猗园
孙克弘	1533—1611，一作克宏，字允执，号雪居，华亭县人，著名画家	华亭孙家园
顾正谊	生卒不详，明中晚期人，字仲方，号亭林，华亭县人，著名画家，“华亭派”创始人，顾氏子侄为该画派中坚	娄县濯锦园
李流芳	1575—1629，字茂宰，一字长蘅，号檀园，又号香海、泡庵，晚称慎娱居士，嘉定县人，文学家、画家，为“嘉定四先生”之一	嘉定南翔镇檀园
施绍莘	1581—1633，字子野，号峰泖阆仙，上海县人，诗人，工词曲，多才艺	青浦西余山居
顾大申	明末清初人，本名镛，字震雉，号见山，华亭县人，书画家，善文辞	娄县醉白池

（表中为以其他技艺如书画、文学、竹刻知名而兼通园事、擅造园者）

② 南、北分宗

就其留存代表作品、理论而言，可将表中掇山家大致分为两类：

A. 北宗掇山家与掇山创作：日涉园创作群

此类掇山创作力图于咫尺间塑造出自然界万千雄奇瑰丽的变化，故而弃土用石，以石为主，尽可能追求各个空间维度如高程的最大、最丰富变化，景象要素如洞壑涧谷、绝壁飞梁的最集中展示，以及与其他园林景象元素如水体、建筑、植物的最曼妙组合。其主要代表者即为“日涉园创作群”之张南阳、曹谅、顾山师三人，清初的青浦叶洮亦可能倾向于这一路。其代表作除已毁的日涉、弇山两园假山外，即推今存高12米的豫园武康石大假山；此外，苏州耦园今存武康石假山手法“和明嘉靖年间张南阳所叠上海豫园黄石假山几无差别，可能是清初涉园的遗物”①，也可作为难得的参考。

张南阳掇山“见石不露土，能运用大量的黄石堆叠，或用少量的山石散置。象豫园便是以大量黄石堆叠而见称，石壁深谷，幽壑磴道，山麓并缀以小岩洞，而最巧妙的手法是能运用无数大小不同的黄石，将它组合成为一个浑成的整体，磅礴郁结，具有真山水的气势，虽只片段，但颇给人以万山重叠的观感(图3-15)。山的高度虽不过十二米左右，一入其境，宛如在万山丛中，真是假山中的大手

图3-15　张南阳掇山作品——豫园假山

① 刘敦桢《苏州古典园林》，中国建筑工业出版社1979年10月第一版，70页。

笔"①。当时的江南公卿仕族都以能得张氏为宅园掇山为荣，而弇山园等多座声名赫赫的名园假山均出自其手，更令其几乎高踞园林掇山的时代巅峰睥睨众生。而曹谅"伎俩真欲与山人（指张南阳）抗衡，而玲珑透彻或谓过之"，②顾山师能"以转丸扛鼎手为之曲折，变幻若出鬼工，巨峰五，小峰数十……"③，基本手法均与张南阳相近。无怪"人言张如程卫尉，曹如李将军，顾于程、李可谓兼之，亦庶几仿佛近似矣"④。按"程卫尉"疑为中晚唐画家程修已（804—863），其画学周昉（图 3 - 16），精山水，想来应偏富丽工细一路；"李将军"即被董其昌认定为北宗山水鼻祖的唐代金碧青绿工笔山水画家李思训——望文生义，似也可称此工整繁复一派为掇山师中的"北宗"。

图 3 - 16　（唐）周昉《簪花仕女图》局部

北宗掇山浓墨重彩，气势夺人，极具专业技术性与形态表现力、征服力，并潜在地成为力量与财富的象征（石山较土山耗费更多），易为社会各阶层所广泛接受、信服，故而成为掇山一道中的主流；但其一味夸示人力，邀夺天工的作法终有穷尽之时，绝非无懈可击。明末清初大造园家、园林鉴赏家李渔即慨叹："予遨游一生，遍览名园，从未见有盈亩累丈之山，能无补缀穿凿之痕，遥望与真山无异者。"⑤这样的巅峰之憾令有识之士于痛苦与反思、回归与超越中追寻答案，更进一步造就了这一时期园林掇山丰富多彩的体貌。

B. 南宗掇山家与掇山创作：顾正谊与"张家样"

南宗掇山创作不以直观层次上的体势壮阔、变化纷繁夺人眉目、摄人魂魄，

---

① 陈从周《园林谈丛·明代上海的三个叠山家和他们的作品》，上海文化出版社 1980 年 9 月第一版，116 页。

② （明）陈所蕴《竹素堂集·卷十八·日涉园记》，转引自《四库全书存目丛书·集部·172 册》，齐鲁书社 1997 年 7 月第一版。

③ （明）陈所蕴《竹素堂集·卷十八·日涉园记》，转引自《四库全书存目丛书·集部·172 册》，齐鲁书社 1997 年 7 月第一版。

④ （明）陈所蕴《竹素堂集·卷十八·日涉园重建友石轩五老堂记》，转引自《四库全书存目丛书·集部·172 册》，齐鲁书社 1997 年 7 月第一版。

⑤ （清）李渔《闲情偶寄》，天津古籍出版社 1996 年 2 月第一版，339 页。

而是以宽缓平远、淡雅自然的景象塑造来展现从容不迫、自得其乐的文人趣味、士流情怀；故而通常以土为主，点石为辅，有时局部、尤其是临水处用石较多，以模拟被冲刷暴露的石骨，但也绝无损于总体的厚重或柔缓风貌。以同属董氏画论中“南宗”的五代至宋初山水画家董源、巨然与荆浩、关仝的画风相对比，可看出南北两宗掇山的风格关系（表 3－18）。

表 3－18 南北两宗掇山的风格对比

董、巨的画	荆、关的画
画江南丘陵土质山，土质疏松，山势平缓，不作奇峰峻岭	画北方石质山岳，石体坚凝，山势崔嵬拔峭，多奇峰峻岭
不突出山石的外轮廓线，并用密线条和点来表示凹凸	突出山石内外轮廓线，以线条钩出山石凹凸
杂树为主，灌木丛生	长松为主，灌木杂树较少
多平沙浅渚	多高山流水
平淡天真，朴茂静穆，气象温和	雄壮峭拔

（本表引自周积寅编著《中国画论辑要》，江苏美术出版社 1985 年 8 月第一版 315 页）

南宗掇山家又可分为两类，一类虽用土为主，但仍采取缩小尺度展现自然景物的方式，今存嘉定县龚氏园（秋霞圃）中的南、北两山，嘉定县南翔镇猗园（古猗园）中的土山，以及苏州拙政园中部土山群及留园西部土山均可能较多留存了这一时期该类手法的风貌。因这类掇山以情趣境界为尚，技术要求较北宗为低，所以当时以文事、艺事见长而兼擅造园者应多采用此法，其中或可推嘉定竹刻大家、猗园创作者朱稚征与画坛“华亭派”创始人、濯锦园创作者顾正谊为代表。濯锦园中“土冈一胜，宛如山麓，其下响泉涵涵，巧夺化工……令人处蓬壶中不知有尘世事”①——以此园之赫赫盛名，颇疑张涟“截谿断谷”手法（似也可称“麓坡法”）亦受其影响。时人评论顾氏“好摹画，亦欲力追黄、米诸名家，独点缀光景于土木竹石间尤为长技，若更移之笔端，则公望、叔明瞠乎后矣”②，按“公望”即黄公望，“叔明”即王蒙，可见顾正谊造园水准实凌驾于当时专业造园家之上。

另一类即以华亭张涟及其子侄为代表，倡导以土带石，以接近真实的尺度展现自然山林之精妙一隅，予观者以无限想象的“截谿断谷”手法，下文另详。我们

① （明）范濂《云间据目抄・卷五》，转引自《笔记小说大观・六》，江苏广陵古籍刻印社 1984 年 3 月第一版。

② 同上。

不妨仿照画坛“张(张僧繇)、曹(曹仲达)、吴(吴道子)、周(周昉)”四家样的提法，称这一极具个性特色与艺术高度的景象创作手法为“张家样”。

南宗掇山既体现了以土为主的传统掇山手法的自发延续，也可视为其更高意义上的自觉回归。这一手法的存在令视堆掇大型石山为畏途而又不甘敛手的文人们欣欣然有所皈依，使文人更多地参与造园成为可能，有助于造园手法与园林景象的多样化，并最终推动园林意境的提高——其实目睹世间大量煤渣堆般的劣作，应知文人不能堆掇石山绝非坏事。

③ 董氏画论之于南北两宗

客观而论，南、北两宗掇山更宜以手法而不宜以人划分，因当时掇山家往往可能兼通数道，只是因市场的审美取向而作不同变相。如上文北宗之曹谅即有“山既成，余石尚累累不忍弃去，则徙诸西庑之隙地，随意点缀，疏疏莽莽，不减云林道人一幅小景，亦奇观也”①的记载，似颇具南宗平远格调。而南宗之张涟则亦有记载如“往年南垣先生偕陶庵为山于席氏之东园，南垣治其高而大者，陶庵治其卑而小者。其高而大者，若公孙大娘之舞剑也；其卑而小者，若王摩诘之辋川……”②，这一作品似也有异于寻常“张家样”的体势。

可以设想，如果晚明的松江艺坛没有董其昌等人振臂一呼，以平淡高古的文人审美情趣引导士流审美趋向并间接而显著地影响世风、改造市场，以张涟之微末，其万千美好构想或许只能胎死腹中，难得实验，更不用说登堂入室，风行千里了。只是以其才智技艺，成为一名卓越的北宗掇山师应是毫无问题的。晚明至清初，江南园林掇山一度面貌一新，以南宗、尤其是“张家样”为主流——“东南名园大抵翁所构也”③，董氏画论应起到了举足轻重的奠基作用。

④ 掇山、造园工作流程：效果图与档期

掇山总须定方案在先，且业主往往要求先睹方案效果图为快，故当时掇山师不论从普通习画者转行(如张涟)，或从工匠中脱颖而出(如顾山师)，皆需擅画，这也是画风炽盛地区多出掇山、造园家的原因。云间画派哺育中的晚明上海地区如张涟为嘉兴朱茂时之“放鹤洲”叠石前曾作《墨石图》；张然入京为大学士冯溥营建亦园(亦称万柳堂)前曾作《亦园山水图》；而画家、造园家叶有年之子、青

---

① (明)陈所蕴《竹素堂集·卷十八·日涉园记》，转引自《四库全书存目丛书·集部·172 册》，齐鲁书社 1997 年 7 月第一版。

② (清)陆燕喆《张陶庵传》。

③ (清)戴名世《南山集·卷七·传·张翁家传》，转引自《续修四库全书·1419 册》，上海古籍出版社 2002 年 3 月第一版。

浦县叶洮于清康熙年间(1662—1722)供奉内廷时曾受命"作《畅春园图》,称旨,即命监造"[①]……这几乎有后世方案招标的色彩了;如此技不过硬,不只关乎修养,且即难以独当一面——但有时业主已有确切构想,也会如日涉园主人陈所蕴"以一籍授山人经始"[②]——连张南阳这样的大师也须按图施工,但想来他仍会有较多发挥余地。

方案既定,即须安排"档期"。明季兴筑一定规模私园花费非小——"董太学九皋起建新园,日费万钱"[③],潘允端造豫园时"每岁耕获,尽为营治之资"[④];限于财力等因素,普通士大夫私筑一园动辄经年累月,如陈所蕴之日涉园耗时十二年以上,施绍莘之西佘山居也耗时十年,决非后世大生产、高效率年代所能比拟。故而疑掇山师常交错安排档期,同时辗转于多园甚至多地指挥掇山,其中知名者更应有综合调配之发言权。如张涟"游于江南诸郡者五十余年。自华亭、秀州外,于白门,于金沙,于海虞、于娄东、于鹿城,所过必数月"[⑤]。按"华亭"有其作品横云山庄(李逢申),"秀州"(即嘉兴)有竹亭湖墅(吴昌时)、鹤洲草堂(朱茂时),"海虞"(即常熟)有拂水山庄(钱谦益),"娄东"(即太仓)有乐郊园(王世懋)……而"数月"为一档期,或许尚需堆掇不只一处假山。

至于具体施工程序及情况,仍需以清初吴伟业《梅村家藏稿·卷五十二·张南垣传》中的生动描述为参照:"初立土山,树石未添,岩壑已具,随皴随改,烟云渲染,补入无痕,即一花一竹,疏密欹斜,妙得俯仰。山未成,先思著屋,屋未就,又思其中之所施设……每创手之日,乱石林立……君踌躇四顾……默识在心……常高坐一室,与客谈笑,呼役夫曰:'某树下某石可置某处。'目不转视,手不再指……"这几乎与南梁名将韦叡轻袍缓带,斜坐板舆,以白角如意指挥作战同一风度了,"下海"士人崖岸自高的矜持竟是千古如一——揣摩其意,则应以相石在先,成图在胸后掇山至粗具形态,又随时修改补缀,山水成而筑屋,屋成而植花木,与今日之以建筑为先,以山水为建筑补白有所不同。

---

① (清)吴振棫《养吉斋丛录·卷十八·附录》,转引自《续修四库全书·1158册》,上海古籍出版社2002年3月第一版。

② (明)陈所蕴《竹素堂集·卷十八·日涉园记》,转引自《四库全书存目丛书·集部·172册》,齐鲁书社1997年7月第一版。

③ (明)范濂《云间据目抄·卷五》,转引自《笔记小说大观·六》,江苏广陵古籍刻印社1984年3月第一版。

④ (明)潘允端《豫园记》,载(清)宋如林修,孙星衍等纂《松江府志·卷七十八·名迹志》,嘉庆二十三年修刊本。

⑤ (清初)吴伟业《梅村家藏稿·卷五十二·张南垣传》,转引自《续修四库全书·1396册》,上海古籍出版社2002年3月第一版。

(2) 造园理论与著作

虽然没有如《园冶》这样系统性的造园专著出现，晚明的上海地区也在时代的化育中开始了造园或准造园理论的自觉萌动，我们可以将流传至今者大致分为以下三类：

① 云间士流的相关言论

主要发自董其昌、莫是龙、陈继儒及施绍莘等人。其中董氏"南北分宗"画论于园事的理论指导意义前文已多有阐发。陈继儒则于其代表作品《岩栖幽事》中有如"不能卜居名山，即于冈峦回复及林水幽翳处辟地数亩，筑室数楹，插槿作篱，编茅为亭。以一亩荫竹树，一亩栽花果，二亩种瓜菜，四壁清旷，空诸所有"①这样的言论，颇有唐人白居易《池上篇》序中"屋室三之一，水五之一，竹九之一"②之说的余韵，只是因地处山野，更多了生产性的内容。此外陈之"居山有四法，树无行次，石无位置，屋无宏肆，人无机事"③数语也似一山地园设计总则，只是过于脱略。

相较之下更具见地的园论出自才思俊逸的富家子施绍莘，施氏于《西佘山居记》中称其园"因山省挑筑，因水省浚治，花木择其易活者，省培植。简便而措之，平淡而享之，但觉山水花木，自来亲人，而我无应接之烦，是可为真享受矣"④，寥寥数语精到阐述了地景塑造之因循自然、乡土植物之主导作用以及园林审美之主客关系，是典型的文人园论。

② 造园家的说论：张涟写实主义园论

与张涟情谊深笃的明末清初大诗人吴伟业(号梅村)以独步一时的生花妙笔记录下了其戛戛独造的写实主义园论——即便由张氏自作阐释也未必能如此生动准确：

"百余年来，为此技者类学崭岩嵌特，好事之家罗取一二异石，标之曰'峰'……游之者钩巾棘履，拾级数折，伛偻入深洞，扪壁投罅，瞪眄骇栗。南垣过而笑曰：'是岂知为山者耶？今夫群峰造天，深岩蔽日，此盖造物神灵之所为，非

---

① (明) 陈继儒《岩栖幽事》，载《丛书集成汇编・卧游录及其他四种》，中华书局 1985 年北京新一版，16 页。

② (唐) 白居易《池上篇》及序，转引自陈植、张公弛选注《中国历代名园记选注》，安徽科学技术出版社 1983 年 9 月第一版，5 页。

③ (明) 陈继儒《岩栖幽事》，载《丛书集成汇编・卧游录及其他四种》，中华书局 1985 年北京新一版，15 页。

④ (明) 施绍莘《西佘山居记》，转引自陈植主编《中国历代造园文选》，黄山书社 1992 年 1 月第一版，133 页。

人力所得而致也。况其地辄跨数百里，而吾以盈尺之址，五尺之沟，尤而效之，何异市人抟土以欺儿童哉？惟夫平冈小坂，陵阜陂陁，版筑之功，可计日以就，然后错之以石，棋置其间，缭以短垣，翳以密篠，若似乎奇峰绝嶂，累累乎墙外，而人或见之也。其石脉之所奔注，伏而起，突而怒，为狮蹲，为兽攫，口鼻含呀，牙错距跃，决林莽，犯轩楹而不去，若似乎处大山之麓，截谿断谷，私此数石为吾有也。方塘石洫，易以曲岸迴沙；邃闼雕楹，改为青扉白屋；树取其不凋者，松杉桧栝，杂植成林；石取其易致者，太湖、尧峰，随意布置；有林泉之美，无登顿之劳，不亦可乎？’”①

一席话兼及造园之根本思想与景象塑造技法如掇山、理水、种植、建筑等多方面，当得起一部造园专著。杨鸿勋先生于《江南园林论》一书中指出："中国园林则多注重艺术的真实——所谓‘传神’，不强调形式上的雷同和绝对尺度的接近自然，这或可称为‘写意’的创作。其实，中国古典园林艺术也存在着写实主义的思潮……张氏这一偏激言论，正表达了写实主义的见解。"②

由张氏始，中国传统造园手法可大致分为两种：一种为象征（写意）主义的"移天缩地"法，实即将园林空间塑造为能容纳园居活动的巨型盆景。因其布置得宜，尺度恰当，兴象清美，寓意高远，故涌现了包括现存大部分园林在内的大量好作品；另一种为现实主义的"截谿断谷"法，也即"张家样"，指摒弃尺度的缩小和巧妙的腾挪，仅截取湖山之动人一隅尽情刻画，将真正的长山大水推至园墙外观者的想象空间中。如果将前一种手法称作如"颊上三毛，神情飞动"的话，后者则是"不着一字，尽得风流"了。与前者的妙作迭出相比，"张家样"于现存园林中已属凤毛麟角，只在无锡寄畅园（张涟叔侄作品）和苏州艺圃还保留了这类高屋建瓴手法的吉光片羽。

就具体景象创作而言，张氏地景塑造仅以"平冈小坂"、"曲岸回沙"（见前文）缓缓出之，不求咫尺间异乎自然、过度丰富的变化；建筑仅求其简朴素洁，贴近生活，不求其精巧多变，搔首弄姿；种植则倾向以常绿树种体现静穆恒久之美，不求零乱的季相变化与自然界中难得一见的奇花异卉——在园林景象塑造诸多要素都日益疏离其生活原型、迷失于技巧追求中的晚明，"张家样"从包括尺度在内的全方位回归各景象要素之艺术源头，令士大夫重获纯正清淡的乡野、山林、江湖、田园之乐，也令造园艺术获得更高层次上的审美回归——物极必反，其出现于晚

① （清初）吴伟业《梅村家藏稿・卷五十二・张南垣传》，转引自《续修四库全书・1396 册》，上海古籍出版社 2002 年 3 月第一版。

② 杨鸿勋《江南园林论》，中国建筑工业出版社 1984 年 8 月第一版，20 页。

明应非偶然。

同张涟之傲然公卿间、议论风生相比，此前日涉园创作群之张、曹、顾三人虽具一定创作心得，但似乎均不擅言辞，故无相关言论流传；或许因张涟之见解已经长时间思辨考量与实践砥砺，能驳能诘，能提能挈，具有很强革命性，实非仅在前人基础上作技术性发扬的日涉园创作群可比——张氏园论突如其来，历久不灭，实为上海地区造园家留给世人的一份极可宝贵的理论遗产（下文另详）。

③ 造园基础理论著作：素园石谱

《素园石谱》出自明代松江府城北仓桥素园主人林有麟（1578—1647）之手。林氏字仁甫，号衷斋，为松江华亭人，国子监生。其父林景旸为明隆庆二年（1568）进士，官至南京太仆寺卿。林有麟以父荫得官，官至四川龙安知府。

“林氏世居普照寺南，以卖生药起家，至今人呼为‘林生药’”[①]——不幸与西门庆氏同业。林景旸登第后于普照寺西南扩建宅第至数十亩，备极壮丽，名玉恩堂，内有翼文阁，藏书万卷，素园位置即在其后。林氏又另于集仙街西建新宅，“前后皆巍峨壮丽”[②]。尚有别业名“玉兰宇”，在府城西南学士里，应具园亭之胜——其家道之优裕自不待言。

林有麟继承父业，多才而倜傥，谦和有礼，工画山水，曾与“云间派”领军人物沈士充等人合作，为陈所蕴日涉园绘制诸景图，其中全景一幅即由林氏绘制（今存上海博物馆），由此也可见其于云间画坛的地位。林氏好石，所著《素园石谱》四卷编采北宋宣和（1119—1125）以来著名观赏石品种及实物 100 余项，包括太湖、昆山、武康、灵璧、镇江、兖州诸品及米芾海岳庵研山、松江朱大韶文园名峰“青锦屏”（图 3 - 17）等，一一具形绘图，缀以前人题咏，并说明其自园池至盆景的各种用途。如昆山石于盆景中的使用：“于深山中掘之乃得，玲珑可爱，凿成山坡，种石菖蒲、花树及小松柏……山在县后一二里许，山上石是火石……载菖蒲等物最茂盛，盖火暖故也。”[③]如太湖石之人为加工过程：“土人取大材或高一二丈者先雕置急水中舂撞之，久久如天成，或用烟熏，或染之色……宜叠假山

① （明）范濂《云间据目抄・卷五》，转引自《笔记小说大观・六》，江苏广陵古籍刻印社 1984 年 3 月第一版。

② （明）范濂《云间据目抄・卷五》，转引自《笔记小说大观・六》，江苏广陵古籍刻印社 1984 年 3 月第一版。

③ （明）林有麟《素园石谱・卷之一》，转引自《续修四库全书・1112 册》，上海古籍出版社 2002 年 3 月第一版。

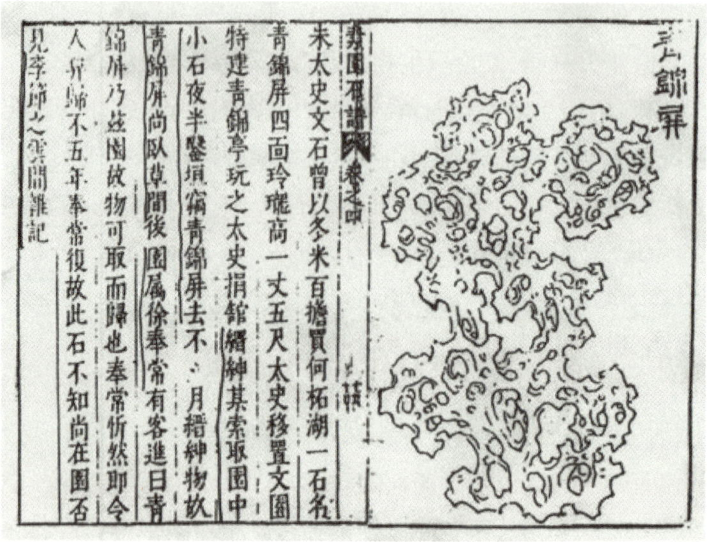

青錦屏

素園石譜 卷之四

米太史文石曾以多米百擔買何柘湖一石名
青錦屏四面玲瓏高一丈五尺太史移置文園
特建青錦亭玩之太史捐館搢紳某索取園中
小石夜半鑿垣竊青錦屏去不一月搢紳物故
青錦屏尚臥草間後園屬徐奉常有客進曰青
錦屏乃茲園故物可取而歸也奉常忻然即令
人舁歸不五年奉常復故此石不知尚在園否
見李節之雲間雜記

图 3－17　《素园石谱》中的“青锦屏”部

用。”①而述及名峰“青锦屏”体貌、身世时部分文字与明末清初佚名之《云间杂志》相同，并注明引自李节之《云间杂记》，则两者应即同一书，此书作者也即明了。

此谱为继北宋僧祖秀记载“艮岳”山石之《宣和石谱》、南宋杜绾撰于绍兴三年(1133)之《云林石谱》(116 品)之后的又一品石力作，属重要的造园基础理论著作。林氏于万历四十一年(1613)冬所作《素园石谱・自序》中称：“法书名画、金石鼎彝皆足令人自远，而石尤近于禅，生公点头，箭(原文如此)机莫逆”，是为他的心灵独白。

明清鼎革之后林宅迭为权家、官府占据，林有麟则黯然故去，素园亦归于他人。独此一谱流传至今，成为一段历史与一种心态之孤独见证。

园居生活与园林空间

园居生活本应成为逃脱现实生活中礼制束缚、名利羁绊与琐事滋扰，回归自然的最为幽雅恬适的方式，文人园林也应成为格局森严的宅第与草木蔓发的山林或恣纵不羁的市井间的最佳过渡空间。但在一味尊崇天理、遏制人欲的传统价值观念体系渐趋瓦解，近代理性人文精神尚未生根发芽的明中晚期，一时的物

① (明)林有麟《素园石谱・卷之二》，转引自《续修四库全书・1112 册》，上海古籍出版社 2002 年 3 月第一版。

欲滋长、精神迷乱之下，园居生活与园林空间也不免带有深深的时代烙痕，呈现出远较前代浓烈的世俗倾向，诉说着理想与现实的巨大反差。

(1) 行为方式：动与静

理想化的园居或山居生活总是能够较好地体现宅第与市廛的间离以及与山林、自然间的过渡作用。晚明江南士人领袖陈继儒的清言小品集《岩栖幽事》对此多有阐发，如"畜山童灌园薙草，置二三胡床著亭下，挟书砚以伴孤寂，携琴弈以迟良友，凌晨杖策，抵暮言旋。此亦可以娱老矣。"①其于山居则有"居山有四法：树无行次，石无位置，屋无宏肆，人无机事"②之类概括。

园居实不堪一味取静，与文友知己之交游可怡神畅意，在一定程度上弥补当时公共交往空间之匮乏，可谓"动"的方式之一。"余忆曩居小昆山下，时梅雨初霁，座客飞觞，适闻庭蛙，请以节饮。因题联云：'花枝送客蛙催鼓，竹籁喧林鸟报更。'可谓山史实录"——这是陈继儒于小昆山下婉娈草堂觞客时的情形，相同的文字叠见于其《岩栖幽事》及《太平清话》两书中③。雨霁飞觞，庭蛙鼓噪，酒酣意适，逞兴题联，既得物质与精神的双重慰藉，又可泼洒才情，成就佳话，传诸久远，可谓极尽晚明江南文人园居生活之诉求。而前文述及的莫是龙、顾正谊、孙克弘、董其昌等云间画派名家既饶于资财，又爽朗好客，其家园自然地成为当时的艺术创作、交流及理论探讨的沙龙，著名的"南北分宗"画论或许就是在这样的场合、氛围中首先提出来的。其他如松江府城芝园主人何三畏"凡良辰佳节，张灯设宴，招诗人社友集于其中，庶几得泉石之趣云"④之类活动则更具广泛性，能够充分发挥出园林空间于传统住宅礼制空间之外的休闲功能，近于园居之理想境界。

"动"的方式之二为出游——"住山须一小舟，朱栏碧幄，明棂短帆，舟中杂置图史鼎彝，酒浆荈脯。近则峰泖而止，远则北至京口，南至钱塘而止……"⑤，所以施绍莘之西佘山居有"随庵"，陆深之后乐园有"水晶宫"，孙克弘(号雪居)也有

① (明) 陈继儒《岩栖幽事》，载《丛书集成汇编 · 卧游录及其他四种》，中华书局 1985 年北京新一版，16 页。

② 同上，15 页。

③ 同上，3 页及《太平清话 · 卷一》，转引自《丛书集成汇编 · 卧游录及其他四种》，中华书局 1985 年北京新一版，18 页。

④ (明) 范濂《云间据目抄 · 卷五》，转引自《笔记小说大观 · 六》，江苏广陵古籍刻印社 1984 年 3 月第一版。

⑤ (明) 陈继儒《岩栖幽事》，载《丛书集成汇编 · 卧游录及其他四种》，中华书局 1985 年北京新一版，10 页。

“一舟名‘雪蓬’，制作古雅，可坐十人”①。如此精雕细琢的舟游生活自然成为园居生活之绝佳外延，与寒士之天涯孤舟实有霄壤之别，亦非古代自食其力的高士如巢父、许由辈所能妄想。

(2) 功能形态：泛宗教化与“城市化”

园居或山居生活的世俗一面则更能体现宅第与市廛间的过渡作用，即便是超尘出世的宗教于晚明园亭中也沾染上了更多的世俗况味。

① 宗教实用主义

仿佛承袭着吴地喜好淫祀的民风，明中晚期的上海地区园居生活也沾染上了日益浓重的宗教色彩，并直接导致了园林宗教建筑的增多。就景象与意象塑造而言，文人园之引入宗教仍以佛教为宜，道教之市井气、儒学之庙堂气均为其所忌。所以露香园中精巧的潮音庵、青莲座于全园颓毁后仍能独存，熙园中清幽的罗汉堂亦于无形中成为全园最胜处；而如豫园之将泛道教系统的纯阳阁、关侯祠、土地祠、山神祠，佛教系统的大士庵，儒学系统的家祠并置一园，多神杂处，祠庵林立，则令人不无担忧了。

类似泛宗教化的园林空间在当时似非罕见，熙园于罗汉堂、藏经阁一组建筑外，即尚有奉祀观音之大士阁、祀关羽之关壮缪祠——此前文人园林尚少见如此广采博取、多多益善的实用主义宗教倾向，其世俗属性显而易见，而其于园居生活的影响或许于仆仆各祠庙间的园主内眷体现更多。

② 早期“城市化”倾向

这一时期园林空间的准名片作用及诸多文人私园的准公共性也于无形中强化了园居生活的复合性与早期“城市化”倾向。晚明名士若无名园烘托、装点，名园若无名士盘桓、揄扬均难以赢得社会各阶层广泛认可；烜赫的名园则成为滔滔红尘奔聚之所。顾氏熙园于明晚期“凡宦流雅集，名流胜会以及往来过客莫不于此寻芳觞咏，殆无虚日”②，顾氏因熙园、熙园也因顾氏而愈发名声大噪；陈继儒之东佘山居更成送往迎来、殆无虚日之海上客厅、江南超级文艺沙龙，陈氏想来虽时感困顿也只得强打精神，勉力“承欢”。

而某些边缘化的生活内容如购藏古物、买卖婢仆因不便于正宅进行，也常挪至园中，使园林更多发挥了其于正宅之外的边缘属性。如豫园即常有三姑六婆

① （明末清初）李节之《云间杂志・卷之下》，转引自《四库全书存目丛书・子部・244册》，齐鲁书社1997年10月第一版。

② （清）叶梦珠《阅世编・卷十》，转引自《丛书集成续编・50册》，上海书店出版社1994年6月第一版。

出没其间，园主潘允端日记中明白记载着“胡老妈小妓来见”、“有戴氏携娼来见”①之类内容——晚明士大夫于此往往毫不避讳，令人联想起晚清名妓金小宝、林黛玉之流坐镇张园入口之别样画面。

侵袭园居乐土的还有明中叶以后纷起的党争，四隅高墙敌不住政坛风雨的声声入耳，士子们于寄情泉石之余也不忍坐视天下沉沦，当时几社诸子多汇集于府城名园，前文已有叙述。

(3) 经济运作：风雅背后

晚明园居生活之不厌其精、不计其费常令不善经济者坐吃山空，而深通韬略者则往往奉行“以园养园”之要旨，以园林文化哺育园居生活，百花齐放，推陈出新，令人眼花缭乱。其中大师首推东佘山居主人陈继儒，前文述之已详，这里仅再举一端：

“云间陈眉公聚集苏文忠书，刻晚香堂帖，又集米元章书，刻来仪堂帖……汉阳太守孙克宏刻东皋草堂帖。崇祯庚辰，陆起龙又刻片玉堂词翰十二册，皆陆深书。莫方伯如忠及其子云卿刻崇兰馆帖。云间顾从义翻刻淳化阁帖十卷，上海潘氏亦曾翻刻淳化阁帖十卷。明末潘允端又刻兰亭松雪十八跋……他如铜龙馆帖、大来堂帖、来仲楼帖、鹪鹩馆帖，以及汲古堂帖、董氏家藏帖、宝鼎斋帖、清晖阁帖，皆思翁一手书也。”②按“陈眉公”即东佘山居主人陈继儒、孙克宏(弘)即孙氏园主人、陆起龙继陈所蕴为日涉园主人、陆深为后乐园主人，莫如忠为知乐园主人、顾从义为玉泓馆主人，“上海潘氏”即豫园潘氏、“思翁”即柱颊山房主人董其昌——如今家喻户晓的《淳化阁帖》于上海地区的两部翻刻本均出自名园主人。诸多园主热衷于刊书集稿、翻刻法帖并非仅为倡导风雅，其中的丰厚利润也是一大诱因。而这类集辑工作之相当部分或许都是在园中进行的，其得以畅销往往也藉名士、名园之声望。

另一例虽离题稍远，却可揭示晚明园居生活不为人知之一斑：“金陵张允怀以画梅游苏、杭间，其为人好修饰，虽行装，必器物皆具。一夕，泛江而下，月明风静，舣舟金山之足，出酒器独酌。将醉，吹洞箫自娱，为盗者所窥。夜深，盗杀允怀于江，尽取其酒器以去，视之，则皆铜而涂金者也”③。

---

① 转引自杨嘉祐《上海园林志略》，载上海市文史馆文史资料工作委员会编《上海地方史资料·六》上海社会科学院出版社 1988 年 9 月第一版，70 页。

② （清）钱泳《履园丛话·卷九》，中华书局 1979 年 12 月第一版，254 页。

③ （明）王锜《寓圃杂记》，转引自《中国历代笔记选萃·上》，华东师范大学出版社 1998 年 11 月第一版，347 页。

峰石审美的鼎盛与异化

上海园林峰石造景的实例可追溯至南宋“云间洞天”中的“巫山十二峰”群，其中折射出米芾、宋徽宗以来好石成癖的宋代社会风气；元代王逢“最闲园”中的直节峰则可能是斧劈石。至明代，上海园林峰石审美几乎达到鼎盛期，一时奇峰迭起，令人目不暇给——峰石本为装点园景而设，但如为峰而峰，甚至使其异化为炫耀财富与格调的工具，不免本末倒置，伤害园意，晚明张涟曾对此痛加斥责（见下文）。表 3－19 说明当时部分著名峰石概况，前附其清代所属县治。

表 3－19　明代上海部分著名峰石概况

县别	峰名	峰史	主人	高度及其他
华亭县及娄县	万斛峰	原特置于顾氏熙园罗汉堂前，乾隆四十七年（1782）建杭州孤山圣因寺行宫文澜阁时为浙商以万斛米价易去，置于阁前庭园山巅，称“仙人峰”，至今犹存	国子监生、光禄寺丞顾正心	亦称万米峰
	五老峰	原在顾氏濯锦园，一九四九年后存五老峰之三，1975 年移至松江方塔园，并增补两块较小者	顾正心之弟、名画家、国子监生、中书舍人顾正谊	最高者 3.4 米
	大美女峰	原在孙家园，1975 年发现于其故址，今存松江方塔园	名画家，汉阳知府孙克弘	高 4.2 米，石上存“汉阳太守”印
	陵霄石、廉石	原在张氏庆云山庄，后陵霄奇石无存，廉石今存松江醉白池乐天轩东	明成化二年（1466）进士、南安太守、书法家张弼	廉石实非观赏类石
	矶石阿如意石	原在杨园，1999 年发现于此园遗址，今存松江区博物馆	明万历十六年（1588）举人，刑部员外郎杨忠裕	矶石阿高 2.5 米，如意石高 0.9 米
	以下为不存者			
	青锦屏	朱大韶以二百斛米价向何良俊（字元朗，号柘湖）购至文园，并为此石建青锦亭，后归名宦徐阶曾孙、锦衣卫指挥徐有庆	明嘉靖二十六年（1547）进士、南京国子监司业朱大韶	高近 5 米，四面玲珑，参见（图 3－16）
	古倪峰	原在倪园，园废后仍孑立于其故址，人称“古倪峰”，晚清移至上海县也是园	国子监生，光禄寺丞倪邦彦	

续　表

县别	峰　名	峰　　史	主　　人	高度及其他
华亭县及娄县	仁寿峰	疑原为南门内集仙街张之象宅“听玉斋”物，后归包家桥张棠静园；今不存	兵部侍郎张集之子、清康熙三十五年(1696)举人、桂林知府张棠	有明嘉靖年间诗人张之象题赞八十字
	五老峰	万春亭	王愈	
南汇县	朋寿石	原在旧鹤坡塘西(今闵行区杜行乡召楼鹤坡塘西)朋寿园主峰朋寿山上，园毁后石独存，今存莘庄群众艺术馆	明天顺元年(1457)进士、工部右侍郎谈伦之子谈田	正面镌“朋寿”二字，背面有华亭人、明弘治三年(1490)状元钱福草书诗并序
嘉定县	翥云峰	崇祯二年(1629)赵洪范自云南携归，置于赵宅岁有堂前；后先后归王、周二姓；1980 年自周氏祠堂天井移至汇龙潭怡安堂前	明天启二年(1622)进士、陕西道御史赵洪范	高 3 米余，右上角镌宋珏小篆“翥云峰”
上海县	玉玲珑	来自浦东三林塘储昱南园(一说乌泥泾？朱尚书园)，置于豫园玉华堂前	嘉靖四十一年(1562)进士，四川右布政使潘允端	上部原镌有明刻“玉华”二字，今已漫漶
	五老峰	原在淘沙场清初王陛良素园，后其地改为清源书院，乾隆三十六年(1771)秋移至豫园西北池畔，共四峰，分别如大士(观音)、奎宿、寒山、拾得，文革中三峰被毁，今仅存奎宿一峰于上海人民公园	王陛良	疑原有一峰早失，又有言四峰及园主并称五老者
	以下为不存者			
	五老峰	据说原为后乐园主人陆深遗物，因后乐园未见其记载，疑原在上海县城内陆深宅中，后归日涉园，陈所蕴为其建五老堂	明万历十七年(1589)进士，太仆寺少卿陈所蕴	

表中仅得名于庐山五老峰之峰石组合即有多处。其他如日涉园五老峰之“梦兆先验”(陈所蕴得五峰前曾梦五老来访)、玉玲珑之“以石为媵”“破城入园”(传浦东三林塘南园主人储昱之女嫁归豫园主人潘允端之弟潘允亮时以此石陪嫁，此说与同时期苏州瑞云峰自乌程董氏归入徐氏东园，即今留园的原因相同；又传运送“玉玲珑”入上海县城时因难以从城门进入，不得不于城墙上拆出豁口，

此豁口后改建为小南门）等真假莫辨的传说，以及陈所蕴为五老峰撤庖厨，建五老堂、友石轩，潘允端为玉玲珑建玉华堂等确凿无疑的实事均体现出“拜石主义”的时代风气。

单块峰石以外，当时园林掇山之弃土用石、日高日大也出于同一道理，前文述之甚详。

《诗经·小雅·白驹》中有“逸豫无期”的祷祝，这也是“豫园”得名的由来。明中晚期的上海园林舒青涨绿，朝飞暮卷，几乎淡忘了岁月的流逝。可这宝贵而脆弱的繁荣终于在17世纪中叶被清兵南下的沉沉铁蹄无情地踏碎了，只留下不绝如缕的余音盘绕于清初数十年间。清初人凭吊豫园的诗作颇能说明当时上海园林的状况：

“空林微雨落花红，
昔日繁华似梦中。
依旧玲珑一片石，
更无人倚笑春风。”①

春风中飘荡的，是对逸豫旧梦的叹息吧？

① （清）徐书城《过潘氏废园》，转引自（清）王韬《瀛壖杂志》，上海古籍出版社1989年5月第一版，98页。

第4章

海天胜处——上海园林的嬗变期

这一时期大致从清中叶延续至民国初年。

入关之后，清醒认识到自身奴隶制“低度文化”劣势的满清统治者迅速展现出较蒙元王族高明得多的学习、适应能力，经过百余年苦心整饬，终于使承继自明中晚期的社会经济重新激扬鼓荡，将偌大中华社会再度推至“前近代”的门槛。然而明前期森严可怖的专制政治也被这个末世王朝承袭不替甚至发扬光大，使整个社会最终无力走出中世纪的魔圈。同一时期，“铁齿铜牙纪晓岚”(1724—1805)以为并不存在的“蛮夷之邦”①正发生着悄然巨变——乾隆二十五年(1760)，詹姆斯·瓦特(James Walt, 1736—1819)揭开了英国产业革命的大幕，四十一年(1776)，北美十三个英属殖民地发布以自由、平等为天赋人权的《独立宣言》，五十四年(1789)，法国爆发大革命，发布《人权和公民权宣言》……西方国家近代化的惊天巨浪中，满清统治者仍自得于其向过气“高度文化”的成功转型，引导亿万国人沉醉于“天朝上国”“康乾盛世”的噩梦中，坐待外来重锤与锥心剧痛将其惊醒，于惰性、误解与排外情绪中艰难迈开由“自足”走向“自省”的近代化步伐，逐步实现文化的整体结构性超越。

就上海地区而言，我们把这段痛史大致分为两个时代，即从清中叶至道光二十三年(1843)开埠，从开埠至民国初年。

第1节　清中叶至开埠的上海园林

康熙二十三年(1684)，海禁重开，沿海地区经济得以恢复，上海地区传统的

① 参见吴方《末世苍茫——细说晚清思潮》，1997年6月第一版，55页中“纪昀……说它们‘为自古舆图所不载……多奇异不可究诘’”。

棉纺、沙船诸业也得以迅速发展，相应的行会组织应运而生，为清中叶的商业繁荣与晚清的社会变革，以及上海文人园的市民化、商业化蕴蓄着新的力量。而江海关、苏松太道的接连入驻上海县及奉贤、金山、南汇、川沙、宝山诸县厅的竞相建构更成为上海地区政治、经济地位全面攀升与发展重心显著东移的明确标志。虽然至乾隆二十二年(1757)满清当局即悍然停止了广州以外各地的对外贸易，使上海痛失走向世界的契机；但至开埠前，仅上海一县即已拥有各类以会馆、公所面目出现的、兼具业缘与地缘关系的商业组织二十余所，县城东门外的黄浦江畔货舶鳞集，商贾辐辏，初显滨江带海、吞吐开阖的国内埠际交易重镇轮廓——伴随着上海县对松江府城的全面超越，上海地区园林也逐步挣脱以苏州为核心的江南文人园林圈，呈现与前代、四邻不同的面貌。

清中叶上海及周边地区的文化艺术生态

(1)“乾嘉之学”与市民文化的勃兴：钱、王之学与城隍信仰

从清初至乾隆后期的一百余年间，清政府前后炮制大小文字冤狱一百余起，其中康熙二年(1663)“明史”一案即绞死十余人，凌迟七十余人，砍头一百余人，流放一千余人。连绵的腥风血雨成功地钳制了社会舆论与思想，窒息了进步观念的生成与传播，营造出阴森可怖的社会心理氛围。于是学术界“本应以真理追求和创造性为标志的发散式思维活动，逐渐回复到以依循经典和考据训诂为内容的收敛式思维活动，在清代中叶，演化为一时蔚然成风的‘乾嘉之学’。”①乾嘉知识分子将对社会现实的关注默默转化为对传统典籍、学说的大规模整理与阐发，其中“皖派”巨子戴震(1724—1777)集明末清初以来理学批判之大成，提倡现实道德观，承认人欲合理性，最具时代启蒙意义；而原苏州府属嘉定县王鸣盛(1722—1797)、钱大昕(1728—1804)则为长于古籍辑佚的“吴派”中坚，松江府青浦县名园三泖渔庄主人王昶(1724—1806)亦为成就斐然的金石学家。“吴派”总体看趋于保守，但王、钱却不失通达——王鸣盛以治经之术治史，只辨虚实异同，不作价值评判，钱大昕亦新论迭发，曾为苏州网师园作有颇具艺术见地的园记，称其“地只数亩，而有纡回不尽之致；居虽近廛，而有云水相忘之乐。柳子厚所谓‘奥如旷如’者，殆兼得之矣”②。按“柳子厚”即柳宗元。

然而此时的上海地区历经战火、“奏销案”的洗劫与新兴社会经济的牵引，明

① 吴方《末世苍茫——细说晚清思潮》，云南人民出版社 1997 年 6 月第一版，16 页。

② (清)钱大昕《网师园记》，转引自陈植主编《中国历代造园文选》，黄山书社 1992 年 1 月第一版，268 页。

中晚期的士流文化鼎盛局面已一去不返，世风早非少数名公巨卿、文人雅士所能左右。清代松江一府登进士第者为 229 人，为数虽仍不算少，但已不及明代之半，其中状元仅康熙三十年(1691)戴有祺 1 人，而原苏州府属嘉定一县即出状元 3 人，其传统主流文化及士大夫阶层之相对衰退显而易见，异军突起的则是在晚明基础上进一步发育壮大的市民阶层、商业新贵，这与相邻苏州地区的科第鼎盛局面形成意味深长的对比。

相较于文化阶层之噤若寒蝉、如履薄冰，清中叶的江南市民阶层似乎以另一种方式表达着对传统道德秩序与制度环境的颠覆。随着人口的激增与城市化进程的加快、城市工商业机能的增强、同行业间的社会互动，江南社会正在商贾市民阶层自发地推动下经历着由前文所述“文化资本主义”向未来的企业资本主义的早期转化，城市准公共空间与公共活动也似较前代更为兴盛，虽然大多仍打着酬神敬鬼的旗号——陈旧的宗教外衣隐约包裹着表达自我的崭新诉求。其中由官方奠定体制于明初的城隍信仰更随着市民阶层与商业文化的崛起、城市认同意识的增强而日趋兴盛，并作为“大祀”、“中祀”以下的“群祀”部分地走出森严的庙堂，步入自由竞争的江湖。州、县以下各级城隍尤为五花八门，展现出蓬勃的生命力与表现欲，书写着其信仰主体——城镇居民自身的价值取向与道德诉求。各类城隍庙宇的大肆扩建与添置庙园(灵苑)亦为当时普遍现象，而上海一地规模尤盛，保存尤多。

上海县每年农历二月二十一日城隍生辰之盛况可由下文见其一斑：“大江南北迎神赛会之戏，向来有之，而近时为尤盛……每当三春无事，疑鬼疑神，名曰‘出会’，咸谓可以驱邪降福，消难(傩?)除蝗。一时哄动，举邑若狂，乡城士女观者数万人，虽有地方官不时示禁，而一年盛于一年……侮弄神明，叫嚣乡里，妄违礼法，败坏风俗，若此之甚者也”①。道学家的悲叹事出有因，社会文化秩序的整体变革确实常常由此发端。

“侮弄神明，叫嚣乡里”之外，市民对文化行为的更多参与以及文化行为对市民的较多眷顾在这一时期也更露端倪——初期的市民文化总是较多表现出其商业属性。俯身小东门外沙船栉比、帆樯林立的码头边，仿佛可以听见由远而近的海派文化的隐隐潮声。

(2) 从扬州画派到吾园雅集

清中叶的江南经济与艺术重心除苏州外首推全国最大的盐业集散地扬州，

① (清)钱泳《履园丛话·卷二十一》，中华书局 1979 年 12 月第一版，547 页。

而代表时代变革力量的江南画坛精英也萃集于此，史称“扬州画派”；上海画坛则一时云消雨歇，没有了晚明云间画派的理论与实践并盛局面。“扬州画派”上承清初自标新格的“八大山人”（朱耷）、石涛，下启晚清生气勃发的“海上画派”，遥宗明人徐渭的激情奔放、个性崭露，颠覆清初“四王”（王时敏、王鉴、王翚、王原祁）的泥古不化，于众多指斥、非难中独领江南画坛风骚。因其代表人物多为饱受时代经济浪潮洗礼的城市知识平民，以绘事谋生，“扬州画派”更多地游离于官场之外，浸染于商贾市民之间，阔笔恣纵，我行我素，渐脱传统文人画的一味孤高虚泛，较多传达出或随和通达、或桀骜不驯的平民意识、世俗属性。如其代表人物郑板桥（1693—1765）之高悬润格：“大幅六两，中幅四两，小幅二两，书幅对联一两……凡送礼物食物，总不如白银为妙”①，较明人唐寅之“不炼金丹不坐禅，不为商贾不耕田；闲来写就青山卖，不使人间造孽钱”②与徐渭之“半生落魄已成翁，独立书斋啸晚风；笔底明珠无处卖，闲抛闲掷野藤中”③似更显坦然自适，更具进步意义。这一时期文人画之平民化、商业化较明中晚期有更大发展，渐成画坛主流现象，恰与文人园之世俗化相映成趣。

稍晚的嘉庆八年（1803），上海县文士、书法家李筠嘉之吾园亦成为江南书画界人士的雅集场所，此后延续十余年，人数累计过百，其中包括著名文学家、书法家、常州人洪亮吉（1746—1809）及山水画家、杭州人钱杜（1763—1844），他曾为常熟燕园作十六景图，留存至今，另有著名仕女、人物画家、松江人改琦（1774—1829），他创立了人称“改派”的仕女画派，并有《玉壶山房词选》传世。其时距“海上画派”前期代表人物任伯年（1840—1896）的诞生已经不远。

（3）扬州商家园林的流风

不同于宗教建筑世俗化之由来已久，江南文人园林的世俗化倾向实大致始于明中晚期而盛于清中叶，与社会经济及市民文化的发展同一脉搏。陈从周先生有言：中国园林“至乾隆为一转折点，正如其他建筑一样，盖其时物力充沛，建屋务高峻，山求宏大”④。其实崇屋危山恰与文人园趣味相左，只是世潮所趋，传统文人趣味与文人园的主流地位不得不悄然松动，市民园林则渐改此前的深藏

① 转引自李既匋等著《中国历代画家大观·清·下》，上海人民美术出版社 1998 年 8 月第一版，248 页。

② （明）唐寅《言志》诗，转引自湖北省社会科学院文学研究所编《历代诗词曲佳句名篇大全》长江文艺出版社 1992 年 2 月第一版，497 页。

③ （明）徐渭《题墨葡萄》诗，转引自湖北省社会科学院文学研究所编《历代诗词曲佳句名篇大全》长江文艺出版社 1992 年 2 月第一版，697 页。

④ 陈从周《园林谈丛》，上海文化出版社 1980 年 9 月第一版。

幕后而徐徐登场，稚拙而急切地诉说着一个新兴阶层的审美趣味、价值趋向——相较于同一时期戏曲界徽、汉诸调对昆腔的逐步驱逐，不难看出其中的宿命意味。扬州瘦西湖上的官、商园林群（商家多得官衔）与上海城隍庙园群落（详见下文）都是其不同类型的样本。

瘦西湖园林群几乎一时并建于康乾“盛期”，既为妆景自娱，更带有夸富邀宠的意图，故多沿康、乾二帝“巡幸”路线构筑；其景象塑造虽多借传统文人园躯壳，但已益臻华美，并杂糅各地乃至皇家风格（图 4－1），以至时人有“一片金碧，照耀水中”[①]的赞叹。扬州城东由两淮盐总黄至筠兴建于嘉庆二十三年（1818）的个园则似因时代较晚而更脱文人园形骸：“园中分别以石笋、湖石、黄石、宣石（雪石）构成春、夏、秋、冬四座山景。导引程序亦按四季顺序排列……可以说是扬州园林的代表作”[②]——崇尚性情、恣意挥洒的传统文人园怎能容忍四季景色的排列！同样琵琶别抱、豁人眼目的还有由青浦县民醵资兴建于乾隆年间的曲水园，下文另详。

图 4－1　扬州瘦西湖五亭桥与白塔

传统文人园的世俗化进程在这一时期也不免加速，并有完全商业化者。如建于清初、“相传为石涛和尚手笔”[③]的扬州花园巷“片石山房”于清中叶落入某媒婆之手，“以开面馆，兼为卖戏之所，改造大厅房，仿佛京师前门外戏园式样，俗不可耐矣。”[④]这样的大厅房对园林景象尺度虽有戏剧化的扰乱效果，却更多体现了市民生活的需求，仿佛是晚清张园可容千人的“安垲第”大厅（Arcadia Hall）的前身，自有其进步意义。

在文化积淀异常丰厚的苏州，岁月的步履却不胜彷徨，依旧是文人社会的诗

---

① （清）李斗《扬州画舫录 · 卷十五》，山东友谊出版社 2001 年 5 月第一版，394 页。

② 杨鸿勋《江南园林论》，上海人民出版社 1994 年 8 月第一版，309 页。

③ （清）钱泳《履园丛话 · 卷二十》，中华书局 1979 年 12 月第一版，532 页。

④ （清）钱泳《履园丛话 · 卷二十》，中华书局 1979 年 12 月第一版，532 页。

礼传家、文人园的烂漫风光。城西北文衙弄之明代旧园艺圃虽不免于道光十九年(1839)归于苏州绸缎业公会——“七襄公所”，成为与沪上豫园得月楼(布业公所)类似的公所园林，但仍保持静穆无华、感人至深的文人园格调，足见城市文化品格之于园林的强大影响力。原苏州府辖区内的嘉定县秋霞圃归入县城隍庙后亦能保持旧有风貌，下文另详。

清中叶上海园林概况

清中叶的上海园林于新旧两种趋势的矛盾交织中展现出日益多元的面貌——其一为明中晚期至清初传统文人园鼎盛局面的余绪，另一即新兴市民园林的流风。这种传统与时代矛盾交织的发展局面一直延续至清末民初并升华为东方与西方、中世纪与近现代交融对抗的一部分。

(1) 市民园林的兴起

与市民阶层的崛起、商业文化的涌动相应，以城隍庙园为代表的公众参与性园林的兴起堪称这一时期上海地区最为夺目的园林文化图景，而部分商家私园的涌现也为其点染上了异样色彩。我们姑且统称其为市民园林。

① 城市“神居”空间：各级城隍庙宇的名胜化

作为城镇居民日益热衷的城隍信仰的物质载体与世俗生活的理想化投影，清中叶上海地区的各级城隍庙纷纷增筑或收纳庙园，并往往一再增拓，以娱神的名义为普通商贾市民提供开放、复合、魅力十足的城市园林空间，呈现出与传统文人园不同的艺术趣味、审美趋向。其规模之大，数量之多不仅远迈前代，且遥开百年后海派园林的先声。

A. 上海县城隍庙西园：豫园涅槃

上海县城隍庙西园建筑于明四川右布政使潘允端豫园旧址，为上海乃至整个江南地区城隍庙园中规模较大、沿革、特征较典型者。

(a) 沿革及成因：文人园的公众化

早在康熙后期，上海县士绅已醵资于县城隍庙东创建占地不足二亩的灵苑，但其面积显然不能满足合邑民众日益高涨的休闲、游赏需求，而城隍大人也不能于案牍劳形之余尽情游目骋怀，不免影响分派福祉的速度与热情。

康熙、乾隆年间也是上海县会馆、公所发展的重要阶段，棉布、棉花的大量输出和豆、米、糖等商品的大量输入使这类商业性行会组织纷纷涌现，并本能地寻求城市中心的聚居，以充分发挥其行业与城市以及行业之间的互动作用，展现新兴客籍商帮的群体力量。然而上海县城方圆不过九里，其中心更余地有限。

仿佛暗示着某种无可奈何的宿命,此时县城隍庙西一墙之外、广袤数十亩的豫园已走近其生命的尽头,曾经的巍堂杰阁颓圮殆尽,山水骨架间只余下荒烟蔓草,断桥残础,春来空林微雨,落花飞红,俨然成为繁华市廛间落落寡合的桃源净土,正是邑庙、公所热切觊觎的选址对象。

乾隆二十五年(1760),腰橐日益丰盈的上海士绅终于醵资自潘氏后裔手中廉价购得豫园,归入邑城隍庙,改称西园(也称外园),并大加整治扩建,使全园面积恢复至七十余亩,轩堂舫榭盛极一时。因其规模过于浩大,资金亦需逐步筹措,故工程一直延续至乾隆四十九年(1784),今存三穗堂、萃秀堂、湖心亭等大型建筑均是这一时期的遗物——由此亦可想见明中晚期"一门三进士"的潘氏一族经营此园之非凡财力、雄心。竣工后的西园山雄水阔,与庙东玲珑幽邃的灵苑(此时亦称东园或内园)相因借,不免令阴阳两世的城隍公与地方官员左顾右盼,沾沾自得;然而出力、受惠更多的是合邑商贾民众,因其虽由邑庙道士管理,但每月朔(初一)、望(十五)及正月初一至元宵,端午、中秋、重阳诸节日均纵人游览,火树银花,香车宝马,蔚为城中第一胜迹。随着城市生活的日益丰富,每逢四月下旬园中又有兰花会,九月中旬有菊花会,均吸引着大量城市人流。

各公所则凭借其在建园过程中所提供资助纷纷入驻园内,占据厅堂或"别构精舍"[①],作为自己体面的集议、酬酢场所(至同治年间已发展至二十一家),这在当时或许已成为行业实力与地位的象征——稍晚的上海人毛祥麟(约 1815—?)称西园"分地修葺为各业公所"[②],时人沈复(三白)亦称西园"为洋商捐施而成"[③],"洋商"即洋货商,并非洋人。

就这样,高墙封锢、气息内敛的潘氏文人园经百余年世潮浸润、淘洗,终于金蝉脱壳、凤凰涅槃,摇身变作了香烟缭绕、人头攒动的城隍庙园,并开始带有公所园林的倾向,成为城市中兼具宗教性、礼仪性、商业性及游赏性的汇聚地点。园中建筑于原乐寿堂旧址上的主要厅堂——高深宏敞的三穗堂更兼作宣讲"圣谕"、朝贺"万寿"(道、县两级官员遥贺皇帝诞辰)以及商议要事的场所,成为令人窒息的准权力空间。

营造既非易事,维持益显艰难,何况以上海县城隍一庙之香火供奉,经济来

---

① (清)沈复《浮生六记·卷二·庙园记》,上海古籍出版社 2000 年 5 月第一版,104 页。

② (清)毛祥麟《墨余录·卷三·豫园》,转引自《笔记小说大观·十》,江苏广陵古籍刻印社 1984 年 4 月第一版。

③ (清)沈复《浮生六记》,上海古籍出版社 2000 年 5 月第一版,104 页。

源并不稳定，管理方式亦杂弊丛生（下文另详），长期维护如此巨型庙园实属勉为其难，而君主专制政权亦从无专项资金用于城市公共空间的建设，故而仰求各业公所之力成为必然的选择，各公所出力日多，索求必然日甚。况此园周边早成闹市，迥非明时“其东为广场十余亩，中杂积潦”①那般萧疏冷落的景象可比，其地价自然渐渐腾贵，一旦失去强有力的权力、财力支撑，则其渐受园内公所及周边商业街肆的侵削似在所难免。

此后的嘉庆、道光年间（1796—1850），西园因失修渐呈颓势，因权责不清，花费又巨，邑庙道士不愿修理，园内各公所纷纷自行维修，并趁势于园中修筑围墙，划定疆界，由“分封”渐成“割据”之势——三穗堂、大假山一带为豆米业公所，萃秀堂、万花楼一带为豆油饼业公所，点春堂（后建）为花糖洋货公所，得月楼为布业公所，湖心亭为青蓝布业公所，香雪堂（原玉华堂）为沪帮肉业公所，飞丹阁为京货帽业公所，相邻的东园（晴雪堂）也已成为钱业公所……这为日后西园之为公所彻底瓜分与逐渐墟市化埋下伏笔。而部分景域也已走向消失——生于嘉庆二十年（1815）的毛祥麟即叹息：“西山之阳，有挹翠亭及茶墙酒墅、鹤闲亭、春禊阁、吟雪楼诸胜，皆不及见矣。”②

(b) 艺术分析与对比：前期海派风格的先声

将清乾隆二十八年（1763）进士乔钟吴作于乾隆四十九年（1884）的《西园记》③及同年刊刻《上海县志》中之《邑庙西园图》（图 4－2）与明嘉靖四十一年（1562）进士潘允端《豫园记》④中描述相对照，可知清代西园水系布局应与明中晚期豫园相去不远，即以改称“放生池”的汪洋池水为中心，分别向西北、北、东三面分出支流，形成宛转连绵的曲水景观，其中北部武康石山下似为衬托山势的濠濮型水面，非如今日不大不小之尴尬形态，亦可与汪洋的主体水面形成足够鲜明的景象对比。

掇山则除沿用明代北部武康石山外有两处重大变动：其一为原主体水面南岸“峰峦错叠，竹树蔽亏……群峰矗立……阁云碍月”⑤的南山为若干人工建筑

---

① （明）王世贞《豫园记》，载（清）宋如林修，孙星衍等纂《松江府志・卷七十八・名迹志》，嘉庆二十三年修刊本。

② （清）沈复《浮生六记・卷二・庙园记》，上海古籍出版社 2000 年 5 月第一版，104 页。

③ （清）乔钟吴《西园记》，转引自薛理勇编著《文以兴游——豫园匾对、碑文赏析》，同济大学出版社 1987 年 8 月第一版，65 页。

④ （明）潘允端《豫园记》，载（清）宋如林修，孙星衍等纂《松江府志・卷七十八・名迹志》，嘉庆二十三年修刊本。

⑤ （明）潘允端《豫园记》，载（清）宋如林修，孙星衍等纂《松江府志・卷七十八・名迹志》，嘉庆二十三年修刊本。

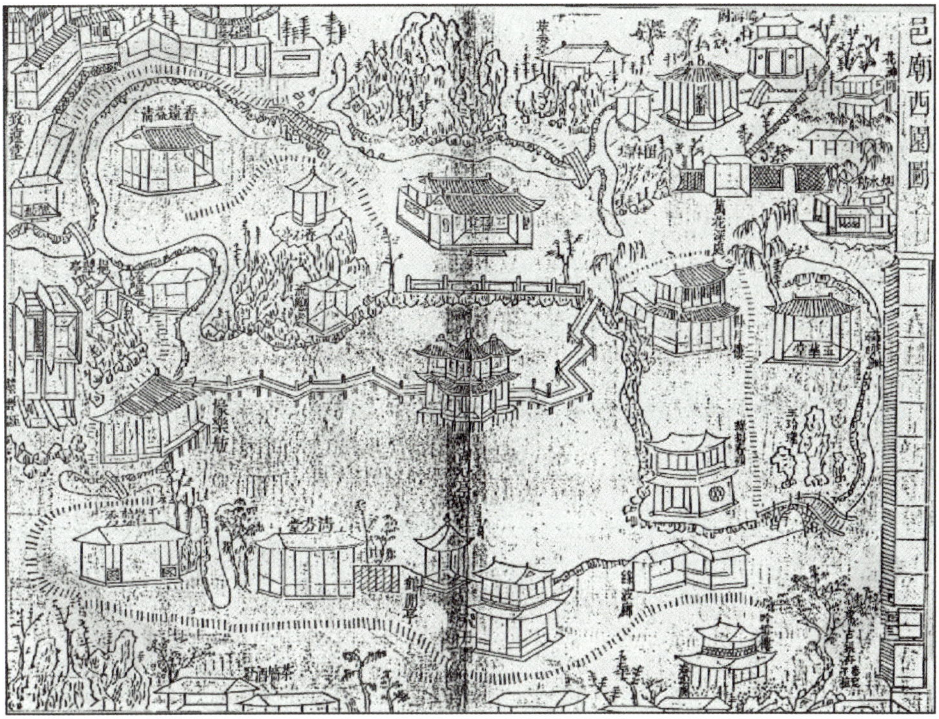

图 4 - 2　清中叶全盛期的西园

所替代——据明代园林布局常理及潘允端、王世贞(1526—1590)两园记中描述，此山应为全园主山，除与园北今存武康石山遥相呼应，保持着地形变化的连续感与合理性外，又与横峙水心的小岛及岛上之凫佚亭共同构成池北主要厅堂的对景和全园山林景观的主体，所谓“正枕大池，与乐寿堂对”①，为明代园林以人工建筑与自然山林隔水相对、相互渗透的主流布局手法的体现。明人董其昌《乐寿堂为潘泰鸿寿》长诗中描述得更为明确：“中池方广成天镜……水北楼台照碧霄……水南岚翠何缥渺……磴道周遮洞壑深，游人往往迷幽讨。”②此山应系出自张南阳之手的名家名作，且较可能为湖石山，一来园主往往好于一园中以多种石材成山，二来其形态变化也更丰富眩目——但因之耐久性也相对较差。

由此也可知明代豫园主体水面南岸景象空间似较清代西园大得多，甚至可

① (明) 王世贞《豫园记》，载(清) 宋如林修，孙星衍等纂《松江府志・卷七十八・名迹志》，嘉庆二十三年修刊本。

② (明) 董其昌《乐寿堂为潘泰鸿寿》诗，转引自王治平《豫园奇秀甲江南》，载上海市文史馆文史资料工作委员会编《上海地方史资料・六》上海社会科学院出版社 1988 年 9 月第一版，107 页。

能一直延展至园南的方浜；但至西园兴建前这一区间已遭相当侵蚀，南山也同时遭到破坏。从《邑庙西园图》中看，西园西南角部分山体或许是其残留。此山一去，全园景象结构顿时改变，景观质量也大为降低。

另一变化为主体水面西岸新筑成土山[似于乾隆四十二年(1777)]，以打破南山消失后环池尽为人工建筑的可笑局面；其主峰在水面西北隅，时称西山，但其规模、艺术水准及空间表现力肯定不能与南山相比。

山容水态以外，尚可对两园建筑形态、密度及分布状况作一分类对比(表4-1)。

表4-1 明代豫园与清代西园建筑形态、密度及分布状况对比

建筑类型	明代豫园	数量	比例%	清代西园	数量	比例%
厅堂	乐寿堂、玉华堂、容与堂、会景堂、爱日堂	5	20	三穗堂、玉华堂、萃秀堂、清芬堂	4	12.5
楼阁	介阁、玉茵阁、纯阳阁、醉月楼、征阳楼、颐晚楼	6	24	熙春台、磬楼、涵碧楼(其下层即致远堂)、听涛阁、花神阁、得月楼、绿杨春榭、吟雪楼、春褉阁、飞丹阁、凝晖阁、湖心亭(实为楼)	12	37.5
轩馆	水轩，留春窝、雪窝(暂视为轩馆)	3	12	莲厅(香远益清)、可乐轩、绿荫轩(千岩竞秀)、茶墙酒墅	4	12.5
亭廊	涵碧亭、凫佚亭、挹秀亭、留影亭	4	16	留春坞、香石亭、流觞处(亭)、挹翠亭、鹤闲亭、绿波廊	6	18.75
船舫		0	0	濠乐舫、烟水舫、憩舫	3	9.4
祠庙	关侯祠、山神祠、家祠、大士庵	4	16		0	0
桥梁等	环龙桥(当时无名)、"人境壶天"坊、"寰中大快"照壁等	3	12	环龙桥(仍无名)、凝云桥及一亭桥等	3	9.4
总计		25	100		32	100
主要文献	明人潘允端《豫园记》			清人乔钟吴《西园记》及乾隆四十九年(1784)《上海县志》中《邑庙西园图》		

因文献详略及其他因素，表中统计并不完全，如祠庙未必均系单座建筑，但结合前文，亦能说明清中叶邑庙西园不同于明代旧园的以下特征：

(1) 整体布局的变化：清代西园漫长的建造过程、宽阔的筹资渠道、广泛的意见参与和多样的实际用途决定了其整体布局四面用力、轻重不分的离心倾向——毛祥麟《墨余录·卷三·庙园记》中称"园之公处任人游览，其间又别构精舍，聚石凿池，栽花艺竹，为各业公墅者，不下数十处"，可见"各业公墅"的出资与入驻对其整体空间形态生成的极大影响。

正是在这样的背景下，明代豫园以人工与自然景象隔水对比、交互渗透、"图底互换"的"隔水面山"式布局被以人工建筑包围自然景象的"环水抱山"式清中叶典型造园布局所取代。

(2) 建筑数量、密度的进一步提高、容积率的增大。西园建筑密度更超过明中晚期之豫园，楼屋亦大大增多，间接反映出日益复合化的园林功能、尤其是驻园各公所对使用面积的强烈需求。湖心亭之由明代小岛上简约缥缈的凫佚亭发展为体形繁复、吞没全岛、压迫水面的庞然巨阁为最典型案例(图4-3)，园西北角熙春台、磬楼、涵碧楼一组楼屋更几乎连缀成片。

图 4-3　城隍庙湖心亭现状

(3) 建筑等级提高，建筑形态带有更多庙园特征，且多纵向线条，追求飞扬向上的气质。如西园中歇山顶建筑占大多数，多非习见于明风园林的卷棚屋顶、水戗发戗，而是巍然起脊，昂然发戗。前述楼屋的增多也与此有关。

(4) 建筑内容的变化：因西园为城隍庙园，故不另设其他类型祠庙；但或许因诸业贸易均与水运紧密相连，园内竟建有三处船舫，包括写实而似接近自然主义的"烟水舫"、似为写实主义的"憩舫"以及大写意的"濠乐舫"，依稀反映出新经济时期商贾市民对这一重要商业运输工具潜在的亲切感，也显著流露出各自为政的布局痕迹。

以上特征多遥启晚清前期海派园林之先声，下文另述。

清中叶衣不蔽体、穷愁潦倒之际的沈三白(1763—?)曾无情指出：西园"极为阔大，惜点缀各景杂乱无章，后叠山石亦无起伏照应"[①]——沈氏多才而不善

① (清)沈复《浮生六记》，上海古籍出版社 2000 年 5 月第一版，104 页。

自谋，一生品园无数，眼界高远，其泠泠泠评实远较他人之泛泛赞辞来得可信。

(a) 上海地区部分城隍庙园简况(表 4－2)。

表 4－2　上海地区部分城隍庙园简况

县别	镇别	园名与园址	园林概况及沿革	备　注
上海县	县城	东园，也称内园，在城北部，县城隍庙东邻	康熙四十八年(1709)上海县士绅醵资兴建于县城隍庙东侧，称小灵台，详见后	
		西园，也称外园，在城北部，县城隍庙西北邻	乾隆二十五年(1760)上海县士绅醵资购得明潘氏豫园，重加修整，作为县城隍庙西园。工程历时二十余年，建成七十余亩胜境，详见前	即原潘允端豫园
	七宝镇	七宝镇城隍庙园(疑)，在镇南，今上海交通大学农学院内	年代不详，属七宝镇南宗教建筑群之一部。该建筑群似包括始建于宋的镇东岳行祠与镇城隍庙(似俗称南城隍庙)，祀镇城隍李若水，即两宋间陪伴徽、钦二帝北上途中被害之民族英雄。今存斗姆阁、四面厅及宋代银杏 2 株，原尚有玉帝殿等建筑。其中四面厅四角有隅墙，疑为旧日城隍庙园主要厅堂，因其梁架原有彩绘，尚存明风，故可能原属明末清初私园，后归入镇城隍庙	亦可能为东岳行祠园，或属祠、庙共有
青浦县	县城	曲水园，在城东北隅，县城隍庙东	乾隆十年(1745)青浦县士绅始建，为县城隍庙园，乾隆四十九年(1784)又大加拓建，基本奠定格局，详见后	
	珠街阁镇	青浦城隍行祠园，在镇中部，南临今西湖街	青浦城隍行祠原在镇南雪葭浜，乾隆二十八年(1763)徽州人程履吉谋迁今址。园分布于庙宇中轴左右，规模宏大，疑非建于一时。其左路有寅清堂、熙春台、假山、方池、梅亭、玉照廊、月香室，右路有凝和书屋、荷净山房，潭影阁、荷花池、可娱斋、乐溪庐、挹秀轩、花神殿、怡亭、含清榭，旁有小曲溪，上架小石桥，另有下山佳处，芸晖堂等建筑，惜毁于“太平军”战事(疑即咸丰十年李秀成部与洋枪队之战)，仅存寅清堂。光绪初年，米商于园中捐资新建厅堂，名“宝稼”。光绪七年(1881)镇中养牲为业者募资重建芸晖堂，稍复旧观。今存中路大部及东路部分建筑，园已不存	珠街阁镇雅称珠溪，今谐音为朱家角镇
嘉定县	县城	秋霞圃，在城中部，县城隍庙西北	雍正四年(1726)为嘉定县士绅醵资购赠县城隍庙，乾隆二十四年(1759)又将沈氏园并入，详见后	即明龚氏园
		沈氏园，在城中部，县城隍庙北	乾隆二十四年(1759)并入县城隍庙，详见后	西邻秋霞圃

续　表

县别	镇别	园名与园址	园林概况及沿革	备　注
嘉定县	南翔镇	古猗园，在镇东南，太仓州城隍行祠北	乾隆五十三年(1788)由南翔镇人醵资购赠太仓州城隍行祠，详见后	即明闵士籍猗园
金山县	卫城	方园，在城东北城隍庙	为金山卫城城隍庙园，嘉庆年间筑，有四面厅、六角亭、九曲桥诸胜，每年清明、中元诸节游人颇盛，今不存	两园均为嘉庆《松江府志》所不载
	朱泾镇	均园，位置不详	年代不详，在城隍庙庙西偏，疑为县治自金山卫城移至此镇后建，今不存	
奉贤县	县城	县城隍庙庭园，在城西北	年代不详。县城隍庙北原有东园，至晚清荒废已久；其东路后部亦有庭园，经“太平军”战事只余东北一隅。由光绪四年(1878)重修《奉贤县志》所载图(图 4－4)中可见其以船屋为中心，云墙周绕，南面似有倚壁假山，其余则丛植翠竹、芭蕉，甚至可想象其花街铺地应铺作波浪纹。同建于晚清的上海县书隐楼郭宅庭园、苏州醋库巷柴园、扬州永胜街魏宅庭院(已废)均有类似以船舫为景象核心的布局	

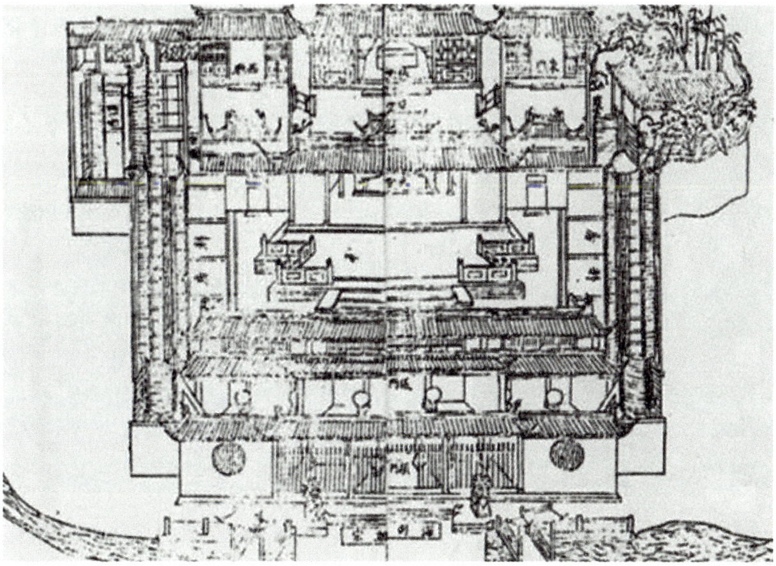

图 4－4　晚清时期的奉贤县城隍庙东北庭园

(b) 江南地区部分城隍庙园简况(表 4－3)。

表 4－3 江南地区部分城隍庙园简况

府别	县别	园名与园址	园林概况及沿革	备注
苏州府	常熟县	县城隍庙园,在城西虞山南麓,县城隍庙北	年代不详。陈从周先生于20世纪50年代考察常熟园林时此园似尚完整:"园北墙下叠山,山不高,用来陪衬虞山。山下小池曲折,池旁列湖石,水中倒影,历历如画。池东原有石舫一,今已毁。"①此园北墙外正是虞山麓坡,园内掇山如取类似无锡寄畅园的麓坡形式,则必含蓄深远。今存与苏州拙政园见山楼形态、气质相似之楼阁一座(图4－5),似位于原庙宇建筑西路末进,疑为园中主要建筑,由此亦可想见其有异于上海地区城隍庙园的气质;阁北即旧日园林,存有大面积麓坡残迹及多株参天的明代银杏,水池虽已填没,尚可依稀寻觅驳岸痕迹	常熟县城隍庙系明洪武年间(1368—1398)就原东灵寺基改建。
	吴江县	共怡园,位置不详	在县城隍庙东,亦称东园,乾隆十五年(1750)知县龙铎筑。此园湖石来自县东南平望镇杨家村某庙园——当地居民盗窃成风,行前每向神像祷告,故知县奉命拆庙毁像,移其园石至县城隍庙东叠石成山,建成此园。20世纪30年代童寯先生踏访江南园林时此园犹存,园中湖石被摄入其《江南园林志》一书中。今不存	
	昆山县	四美亭,位置不详	在昆山县治城隍庙后,其东有花神庙,乾隆年间邑人于庙后废地凿池建亭,似规模较小,园以亭名,仍存古风,今废	
常州府	宜兴县	瀛园,在今宜兴市区南大街东侧	建于清乾隆年间,原名"行园",为谢氏私园和储氏"竹荫轩"旧址;后辟作城隍庙园,易名瀛园,取意海上仙山"瀛洲",面积约0.2公顷,格局似较简易;至道光初年,始在园中疏池叠石,莳花栽竹。现园中心为清池一泓,建筑多临水而构;池北有华美的行和厅,其右为两层的逸兴遄飞阁,左有廊通东南隅水轩;园西南部则以黄石堆掇假山,浑厚自然,山巅有望来亭。全园现保存较完整,童寯先生《江南园林志》一书曾述及之	现为市级文物保护单位。

图 4－5(a) 常熟县城隍庙园楼阁

图 4－5(b) 苏州拙政园见山楼

① 陈从周《园林谈丛》,上海文化出版社 1980 年 9 月第一版,114 页。

② 城市多元时尚空间：也是园

除城隍庙园以外，这一时期其他宗教建筑也多附有园亭，只是总不若城隍庙园之具有先天的、可供合邑民众认同的信仰基础，如清中叶上海县城内仅次于城隍庙西园的公众参与性园林——由明代渡鹤楼（南园）改建而成的也是园。

渡鹤楼位于旧日上海县城南部。这里的乔家浜西经凝和桥南折后，改称也是园浜，浜西即渡鹤楼，即今黄浦区凝和路西、也是园弄东、北、金家旗杆弄南的地域。旧日园主乔炜，字明怀，川沙人，其曾祖乔镗为川沙著名抗倭将领，祖父乔木为明隆庆二年（1568）进士，官至福建参政，父乔拱璧为万历三十五年（1607）进士，官至湖广参议等职，外祖则为豫园主人潘允端之弟潘允亮，官至南京后军都督府都事……先辈的耀眼光晕中，乔炜却仅以副贡晋身，相形不免逊色，但他也于明末天启年间（1621—1627）官至礼部郎中，相当于今日中央司一级官长。渡鹤楼即大致建于这一时期或稍后的崇祯年间（1628—1644），为乔礼部别业。因园中有渡鹤楼，故以楼为名，犹存古风，又因其在城南，也称南园。当时园中有明志堂、锦石亭、息机山房、珠来阁等建筑，从名称可大致看出园主守拙自适的志趣。

此园似平安渡过了明末清初战火。清初，园归顺治四年（1647）进士曹垂燦（绿岩），曹氏曾主持康熙《上海县志》的编纂，宦途却并不畅达，因而得以终日盘桓园中，与文人雅士诗词唱和，至今仍有佳篇流传。大约康熙初年园归国子监生李心怡，改称也是园——明末清初常熟藏书家钱曾（文学家钱谦益之族曾孙）藏书室名“述古堂”，亦称“也是园”，对戏剧史保存贡献极多。乾隆五十五年（1790）园改为道院，称蕊珠宫——《黄庭内景经》称“太上大道玉晨君，闲居蕊珠作七宫”（转引自清 孔尚任《桃花扇》，人民文学出版社 1959 年 4 月北京第一版，第 165 页），是为道家宫观的习称；嘉庆初年在园中建斗姆阁，后又建纯阳殿等，一时烟云气散，香火气浓。道光八年（1828），署理上海道陈銮在园中设蕊珠书院，添建奎星阁、海上钓鳌处、方壶一角等建筑，以书卷气稍稍冲淡香火气，历任上海道、县官员如阳金城、汪忠增、黄冕（即倡导重建露香园者）纷纷倡捐养廉银以助成其事，其生徒来源则为敬业书院（即建于豫园潘宅旧址的原申江书院，见下文）优等生。道光十八年（1838），园南民居为书院收购，辟地建芹香仙馆、致道堂、育德堂及左右号舍等，使其制度更加完备，废圮已久的珠来阁也得以复建。咸丰年间（1851—1861），为对抗兵临城下的“太平军”，此园成为纪律不佳的洋枪队驻所，建筑、花木损坏极多，当时邑庙西园亦成为法军、洋枪队屯所。同治元年（1862）洋枪队撤防，书院、道院及园林景观又得以次第恢复（图 4 - 6 上），游人仍联翩而至。同治十二年（1873），一代大儒俞樾曾在园中设诂经精舍，讲学课徒。光绪

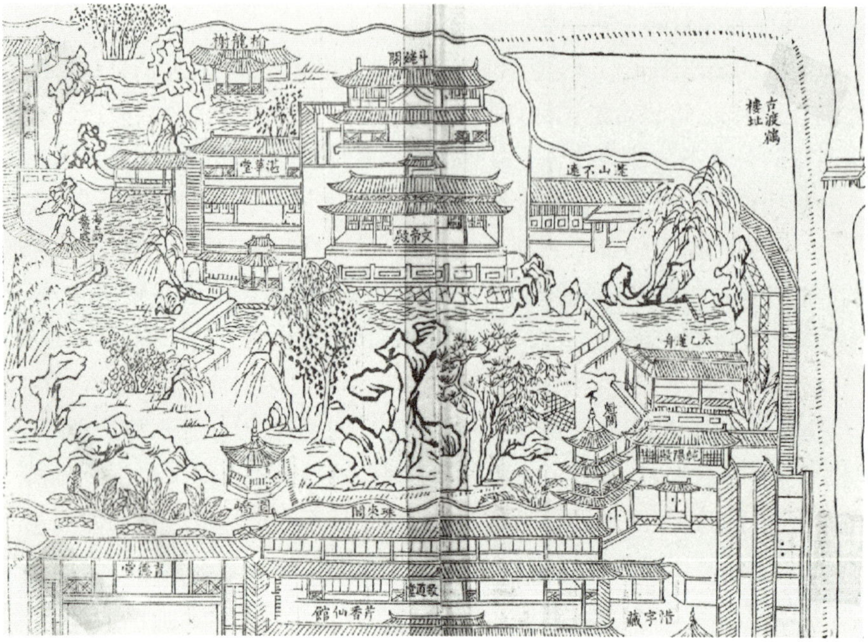

图 4－6　同治(上)、光绪(下)年间的也是园

年间(1875—1908)园中又添筑文昌宫、雷祖殿等建筑(图4-6下),以至喧宾夺主——时人称“城内原有雷祖殿一所,俗名也是园……该园正殿前有极大荷池,迎面假山重叠,西首围廊曲折,并有亭台……外间均知是园为沪人士纳凉之好所在”[①]。废除科举后的光绪三十一年(1905),蕊珠书院停办,改为师范传习所,蕊珠宫则渐渐消散。

民国时师范传习所停办,这里曾作为“闲人莫入”的政府办公用地,移去雷祖等神像,禁断香火,亦使沪上顿少一公众消夏胜地,有失国民革命本意。后来一度成为小学堂,仍是林木荫翳,水面风来,惹人勾留。待到新一代倭寇袭来,园中建筑遭焚,古树遭伐,池水遭填,至抗战后惟存土冈、山石。其中“积玉峰”于1956年被移至豫园,其余则湮没为市廛;但今也是园弄60号内仍存有旧日土山残迹。

对照同治十年(1871)《上海县志》及清光绪三十一年(1905)刊《绘图游历上海杂记》中所载园图及相关文字,可对全园艺术特征分析如下:

A. 面积

清初文人孟亮揆咏南园词《调寄望海潮》称:“海滨卜筑,为园十亩”,但从有关文字及晚清图卷看,“十亩”只是概而言之——仅园中池水即已“广数亩”了[②];且其作为园林、道院、书院混合体时还曾购买园南民居加以拓建,故总面积不减反增,就今日地域看,约广二十亩。其规模与明末清初众多赫赫名园相较尚不足以引人注目。

B. 布局

从道光前期基本形成的格局看,也是园可大致分为三个交互渗透的主要景域:

道院建筑景域:主要指全园中轴线北部的文帝殿、斗姆阁一区及孤悬于园东南的纯阳殿,前二者面对主要山池,占尽全园风光。此外,园中的“蓬山不远(斋屋)”“方壶一角(廊屋)”“圆峤亭”及“太乙莲舟(旱舫)”等建筑名称的道教色彩也十分浓郁(蓬莱、方壶、圆峤均属道教神话中的海上仙山),共同参与了“一池三山”仙境主题的景观塑造。

书院建筑景域:主要指位于全园中轴线南部的芹香仙馆、致道堂及西路的育德堂及左右号舍、珠来阁、“山雨欲来风满楼”(此楼可西借万家烟树及城墙雉堞)、息机山房等建筑。此外,园中位于中轴线东南、三重檐攒尖顶的奎星阁也为学宫、书院建筑所常备,符合通常形制、位置;“海上钓鳌处(亭式水榭)”等建筑名

① (清末民初)陈伯熙编著《上海轶事大观》,上海书店出版社2000年6月第一版,118页。

② 郭俊纶《清代园林图录》,上海人民美术出版社1993年5月第一版,207页。

称的书院色彩也颇为浓重。

园林景域：指全园中部以宽广水面为核心的主体景域，其北以建筑为主，南以山林为主，相互穿插渗透；水面西端北折数十米，复向东折回至湛华堂与榆龙榭（旁有临水古榆夭矫如龙，名“榆龙”）间，盘曲幽长，形成探索不尽、耐人寻味的空间。这一景域从总体看似仍保持了明末清初的大致格局；至清末，园北建筑则似完全连缀，失去了南北互渗，竹石掩映的雅趣，体现出时代风格的烙痕。

此园中轴线由南向北逐次穿越书院、园林与道教区域，从形态上将全园空间整合为一体，虽乏幽致，但颇具特色，其形成也应在清道光前期。

揣测明末清初布局原貌，此园主体建筑明志堂、渡鹤楼可能集中于园东北，退离水面，避免了对主要景域的尺度干扰；其中渡鹤楼似东邻乔家浜（同治县志图中已标出其旧址，参见图4-6上），有卧听柔橹之乐；而居于中轴东侧的“蓬山不远”一带较可能为原明志堂址。后来端居正中、硕大无朋、迫临主体水面的文帝殿、斗姆阁一区应仅为树石、廊道，或有探出水面的小轩直面对岸峰峦，或布置退后水面较多的小体量斋屋；水面东、西两侧则以小型建筑、树石为对景。总体建筑密度应较今日为低。

C. 掇山、理水与栽植

园中掇山“隆然而高，若一小阜，土多石少”①，或存明风；土多自然林木苍茂，扑人眉宇，远胜于无遮无盖、一片狰狞的山石，也是园之为人称道处正在于此。从图卷看，清人可能于土山上增立峰石，无依无傍，无缘无故，恰成蛇足。理水则于主体水面的充分集中外在西端留有恰当的收头处理——此池尚暗通潮汐，园内时闻水声，感受江上潮涌，可谓“声借”，应为明末渡鹤楼时代的刻意经营——明清上海以潮水登堂入室为祥瑞，园林水面多作类似处理（类似喜好亦见于其他地域，如晚清扬州北河下吴引孙道台宅第中水池）。园内栽植则以满池红莲最为人称道，并以此为主题发展出多品种室内清供，形成鲜明的栽植个性。

作为宗教、学术与园林空间的复合体，此园功能、形态模糊混杂而又富于观赏、游乐性，恰能满足清中叶日渐多元化的市民娱乐、休闲诉求，故而成为当时具有较强公共性、充满情趣与魅力的“时尚”城市空间，无形中也成为城市多元性格的最好展示。也是园盛夏的茶肆、中秋之夜的“斗香”（即以线香编为斗形，中贮木屑等物，也是园斗香为全城第一）都是邑人津津乐道的话题——每逢八月十

① （清）王韬《瀛壖杂志》，上海古籍出版社1989年5月第一版，38页。

五，园中赏月、礼斗、烧斗香，彻夜仕女喧闹不息，所谓“巷口夜阑喧士女，三更犹到蕊珠宫”①，引得颟顸的官府下令取缔。然而世潮滚滚，终非一纸文告所能遏制，晚清的张、愚诸园即是也是园近代化的翻版。

③ 城市商家私园：省园

省园位于上海县城大东门北，毗邻城墙，即今黄浦区淘沙场街，其地传为明代著名文人何良俊、何良傅昆仲藏书楼“清森阁”旧址。何良俊，字元朗，号柘湖，明中晚期人，早年即弃科举，好辞章，当时为“云间四贤”之一，有《四有斋丛说》等著作传世，朱大韶文园名峰“青锦屏”即购自此公，兄弟二人并称“两何”。清初阁归沙船业巨族王氏，至道光年间(1821—1850)由巨商王文源、王文端兄弟建省园于王氏宗祠西北，属城市地祠园。咸丰三年(1853)秋至五年(1855)春的“小刀会”战事中园遭一定损坏(疑损其水面北部景物)。后因园内长期设有族塾，课读王氏子弟，故于光绪二十二年(1896)由王维泰发起设育材书塾于此，即后之南洋中学前身，后又改设育材小学。一九四九年后鹊巢鸠占，改建为公房。

据民国时亲历园景的郭俊纶先生回忆，此园仍以一泓池水为中心，建筑物大致均在池南邻近祠堂处，包括主要厅堂及其东北小楼(疑即“曙海楼”)，以及池西南之水阁；池北如按文人园笔法应为山林景观，但至民国时已建为教学楼，故原状失考②。

此园旧有北宋苏黄米蔡四家等名人法帖刻石，称“曙海楼法帖”；“曙海”二字似出自初唐人“云霞出海曙，梅柳渡江春”③之句，足以昭示一个新兴社会阶层吞吐海洋的勃发壮志与流连翰墨的儒雅情怀。抗战中部分石刻由王氏族人出售，现仍有部分残存于上海县文庙。

(2) 文人私园的回光返照

市民园林的无限风光中，被逐渐边缘化的上海地区文人私园也随社会经济的发展得到一定复苏，并沾染世风，调整面目，继续着其回光返照般的世俗化进程。下面列举其中较具代表性者：

① 城市地私园：吾园

位于上海县城西南隅，也是园西、一粟庵西北之河道环抱中，今吾园街、先棉祠街一带。园主李筠嘉，字修林，号笋香，浦东张江栅人，为乾嘉时期(1736—

① (清) 张春华《沪城岁事衢歌》，转引自《丛书集成续编·五十》，上海书店出版社 1994 年 6 月第一版。
② 郭俊纶《沪城旧园考》，载上海市文史馆文史资料工作委员会编《上海地方史资料·六》，上海社会科学院出版社 1988 年 9 月第一版，95 页。
③ (唐) 杜审言《和晋陵陆丞早春游望》，转引自湖北省社会科学院文学研究所编《历代诗词曲佳句名篇大全》，长江文艺出版社 1992 年 2 月第一版，150 页。

1820)贡生、光禄寺正卿。李氏家财宏富,风流儒雅,并工书法,能诗,为著名藏书家,明代文人朱察卿之慈云楼、旧雨轩至清中叶即归其所有,其中藏书数万卷,多孤本秘籍,至晚清始毁于“小刀会”战火。

吾园基址原为邢氏桃圃,即《墨余录》作者毛祥麟外祖母家,相传得明露香园水蜜桃种;后一度称宜园,应小有林泉之胜。嘉庆四年(1799)园归李筠嘉,稍加修葺后称吾园,并作有《吾园记》,清人钱泳《履园丛话・二十》亦记之,属城市地文人园。道光初年,江苏巡抚陶澍收买其部分地建先棉祠,祀黄道婆。至咸丰三年(1853)“小刀会”起事时园大部被毁,但水面、叠石应存。同治六年(1867),其地由上海道台应宝时购建为龙门书院,从同治十年(1871)《上海县志》附图看,其后部水体似仍存留吾园部分旧貌。科举制度废除后的光绪三十一年(1905),该书院被改为龙门师范学堂,民国十六年(1927)后又改为上海中学初中部,民国二十三年(1934)后开发为里弄住宅“龙门村”。

此园周边水系发达,具有江湖地特色,其地又为旧日桃圃,存有名种,故一“水”一“桃”实为其立意根本——如充分引汇园周河水,以曲池、清溪映带桃林,点缀建筑、散石,即成清新自然的佳构;最忌大兴土木,滥掇石山。由记载看,此园有带锄山馆、红雨楼、潇洒临溪屋、清气轩、绿波池上、鹤巢(多被断读为“绿波池”、“上鹤巢”,似误,园中畜有双鹤)诸胜,建筑密度似乎不高;而“带锄”、“红雨”、“清气”实因“桃”而发,“潇洒临溪”、“绿波”则因“水”而得,仍是一派传统文人园风貌。桃花开时,更是游人如蚁。

乾嘉年间多次连任上海道的沧州人李廷敬(味庄)为园主好友,常召集江南文坛、艺坛名流如文学家洪亮吉、画家改琦出入此园,使吾园成为清中后期上海美术界重要活动场所。园中名流题咏亦多,并汇有《春雪集》传世。李氏还曾遍召一城名妓,在园中作竟夜游,几乎再现晚明文人园居生活的无限风光。

② 大型山林地私园:遂高园

位于府城西北青浦县东、西两佘山之间,面临河道,可西借西佘山秀道者塔;而视线所至除辰山、薛山、凤凰山外,尚可远及天马、横云诸山,实为难得的造园佳域。园主为明万历四十四年(1616)进士、太仆寺少卿王陛之玄孙王心尧。

园址原为明代诗人董黄之东佘草堂,以皆山阁景致最佳,声名最著;阁名似取自北宋欧阳修《醉翁亭记》中“环滁皆山也”句意,为大名士陈继儒所命。明万历年间(1573—1620)园归王陛,至清乾隆十八年(1755)复为其曾孙王祖晋扩建为知止山庄,其玄孙王心尧更在园中增筑寿安楼等,改称遂高园,故其建设年代延续百年以上,杂糅各代特征。嘉庆、道光年间(1796—1850)园渐废,“太平军”

战事时仅存鹤闲堂，民国时仅存遗迹，今已无迹可寻。

此园属大型山麓地文人园，立意根本应在一"借"字与一"引"字，即如何将园周山光水色通过巧妙导引一一借入、引入园中。其中距离远者应着意于"借"，即建立恰当的视线联系，如皆山阁之借四面山景；而距离近者应着意于"引"，即设法使园中山水自然地成为其余绪或分支，使其入我园来。最忌班门弄斧、东施效颦，自作长山大水——园中"十二亭"四周的"巫山十二峰"即为恶例之一。因此园四面可借，故需通过不同借景手法合理安排景象侧重，把握其节奏、起伏，如皆山阁之导引空间应适当加以压抑，以确保登阁纵目时饱满的视觉冲击。

据清人王廷和《遂高园记》①，此园以碧涵堂为主要厅堂，有皆山阁、天香闺、寿安楼、山晓楼、宜楼、蕊芳阁、梅影草堂、先春别馆、春雪诗厅、浣月溪房、东山书屋、小桃源、彳亍厂、漆林庵、香远居、红雨榭、环绿水榭、语稼轩、素庐、芝兰之室、清凉窝、十二亭、百花亭、洗花掬月亭、小湖香艳亭、凝翠亭、深乐亭、挹云台、呼鱼池、紫柏阪诸胜，其中建筑可大致分为居住、休憩、游赏、点景几类，粗粗统计即有二十八处之多，几乎与同时期赫赫有名的上海县城隍庙西园相埒，令人咋舌。

由此亦可知此园应属清中叶上海地区规模最大的文人私园之一，但因其建筑众多，景物纷呈，故布局难度亦高，极易堕入堆砌罗列、轻重不分的窠臼；由《园记》所载实难以判断其水准高下。

遂高园园居生活亦极为丰富，声伎之盛为一郡之首，此亦所谓"乾嘉盛期"戏曲艺术高涨局面的缩影，当时扬州名园主人也多蓄有家班，风气一如晚明时。

③ 其他文人私园

表 4－4～表 4－7 说明当时上海地区诸县部分文人园简况，部分地域滞后而异化的文人园兴盛局面值得关注。

A. 华亭县及娄县。

表 4－4　华亭县及娄县部分文人园简况

县别	园名	园　址	园主简况	园林概况及沿革
华亭县、娄县	梅园	府城南门外金沙滩吉利桥南，今松江纸浆厂	张景星	即明代参政任勉之的光节堂故址，清顺治年间（1644—1661）诗人姚宏启（药岩）居此。乾隆三年（1738）主事张景星辟为园池，以植物景观——梅林为主题，建看海楼（"海"应为"香雪海"），有姚宏启所植老梅，属郊野地文人园。惜毁于"太平军"战事

① （民国）于定等修，金咏榴等纂《青浦县续志・卷十一》，民国二十三年刻本。

续 表

县别	园名	园　址	园主简况	园林概况及沿革
华亭县、娄县	沈氏啸园	府城东北，今松江二中东部	松江巨富、奉政大夫沈虞扬	明范氏啸园至清乾隆年间(1736—1795)归沈虞扬，重新修葺，仍属城市地文人园，与古倪园并称为沈氏两园。沈虞扬次子沈慈将其作为"泖东莲社"觞咏之所，建阁藏书，一时四方文士纷至，清人钱泳(1759—1844)《履园丛话・二十》记之。20世纪50年代山池尚存，文革中假山遭毁，今仅余部分明代建筑
	沈氏古倪园	府城北门外，市河西	同上	明倪氏园至乾隆年间归沈虞扬，称古倪园，仍属郊野地文人园。沈虞扬长子、藏书家沈恕(号绮云)倡立"泖东莲社"，以此园为雅集之所，著名画家改琦及张祥河等名流常汇集于此，清人钱泳《履园丛话・二十》称其为"云间园林第一"；惜大半毁于"太平军"战事；同治三年(1864)松江府重修试院，购拆此园建筑90余间；清末海派园林愚园湖石大都取自此园；今无存
	望云山庄	横山南麓宿云坞故址一带	嘉庆二十五年(1820)进士、工部尚书、著名文人张祥河(1785—1862)	张祥河于道光十七年(1837)在横云山南麓建有家祠，两年后在友人建议下于祠南买得风水佳域，始建为园林，有横云全胜、抱月小筑、射径慈竹、长春听潮舫、南荣方壶诸胜，属山林地文人祠园，今不存。按张氏正宅在府城西门外，名松风草堂；宅中庭院有松风草堂、四铜鼓斋、漱月池、小天瓶斋、总宜船、鸥墨廊等十二景
	杨园	横山西一里许	乾隆十九年(1754)进士，兰州太守杨士玑	乾隆后期杨死于西北战事，园渐圮

B. 嘉定、崇明两县。

表4-5　嘉定、崇明两县部分文人园简况

县别	园名	园　址	园主简况	园林概况及沿革
嘉定县	兰陔小筑	南翔镇古猗园东南	古猗园主人叶锦之侄叶如山	园在宅西，乾隆年间建，乾嘉学派名家钱大昕为记，似以凝春草堂为主要建筑，有雨啸轩、兰芬书屋、花茵书屋、翠雰山房、西畴草庐、枕月轩、步蘅阁、醉吟处、濊观亭、扇亭、茗鸡诸胜，名为小筑，实具大观。后归张姓，改称小娜院。今不存
	平芜馆	嘉定镇南，唐家浜北岸	国子监生张大有	园濒河道，多借水景，所谓"天光云影轩"、"得月楼"皆从此中出；另有玩绿亭，属城市地文人园。此园平日大开园门，纵人游览，每日至千人；据说系园主负气而建，却成为实际意义上的私办公园，园以此著称，清人钱泳《履园丛话・二十》记之。今不存
崇明县	半亩园	县城北门外太平街	不详	乾隆年间筑，园以湖石胜

C. 上海、青浦两县。

表 4 - 6　上海、青浦两县部分文人园简况

县别	园名	园　址	园主简况	园林概况及沿革
上海县	凤树园	县城东南天灯路南药局弄	清乾隆二年(1737)进士、湖南巡抚乔光烈	似亦称枫树园，在乔氏家祠东，东与明陈所蕴日涉园相邻，属城市地小型文人祠园。地只数弓，有群玉山房、绿雨亭、春草池，池水与毗邻之日涉园池相通。此园后属毛姓，即《墨余录》作者、清人毛祥麟之伯父，至同治年间(1862—1874)仍存；后归顾姓；今不存。按乔氏于药局弄南另有原属周金然之宜园
	峄园	县城东门内内彩衣巷，今复兴东路北、四牌楼与东街之间	龚懋源	乾隆二十八年(1763)进士乔钟吴于乾隆五十二年(1787)十二月有记记之，称"闻之山相属曰'峄'，'峄'义与'绎'通，是园结构周密，气势连贯，凡一草一木之植，一石一椽之微，皆有奇趣"①；反观乔氏于三年前所作上海县城隍庙《西园记》，于礼貌性赞赏外实未加具体评价，则此园显然有异于西园之散漫无章法。按常理推断，其建成年代应距乔氏作此记不远，惜今已无迹可寻。按彩衣巷旧有旌表豫园潘氏父子的"都台总宪坊"等多座牌坊
	其余如朱之淇思敬园、凌桐心非园、因年代不清或记载不详未列入			
	淞溪园	县城西北法华镇东部，习称法华东镇，今长宁区法华镇路一带	贡生李炎	因位于法华镇东，亦称东园，原为县丞王沛别业。法华以牡丹闻名，此园更自洛阳携归百余名种，其中紫金球、碧玉带号称云间之冠，另有老梅枯而复荣，故一应景物多以此为主题，以全真草堂(似取意于老梅)为主要建筑，有露凝深处(取意李白咏牡丹句"一枝红艳露凝香")、枝安山房、清啸、坐忘机诸胜；疑其建筑密度仍较小，以水景映衬植物景观，属文人园格调。因主人好客，故花开时人流丛集，清人钱泳《履园丛话・二十》记之。园毁于咸丰年间"小刀会""太平军"战事
	丛桂园	法华西镇，今今长宁区延安西路1448弄内	候选州判王璞	因位于法华镇北，亦称北园。此园亦以牡丹称盛，另有老桂数本，故主要厅堂名丛桂堂，另有坐花醉月、听松山房诸胜，仍围绕植物主题。园后归贡生李应增，改称遂初园，有所增筑。道光十三年(1833)园中建筑大部颓圮，由沈氏重建，至清末园废
青浦县	金氏宅园	县城北门内	金惟熙	建于嘉庆初年，似以还浦草堂为主要建筑，另有万里归舟、容我读书楼、坐花深处、卷石山房、福廉窝、香雪居诸胜，属城市地文人园。后半毁于"太平军"战事；光绪年间金惟熙曾孙金文潮稍加修葺，易"香雪居"为"林荫仰雪庐"，由朴学大师俞樾篆书其额。今不存

① (清)博润修，姚光发等纂《松江府续志》，光绪十年刻本。

续　表

县别	园名	园　址	园主简况	园林概况及沿革
青浦县	三泖渔庄	珠街阁镇，即今朱家角镇	清乾隆十九年（1754）进士、刑部右侍郎王昶（1724—1806）	乾嘉时期著名学人、金石名家王昶居第，园以人名，有经训堂、郑学斋、履二斋、蒲褐山房诸胜，建筑名称具有浓郁学术色彩，如所谓"郑学"即东汉经学大师郑玄之学，由此亦可窥见其园林风格。乾隆十七年（1752），太仓王愫为王昶作《三泖渔庄图》，时王仅二十九岁，尚未登第，疑实为一设计图。二十四年（1759）乾嘉大儒戴震为王昶作《郑学斋记》。三十一年（1766）太仓王宸为王昶作《蒲褐山房图》。园中蒲褐山房多居名士，清人钱泳《履园丛话·二十》记之。今无存

D. 奉贤、南汇、川沙、青浦诸县厅。

表 4-7　奉贤、南汇、川沙、青浦诸县厅部分文人园简况

县别	园名	园　址	园主简况	园林概况及沿革
奉贤县	白沙小谷	不详	州司马邹如孟	乾隆九年（1744）筑，有"柳渚"、"寸秋亭"、"鸥舫"、"暎竹沙"、"竹深轩"、"水木清华"诸胜，疑为江湖地园林，以水景取胜，植物以竹为主。今不存
	兴园	陆典桥，今邬桥乡叶家村	贡生顾绂	园筑于乾隆年间，占地二十余亩，规模较大，建筑繁多，似属村庄地文人园。园以读易草堂为主要厅堂，有养正书屋、宝穑轩、竹林清閟、赠春亭、溪口亭、渡鹤亭、小山招隐亭、秋水廊及小孤山、紫薇冈、狎鸥滩、羡鱼矶、致远台、藏密坞等景物。另有五老峰，每峰俱有明代画家、孙家园主人孙克弘（号雪居）隶书题名（有一峰不可辨），疑来自府城孙氏园。今不存
	一丘园	奉贤县治东南积善桥东，今南桥镇东南角	陈安仁及其从子陈遇清、陈文锦昆仲，陈文锦官至四川打箭炉同知	园址原为陈氏宗祠，乾隆中期增筑园亭，属城市地祠园，占地四十亩，亦称南园。园有"南园十景"，似以迎月轩为主要厅堂，以友松岭、涤砚池构成山水骨架，另有济鸟台、留云塔、小桃源、日月泉、锦鱼溪、镜心亭、一线天诸景，后似又增筑阅耕楼以借园外村落风光。其建筑密度似较低，布局清旷，有别于普通宅园之绵密。此园至20世纪40年代渐圮，至1958年全废，今仅存古银杏一株于江海中心小学院内
	秋水园	在浦南，今庄行镇	张绣仪、张彬仪昆仲	清嘉庆初年筑，似以超然堂为主要厅堂，有观成楼、涵碧轩、听流轩、闲闲居、伴山亭、云深处、桂岩诸胜，建筑密度可能较高。今不存

续　表

县别	园名	园　址	园主简况	园林概况及沿革
南汇县	怡园	周浦镇东	奚桂森	嘉庆年间父子两代经营于宅西，似为一颇具规模之郊野地文人园。园似以“璧影湖”为核心水面，有“苟有可观”方厅、挹爽阁、话雨篷、宛在舟、遗庐、桐荫山房、湛然巢、乞花小筑、六宜小榭、会心处、听鹂亭、得月廊、舣舟桥、小鹫峰、避尘岩、宿云洞诸胜，规模应在二十亩以上。今不存
川沙厅	余园	高桥镇东	后乐园主人陆深九世孙陆信斋	园在宅东，建于康熙、雍正之间，有池塘、土阜、书斋、凉亭等，一九四九年后改为小学，园毁

(3) 书院园林的应运而“增”

清代上海地区书院园林颇盛，又似以上海县为多。究其原因，除欲以水木清华的胜景陶冶学子性情外，仍似与文人园之衰落有关；因这一时期名园衰落后，为求其长存，往往被转为其他性质园林，包括多由官方专款维持的书院园林。如康熙初年即有好事者谋划于上海县豫园旧址创建清和书院，后未果。于元代学宫旧址建造的上海县清初王氏素园不久即成为清源书院(似应在乾隆前期)，“院之西偏垒石为山，建文昌阁于巅”①，具有鲜明书院园林特征，至晚清仍存。也是园中则于道光八年(1828)设立蕊珠书院，添建奎星阁、海上钓鳌处。李筠嘉之吾园亦于晚清改设龙门书院，其后部仍存留部分园林景观——当然这类园林亦有平地新筑者。

书院园林虽多以展现文人趣味与情怀为指归(蕊珠书院之多元化为特例)，但又带有一定公共性，可谓介于公共参与性园林与文人私园之间。以下是其中三例：

① 云间书院东园：瞻蒃亭之思

云间书院原位于松江府城西门外的繁华市廛间，清嘉庆七年(1802)移建至府城南门内、府学之北，前后临河，东北与兴圣教寺方塔相望。光绪二十九年(1903)改为松江府中学堂(同年学堂似迁至松江府署)，今不存。

此园位于书院东偏，应与书院同时建成，故嘉庆《松江府志》录有其图(图 4 - 7)，山水楼台，一一可辨。以下就此图分析其艺术特色：

---

① (清) 王韬《瀛壖杂志》，上海古籍出版社 1989 年 5 月第一版，31 页。

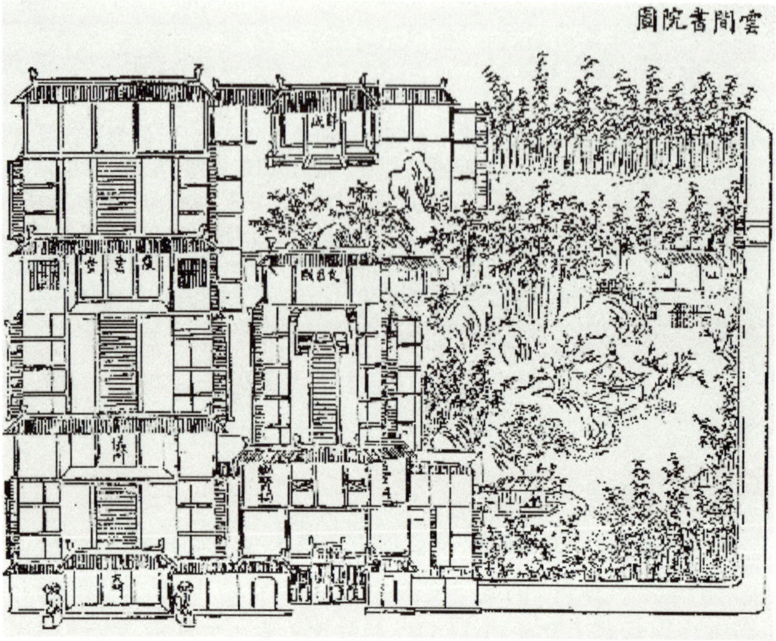

图 4－7 （清）嘉庆《松江府志》中的云间书院图

A. 立意：此园主要景观建筑首推“瞻菉亭”，似取意于《诗经・卫风・淇奥》“瞻彼淇奥，绿竹猗猗”①（绿应为菉的借字）之句——由此亭正可隔水眺望东南方猗猗竹丛，并可东北借方塔倩影入园；但其意尚不止在景，因其下句为“有匪君子，如切如磋，如琢如磨”，正可用以勉励莘莘学子于这缩微的山水一隅切磋、砥砺自身操行、学养。“瞻菉”二字可谓点出全园意匠。

B. 布局：此园可大致分为主次分明的三部分：东南方“瞻菉亭”主要山水景区、中路末进“静成斋”庭院区及北部的水、竹景区，而主山位置居中，可为诸区所借，水面亦可能为贯穿三区的景象要素。

C. 建筑：园中建筑均质朴而多书卷气。其主要厅堂实为独居于中路末进的静成斋，故能完全避免对主要景象空间的尺度干扰，手法一如苏州留园之五峰仙馆、艺圃之博雅堂，与南翔镇古猗园之以“小松冈”将逸野堂隔出主要山水景象空间亦有异曲同工之妙。

瞻菉亭西南的写意型船舫“虚舟”则简洁得体，似乎毫不理会弥漫于清中叶

① 《诗经・卫风・淇奥》，转引自湖北省社会科学院文学研究所编《历代诗词曲佳句名篇大全》，长江文艺出版社 1992 年 2 月第一版，417 页。

的浮华气息——常州近园亦有大写意“虚舟”，似取意《庄子·列御寇第三十二》中“泛若不系之舟，虚而遨游者也”之句，也指其非真舟。园中部主山西麓另有小斋，体量卑小，其下似可流水，起到分割水上空间的作用；斋前又似为竹篱，难以确认。

D. 掇山、理水与栽植：园以主山居中而不似通常之偏于南北两侧，其西北麓似侵入中轴末进庭院，自然渗透为厅山——如确乎如此，又妙过留园五峰仙馆庭院之平地起峰。主山东南隔水应微有麓坡与之呼应，并成为瞻蓑亭对景，但图中尚难辨认。此园主体水面居于东南，较为突出；北部则似为次要水面，作放松处理；颇疑其尚有一线流入静成斋庭院。全园以竹为主题植物，亦可用作建筑辅材，植物景象塑造纯净感人，意蕴深长。

此园主题鲜明妥切，建筑稀疏，布局适宜，俨然明风，成为松江府城丰厚文化积淀与书院园林清隽特质的最好展现，不失为清中叶上海地区文人园林的优秀作品。但因其以主山居中，故水面东、南两岸余地狭小，不便处理，虽以植物掩映，恐难脱岸线僵直、墙面触目之弊；而“虚舟”如以局部浸入水中则似更佳。

② 申江书院庭园：观星台之叹

位于上海县城北部，明豫园主人潘氏宅第旧址。此宅中主要厅堂“世春堂”一区于明末被大学士徐光启孙女购赠意大利天主教士汤国光（有称潘国光者），改建为天主教“敬一堂”，并于院内筑有观星台。其后历经辗转，至乾隆十三年（1748）其西半部被改建为申江书院。乾隆三十五年（1770）又大加重修，改称敬业书院。同治元年（1862）书院迁至四牌楼路文庙旧址。今其地已无旧迹可寻。

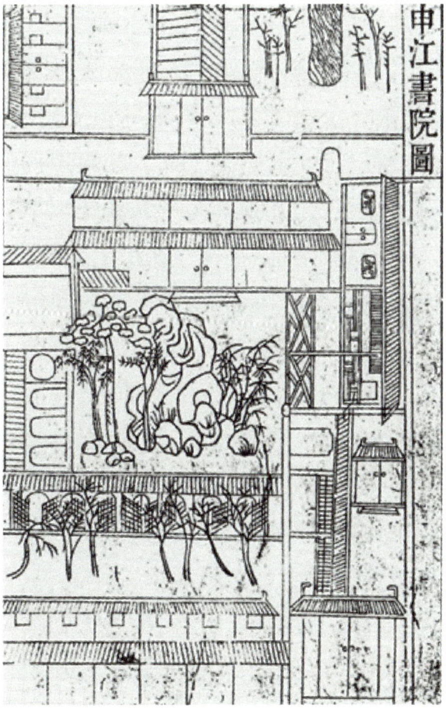

图 4-8　乾隆前期的申江书院图

从乾隆十五年（1750）《上海县志》“申江书院图”（图 4-8）中看，其庭院中亦掇有石山一座，其位置居中，平地突起，无源无脉，颇反常规。对照晚清人王韬（1828—1897）的描述：“敬业书院……中有观星台，遗迹尚存……高不过二三丈，湖石叠成，极玲珑嵌空之致，盘旋上之，弥迂远，前铺紫石为阶，刻黄、赤道及经纬躔度，乾隆年间修院废之。”①则疑建书院之初未废此台，只是稍加改筑，去除其为当局所不容的理性、科学成分，作为书院主屋对景——当时书院系由江苏按察使翁藻捐俸建成，资金并不充裕。至乾隆三十五年(1770)大“修”时此台始废，故乾隆四十九年(1784)《上海县志》“敬业书院图”中已不见此山，但至嘉庆年间(1796—1820)其石阶仍可辨识。王韬更称其晚清时“遗迹尚存”②。

以“玲珑嵌空”的湖石山叠作天文台，似带有以中国人习见的方式炫耀、传播西方文明的意味，从中亦可窥见西方传教士来华之初施展浑身解数以求理解、尊重的苦心。园林景象要素成为早期中西科学、文化交流的媒介，既是上海园林史上不可不提的佳话，亦可视为后世“圆明园式”建筑与后期海派园林风的隐约先声。

③ 震川书院东园(因树园)：山林池沼之间

位于嘉定县安亭镇东北郊、名刹菩提寺东北侧，今安亭中学内。

清道光八年(1828)，江苏巡抚、一代名臣陶澍(1779—1839)奏请于明文学大家归有光先生讲学处建立震川书院，并于书院东偏建因树园——或含“因材树人”之意。园中一如两江各地多处园亭(如苏州沧浪亭、扬州大明寺平远楼庭园)，供奉有道光帝御书“印心石屋”横额，并建有陶庵、清晖小榭、别有洞天、留云洞、藕香深处诸胜，还异地复建了归有光旧居畏垒亭(参见前文)。

直至20世纪30年代，此园规模似尚属完整——或许经历了“太平军”战火后的重修，惜其中建筑与震川书院其他部分最终同毁于日寇炮火，惟土山、荷池及部分花木留存至今。从山上老树及水池驳岸现状看，可能仍大致保持了旧有山水轮廓，成为寂静校园中惹人勾留的角落。

就今存格局判断，此园以低平的土山居北，山上乱石散点、林木蓊郁，山南临相对狭长低下的池沼型水面，迤逦而南，并借助树木及临水亭榭(现存者系近年重建)分隔水上空间、强化景深，自水池南端回望，一派静谧幽邃的山泽景象。而荷池上宛转低平、犹存明风的三折石桥更可能为建园之初的遗物。园中主要厅堂则可能相对独立于主体景域之外，面南而峙，保持了山泽景象的纯净完整。近年于池西新建有主要厅堂三间，位置颇觉合理；土山上新建碑亭仿苏州拙政园中部绣绮亭及雪香云蔚亭，虽稍觉生硬，亦令山池生色。

---

① (清)王韬《瀛壖杂志》，上海古籍出版社1989年5月第一版，30页。
② 同上。

在园林主流审美趣味日渐庸俗化的清中叶，因树园中的平缓土山、狭长池沼、低平折桥仍较多带有明末清初造园手法的遗痕，充分体现了书院园林特有的清隽风格与嘉定一地浓郁的乡土文化氛围。

④ 上海道署庭园：松、竹、石

位于上海县城东南角巡道街东、金坛路北。

此园疑为清雍正八年(1730)“分巡苏松兵备道”署移置上海县后建，当时只略具园林氛围。同治年间丁日昌入主上海道后又加以扩建，称潔园，似取意政风高洁。辛亥革命中上海道仓皇避入租界，道署则作为上海地区最高专制权力机构被民军愤然火焚，仅存头门等少量建筑——此园疑亦于同期毁于火。

清乾隆十五年《上海县志》中载有该道署图，从图中看，该署西路松竹山房、敬素轩、介石堂等数座建筑沿轴线布列，其中敬素轩前庭院以松竹山房(似为单檐歇山顶四面厅)为中心，四周树石罗列，略具园林气息，总体布局与明代松江府署西路庭园相似，“松竹”“敬素”“介石”等建筑名称则共同筑就官署园林的独特气质。

至晚清，丁日昌“复于敬素堂前疏泉垒石”(同治《上海县志》)，并似将原松竹山房翻建为三层方形攒尖顶高阁，并于阁西建造廊、轩——建筑高度、密度的陡增令全园显现出鲜明晚清气质。

清中叶上海园林分析：点燃中世纪末期的城市生活

(1) 综述：走出殿堂与迷雾的多元时代

① 清中叶的上海园林在总体上表现为在其蓬勃上升的高潮期，也即进化的关键期忽遭重大打击后逐步自我修复，并随世潮而异化的，类似后成熟期的发展形态。这与整个上海地区社会经济文化的发展局面紧密相连——此前的上海社会、包括上海园林从未遭受过如明末清初这样的重创。

② 挫折之后的上海园林以不尽成熟的姿态置身新旧交织的时代漩涡、社会变革的前夜，日益展现出较前代更为多元、多层的面貌。其中传统文化浸润较深的西部如松江府城与原苏州府属嘉定县城仍较多传承着文人园的流风，并继续受到盛况依旧的苏州文人园的有力辐射；但其世俗化进程也在城市经济浪潮的顶托中有一定发展，出现如江南其他地区园林那样建筑体量、密度加大，装饰趋于精美，景象塑造日渐曲折繁密的趋势，青浦县建筑连绵的王氏遂高园为最典型例证，前文所述云间书院东园则受世潮影响较小。而邻近大海的东部上海县则更多地成为新兴市民园林的天下，以邑庙园林为典型代表的公众参与性园林异

军突起，商家私园亦有一定发展，这使上海园林拥有了不同于明中晚期、贴合时代的新增长点。

③ 晚明至清初华亭张涟、张然及青浦叶有年、叶洮父子等造园、掇山名家一时并出、造园理论与实践并盛的局面这一时期已渺不可寻，上海地区不再居于江南乃至全国园林艺术发展的前列，这显然应“归功于”明末清初的重大社会震荡。唯一留下姓名的造园家或许是苏州网师园今存经典格局的奠定者、祖籍嘉定的儒商瞿兆骙(1741—1808)。瞿氏字乘六，号远村，其先世居嘉定县高桥镇，清时属太仓州，其父迁居苏州府，入籍附郭的长洲县(今苏州老城一部)，故也称长洲人。他于乾隆后期购得今日的网师园，“因其结构，别为规模，叠石种木，布置得宜，增建亭宇，易旧为新……皆远村目营手画而名之者也”①。他能文能画，不事科举，是沈三白一流人物。

④ 单纯的峰石审美也有显著退化，虽然青浦王氏遂高园仍有类似南宋“云间洞天”“巫山十二峰”这样的作品出现，但明中晚期名峰迭出的繁盛局面已经消失。

⑤ 传统的九峰三泖自然风景区间园事仍有一定发展，如张氏望云山庄及杨氏园等，甚至出现像王氏遂高园这样沿袭自中晚明的大型作品，但较晚明盛期已不可同日而语。

以下主要就这一时期上海地区最具时代特色的园林品类——公众参与性园林作具体分析。

(2) 公众参与性园林研究：“一文园”

清中叶的上海公众参与性园林多依托宗教建筑而兴，在市民好奇、兴奋的参与、体验中占尽一时风光。

① 兴盛原因：

A. 城市经济与市民文化的兴起使广大市民日益向往多种形态、功能复合，能适应不同层次市民生活需要的开放城市空间，以满足其对于近代型城市生活的朦胧诉求。

B. 窒息国人心智、践踏其尊严的君主专制制度依然强大，新兴市民阶层、尤其是其中的城市商贾群体缺乏稳定可靠的法律保护和精神层面的道德与价值支撑，不得不交游于阴阳两界官僚统治网络以求庇佑，不惜花费金钱依照凡间模式

---

① (清)钱大昕《网师园记》，转引自陈植主编《中国历代造园文选》，黄山书社1992年1月第一版，268页。

装点“神居空间”。

C. 新兴城市经济的繁盛使社会财富更多地聚集于市民阶层而非传统的士大夫阶层手中，使他们逐渐拥有创造新型城市空间以满足自身生活与精神需求的力量。

D. 在宗教与世俗文化、生活日益密切的碰撞、交融下，宗教建筑周围往往会形成一些极具活力与特色的城市片段，“很多时候形成了实质上的城市公共活动中心”①，无形中点亮了中世纪末期的城市生活。这类城市“磁极”本身也日益倾向于寻求更丰富的空间模式与功能形态——如对于邑庙来说，庙宇的园林化、名胜化显然意味着更多的人流与香火收入。

E. 旧式官绅阶层仍然需要如明代官方建于松江府城旧西湖上的环碧亭和清代苏州沧浪亭那样可与民众共享（当然带着恩赐般的矜持与做作）的礼仪、酬酢场所，而邑庙园林更别具酬神的宗教功能。如嘉庆三年（1798）江苏学使刘云房曾应青浦知县杨东屏之邀赴青浦城隍庙园作诗酒之会，并命园名为“曲水园”；道光十五年（1835），时任江苏巡抚的林则徐先生行经上海县，也曾游历西园，少不得进香如仪，并与上海道、上海县在园中共餐。

F. 传统文人园总体上的衰败为其腾挪出了发展空间，提供了最便捷的生成方式，也弱化了其审美藩篱与心理桎梏。这一时期较多文人园林均在无力维持后直接转为有相对稳定经济支持的公共建筑附属园林，如前述之书院园林，松江府城顾大申之醉白池亦于清中叶嘉庆二年（1797）为地方善堂购得，内设育婴堂和收租处，成为公众园林的另一种形式；而世俗性较强的宗教建筑，尤其贴近市民生活的道教建筑更为这类文人园的重要流向，上海县潘氏豫园、乔氏南园、嘉定县龚氏园、沈氏园、李氏猗园都是显著的例子。由于传统士绅阶层影响、控制力的全面下降，新建或改建的公众参与性园林得以按照商贾市民自身的审美偏好恣意兴筑，而非如此前的一味以文人士绅审美趣味为指归、在实质上高度文人化。

② 主要类型：

就其成因及与传统文人园的脉络关系，新兴公众参与性园林可大致分为三种主要类型：

A. 借园成园：原状较好的文人园林如嘉定县秋霞圃、古猗园在转为庙园的初期形式未改，精神不衰，其基本布局及最为人留恋的胜景——如秋霞圃中碧光

① 陈薇指导，胡石《明清城市庙市》，东南大学硕士学位论文，2000 年 9 月，3 页。

亭与南山隔水相对的一幕在广大市民的朝夕盘桓中渐成难以磨灭的城市记忆,即便在其经历破坏、重建后,平面布局、标志性景观仍多能借此大致恢复,有限的变化则更多体现于单体建筑的风格及装饰细部中。

B. 借意成园:如上海县潘氏豫园至清中叶建筑已颓圮殆尽,昔日园貌也早已淡出城市记忆,故而在其旧日山水骨架中重建的西园仅沿用部分景物旧称,实已脱胎换骨,但仍多少受到明代旧园的潜在影响。而道光十六年(1836)间由上海县官绅修复的露香园部分景物也只是依稀仿照文献、口碑中的园景,借用旧时名称兴造于几成平地的故址,其意更在为官绅士民提供一公众游憩场所;亦可见当时城中部邑庙东、西园、城南也是园(蕊珠宫)等处尚不足以满足高涨的城市公共空间需求。但因其仅至道光二十二年(1842)春即遭炸毁,故较少进入城市话语与记忆系统。

C. 自为新园:如上海县城隍庙内园、青浦县曲水园均系白手起家的新建园林,故而在相当程度上成为放纵不羁、自出新意的市民趣味泼洒的舞台。

③ 主要特征:

作为特定历史条件与制度环境中应运而生的时代新宠,公众参与性园林天生地具有不同于前代文人园的种种特性,以下就其典型案例——邑庙公众园林进行分析。

A. 公众参与性:“一文愿”与“一文园”

除固有的宗教、艺术等属性外,公众参与性应为邑庙园林的最根本属性,它大致包括两方面,一是其建造与维护过程中的公众经济性参与,另一即其日常园事活动中合邑民众相对平等的活动性参与。

(a) 经济性参与:

邑庙公众园林的兴造与维持费用主要来自广大商贾士民而非传统意义上的官方——如明代嘉定县文庙“汇龙潭”与清初崇明县寿安寺“金鳌山”的建设,更非出自文人士大夫。其方式则包括专项的捐纳以及日常的香金。乾隆年间青浦知县王希伊曾不无得意地称:“青谿城隍之神德洋恩溥,雨暘以时,感应熚赫”,故建灵园(即曲水园)时“合邑踊跃输将,拓地庀材,渐次就理”[①](图4-9)。晚清人王韬感叹:“(上海县城隍)庙有东、西二园,经营之费不赀,吏民商贾各殚财力以奉神,神之灵爽亦远矣哉”[②]——此“神”实堪称市民之神。

① 载(清)汪祖绶等修,熊其英等纂《青浦县志·卷十二》,光绪五年尊经阁刻本。
② (清)王韬《瀛壖杂志》,上海古籍出版社1989年5月第一版,32页。

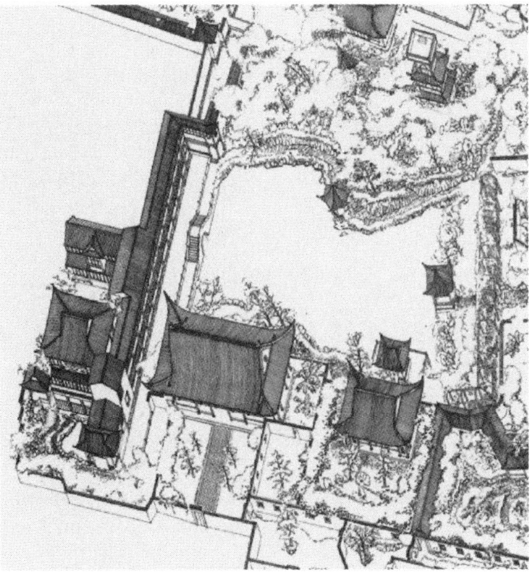

图 4－9　曲水园核心区现状轴测图

商贾们基本包办了对“市民之神”相对大额的捐助。如据《新建上海城隍庙西园湖心亭记》[①]载，西园的标志性建筑湖心亭是由乾隆年间经营青蓝布业的商人“祝君韫晖、张君辅臣、孙君学裘、梅君树瞻相与输家财”，并且“月率肆中钱佐之”，即自乾隆三十二年(1767)至四十九年(1784)的十八年中每向外地发布一包即捐银三分，最终醵资建成的。据《湖心亭议列规条碑》，祝、张、孙、梅四人分别捐银 602 两、950 两、514 两、512 两，居功甚伟[②]。如此背景下建成的湖心亭自然成为青蓝布业公所驻地，其飞扬开张的体势也成为其行业形象的象征。而至民国时，仅豆米业为西园萃秀堂、大假山一区所“垫付”修理维护经费“有帐可稽者已达三十七万余元”[③]，以至公产清理处欲将其收归国有，改为公园而不可得，而同时期城南也是园(即明代南园)因无固定商业团体支撑，即被收归国有。

普通市民则以力所能及且更具时代意义的方式表达着对“市民之神”的敬意。当时城隍庙例有庙捐，形式为按一定频率向居民每人征募一文钱，或于传统的地丁项下加纳制钱一文，称一文愿、一文捐，又称万人愿，锱铢积累，亦非小数；据说青浦县曲水园就是采取这一途径集资建造的，所谓“时和民亦和，万人乐输此”[④]，因此又被称作“[illegible]文园”——这或许是园林史上继众多的“自得园”、“独乐园”之后第一个真正平民化的名字。

(b) 活动性参与：

作为合邑民众共享的休闲娱乐空间，邑庙园林的开放时间似乎并非仅限于每月朔望及其他节日这般严谨，这一点对于其进一步融入市民生活至为重要。

① 据湖心亭内碑文辨读。
② 据湖心亭内碑文辨读。
③ (清末民初) 陈伯熙编著《上海轶事大观》，上海书店出版社 2000 年 6 月第一版，130 页。
④ (清) 金二溪熙《灵园二十四咏》，载(民国) 于定等修，金咏榴等纂《青浦县续志・卷十一》，民国二十三年刻本。

清光绪三年(1877)进士、青浦人熊祖诒回忆其童年游曲水园时的情形称:“犹忆髫龀下塾归,偕内外群从嬉戏其中,所凭依而观鱼者某槛也,所攀缘而窥雀者某树也,当时情景历历在目”①,则似乎孩童每日下学均可入园厮混一番。而清代散文大家沈复(字三白,1763—?)亦曾于“衣蔽履穿”、极端困顿的嘉庆年初悄然约见友人于上海城隍庙园以求助——“有故人韩春泉在上洋幕府,因往访焉。衣蔽履穿,不堪入署,投札约晤于郡庙园亭中……”②(按“上洋”即上海,此园显然即西园)——足见这里是不辨衣冠,人人自得的所在。

B. 经济性:城市人口与园林规模

邑庙公众园林的经济属性与其公众参与性紧密相连,并随时代发展而日益浓重,有渐高于艺术属性之势。

(a) 生成与持续:

前述邑庙公众园林生成与持续过程中的公众经济性参与既诉说着庙园与每一市民间天生的亲和关系,也在客观上提出了庙园建设、增拓步骤及最终规模应与城市经济、人口规模相称的潜在要求,这与需要全社会纳税人共同供养的近现代意义上的城市公园颇为相似。曲水园之分步建设、长期存续即为较成功的例子。

上海县城隍庙香火收入其实颇丰——晚清时仅西廊星宿一宫即“朔望进香者盈门如市,月计之,所入不止百金”③,“与北市之天后宫暨虹庙鼎足齐名,向章分东西两房,各有住持,分途执行而进款相埒”④。但相对于其几乎甲冠江南城隍庙园的规模——连游历极广、眼界极高的沈三白都称其“极为阔大”⑤——来说,这点香金或许就捉襟见肘,不敷修缮、维持之用了;况其管理方式较为落后,责权不清,资金使用效率不免低下,终至逐渐为组织结构更为高效的经济实体——行业公所所瓜分。

(b) 园事活动:

除上海县外,嘉定、青浦诸县庙园亦有公所入驻的现象——邑庙园林似乎天生地具有吸纳各业公所的特性。除其他原因外,与神灵近在咫尺的区位对外可成为公所商业信誉、地位的无形保证,有助于其公众形象的包装;对内则

① (民国)于定等修,金咏榴等纂《青浦县续志·卷十一》,民国二十三年刻本。

② (清)毛祥麟《墨余录·卷三·豫园》,转引自《笔记小说大观·十》,江苏广陵古籍刻印社1984年4月第一版,104页。

③ (清末民初)陈伯熙编著《上海轶事大观》,上海书店出版社2000年6月第一版,388页。

④ 同上,387页。

⑤ (清)沈复《浮生六记》,上海古籍出版社2000年5月第一版,104页。

成为维护良性商业秩序的精神力量，所谓“取咫尺明神之义，以勉事神之勿怠，戒议事之或欺焉”①——法制精神与道德支撑的空白只得暂时依靠宗教力量来填补。因园内驻扎多为商海中人，议论也多为商海中事，除每月朔望等主要公众游览日外，驻扎二十余家同业公所的上海县西园内或许会略具类似今日期货交易所的商业氛围，其园林活动内容与旧日士大夫之园居生活实有极大差异。

(c) 商业辐射：

作为城市中无可替代的“魅力磁极”，人群汇聚、活动频繁的庙园不可能如旧日文人园之高墙四蔽，风华内敛，而是气势开张（后期疆界也日益模糊），对周边地域具有日渐强大的经济辐射效应。清中叶杂家钱泳(1759—1844)称当时的上海县西园“为市估所占，作会集公所，游人杂遝，妇女如云，医卜星相之流亦无不毕集，虽东京大相国寺不能过之”②，其中蕴含的巨大商业利益，包括对城市经济的整体拉动显而易见。这又间接地为所有参与其兴造维护的市民带来了利益，使广大市民更生关心、维护它的动力。

当然园周商业的兴盛也为庙园自身带来了蚕食威胁与瓜分恐惧，这就只能有待相关法规的出台了，下文另详。

C. 审美取向的世俗性：沈三白们的落寞

邑庙园林的又一重要特点是其审美趋向的大众化——这与其公众性与经济性紧密相连，一座由社会地位日益上升的商贾市民充当主要建造、供养和使用者的园林必然要在由平面布局到细部修饰的各个方面从不自觉到自觉地迎合商贾市民的审美趣味和使用要求，出现种种为传统文人园所不见、不容的艺术手法，这一点常令具有较高园林审美水准的文人士大夫嗤之以鼻。前文提及的清人沈三白曾称“余自粤东归来，馆青浦两载，无快游可述”③——沈氏一生酷嗜游历、品评园亭，在上海县过城隍庙西园时衣不蔽体，困厄已极，却仍故习不改，加以中肯的冷评（见前文）；而其居青浦时城隍庙曲水园早已规模大备，却完全不入其法眼——面对曲水园小飞来峰下、喜雨桥畔游戏穿梭、欢喜无限的人流，沈氏的孤独与落寞可想而知。

清中叶公众参与性园林的蓬勃发展是上海园林在新经济关系牵引下发生的

---

① 据豫园内碑文辨读。

② (清) 钱泳《履园丛话·卷二十》，中华书局 1979 年 12 月第一版，537 页。

③ (清) 毛祥麟《墨余录·卷三·豫园》，转引自《笔记小说大观·十》，江苏广陵古籍刻印社 1984 年 4 月第一版，100 页。

适应性变化，它点亮了中世纪末期的海上城市生活，有助于近现代城市公共空间与市民生活的生成。虽然其园林艺术水准貌似退步于一时，但较诸明中晚期以压缩大部分人生活与审美需求为代价换来的园林艺术辉煌局面却不失人文的进步意义——园林艺术终需走出（文化）贵族殿堂与审美迷雾，进入大众生活，形成健康的多元、多层结构，起到其应有的服务与化育功能，纵然一时迷失于平庸鄙俗之间，也应充满自信，无怨无悔。

第 2 节　开埠至民国初年的上海园林

清道光二十二年（1842）五月，鸦片战争的硝烟燃至吴淞口，拖着长辫的上海县民从“再活五百年”的中世纪迷梦中霍然惊醒，无限惊惶与痛楚地目睹了金发碧眼的英军昂然涌入县城古老城门（北门）的一幕。目睹这一切的还有城中的邑庙西园，因为这群文明人从容不迫地焚掠了园中的万花楼等诸多胜景，仿佛是十八年后圆明园之火的小型彩排。事后驻园各公所自行维修，但部分公所终于变园景为市肆——西园就此启动了她与这座城市命运休戚相关的墟市化进程。

道光二十三年十月（1843 年 11 月），上海依照中英《南京条约》在举国上下的悲叹中正式开埠通商。两年后英租界设立，长期渴望进入广袤中国市场的国际贸易势力在一片欢呼中纷纷涌入——短短数十年间，租界充分利用东、西两大政治、经济、文化板块间的缝隙效应，以其强大的辐射力带动了周边地区都市化和城乡一体化的进程，启动了一座中世纪商贸城市向近代化国际性大都市迈进的魔幻变迁——开埠前的嘉庆年间（1796—1820），上海县域仅有 15 市镇，同治年间（1862—1874）即猛增至 48 个，宣统年间（1909—1911）更攀升至 70 个①；同一时期上海县城及租界一带新建或改组的商业会馆、公所亦由此前的二十余所激增至一百一十所以上②。其他变化自不待言。

这期间起到举足轻重作用的竟是两次不同规模的社会反抗事件。

咸丰三年（1853）秋至五年（1855）春的“小刀会”战事先后攻占上海、宝山、南

① 熊月之主编《上海通史・第五卷・晚清社会》，上海人民出版社 1999 年 9 月第一版，121 页。
② 熊月之主编《上海通史・第五卷・晚清社会》，上海人民出版社 1999 年 9 月第一版，331 页。

汇、青浦、嘉定 6 县，令上海地区财力、人力资源为躲避战火向上海县北的租界一隅空前汇聚，瞬间终结了“华洋分居”给租界带来的宁静与冷寂。由于道光初年福建汀、泉、漳三州花糖洋货商在西园“点春堂”建立了花糖洋货公墅，“小刀会”中的福建帮很自然地以这里为指挥所(另有广东帮在上海县学宫)。两军交战中，整座西园惨遭殃及，点春堂一区半废，香雪堂、得月楼等区更损毁严重，是为西园墟市化进程之二。

咸丰三年(1853)至同治三年(1864)的“太平军”江南战事则令整片江南地区庞大的社会资金、廉价的劳动力大军和知识分子群体奔聚上海，连带造成前所未有的巨大市场需求，促成了上海租界及其周边地域的经济腾飞。其中咸丰十年(1860)“太平军”大破江南大营后锋镝东指，攻占青浦，两占松江府城，兵临上海县城，两年后又一次进逼松江，占领青浦、奉贤、南汇、川沙——“太平军”战事、尤其是咸丰十年战事成为继明末清初战火之后上海乃至江南地区传统园林存亡的第二道严峻门槛，上海地区除府城西门外醉白池因善堂保护变化不大外，嘉定县秋霞圃、青浦县曲水园均只余下山水轮廓，嘉定县古猗园也多有损毁，即便是其从未进入的上海县城内西园也自该年起作为协防城市的法军、洋枪队驻地遭到削山平池、拆屋伐树的巨大破坏，同时期的也是园(洋枪队驻地)也有类似遭遇。同治四年(1865)法军撤出后，西园“西半之湖山尽废”①，故地重游的邑民几乎无法指认园景了；新上任的苏松太道台丁日昌只得故伎重施，劝谕各公所自行修复。至同治六年(1867)，西园地产终被二十一家公所分租殆尽；翌年清丈园基，仅得三十六亩余，使清中叶西园的面积顿成悬案；同治九年(1870)，上海县公告城隍庙园归各业公所，算是西园由城隍庙园转为公所园林的正式文件，然而百余年的精神依附与认同关系哪里是一朝所能剥离！是为西园墟市化进程之三。

从同治十年(1871)《上海县志》所载《城隍庙图》(图 4－10)看，当时西园主体水面西、南两面景域中，“挹翠亭”“千岩競秀”“清芬堂”“鹤闲亭”“茶墙酒墅”等似已废圮，“莲花厅”(即“香远益清)仅留白地”②，“濠乐舫”“绿波廊”似已改建为楼，原“吟雪楼”“春禊阁”等建筑基址更已被日益扩大的城隍庙西路建筑侵占；池西“流觞处”、池南“飞丹阁”等建筑则应系重建，“凝晖阁”虽似赫然图中，仍须存疑，因此图实为一复原图——由此可知三度战事给西园西、南景象空间带来的致命破坏。

---

① (清) 沈复《浮生六记・卷二・庙园记》，上海古籍出版社 2000 年 5 月第一版，104 页。
② 同上。

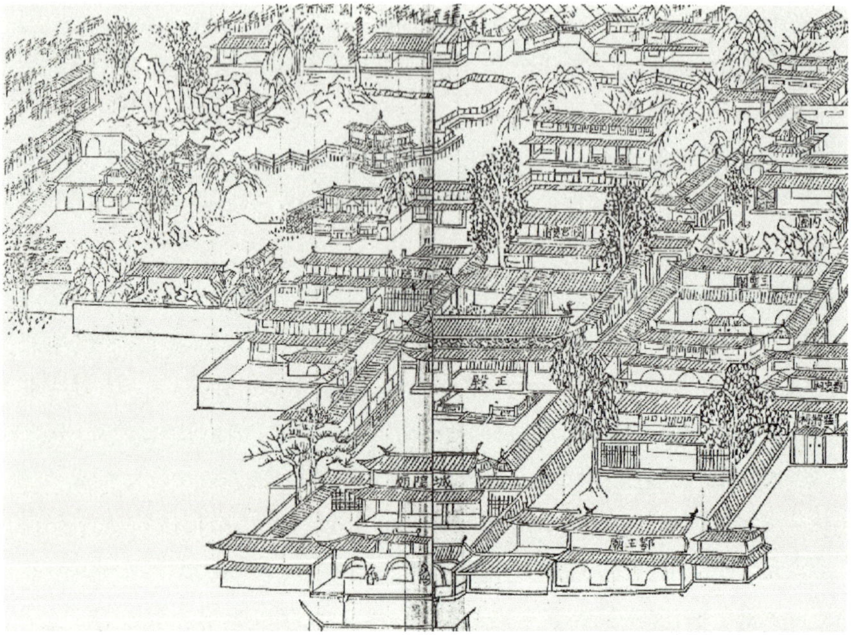

图 4 - 10　同治年间的城隍庙与西园

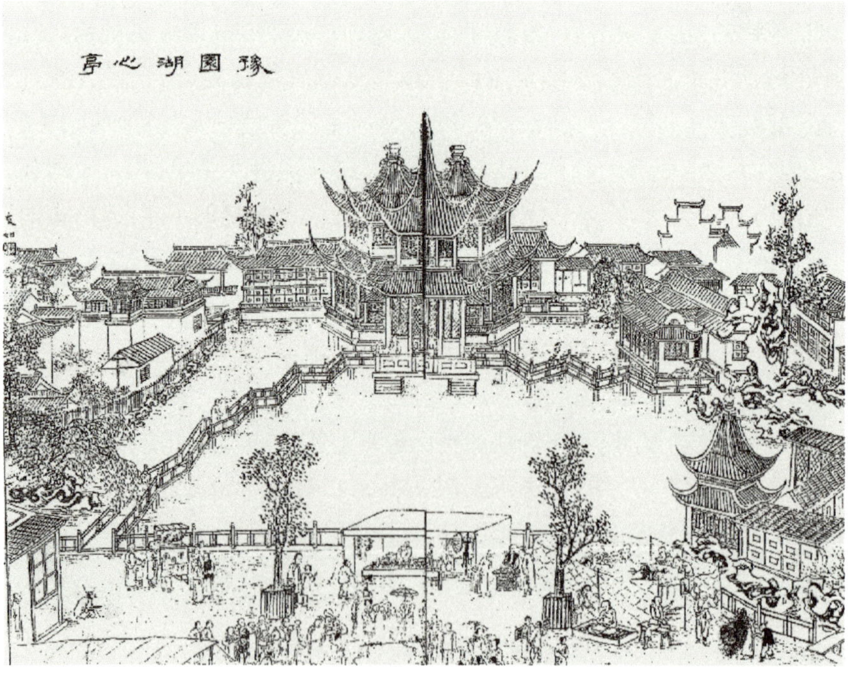

图 4 - 11　光绪年间的湖心亭一区

图 4 - 12　1900 年的湖心亭一区

图 4 - 13　2003 年的湖心亭一区

而如池东“得月楼”景域有楼一幢，似即《重建得月楼绮藻堂记》中“咸丰八、九年间，构前楼一所”[①]之前楼，也即今存之“绿杨春榭”。

战事平息之后，面对既成的破败事实、日益丰厚的经济诱惑与逐渐疲弱的官方控制，西园的墟市化进程更是一帆风顺，以至光绪二十四年(1898)上海知县黄承暄曾发出“永禁隙地造屋致毁园境”的焦急告示，当时主体水面南岸飞丹阁、西岸濠乐舫等建筑尚存，局面尚有挽回余地(图 4 - 11，图 4 - 12)。只惜一纸文告终于抵挡不住激情时代失控的万千欲求，至民国时期，主体水面西北、西、南三面景域终于彻底解体，沦为市肆，原由青蓝布业维护、至咸丰五年(1855)转让为茶楼的湖心亭则与一汪池水共同构成嘈杂市肆与东、北两面留存景域间的过渡空间。

留存景域也不尽连续，其中破坏较少的三穗堂、大假山一区因此前豆米业的维护，萃秀堂、万花楼一区因豆油饼业的维护及道光二十二至二十三年(1842—1843)的重建，点春堂一区因同治七至十一年(1868—1872)花糖业的重建，得月楼一区因光绪十七至二十年(1891—1894)布业的重建，香雪堂(在玉华堂故址，毁于日寇炮火)一带因肉业公所的维护才得以存留——“以上各处……各业都出巨金为领费，加以历年修葺、建筑，经常各费达七八十万金”[②]——至此这组景域似乎应改称为“城隍庙公所园林群落”更为恰当。其中重建较晚的点春堂、得月楼两区为适应公所活动的需要，均以曲折繁密的园林空间穿插、补缀于宏大轩敞的建筑之间，成为前期海派园林的典型代表——是为西园的墟市化进程之四。

仿佛是为了验证其作为城市“神居空间”与公众汇聚中心的地位，西园的墟市化进程与上海地区、尤其是上海县城中晚清数十年间的战火与荣华如影随形、

① 据豫园内碑文辨读。
② (清末民初) 陈伯熙编著《上海轶事大观》，上海书店出版社 2000 年 6 月第一版，147 页。

依依相伴。然而自19世纪80年代起，张园、愚园及徐园等新一代海派园林在县城北方的租界内外蓬勃崛起，大放异彩，在它们更为强势的陪伴与化育中，上海步入了发展迅猛的20世纪（图4－13）。

从开埠至民国初年上海地区的文化艺术生态：鹤龙之变

（1）市民意识的觉醒与鹤龙之变

从鹤的优容到龙的飞扬，海上文化精神的嬗变折射着社会文化思想整体结构的潜在变化，上海传统园林的发展轨迹也如响斯应，受到影响。

① 从冯桂芬到王韬：知识群体与市民意识的觉醒

开埠以后，有史以来第一次处于华夏文明与外来异质文明交流、撞击首要隘口的上海地区为来自五湖四海的才俊们提供了无比宽广的接触、学习西方先进科技文化与自我展示的平台，有力促成了开百年风气之先的近现代海上知识分子与市民群体的诞生。他们构成了这座城市崭新的文化性格与缤纷鲜活的文化世界，整个地域文化思想风气因之有了大的振作与丕变。旧式文人士大夫则或黯然谢幕，或改弦更张。

这一知识群体包括早期“中体西用”说的倡导者、道光二十年（1840）进士冯桂芬（1809—1874），厌弃科举而致力实务、著有《盛世危言》的洋行买办郑观应（1842—1922），一生无科名而著作等身、多年流寓香港、海外、为中西文化交流作出巨大贡献的海上奇士王韬（1828—1897），道光三十年（1850）考入美国耶鲁大学的最早留美毕业生、张园“中国国会”会长容闳（1828—1912）……从接触、探究到接受、倡导西方事物，他们都走在全国前列，传统的是非观、价值观、审美观越来越多地被他们打破。他们中的先觉者较早超越“血缘文化”的限制，突破“中体西用”的牢笼，主张对西方的效仿应从肤浅的物质文明学习深入至精神与制度文明的学习。他们著文、办报、演讲、呼吁，以自身的觉悟启发化育万千民众，对清末海上市民意识的觉醒、包括意义非凡的张园公共空间的形成起到重要作用。

虽然钳制天下人心智与创造力的科举制度直至光绪三十一年（1905）始遭废除，但这一精英群体中的大多数人都未曾搏得科场功名。面对一个前所未知、异彩纷呈的崭新世界，面对颟顸专横、丧权辱国的满清政权，科场对他们的诱惑已远较前代为轻。

② 从沪城八景到沪北十景：审美取向的世俗化

和多数地方一样，开埠前的清代上海县城也拥有由好事文人品题的“沪城八景”：海天旭日、黄浦秋涛、龙华晚钟、吴淞烟雨、石梁夜月、野渡蒹葭、凤楼远眺、江皋雪霁[①]，颇能体现出当时上海县濒江眺海、野趣横生的环境状况。其中较纯粹的自然景观竟占五例，也可见出沪上旧式文人的审美情趣、乡土情感。

开埠后的租界也逐渐拥有了属于自己的“沪北十景”：桂园观剧、新楼选馔、云阁尝烟、醉乐饮酒、松风晶茶、桂馨访美、层台听书、飞车拥丽、夜市燃灯、浦滨步月[②]。与老八景之多为自然景物的静态观赏、仍属士大夫格调不同，新十景多为舶来文明的动态享受，更多世俗况味，且大半均有确指，如“桂园”为丹桂茶园、“新楼”为新庆楼餐馆等。其中“飞车拥丽”尚可强解为名士风度，“云阁尝烟”则已令人怒其不争了，好在最后的“浦滨步月”一景尚可慰藉旧式文人的愁肠，但一则此景有凑数之嫌，二则此月与浦滨灯火相映照，迥非旧时月色了。如此新十景居然能够炮制出炉、招摇过市并赢得相当认可，也可见沪上文人大众审美取向之日趋宽容与多元化，堪与晚明人园居生活之脱略形骸，颠倒秩序作一例看。

③ 从“鹤窠”到龙墙：园林文化精神的嬗变

今存镇江焦山碑林的南朝丰碑《瘞鹤铭》称：“（鹤）得之华亭鹤窠”[③]；北宋沈括《梦溪忘怀录·相鹤》称：“惟华亭县鹤窠村所出者为得地，他处虽时有，皆凡俗也”[④]；明人文震亨《长物志·卷四》称：“鹤，华亭鹤窠村所出，其体高俊，绿足龟文，最为可爱”[⑤]；唐代大诗人白居易、刘禹锡、皮日休也都曾饲玩过华亭鹤——古代上海地区滩涂沼泽间翩翩来去的华亭鹤以其高俊的标格，嘹亮的清唳独步于天下。

图 4-14　鹤的优容

这就难怪早在东吴时期（222—280），华亭侯陆逊就已在鹤窠（在今南汇区）豢鹤，西晋时其孙陆机、陆云昆仲也赓继家风，钟情于鹤，为后人留下唳鹤滩、鸣鹤桥等尘封遗迹。陆机在千里之外遭谗被诛时黯然慨叹：“欲闻华亭鹤唳，可复得乎”[⑥]——高视缓

① （清）王韬《瀛壖杂志》，上海古籍出版社 1989 年 5 月第一版，96 页。
② （清）王韬《瀛壖杂志》，上海古籍出版社 1989 年 5 月第一版，112 页。
③ 据碑文辨读。
④ （北宋）沈括《梦溪忘怀录·相鹤》，岳麓书社 1998 年 4 月第一版，329 页。
⑤ （明）文震亨《长物志·卷四》，江苏科技出版社 1984 年 3 月第一版，121 页。
⑥ （南朝宋）刘义庆《世说新语·尤悔第三十三》，吉林文史出版社 1996 年 1 月第一版，593 页。

步、纤尘不染的华亭鹤在一代文坛俊杰的心目中成为恬美家乡与隐逸生活的最佳形象代言人(图 4-14)。

就像白鹤、南翔等地名在上海地区长久流传一样,这种对鹤的一往情深也在上海文人士大夫及其园亭中世代传递,我们可以从南宋末年的来鹤亭(周显)、元代的海鹤轩(吴景元)、招鹤轩(薛伦)、明代的双鹤园(张祚)、来鹤楼(顾清之遗善堂)、清代的鹤巢(李筠嘉之吾园)等不胜枚举的园林胜迹中倾听到它不绝如缕的余音。仙鹤空灵缥缈、从容闲适的标格颇近于"老庄",是从北宋的青龙江上到明清的九峰三泖间这一漫长岁月里海上文化精神、尤其是园林文化精神的主流与指归。

清中叶以来,尤其至开埠以后,日益高扬的市民文化在逐步登上历史舞台的同时也捧出了自己的新图腾,它很容易地从市民园林中表现出来——文人士大夫钟爱的、饶有山庄野趣的波浪形云墙一时被悄然改头换面,与节庆时最令广大市民商贾欢呼雀跃、神酣意畅的舞龙合二为一了。于是一道道各具仪态的龙墙先后蜿蜒在上海县城隍庙西园、东园、松江清真寺(写意型,应出现于同治九年大修后)、李鸿章丁香花园、流氓大亨黄金荣私园(民国二十年建,即今桂林公园)…… 高昂的龙头、跌宕的龙身与刚劲的龙爪在实质上颠覆了旧式云墙"山中何所有,岭上多白云;只可自怡悦,不堪持赠君"①的优容与超脱,异常形象地张扬着新兴市民阶层渴望权力与财富的勃勃雄心,诠释着开埠后海上文化精神的全新转变,宣告着一个新时代的来临(图 4-15)。

图 4-15　龙的飞扬

(2) 海上画派与海派京剧

① 从濯锦园到飞丹阁:海上画派的平民化

开埠后的上海财富聚敛,风气激荡,八方初出茅庐的绘画新劲纷至沓来,在这片未曾背负如苏、扬二州那般传统重荷的土地上追踪世潮,揣摩民意,各展长技,辗转图存,使上海地区继晚明之后第二次成为江南画坛的中心,并进一步被锻造为画

---

① (南朝)陶弘景《诏问山中何所有赋诗以答》,转引自湖北省社会科学院文学研究所编《历代诗词曲佳句名篇大全》,长江文艺出版社 1992 年 1 月第一版,111 页。

坛革新力量的策源地、中西画艺交流的前沿，形成为人所艳称的“海上画派”。

一如海派园林之可分为前、后两期，“海上画派”也可分为由任伯年（1840—1896）、赵之谦（1829—1884）等领衔的前期海派与吴昌硕（1844—1927）领衔的后期海派。他们远师徐渭（青藤）、陈淳（白阳）、陈洪绶（老莲）、朱耷（八大山人）、石涛（清湘）之高古泼辣，近承“扬州八怪”之任情奔放，画风潇洒放纵，又具雄厚古朴气味，不落古人窠臼；画技则勇于向民间与西洋汲取养分，善于突出构图、色彩间简洁强烈的对比；题材至后期尤为贴近市民，如吴友如之以描绘社会风俗、新闻时事为专长——海上画派在清中叶“扬州画派”的基础上进一步达到了文人画之商业化、世俗化巅峰，并部分地超出了文人画范畴，迥异于两百余年前士大夫化、本土化的“云间画派”面貌。

如将吴昌硕之重彩大写意花卉同明中晚期较云间画派更为超前的徐渭、陈淳之泼墨大写意相较，虽然画风、精神一脉相承，但用色对比强烈，有“印象派”以鲜艳色彩打破传统油画深褐色背景般的解脱感；洋红等色更突破常规，较多体现出民间绘画的影响，别具民俗气息，更易为市场所接受。其画款也不再如元末王冕“吾家洗砚池头树，朵朵花开淡墨痕”①或清初八大山人“哭之笑之”般头角分明，而是在保存自我独立人格的同时注重适应民众审美喜好，画梅则题“眉寿”（取意《诗经》之“以介眉寿”）以祝寿，画紫藤则题“紫绶”以祝贵，其余寿桃、葫芦（多子）、牡丹（富贵）也常入其画材。

“海上画派”的高度平民化与其成员多出身平民、毫不沾染科举中人头巾气有关，也似与其重要发源地与聚集地——园林与市井空间交织的晚清邑庙西园不无关系，当时园内外人头攒动、市声鼎沸的飞丹阁、得月楼等处均为该绘画群体的重要活动地点，与“云间画派”的汇聚地如明顾正谊濯锦园之“令人处蓬壶中，不知有尘世事”②实有极大分别。

飞丹阁为位于西园主体水面南岸的重檐歇山二层楼阁，始建于乾隆年间，在西园的墟市化进程中渐渐厕身于市廛间。清中晚期，寓居上海的丹徒画家殷宝龢（字纪平，即书《重建得月楼绮藻堂记》者）之父或许是受到西园各业公所的启发，将这里创建为书画家“会所”，兼具书画家交流、创作、栖居及书画买卖等多种功能，成为继李筠嘉吾园之后的晚清海上书画家俱乐部。许多书画家如“四任”（任熊、任薰、

① （元）王冕《墨梅》，转引自湖北省社会科学院文学研究所编《历代诗词曲佳句名篇大全》，长江文艺出版社 1992 年 1 月第一版，181 页。

② （明）范濂《云间据目钞・卷五》，转引自《笔记小说大观・六》，江苏广陵古籍刻印社 1984 年 3 月第一版。

任颐即任伯年、任预)、蒲作英、吴昌硕、吴友如等都常出没于此;初到上海的青年画师也往往暂居于此,徐图发展,如早年之任伯年,当时其作品题记多为"作于飞丹阁"。

得月楼则位于主体水面东岸、飞丹阁东北不远处,始建于乾隆年间,与飞丹阁同为任伯年、虚谷、吴昌硕等海上书画家流连之所。宣统元年(1909)上巳(三月三日),高邕、蒲作英等人在这里发起海上书画善会——"海上画派"之称谓部分地来源于此,此会除抗战期间外前后活动持续四十余年,会址始终在得月楼。

② 从德和园到新舞台:海派京剧的自我更新

较晚而值得一提的还有海派京剧。晚明时风行上海地区的昆曲至晚清逐渐让位于南下的京剧,但生活节奏、审美趣味早已改变的海上观众颇不耐观赏其以虚写实、纯净洗练的表演风格——昆曲之受冷落即源于此,于是京剧入乡随俗,贴近时代,革新舞台、剧场空间形式,并酌情采用彩色活动布景,后发展为标志性的"全堂变景",表演亦惊险火爆,注重打斗,一时倾动观众,但也为部分具有较高文化修养的北方票友所不齿,其称谓亦由起初的"南派"逐渐贬为"海派"。光绪三十四年(1908)在上海县十六铺一带建成的新舞台就是其重要阵地之一——其实光绪年间之北京颐和园内"德和园"大戏楼中早已有喷水、腾云之类表演。随着 20 世纪 30 年代的京沪论争,"海派"二字又由绘画、戏剧界泛化至几乎整个文化艺术领域。

(3) 从"太平军"战事到海派流风:周边园林态势

晚清至民初的江南园林主要面临两大时代因素的影响,其一为"太平军"战事,其二为东渐的西风。

① 战事与存亡:

咸丰十年的"太平军"战事对于江南传统园林实为一道严峻的生存门槛。虽然有如苏州拙政园、留园、网师园这样的幸存者,也有如无锡寄畅园、苏州狮子林、沧浪亭、耦园、南京瞻园等尚存山池轮廓,战后又得以重建者,但就此毁灭者显然更多。

战后的江南在"同治中兴"的幻梦中兴起了营造园亭的小高潮,苏州怡园、鹤园、畅园,常熟虚廓园(图 4-16)、之园,

图 4-16 常熟虚廓园水榭

吴江退思园，扬州寄啸山庄，浙江杭州郭庄，刘庄、蒋庄，湖州小莲庄，海盐绮园等诸多园亭均次第兴建于此时并留存至今。今存江南园林，包括上海地区园林以呈现这一时期面貌者为多。

② 世俗化与海派流风：

这一时期的江南园林整体风格，包括建筑密度、体量及景象密集程度均有了更甚于乾嘉时期的发展。苏州留园中部的山水清朗、建筑逶迤与东部的广厦连云、庭院深锁一定程度上可作为这两个时期园林风格变化的参照，晚清人频繁的社会交往与奢靡的生活欲求是造成这一对比的主要原因。

部分附属于公共或半公共建筑的园林则采取了较前代更为灵活的生存方式。如附属于八旗奉直会馆的苏州拙政园中部在“太平军”入苏以前即已“惜游人太多，贩鬻食物者错杂其间，至使绿荫溪色为之尘涴”[①]；而辛亥革命后此园(属奉直会馆)不但对外开放，收取游资，且在园中辟茶室、游乐场，经营态度更显灵活。但或许是缘于文化古城的特殊力量，其园貌并未因此而改变(图 4－17)，大建筑家童寯先生 20 世纪 30 年代踏访此园时犹能发出“今虽狐鼠穿屋，藓苔蔽路，而山池天然，丹青淡剥，反觉逸趣横生”的绝妙赞叹[②]。附属于秦氏祠堂的无锡寄畅园则在民国十年(1921)为部分秦氏族人谋划出租，开设游乐场，幸因舆论强烈谴责而失败[③]，否则这一唯一留存清初格局的江南园林瑰宝可能就此消失在人们的视野里。

图 4－17　拙政园明代石桥

光绪中叶至民初，上海后期海派园林张、愚、徐诸园及哈同花园等先后建成，对周边地域园林、尤其是商家私园风格影响渐著，一时杭州诸庄、南浔诸园均有

① (清) 瞿元霖《苏常日记》，转引自苏州地方志编纂委员会办公室、苏州市园林管理局编《拙政园志稿》(内部发行)，160 页。

② 童寯《江南园林志》，中国建筑工业出版社 1984 年 10 月第二版，28 页。

③ 参见黄茂如《无锡寄畅园》，人民日报出版社 1994 年 3 月第一版，23 页。

中西杂糅之势，所谓“近且杂以西式，又半为商贾所栖”①，而民国七年(1918)起由颜料巨商贝仁元翻建的苏州狮子林更在实质上逸出了以文人气息为主流的传统苏州园林风格，改弦更张，琵琶别抱，曲具后期海派园林的部分特征。园中的水泥亭、玻璃天棚、西洋画舫均让人不禁联想起此前宣统二年(1910)建成的沪上哈同花园部分景观。

从开埠至民国初年是东、西两种文化在上海碰撞交融、产生巨变的时代，也是上海园林在清中叶市民化基础上发生更大转变的时代。变化显著地集中于上海地区东部的上海县域，并可大致分为前后两个阶段：前期约由 19 世纪 40 年代上海开埠至 80 年代中叶，这一时期的上海经受了开埠与“太平军”战事两大历史事件的冲击及其带来的经济迅猛发展与思想文化的初步濡染，在屈辱、庆幸与迷茫等诸多心态的交织中尚无力抛弃陈腐的思想躯壳，消化、理解这惊天巨变的具体意味。这一时期上海传统园林的变革集中而典型地体现于县城内的城市公共空间——城隍庙西园。

后期约由 19 世纪 80 年代中叶至 20 世纪初叶，这一时期外来文化的影响由经济、科技而政治、教育、逐渐深入至思想意识层面，给上海地区带来了繁荣以外诸多方面的结构性变革，培养出敢于对北方专制政权说“不”的大写的上海人，城市发展重心也彻底北移至租界。这一时期上海传统园林的跳跃式变革随之更多地出现于租界及其外围地区。

开埠前期的上海园林研究:“改良”心态的特殊表白

开埠前期是上海地区园林经受战火炙烤与世风熏沐的时代，也是其面临更大改变的前夜。这一时期的部分上海园林、尤其是上海县城隍庙西园发生了种种引人注目的变化，引领了一时的风尚。因其尚持续至相当长的时期，故以下讨论并不仅囿于“开埠前期”。

(1) 西园的墟市化与场所化

作为传统文人园世俗化进程的珍贵缩影、上海地区传统园林发展趋势的“风向标”，明代的潘允端豫园，也即清乾隆年间的上海县城隍庙西园，至中晚清的开埠前期仍然是上海园林中最具时代特征、最能反映其变迁轨迹、预示其未来走向者。

① 童寯《江南园林志》，中国建筑工业出版社 1984 年 10 月第二版，25 页。

① “侵园”现象与“三位一体”的形成

“先是，庭中通南北为一；迨诸父异爨，内外多置小门墙，往往而是。东犬西吠，客逾庖而宴，鸡栖于厅。庭中始为篱，已为墙，凡再变矣”①。

这是明人归有光《项脊轩志》中对其祖宅沦落陵替之状的描述。规模宏大、等级森严的中世纪宅第往往因不适应小型化、多样化的生活方式而渐遭分割改易，这与清中后期嘉庆、道光年间(1796—1850)邑庙西园逐渐解析的情形不无相似。但至晚清同治、光绪年间(1862—1908)，西园内各业公所除拦筑界墙、“坐地分赃”外更在巨大商业利益的诱惑下渐至“趁火打劫”，借数度战火之机与周边商业街肆共同鲸吞蚕食西园园景，构成了集市“侵园”现象，推促着其墟市化的脚步，也显示出这一特殊时域与地域内试图世俗化、商业化的“园”与试图休闲化、园林化的“市”从相互寻求到相互融合的趋势。同一时期原西园“吟雪楼”、“春禊阁”等建筑基址也已被城隍庙西路建筑侵占，点春堂南则出现了道教殿宇老君殿，足见城隍庙宇也在规模扩大、余地无多的情况下助长着“侵园”活动。

不同于店铺“侵街”之能够建立集市与街市间的联系并导致线性商业街道的形成，这一“侵园”现象的结果是使晚清的西园渐成一片园林景象空间与街肆商业空间、当然还有作为其核心内容的城隍庙宇祭拜空间交相错杂，空间形态、层次、尺度、肌理、功能异常复杂丰富，与周边地区反差强烈的庙、园、市“三位一体”城市公共区域。这一区域并沿街巷向四周延展辐射，在上海县城旧有层递结构的不断强化过程中起到了重要作用。

在官方的行政约束如丁日昌任道台时之“惟许设书画、笔墨、骨董等铺，以点缀景物”②、光绪二十四年之“永禁隙地造屋致毁园境”告示、部分相对强势公所对园林空间的客观需求与苦心维护、前文所述城市“磁极”本身寻求更丰富空间模式与功能形态的倾向以及广大市民的园林游赏诉求下，集市“侵园”现象并未无限制发展，虽然至民国时这里“除游乐外，又成为一处盛大的商场，差不多连隙地都没有了”③，即所谓“城隍庙商场”，但核心园林景象空间已相对稳定，民国时豆油饼业公所尚有余力在万花楼西添建“亦舫”。

② 开放、复合的功能形态

在由中晚清至民国的数十载岁月里，这三位一体的特殊空间容器呈现出缤

① (明) 归有光《项脊轩志》，转引自陈谦豫主编《历代名篇选读》，上海古籍出版社 1997 年 8 月第一版，536 页。

② (清) 王韬《瀛壖杂志》，上海古籍出版社 1989 年 5 月第一版，37 页。

③ 《民国丛书 · 第四编 · 81 · 上海研究资料续集》，上海书店 1992 年 12 月第一版，504 页。

纷错杂的功能形态，不同阶层市民的诸多行为模式均被容纳其中；以下将其粗分为四类：

A. 宗教民俗行为："上元之夕"及其他

下列除正月初一至十五、端午、中秋诸节及每月朔望以外普通市民作为城隍信仰的主体在邑庙及其东、西园的主要民俗、游乐活动（表4-8）。

表4-8 "上元之夕"及其他宗教民俗、游乐活动

时间(阴历)	名　目	地　点	形　　式
正月初三	梅花会	东园	赏梅、斗梅
二月廿一	城隍生日	城隍庙	进香，设坛念经
三月廿八	城隍奶奶生日	城隍庙	进香，挂灯结彩
清明	"三巡会"之一	县城中	肩抬城隍神像出巡，沿方浜出西门至"厉坛"，再原路返庙，使其得以赈济孤魂，驱逐厉鬼。其时有大量仪仗、士民相从，场面浩大热烈，并夹杂其他民俗游乐活动
四月下旬	兰花会	西园	赏兰、斗兰
六月初六天贶会	晒袍会	东园	全城裁缝聚会，展示服装
七月十五	"三巡会"之二	县城中	同"三巡会"之一
九月九日	重阳节	西园黄石大假山	城中居民扶老携幼，登临西园大假山纵目远眺
九月中旬	菊花会	西园萃秀堂前，后新建之四美轩亦有之	赏菊、斗菊
十月初一	"三巡会"之三	县城中	同"三巡会"之一

海上名士王韬约著于咸丰三年(1853)至同治九年(1870)的《瀛壖杂志》一书描述了庙园元宵之夜的盛况："城隍庙内园以及萃秀、点春诸胜处，每于朔望拔关，纵人游览。正月初旬以来，重门洞启，嬉春士女，鞭丝帽影，钏韵衣香，报往跋来，几于踵趾相错，肩背相摩。上元之夕，罗绮成群，管弦如沸，火树银花，异常璀粲。园中茗寮重敞，游人毕集。斯时月明如昼，蹀躞街前，惟见往还者如织，尘随马去，影逐人来，未足喻也。远近楼台，灯火多于繁星。爆竹之声。累累如贯珠不绝……春原富贵，国儿长春，夜亦风流，天真不夜，北门锁钥，亦为竟夕不键。"①按王韬于道光

① （清）王韬《瀛壖杂志》，上海古籍出版社1989年5月第一版，12页。

二十九年(1849)自苏州至上海,同治元年(1862)避祸出逃海外,故这段描述大致为咸丰年间(1851—1861)邑庙园林的情形;文中又矜夸“春原富贵,国儿长春”,完全不似咸丰三年(1853)“小刀会”起事后的口吻,似应为王氏道光末年初至上海时所目睹景象。此外,其称“内园以及萃秀、点春诸胜处”表明此时“西园”作为一完整概念已渐趋淡化,而豆油饼业之萃秀堂、花糖业之点春堂则作为相对独立的公所园林而日益脍炙人口,得月楼(毁于“小刀会”战事)及香雪堂等区则似声名、景色较逊。而“园中茗寮重敞,游人毕集”之语亦从侧面证明了咸丰年间西园园林空间与茶肆的初期叠合交融。

王韬笔下这段文字颇易让人想起南宋词人辛弃疾《青玉案・元夕》中“东风夜放花千树,更吹落,星如雨,宝马雕车香满路,凤箫声动,玉壶光转,一夜鱼龙舞”①的描述,但那是在宋代的街头,这却是在晚清的庙园内外——这一复合空间的巨大吸引力与包容性实令人感叹。

B. 休闲游乐行为:西园茶肆与中山公园茶座

晚清城隍庙(实际正是西园一带)茶、酒肆为全沪之冠,旧日西园的主体水面,也即此时市廛与园林间的荷花池、九曲桥怀抱中的湖心亭恰为其提供了一个形态与心理上的趣味中心。同治年间(1862—1874),这里汇集着四美轩(有前、后之分)、群玉楼、原称近晖阁的凝晖雅叙楼(似即凝晖阁故址)、原称船舫厅的船舫得月楼(濠乐舫故址)、原称玉泉楼的春风得意楼、原称鹤亭的松鹤楼(应即鹤闲亭故址)、原称绿波廊的乐圃阆(吴语谐音,绿波廊故址)、原称回迴楼的第一楼和桂花厅(原清芬堂)等众多名楼,大致均在旧日西园基址内,将这片都市中的难得水域团团围合,反映出城市生活固有的亲水倾向。作家曹聚仁先生(1900—1972)回忆道:“到了上海开辟租界,成为国际大都市以后,城内的茶楼,便集中在城隍庙左右……那儿有一家春风得意楼,因为口彩好,上海士女们每逢新正元旦,总上楼去喝一碗元宝茶,作‘春风得意’之想。还有那堂子里的长三,每月朔望,也于进庙烧香之余,上楼喝茶,显得满楼都是春色。那儿的茶楼多得很,如湖心亭、四美轩、第一楼、春江听雨楼、鹤园、访鹤楼、雅叙楼、赏乐楼,也都是喝茶的所在。有的是古董商们的周旋市场,有的是以棋会友,有的是布商、木客交易所,有的是书场,也仿佛分别了门户,各自成帮的。”②海上名画家任伯年寓居飞丹阁时即常光顾邻近的春风得意楼。

① (南宋)辛弃疾《青玉案・元夕》,转引自湖北省社会科学院文学研究所编《历代诗词曲佳句名篇大全》,长江文艺出版社 1992 年 1 月第一版,278 页。

② 曹聚仁著,曹雷、曹宪镛编《上海春秋》,上海人民出版社 1996 年 8 月第一版,229 页。

足与上海西园茶肆南北呼应的是谢兴尧先生笔下由故宫西南社稷坛改建而成的北京中山公园茶座:"凡是到过北平的人,哪个不深刻地怀念中山公园的茶座呢? 凡是久住北平的,差不多都以公园的茶座作他们业余的休憩之所或公共的乐园。有许多曾经周游过世界的中外朋友对我说:世界上最好的地方,是北平,北平顶好的地方是公园,公园中最舒适的是茶座……那地方有清新而和暖的空气,有精致而典雅的景物,有美丽而古朴的建筑,有极摩登与极旧式的各色人等……有四时应节的奇花异木,有几千年几百年的大柏树……有它特别出名的点心……春明馆当然是以遗老们为基本队伍,以自命风雅哼诗掉文的旧名士为附庸……长美轩是绅士和知识阶级的地盘……可说是文化界的休息所……柏斯馨的分子则比较复杂,但简单归纳说也不过止红男绿女两种人……这三个茶铺,便是中山公园最热闹的所在"①——"京"、"海"文化之差异于茶座中也可见其一斑。

茶座以外,西园望月轩侧尚是鸟笼群集之地,其余则如《绘图游历上海杂记》所称:"并有演说评话、弹唱小说者,余如笺扇店、画张、书摊、眼镜、玉器及相面、算命、测字、起课、打拳、戏法、弄缸、卖解,每日二、三点钟起至五、六点钟,无日不人山人海,推背游观,迨夕阳西下始渐散去。"②

C. 商业行为:"园市"与茶会

王韬曾抱怨咸丰年间的"(西)园中茗肆十余所……设摊鬻物者又百余家。隙地虽多,绝无一卉一木堪以怡情,园林幽趣,荡然泯矣"③,足见作为城隍"庙市"一部分的西园"园市"在失控状态下对园林景象造成的客观伤害。

商贾们的看法当然与文人雅士不尽相同——作为城市中心人群杂沓、信息辐辏的商业福地,西园的茶楼酒肆成为他们联络情感、交流信息、洽谈业务、疏解纠纷的首选公关场所,形成所谓"茶会"。而各业商人多如前文曹聚仁先生所述"分别了门户,各自成帮的"④,有自己约定俗成的集聚地点,即不同的茶楼意味着不同行业的"茶会"。这似乎与诸多茶楼酒肆均由原公所楼阁厅堂改建而来,商贾们囿于习俗仍多汇集于公所故址有关;如咸丰五年(1855)青蓝布业出让湖心亭为"也是轩"茶楼之后,该业商人仍多光顾此亭。如此商业背景下形成的茶肆也多赖相应"茶会"维持,似不大可能成为文人墨客的觞咏之地了。

西园"园市"到了民国似乎延展更远:"环绕荷花池一带,格外热闹,延伸过

---

① 谢兴尧《堪隐斋随笔》,辽宁教育出版社 1995 年 10 月第一版,101 页。
② (清)《上海杂记·卷五·西园》,光绪三十一年刊绘图本,文宝书局印。
③ (清)王韬《瀛壖杂志》,上海古籍出版社 1989 年 5 月第一版,37 页。
④ 曹聚仁著,曹雷、曹宪镛编《上海春秋》,上海人民出版社 1996 年 8 月第一版,229 页。

去，一直伸到西边旧校场路，和北面的福佑路。这么大的市场，日用百货，吃的玩的，应有尽有”[①]——当然距王韬先生的雅趣也更为遥远了。

D. 社会交往行为：文人雅士的剧谈结交

此时的沪上文人雅士早非两百多年前张扬物欲、沉湎诗文的云间士大夫，而是得西洋风气之先的新一代平民才俊了。除前文述及的海上书画家之盘桓于飞丹阁等处外，王韬（号天南遯叟）、蒋敦复（号剑人）、龚橙（字孝拱）等海上怪杰的文字中，邑庙西园、东园、萃秀堂、点春堂之出现率亦极高。咸丰五年（1855）夏日，“小刀会”战火甫歇，王韬就迫不及待地偕蒋敦复、李善兰、郭友松等人至邑庙东园（内园）饮酒赋诗，作消夏雅集，其不能割舍之情可见。蒋敦复更曾对王韬言：“沪中可与语者，唯玉华一片石耳”（即玉玲珑）！[②] 平日这一气味相投的知识群体亦常于西园酒楼茗肆（当然非商贾丛集之所）狂饮高歌，纵论雄谈。明代文人可以陶醉于“天朝上国”的优越，可他们面对民族沦亡、处处受制于人的惨局却无从措手——他们在豫园酒楼上或许落落寡合的狂歌至清末演变为革命党人在张园“安垲第”一呼百应的慷慨陈词。

西园的风光尚不止于此。荷花池畔的茶楼上，男女同桌饮茶，大假山下的曲径中，爱侣勾肩而行，卫道士们怒气冲冲了，可他们往往得不到附和与支持，他们自己在这里倒像个异物——中晚清的西园在早期英风法雨的吹拂中渐成都市新文化、新事物的展示平台，空间开敞、空气清新、道德宽简、道路纷呈的城市广场。

③ 场所化的城市空间：城隍庙园与城市精神

“庙市的开放性与复合性最终导致了其在城市区域中的场所化，这意味着庙市在城市中的存在已经超越了简单的商业和空间范畴，成为城市中一种附有特定内涵的生活方式，深入至城市居民的日常生活和意识当中。”[③]

将这段针对明清城市庙市而发的议论移用于晚清上海县城隍庙、园、市三位一体的城市核心区域也几乎同样适合。这是一片拥有不同时间与空间层次的交织，多种深度感受与体验的积淀，融宗教仪轨的肃穆、市井生活的喧哗、民俗节庆活动的狂欢、诗文之会的风雅于一体的，类似于欧洲中世纪城市“三要素”中的“教堂”与“市场”结合体（城隍庙南的上海县衙类似于另一要素“市政厅”）的多元、多层城市公共空间。在岁月的积累、尤其是中晚清的世潮激荡中，这一空间逐渐挣脱出庙的红墙与园的粉墙，穿透宗教迷雾与文化壁垒，无怨无悔地投入、

---

① 曹聚仁著，曹雷、曹宪镛编《上海春秋》，上海人民出版社 1996 年 8 月第一版，203 页。

② （清）王韬《瀛壖杂志》，上海古籍出版社 1989 年 5 月第一版，3 页。

③ 陈薇指导，胡石《明清城市庙市》，东南大学硕士学位论文，2000 年 9 月，92 页。

并最终融入各层次市民生活的琴棋书画、柴米油盐、衣食住行、喜怒哀乐中，它也以此赢得市民心目中无可替代的认同感、归属感，走进城市记忆的特殊角落，完成了其场所化的过程，并为后世“开新、灵活”①的上海城市精神的最初培育发挥了特殊作用。

图 4-18　湖心亭一区现状

形态丰富、特征鲜明的湖心亭（图4-18）则为这个具有一定领域性和模糊边界的特殊场所提供了一个富于空间表现力、具有强烈象征意味、符合社会心理要求的趣味与记忆核心，足以负载从世居县城的耄耋老人到漂泊异乡的弱冠游子的无限依恋与追思。

（2）前期海派园林——公所园林的极致异化

随着城市新兴商业集团的日益强盛与独立，晚清西园各部逐渐脱“庙”入“所”（同业公所），在性质上完成了邑庙园林向公所园林群落的转变，而数度战火的破坏与世潮的变迁更促成、深化了其风格的再生式变化——这一公所园林群落虽然披着传统外衣，但其空间模式、功能形态以及建筑外观与细部均已出现带着时代印痕的种种变异，予人以别样的视觉冲击与新鲜的心理感受。如晚明造园家文震亨于《长物志·卷一·一五》中曾称：“高阁作三层最俗”，因其高度势必对园林景象空间产生压制，使其失去应有尺度感，高阁自身立面也难以收拾；验之于苏州现存各时代园林，层数最多者也只有建于晚清的北半园藏书楼（两层半）；然而内园观涛楼横空出世，正是三层，且其体量僵硬触目，不作修饰，俨然成为文氏论断的最佳反面注解。其他类似特征不胜枚举——我们称这一特殊时域与地域内出现的、迥异于传统格调的特殊园林风格为前期海派园林风格，称此样风格的园林为前期海派园林，这一时期的上海县城隍庙公所园林群落正是其核心组成部分。

① 陈旭麓《说海派》，转引自《上海：记忆与想象》，文汇出版社 1996 年 2 月第一版，166 页。

① 风格溯源：传统会馆园林？

这一园林风格实可溯源至拥有较高建筑密度的晚明文人园，如前文所述上海县潘允端豫园与陈所蕴日涉园均已开始了文人园的初期世俗化进程。清中叶的公众参与性园林如上海邑庙西园与城南也是园则使这一风格得到继续强化，乾隆四十九年(1884)青蓝布业商人筹资建成的西园湖心亭与相距不远的、前期海派风格的卷雨楼具有明确显著的形态承袭关系(图 4－19)，后者由豆米业商人建成于同治五年(1866)，宛似前者的“更新版”。

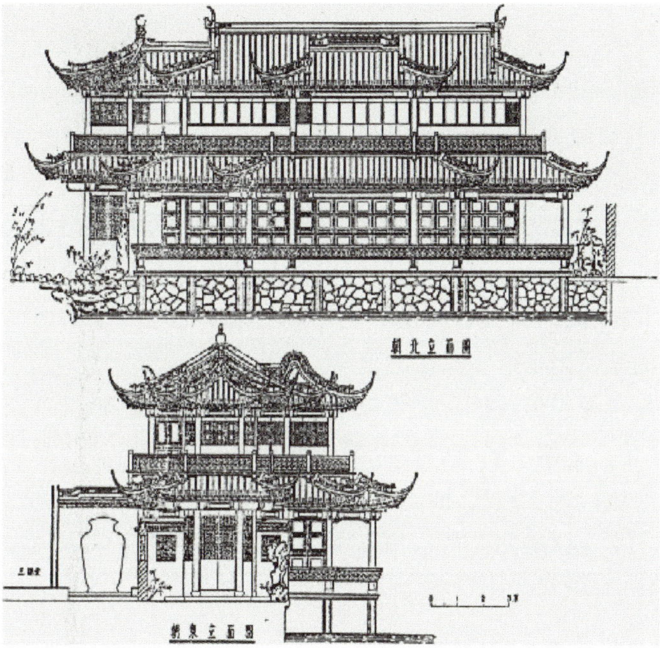

图 4－19　卷雨楼正侧立面

传统会馆(公所)建筑华美繁缛的风格则对前期海派园林风格形成影响极著。陈从周先生曾言：“豫园建筑多乾隆后筑，高敞轩举，华赡为其他私园所不及。而龙墙砖刻，脊饰飞檐，工艺特精，以当时会馆建筑与园林相结合，是在一定之历史条件及社会条件下所产生者，足称代表之作”①——其实如能将现存豫园各部与江南其他地区类似时代风格的会馆园林作一横向比较，探讨其风格演变幅度与走向，似更能说明问题。但惜如苏州地区留存至今之“会馆园林”多因袭

① 陈从周《上海豫园·序言》，载上海豫园办公室编写《上海豫园》，上海人民出版社 1982 年 9 月第一版，1 页。

明代至清初文人旧园躯壳，如晚清时八旗奉直会馆所属拙政园、安徽会馆所属蕙荫园（残存）、七襄公所所属艺圃。而商业与园林氛围并重、又僻处内陆的扬州地区本应拥有最理想的比较对象——“扬州……南河下各会馆，多小有轩池”①。如南河下江西会馆原有庾园，于有限空间中堆掇险峰，俯临深池，并筑有歌台，每年正月廿六日许真人（即许逊，赣人最景慕之）圣诞均张灯演剧，以答神庥，似颇能体现会馆园林特有风韵，陈从周先生《扬州园林》一书中亦录有其旧影，惜今已渺不可寻，且无更多资料。而扬州其他会馆如花园巷安徽会馆等虽多附有园林，但今均不存；残存的花园巷湖南会馆棣园则属文人旧园。对比资料难以逆转的稀缺使更深入的讨论成为泡影。这或许也是陈先生未便明言其与传统会馆园林风格关系的原因吧！

② 时域与地域分布：同光两朝的上海

前期海派园林风格时间跨度约在晚清同治、光绪两朝（1862—1908），主要形成于晚清咸丰十年（1860）至同治四年（1860—1865）外军屯扎邑庙西园后的各业重建中，其中同治七至十一年（1868—1872）花糖业对点春堂景域的重构应为其重要标志，同时期内园面貌也应基本奠定。光绪十七至二十年（1891—1894）布业对得月楼的重建则是这一风格的延续。

其分布则主要于传统势力仍占据主流、但外来文化已叩门而入的上海县城等地，传统文化力量偏于强大的原苏州府属嘉定县以及经历过明中晚期文人园高潮的松江府城似较少出现，而青浦县作为道光二十八年（1848）“青浦教案”的发生地正处于文化碰撞的痛苦与挣扎中，其曲水园中部分建筑如凝和堂也已带有这一风格倾向，但时代相对滞后。

③ 主要特征：殿堂化建筑＋盆景化园林

A. 整体布局：主要表现为超大尺度建筑空间与超小尺度园林景象空间的结合，反映出园林功能的日益世俗化、复合化对更高容积率、更多使用面积的追求。

如其建筑面积、密度于清中叶基础上进一步提高至极限，因而倾向于空间利用率较高的规整式排列，甚至沿轴线作礼仪性布列，如西园点春堂、得月楼一区。而园林景象则退化为建筑缝隙中的点缀与缓冲，常于极小范围内苦心腾挪，炮制几近盆景化的过多变化，以冲淡因建筑格局的过分刻板而带来的压抑沉闷，如点春堂、内园东翼沿墙带状园林空间（图 4－20），同样变化于明中叶往往需数十倍

---

① 童寯《江南园林志》，中国建筑工业出版社 1984 年 10 月第二版，32 页。

面积方足以徐徐展开。

B. 单体建筑：力求更大的使用面积与更强劲而多元的视觉表现力、冲击力。故其面积、体量、高度或形体变化均被尽可能最大化，包括以楼屋构成立体交通，藉以获得雄伟壮观的体量、飞扬向上的气势或缤纷夺目的形态；其中貌似雄大已极的建筑又常于相对次要处如背立面作意外的细腻处理，以求得与景象空间的融合——实际上仍较多带有会馆建筑炫耀财富、夸示乡土的风格特征，并隐含着较前代更为强烈的自我展示与表达的诉求。

图 4－20　点春堂东部带状园林空间

建筑面积、体量的最大化如同治年间建造、占据旧日西园一隅的点春堂景域主体建筑点春堂面阔达七间，其背部却筑有临池的单开间精巧抱厦，现出几许柔肠。而乾隆年间建造的原西园主体建筑三穗堂却面阔不过五间，再如光绪年间建造、面积不足二亩的九果园绍修堂、光绪二十三年(1897)重建之曲水园凝和堂面阔均为七间(图 4－18)——很难想象凝和堂在乾隆年间初建时能有此规模。如将比较的目光进一步放远，则苏州现存诸多园林中，似惟有光绪十四至十七年(1888—1891)建造的留园林泉耆硕之馆面阔达到七间(计入两侧翼廊)。

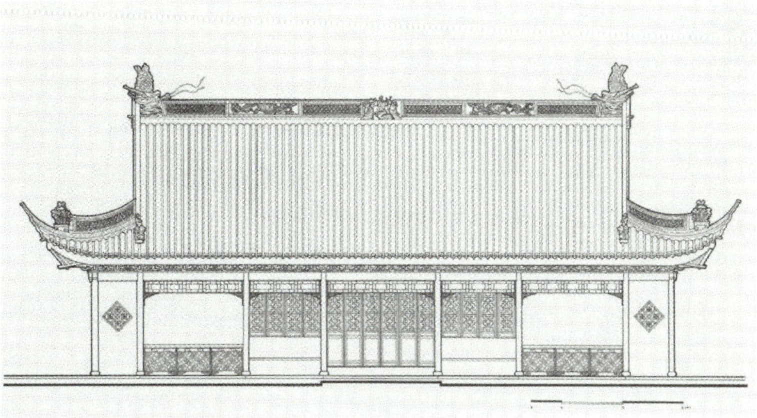

图 4－21　曲水园凝和堂正立面

图 4-22　内园耸翠亭

高度感的最大化除客观值的尽可能拔高(如内园观涛楼高达三层)外,常通过密集的纵向线条,包括高细的立柱、隔扇、陡峭的屋脊线、纷纷飞扬的翼角获得,如西园萃秀堂一区的卷雨楼、点春堂一区的快阁(原为攒尖顶)及内园之耸翠亭(图 4-22)或踞山巅、或临水涯,理应如苏州拙政园中部土山上的“雪香云蔚亭”或艺圃主体水面北岸的水榭“延光阁”那般屋脊平缓、檐口低亚,以呼应水面,烘托山势,予人以无懈可击的审美满足——惜乎三者均尖峭高耸,如西方中世纪哥特式建筑般凌迫山体、水面。值得指出的是卷雨楼所在位置于乾隆四十九年(1784)《上海县志》所附《邑庙西园图》(参见图 4-2)中原为一单檐歇山厅堂。

图 4-23　扬州寄啸山庄核心景域

形体变化的最大化仍以上述三建筑为典型:重檐歇山顶的卷雨楼北出方形歇山顶抱厦,东出多边形攒尖顶抱厦,向东北方主要观赏停点炫耀出令人眼花缭乱的翼角与雨珠飞溅般的妩媚;重檐四方攒尖顶的快阁南北出攒尖顶抱厦,高高挑破点春堂一区失之平缓的天际线;耸翠亭则为两座重檐攒尖方亭的方胜形套连——三者均为于有限面积内实现最丰富形态变化的自我表现“典范”。

楼屋则主要体现于内园,园中延清楼、还云楼、观涛楼、南亦舫与假山上层皆连通一气,形成迷境,宛如好以两层楼廊周绕全园、串通住宅的清中晚期扬州商家园林,如个园、寄啸山庄(图4-23)等。

C. 细部处理的装饰化倾向:与单体建筑对视觉表现力的追求相呼应,常出现过于具象、夸张以至喧宾夺主的细部装饰,包括过分的尺度、形态与色彩,并主要体现于瓦石作部分。如西园各部墙面、墙体断面、月洞、花墙洞、地穴、墙脊、屋脊的修饰往往夸张跋扈，远离传统文人甚至商家园林的轨道。包括墙面镶嵌的大幅砖刻、墙体断面之夸张为曲线型(见下文)、花墙洞之以绿色琉璃构件修饰、地穴之作成大如意头形式，而墙脊之塑造为飞扬写实的龙形更如挑战禁忌的天外飞龙，为其登峰造极、确立身份的标志(图 4－15)——大致同时期诸多园林如无锡寄畅园、杭州龙井等处均有以瓦片于墙头叠为龙鳞状、高低起伏的写意型龙墙，不知是否与文震亨《长物志・卷一・一七》中“忌以瓦为墙，有作金钱梅花式者，此俱当付之一击”所指相似，但与西园写实型龙墙相比尚具雅趣；精雅的太仓亦园更有龙墙探入水面，端部塑有具象龙头，作蛟龙戏水状，但一来立意不高，二来其龙头尺度较小，生气不足，倒不及西园数处龙墙之刻画到家，反具异彩。

部分细部处理亦可视为各地会馆建筑风格的体现，如福建商人盘踞之点春堂南“打唱台”即雕镂备至，金红纷披，带有闽风。

D. 建筑组合：亦作为获取最大使用面积与最强的视觉表现力的手段，因而不拘常理，如三穗堂与卷雨楼之间的小院进深不足两米，两座建筑几乎连在一起，下文另有分析。

④ 典型实例：点春堂、得月楼与内园

前期海派园林风格中的很多因素如建筑体量、密度的加大，景象塑造的曲折繁密，细部修饰的喧宾夺主实为晚清江南园林世俗化进程中的共有倾向——同时期上海道署西路“潔园”中轴线上亦有三重檐四方攒尖顶高阁，而浙江园林如杭州、南浔诸园墙饰、脊饰均多夸张、具象之笔。但综合诸项特征，仍以上海地区旧日西园一隅最为集中、典型、独特。其典型实例除前文所述点春堂、得月楼(图 4－24)两区外，首推始建于清康熙四十八年(1709)的内园。

图 4－24　自九曲桥看得月楼

内园于乾隆四十一年(1776)由钱庄业扩建成形,此后历经道光二十二年(1842)的英军蹂躏、咸丰三年至五年(1853—1855)的"小刀会"战事、咸丰十年至同治四年(1860—1865)的外军驻扎及其间的数度修葺、重建,除主要厅堂与山景、水景之位置、体量可能较乾隆年间变化不大外,其余部分,尤其是其东、南两面连续贯通的曲折楼台、空间实具较为鲜明的前期海派特征,应为同治年间的重修所奠定。

此外尚有部分前期海派风格的单体建筑或装饰细节分散于其他类型园林中,如前文所述西园三穗堂一区之卷雨楼、萃秀堂一区之龙墙;而上海县吴淞江畔的九果园绍修堂及青浦县曲水园凝和堂也带有这一倾向。

其他如松江府城醉白池建于光绪二十三至二十五年间(1897—1899)的"半山半水半书窗"亭、建于宣统元年至二年(1909—1910)的"雪海堂"虽均体量硕大,屋盖陡峻沉重,甚至有夸张的脊饰,但均应视为晚清园林风格的正常表露。嘉定县南翔镇(太仓)州城隍行祠古猗园抗战前曾拥有极为夸张的瓦石作,如竟有将花墙洞作成"暗八仙"形状者,一一见于童寯先生《江南园林志》一书中,体现出鲜明的道教园林装饰特征;其抗战后修复的不系舟更是变化缤纷,耀人眼目,但亦应作如是观(参见图下4-9A)。

图4-25　大巧若拙的秋霞圃池上草堂

同一时期的光绪二年(1876),原苏州府属嘉定县城隍庙园——秋霞圃正在悄然重建桃花潭西的池上草堂(图4-25),此后的十二年(1886)及二十年(1894)又分别重建丛桂轩、延绿轩,三者均典雅朴实(丛桂轩稍富丽),近于清初格调,展现出文化古城独立于世潮外的从容与落寞。

同整个上海地区一样,开埠前期的邑庙西园也在滚滚世潮的次第冲击中面临着平面布局、功能形态以至装饰细节的重新整合,接踵而至的战火仿佛知趣地促成了这一切。前期海派园林风格正是近乎封闭的传统园林艺术体系在特定时域与地域内作出的某种近乎极致的自我调整与发展,也可视为民众及园林艺术本身借助传统园林躯壳展现的对多元、多层化表现形式的追求。它在表层上表现为晚清商业活动对庙园空间又一种形式的侵蚀和传统造园手法的又一次有限颠覆,但深层次上实可视为古老民族商业组织希图借助传统躯壳迎接外来挑战的改良主义心态的特殊流露。

正如上海地区传统产业的代表——土布业于光绪二十年(1894)《重建得月楼绮藻堂记》①中称:“吾邑布业近数年来稍稍疲矣,论者谓自泰西布入内地,相率为利,故土布梗于市而生计艰。理固然也,而又不尽然也”,并反省同业间的不良竞争,勉励同业“彼此和衷,相与裨益”,捍卫传统的国内市场——重读此记,仍能感到一丝“青山遮不住,毕竟东流去”②的悲凉与无奈。

在艺术层面,前期海派园林对实用、理性空间的尽量扩张和休闲、诗性空间的极致压缩使园林艺术经历了一次于有限空间塑造最丰富景象变化的极致探索,而其对两种截然不同空间类型的穿插组合尝试也为后世积累了有益经验,不失其可取之处。

开埠后期的上海园林研究:“体”“用”之间

(1) 海派渊源与流变:从西洋楼到清晏舫

乾隆二十五年(1760),在意大利传教士朗世宁(Joseph Castigliano)等人的设计、指导下,总体上紧密追随欧洲巴洛克风(Baroque Style)、细部渗透中国传统装饰母题的“西洋楼”建筑群组在北京“圆明三园”中的长春园北部赫然崛起。据说这一历时十数载、具有开创意义的浩大工程仅仅缘起于乾隆帝(1711—1799)对“泰西水法”(喷泉之类)的猎奇,在他的心目中,所谓“谐奇趣、蓄水楼”实与“三山五园”中其他采自各地的美景如“谐趣园、安澜园”并无太大不同,不过是“化外之邦”奇技淫巧的展示、上国君王股掌间的玩物。同一年,千里之外的上海县明潘氏豫园被购为邑庙西园,启动了其公众化的步伐;万里之外的詹姆斯·瓦特(James Walt, 1736—1819)则开始了其蒸汽引擎的实验——在西方文明的车轮高歌猛进之际,所谓“一代英主”“十全老人”仍做着抱残守缺、夜郎自大的不尽春梦,这次西方建筑、园林风格的大规模采纳也因而在实质上流为文化优越心理的堂皇展示,精神意义上尚不及百年前上海县敬一堂小小“观星台”的搭建。同一时期,任职于东印度公司的英国人钱伯斯(William Chambers, 1726—1796)两度游历中国,并于乾隆三十七年(1772)出版《东方园林论》一书,为英伦三岛的自然风景园送去了

① 据碑文辨读。

② (南宋)辛弃疾《菩萨蛮·书江西造口壁》,转引自湖北省社会科学院文学研究所编《历代诗词曲佳句名篇大全》,长江文艺出版社 1992 年 1 月第一版,515 页。

浪漫主义的中国风。

百余年后的光绪十九年(1893),已见识过西洋“奇技淫巧”厉害的慈禧妖后将被英法联军焚毁的原清漪园石舫(清晏舫)舱楼重建为西洋风格,并于船体两侧增设石刻机轮,将其仿为火轮式样,成为重建后的颐和园中形单影只的异物——有鉴于日后“戊戌”的血泊,可知此时的慈禧实仍未放弃“用夏变夷”之类的幻想。同一时间,千里以外的上海县域早已成为张园、愚园、徐园等后期海派园林的天下,张园的欧式“安恺第”巨厅、“海天胜处”剧场以及如茵的开阔草坪已成为沪人心目中无可替代的游憩胜地、聚会场所。两年后,“洋务运动”的辉煌象征——北洋水师覆没于山东威海。考虑到颐和园建造费用与海军军费间的纠缠关系,这座火轮式石舫倒更像是为北洋水师预扎的送葬纸船。

(2) 后期海派园林概况:广义与狭义

不同于北国帝都的沉静与犹豫,在开埠后期的上海,强大的舶来文明已全面冲破传统文化的坚城,蔚为时代变革的冲天浪潮;而已经历英风法雨初期熏沐的本土文化也以日益理性、开放、积极、平和的心态投入与异质文化的碰撞、交融中,一种独具特色的文化形态在这一过程中悄然形成,前述“海上画派”、“海派京剧”均是其五彩斑斓的表现形式。在园林领域,它也借强势文化之威颠覆经典、挑战权威,为上海地区带来了更为健康、多元的风格体貌,令原本已得风气之先的前期海派园林瞠乎其后。我们称这一时期的上海地区、主要是上海县域的主流园林风格为后期海派园林风格。称能够较为集中而典型地体现这一时代风格的园林为后期海派园林。

后期海派园林概念可以有广狭之分,广义的后期海派园林可大致包括这一时期的全部三种新园林形态,包括经营性海派园林、非经营性海派私园和租界开办的市政公园,而狭义的后期海派园林则可专指其中最具开创意义和影响力的经营性海派园林。经营性海派园林的存在时域大致以光绪八年(1882)申园的开放为标志,以民国二十六年(1937)半淞园毁于倭寇炮火为终结,前后持续半个世纪;但其黄金时代仅从开埠后期延续至民国初期,也即19世纪80年代至20世纪前十五年。这一风格除风行于上海县域外,还部分地向周边地区如杭州、南浔等地渗透,连传统文化的坚城苏州也不免受到滞后的感染。

① 经营性私园:泉涌静安寺

A. 肇因:静安寺的集聚效应与越界筑路

上海城西数里的静安古刹相传创建于东吴赤乌年间(238—250),长期以来与城南的龙华寺并称沪郊胜区，寺周小桥流水，竹篱掩映(图 4 - 23)，旧有“赤乌碑、芦子渡、绿云洞、石钵、讲经台、虾子潭、陈朝桧、涌泉”①等脍炙人口的“静安八景”，寺门外即号称“天下第六泉”的涌泉(亦称珍珠泉)，日夜汩汩喷涌——晚清经营性海派园林就是依托着这片以静安寺为集聚核心的传统游览胜地，如喷涌一般在短短十年间发展起来的——“上海无公园，鲜名胜，十里洋场甚嚣尘上，居者倦焉……于是此邦士女……借佞佛之盛情，试春游之雅兴，鞭丝帽影，仆仆道中……令人心旷神怡，如登别一世界”②。

“一百年前，一位上海县人，从老北门码头，雇一只小船沿着苏州河向西摇去，上午七点钟动身，摇到静安寺，已经午后。在那儿游览三四小时，到下午四时，下船回到上海城，总已九十点种，城门都快关了。逛静安寺，乃是一家门、一

图 4 - 26　晚清的静安寺及寺西洋楼

① 曹聚仁著，曹雷、曹宪镛编《上海春秋》，上海人民出版社 1996 年 8 月第一版，197 页。
② (清末民初) 陈伯熙编著《上海轶事大观》，上海书店出版社 2000 年 6 月第一版，128 页。

整天的大事”①。然而租界的发展迅速缩短了静安寺与闹市间的时间距离，增强了其可达性——同治元年(1862)，租界跑马场股东集资越界修筑了2英里长的静安寺路，静安寺一带顿成便捷的游娱场所，人流骤增；但“客之乘马车、挟美妓到此者无著足处，不过树木阴翳中略停片刻，便即返辕”②，显然缺乏除庄严佛地外可轻松伫留的游憩场所。

租界中的西方人捷足先登了：“(静安)寺旁多隙地，西人赁以杂莳花木，惨淡经营，不遗余力”③。西人的“花木”中往往矗立着他们的别墅，这样的花园别墅无意中成为第一座经营性海派园林——申园的营造基础。光绪八年(1882)，由私人按股份集资，在静安寺西侧旧有花园别墅基础上耗银1.6万两创建的申园对外开放了，原先片刻即返的游客一时有了足供流连之地，大大延长了伫留时间，增添了游兴，于是“自午后至日暮，肩相摩，踵相接也。若炎暑之日，则彻夜灯火，游人不断”④，居然夜以继日地带动了准现代夜生活——申园开放之初的火爆局面其实反映了民众对近代型多功能游赏空间“饥不择食”般的强烈渴求，成为众多压抑已久的合理欲望的宝贵宣泄口。此后直至光绪三十二年(1906)，才有无锡、金匮两县乡绅筹资建设“锡金公花园”，成为我国自建的最早公园之一，则申园之准现代公园的开创意义实不可轻易抹杀。

申园的空前成功在数年内带动了张园、西园、愚园的相继追随，闸北徐园之由纯粹私园而继申、张二园对外开放，显然也是受其影响。在诸园各尽其能、花样百出的良性竞争中，上海民众初尝着近代都市型生活形态的恬适和作为消费主体的平等尊严——时人描述道：“沪城北郭，本属北郊，民居甚稀，安有园囿！自互市后，民居日盛，遂易山邱而为华屋，几为蔽日连云，由是徐氏之双清别墅启也，张氏之味莼园兴也，张氏之愚园作也，争奇斗胜，鼎足而三，游屐往还，宛若山阴道上。”⑤诸园流风所及，经营性园林一时成为海派园林主流，县城东北黄浦江畔由卓乎吾等人雄心勃勃辟建的“大花园”，县城内张远槎等辟设的袖珍型西园均相继开放——其他私园的开放性也因此而增强。

B. 概况：张、徐、愚三园及其他

表4-9是晚清至民国初上海县域主要经营性海派园林的情况。

---

① 曹聚仁著，曹雷、曹宪镛编《上海春秋》，上海人民出版社1996年8月第一版，196页。
② (清)《上海杂记·卷六·申园》，光绪三十一年刊绘图本，文宝书局印。
③ (清)《上海杂记·卷六·静安寺》，光绪三十一年刊绘图本，文宝书局印。
④ (清)《上海杂记·卷六·申园》，光绪三十一年刊绘图本，文宝书局印。
⑤ 《民国丛书·第四编·81·上海研究资料续集》，上海书店1992年12月第一版，569页。

表 4－9　晚清至民国初上海县域主要经营性海派园林情况

园名	园 址	园主简况	开放日期	园林概况及沿革
申园	县城西郊，静安寺西隅(今愚园路235弄新华园里弄住宅)	原“公一马房”业主	光绪八年(1882)上半年	园占地12亩，以原有二层别墅建筑为形态与功能的核心，其后有弹子房，东偏则有中式亭榭、方池，以上等木料精心装修，似带有粤派园林风格。园周有环路，花木环抱，空间宏畅，车马可扬鞭直入并绕园而出，绝无小廊回环、曲径通幽之感。园内并供应茶点、膳餐、烟酒，一时生意鼎盛。光绪十六年(1890)，功能与之叠合而更具规模效应的愚园开放后，申园盛况不再，至光绪十九年(1893)八月终告歇业，园址后兴建为“新华园”里弄住宅
张园	即味莼园，位于县城西郊，静安寺东，斜桥之西，即今南京西路、茂名北路、泰兴路间地域，园主为无锡人张叔和，开放于光绪十一年三月初三(1885 年 4 月 17 日)，详见后			
徐园	即双清别墅，位于老闸之北唐家弄，即今天潼路 814 弄 35 支弄，园主为海宁人徐鸿逵(棣山)，光绪十三年(1887)正月初一对外售票开放。后于康脑脱路重建，即今康定路五号，详见后			
西园	县城西郊，静安寺东侧	李逸仙等	光绪十三年闰四月初十(1887年6月1日)	静安寺旁涌泉一带旧有二层洋式品泉楼，以泉水待客牟利。光绪十三年春，李逸仙等人以招股方式将其创建为园，“略种花木，小构亭台，名之曰西园。园中可以乘车周匝”①，还设有圣乔治西餐厅，一时“游人之夥，无异申园”②。但或许因其规模过小，特色不足，故好景不长，至次年十一月即售于他人，至光绪十六年(1890)被愚园并入
大花园	县城东北远郊，今东北至腾越路，西南抵杨树浦发电厂，东南	广东人、候补知府卓乎吾、刘吉六等	光绪十五年八月初七(1889年9月1日)	由任职于太古洋行的卓乎吾等集资组建“大花园公司”，约于光绪十四年(1887)九月购地于黄浦江畔，十一月开工兴建，历时不到十月即大致竣工。因位置偏僻，特辟马车及轮船专线迎迓游客，车费一角，此后门券、动物园券各一角，可谓思虑周密，但相互累加，亦稍觉高昂。园基呈长方形，占地 12 公顷余，有宏敞典雅的四面厅，并凿池掇山，山上有听涛

① (清)《上海杂记・卷六・愚园》，光绪三十一年刊绘图本，文宝书局印。
② (清)《上海杂记・卷六・愚园》，光绪三十一年刊绘图本，文宝书局印。

续　表

园名	园　址	园主简况	开放日期	园林概况及沿革
大花园	濒黄浦江，西北临杨树浦路地域			楼可供餐饮、远眺，山下则有宽阔湖面勾连黄浦江水，可尽情打桨泛舟，总体上仍具传统园林风貌。每逢休息日四面厅中均有新丹桂茶园等处名优献艺，夏秋之夜则往往施放烟火。园内并另设动物园，购自西洋马戏团退役动物，狮象虎豹俱全，成为上海地区动物园之滥觞。此园开放初期曾轰动一时，但终因地处偏僻，收费偏高，而动物亦年事已高，饲养乏术，不断死亡，以至游人日少，终归湮没。民国九年(1920)由日商购地建厂，即上海十二棉纺厂旧址
愚园	位于县城西郊，静安寺东北半里许，张园之西，即今常德路、愚园路、南京西路及南京西路 1634 弄之间地域，园主为宁波巨商张某，开放于光绪十六年六月初五(1890 年 7 月 21 日)，详见后			
西园	县城西门外斜桥东，今陆家浜路、制造局路口东	商人张远槎等	光绪三十四年(1908)	光绪三十三年(1907)起募资兴建，为小型经营性园林。园取中国传统格局，以颇富特色的花架廊桥引入，以四面厅面对假山鱼池等主要景象，山巅则有亭可俯瞰园景，另有楼、廊等建筑物。因缺乏近现代园林管理制度与意识，此园开放后景物日颓，至民国三年(1914)歇业，成为宝善公所停放棺木场所
半淞园	县城南门外黄浦江畔高昌庙路，制造局东首，今半淞园路与黄浦江之间	画家姚伯鸿设计改建	民国七年(1918)开放	其地于清光绪初年为占地百亩之吴姓水蜜桃园；宣统元年(1909)为沈志贤购建为沈家花园，有听潮楼、迎帆阁、留月台、鉴影亭诸胜；民国后其西部建为自来水厂，东部则由画家姚伯鸿修整开放，属晚期经营性海派私园。其平面呈尴尬的葫芦形，以园门为嘴，前一圆为前导空间，后一圆为主要景象空间，总面积约 60 余亩，门券 2 角。园中引纳黄浦江水为大池，临池有江上草堂等建筑，并掇土为西山以当烈日，山分三峰，其中峰之腰有倚山楼，与江上草堂同为全园主要建筑，另有凌虚亭、水风亭、四照轩、剪淞楼(西餐馆)、藕香榭、碧梧轩、群芳圃、杏花村诸胜，属传统公众园林风格。此园建成后一时成为上海人端阳游船、重阳登高之胜地，所谓“春夏之交，遂云集于蕞尔之半淞园中，以资留

续　表

园名	园　址	园主简况	开放日期	园林概况及沿革
半淞园				连”①。园主姚伯鸿工词章，擅丹青，为文人社团“鸣社”社友，这也是此园尚多文人趣味的原因，但其布局之显豁而缺乏幽致也广受讥议。园中多有照相馆、跑驴场等游艺设施，亦多文人社团在此聚会。民国二十六年(1937)园毁于倭寇炮火，园址后为建设机器厂和南市发电厂

② 非经营性私园：爱俪园的集萃风格实验

非经营性私园则更多通过园林风格取向的转变诠释着后期海派园林的全新意味。其中的爱俪园(哈同花园)景域广阔，手法缤纷，体现出新经济时代完全不同于以往的园林兴造与维持的尺度、方式，以及东方艺僧(黄宗仰)、富妪(曾为缝衣妇的佛教徒罗迦陵)与西方巨商(哈同)间审美趣味与价值取向的碰撞、妥协与交融，应属上海地区有史以来规模最大的私园。虽然其艺术手法机变百出、乏善可陈，但仍不失为禅思玄想与雄厚财力支持下的一次特定时域、地域内放诞、恣肆的集萃型园林风格超大规模实验。在形式、规模与文化内涵等多方面均足以成为广义后期海派园林之重要代表。

表 4－10 中是这一时期上海县域主要非经营性海派私园的情况。

表 4－10　晚清至民国初上海县域主要非经营性海派私园的情况

园名	园　址	园主简况	建成日期	园林概况及沿革
丁香花园	今徐汇区华山路849号	李鸿章(1823—1901)道光二十七年(1847)进士，晚清重臣	同治、光绪前期	此园系李鸿章升任江苏巡抚，踏上辉煌仕途后专为其爱妾丁香所营香巢，园内广植丁香树，故而得名，旧日面积 22.2 亩。园北部为两座建造于光绪后期的坡顶洋楼，由美国著名建筑师艾赛亚·罗杰斯设计，一为居住，一为藏书；南部有未名湖，湖心有琉璃瓦“凤亭”，湖畔有船舫，沿湖以太湖石堆掇动物造型，并有蜿蜒百余米的绿色琉璃龙墙，体现出日趋世俗化、复合化的晚清后期海派园林风格。20 世纪 30 年代园一度为张善琨所有；1949 年后曾为党政机关驻地，并向西扩建 8.4 亩；80 年代后两座洋楼单独对外开放

① 陈植《都市与公园论·自序》，转引自《陈植造园文集》，中国建筑工业出版社 1988 年 6 月第一版，27 页。

续　表

园名	园　址	园主简况	建成日期	园林概况及沿革
松柏园	新闻之王家库，今静安区新闻路泰兴路口	南京富商辛仲卿	光绪年间(1874—1908)	俗称辛家花园，"园可数十亩，洋楼面圃，细草如织，圃之北有池，可容小舟……环池左右皆花圃，花皆本国种……远胜于泰西各花园之种"，"历年春秋佳会，西人设赛花会，辛君恒为此邦之冠"①。此园除以花艺闻名外尚"叠石为山，依花引沼，诸丘壑皆各具巧思，非若张园之无物可见者可比"②。民国十年(1921)辛氏经商失败，以彩票方式出卖此园，后大半归盛宣怀。其北部后由盛氏舍为清凉禅寺，南部改造为市屋，今寺亦废。民国三年(1914)，康有为曾赁居此园南半部，建游存楼、补读楼等建筑，其书法名著《广艺舟双楫》即在此完成
爱俪园	南京西路、延安中路、铜仁路、陕西北路之间，今上海展览馆基址	英籍犹太侨民哈同(Silas Aaron Hardoon，1847—1931)	宣统元年(1909)九月	因哈同中文名为欧司·爱·哈同，其妻罗迦陵则字俪蕤，故合两人名为园名，寓伉俪深情之意(哈同深信其妻有帮夫运)，俗称哈同花园。园自光绪三十年(1904)兴建，宣统元年(1909)建成，至民国十年(1921)全部布局最终落定。其总体面积171亩，由常熟人、"乌目山僧"黄宗仰主持设计，景象空间构成带有集萃倾向，并具浓重佛教气息。全园分内外两区，外园有渭川百亩、大好河山、水心草庐三大景区，60余景，内园则有20余景。其建筑风格、布局手法华洋混杂，如入门之后的大片草坪、平面如四瓣秋海棠花状的楼房"海棠艇"、矗立池中、层层喷水的七层方塔(千花结顶)、日式的"阿耨北舍"、欧式的"欧风东渐阁"……其余建筑、景物极多，又买得荒废已久的明陈所蕴日涉园中假山，人称"海上大观园"。园内另有著名剧场"天演界"，孙中山先生曾在此演讲，章太炎先生在此举行婚礼；并曾先后创办华严大学、仓圣明智大学，故园中过往、居住名人极多，如朱祖谋、沈曾植、王国维、刘春霖、罗振玉、蔡元培等，画家徐悲鸿亦曾在此任教。太平洋战争爆发后园被倭寇占为营地，数遭火灾；哈同所领养子孙又纷纷拆卖，园景遂迅速颓败，抗战后已一片荒芜，仅残存洋房、水池。1955年在园址兴建中苏友好大厦，大厦前水池犹为园中旧物

① (清末民初)陈无我《老上海三十年见闻录》，上海书店出版社1997年1月第一版，89页。
② (清)《上海杂记·卷六·辛家花园》，光绪三十一年刊绘图本，文宝书局印。

续　表

园名	园　址	园主简况	建成日期	园林概况及沿革
课植园	朱家角镇西井街	马文卿	民国十四年(1926)?	园名取意课读、耕植，暗寓“农隐”主题，民国元年(1912)始建，耗银三十万元，历时十五年，广袤九十六亩，为罕见于近现代的大型准庄园式园林，俗称马家花园。园内有密集的建筑群与疏朗而失之散漫的园林空间，建筑风格、布局手法均中西杂糅，艺术水准乏善可陈，如既有大面积草坪，又有镶嵌有名工周梅谷所刻明人墨迹书条石多方的碑廊。全园最高建筑望月楼除体现回族园主之伊斯兰宗教信仰外，似尚可于湖匪盛行的民国前期警戒周边并供短期避难，亦颇具特色。1956 年此园辟为朱家角中学，现已修葺开放(图 4－27)

③ 租界市政公园：启蒙作用与屈辱代价

租界当局从同治七年(1868)起按照西方市政建设模式与生活方式陆续兴建的一批市政公园在多个方面给予不知现代公园为何物的国人以前所未有的启迪，对于我国园林社会综合服务与化育功能的确立、艺术手法与审美取向的开拓以及管理监督体制的设置均起到无可替代的启蒙作用，并直接启发、促成了后期经营性海派园林及第一代华人公园的诞生。至于由此带来的对国人生活方式、理念以及整个精神世界的深层次潜在影响，如对弱势群体的尊重与关切(租界有昆山儿童公园)，就更是一言难尽了。我们已知的如前述光绪三十二年(1906)今无锡市区锡金公花园的建设以及同年五月初五(6 月 26 日)两江总督端方发文饬各地劝谕绅民筹办树艺等事件均只是其中较为显著者。直至辛亥革命后上海县城自治公所总董“李平书君有规划庙园作公园之意，徒以经费不敷，事成画饼。”①

图 4－27　课植园内中西合璧的藏书楼

① (清末民初) 陈伯熙编著《上海轶事大观》，上海书店出版社 2000 年 6 月第一版，146 页。

世界上没有免费的午餐，租界市政公园在给这片土地留下财富的同时也负载着不应有的民族歧视与怨恨——“外白渡桥公园，在廿年前中西人士均可自由入内游玩，初无分畛域也。后西人以华人多不顾公德，恒有践踏花草之事，乃另建一花园……专供华人驻足之所”(图 4－28)。过于自信的租界当局仅借口便于管理等表面原因即长期采取禁止华人等东亚人种进入市政公园的消极、保守、愚蠢作法，完全拒绝了其他不致激化矛盾而同样能缓解问题的可行方式——昔日不足挂齿的“蛮夷之邦”开始逼迫国人为多年的妄自尊大、自绝于世界支付屈辱的代价。其中的外白渡桥公园(即公花园)更无比遗憾地成为民族情绪倾泻的标志性窗口。好在国人并未一味沉浸于此而不能自拔，张、愚、徐诸园的相继开放除牟利外未必没有竞争图存的民族意识在起作用，这为我们如何正确对待处理类似问题、情绪树立了积极的榜样，直至今天仍不失其借鉴价值。

图 4－28 晚清的公花园

就园林风格而言，租界市政公园也非一味照搬西洋诸风，而是愈至后期愈具因地制宜、兼容并蓄的“海派”风范，因而也成为广义后期海派园林的重要组成部分。如早期公花园之似一味偏向英国自然风景园风，后期的顾家宅公园之北部为法国规则式园林风，西南部则偏于自然，而更晚的兆丰公园则博采众长，既具疏朗雅洁的草坪、丛树、音乐台，又多曲折自然的野趣，故曹聚仁先生称其“广野平衍，山林幽壑，各擅其胜，可以说是上海公园最好的一处”①。

表 4－11 是这一时期上海县域主要市政公园的情况。

表 4－11　晚清至民国初上海县域主要市政公园的情况

园名	园址	开放日期	园林概况及沿革
公花园	白大桥（今外白渡桥）南岸，今苏州河、黄浦江交汇口开放绿地	同治七年六月二十（1868 年 8 月 8 日）	即 Public Park，同治四至七年（1865—1868）由工部局兴建于两江交汇口，可凭览江水，远眺隔岸野渡蒹葭，形胜之佳，一时无二。全园面积约 30 亩，后略有减少，大致取英国自然风景园风格。其“奇花异卉，大都来自欧洲，紫姹红嫣，各色各异……入其中者但觉细草如茵，落花成阵，芊绵葱翠，一望无垠”②。至民国前期又有所添筑：“中央为喷水池及音乐亭……左右茅亭各一，有纪念碑二”③。民国三十五年（1946）后称黄浦公园
华人公园	四川路桥东南堍，今四川路桥绿地	光绪十六年十一月初七（1890 年 12 月 18 日）	初名新国际花园（New International Garden），次年更名华人公园（Chinese Garden），“面临吴淞江，占天然之形胜，布置殊草草”④，“惟茅亭两三……石磴横列……时花盛开，芳草鲜美”⑤。民国三十二年（1943）更名河滨公园，今为城市开放绿地空间
昆山儿童公园	今昆山路昆山花园	光绪二十四年六月初一（1898 年 7 月 19 日）	光绪十九年（1893）工部局为外侨儿童兴建，俗称儿童公园，光绪三十二年（1906）更名昆山儿童游戏场，民国三十三年（1944）更名昆山公园，文革中几乎破坏殆尽，今名昆山花园
新靶子场公园	今四川路北端鲁迅公园	光绪三十二年（1906）闰四月	大约自光绪二十二年（1896）起工部局将万国商团新辟靶场余地建为公园，由工部局园地监督、苏格兰人麦克利（Macgregor）设计，拥有高尔夫球、网球、曲棍球、篮球、足球、滚球、棒球等多种活动场地，为运动休闲型公园。民国十一年（1922）左右更名虹口公园，民国三十四年（1945）更名中山公园，1949 年后更名鲁迅公园

① 曹聚仁著，曹雷、曹宪镛编《上海春秋》，上海人民出版社 1996 年 8 月第一版，214 页。

② （清）《上海杂记・卷六・公家花园》，光绪三十一年刊绘图本，文宝书局印。

③ （民国）吴馨修，姚文冉纂《上海县续志・卷二・六・名迹》，民国七年五月上海文庙南园志局刻本。

④ （民国）吴馨修，姚文冉纂《上海县续志・卷二・六・名迹》，民国七年五月上海文庙南园志局刻本。

⑤ （清末民初）陈无我《老上海三十年见闻录》，上海书店出版社 1997 年 1 月第一版，94 页。

续 表

园名	园 址	开 放 日 期	园林概况及沿革
顾家宅公园	原租界西面顾家宅，即今雁荡路105号复兴公园	宣统元年五月二十七（1909年7月14日，即法国国庆120周年）	园址原为光绪二十六年（1900）法军据“东南互保”协定入驻华界时所圈营地，法军分批撤离后，其地于光绪三十四年（1908）兴建公园并逐步扩大，最终占地一百三十六亩余，主要取法国规则式园林风格，俗称法国公园。“园址甚广，境颇幽静”①，但与国人审美习俗稍有距离。民国三十三年（1944）更名大兴公园，民国三十五年（1946）更名复兴公园
汇山公园	今杨浦区工人俱乐部	宣统三年六月初五（1911年6月30日）	似为英国式自然风景园，民国三十二年（1943）更名通北公园，1949年后成为杨浦区工人俱乐部
极司菲尔公园	极司菲尔路，后称梵皇渡路、万航渡路南，今长宁路780号中山公园	民国三年（1914）7月1日	即Jessfield Park。同治初年，兆丰洋行大班霍格（Hogg）兄弟在今中山公园北部建有占地70亩的乡间别墅，人称兆丰花园；后虽归属他人，但绿化基础仍存。民国三年（1914），工部局购得此地及周边部分地，由麦克利（Macgregor）主持设计，建为极司菲尔公园，亦称兆丰公园或梵皇渡公园。当时全园面积123亩，有巨大的草坪及土山、湖面，风格杂糅，整体上偏于自然，颇得各界赞赏，后又添设著名的大理石音乐亭。民国三十三年（1942）改称中山公园

(3) 形式异化三部曲：从中体西用到全盘西化

开埠初期的道光二十六年(1846)，英国基督教伦敦会申请于上海建造仁济医院，朝服翎顶、发辫俨然的上海道在签发土地契证时曾谆谆叮嘱“该处须造中国式房屋，以免动人疑怪”②，足见当时世风积习。数十年过去了，新一代上海民众却已经开始用理性、挑剔的眼光指点“泰西”式样，如欧风浓郁、望楼高耸的“张氏味莼园高堂敞轩，层台累榭，而又树木夹道，芰荷盈池，是真清凉国水云乡也”③——短短数十年间，上海官绅士民的眼界与胸襟已大为拓展——其实被拓展的又何止是眼界与胸襟！

长期的闭关锁国、妄自尊大后，民众对外来风格之从逐渐认同到欣然采纳当然非一蹴而就。令人称巧的是，几乎并建、并称于一时的徐、愚、张三园却恰好组

① （民国）吴馨修，姚文冉纂《上海县续志·卷二·六·名迹》，民国七年五月上海文庙南园志局刻本。

② 胡祥翰编《上海水志》，转引自熊月之主编《上海通史·第五卷·晚清社会》，上海人民出版社1999年9月第一版，190页。

③ （清末民初）陈无我《老上海三十年见闻录》，上海书店出版社1997年1月第一版，92页。

成了一部后期海派园林形式、风格异化的完整序列，从中不难窥见后期海派园林强大的风格包容能力与持续的进取欲望，也可以反映出这一认识转变历程之一斑。

① “中体西用”的徐园：又一村

“徐园者，海宁徐棣山所建，名‘双清别墅’，向在上海公共租界老闸桥北唐家弄，后移康脑脱路五号，其式如初，惟较大耳。入门有广庭，种竹数百竿，左有屋三楹，曰‘东墅’，为赌棋处，右为‘兰言室’，穿竹径，出山洞，有广厦曰‘鸿印轩’，再北为楼。轩之西有池，过小桥，有屋临水，状如舟，曰‘烟波画船’，其邻有亭曰‘鉴亭’。亭之西北隅，累石为假山，山上张风车，风来车动，吸水机则吸水上升，复注入池中之喷水机，由此机喷出，高可丈许。”①

这是晚清人徐珂《清稗类钞》中有关徐园的记述。徐园由“寓沪有年”②的巨商、雅士徐鸿逵（棣山）创建于光绪九年（1883），占地仅三亩（应指其核心景域），显系用以自娱；而园主父子的文化倾向则使其以商家园林而高度文人化——徐鸿逵幼子徐人杰（字凌云）为昆剧名家，有“南徐北溥”（即红豆馆主溥侗）之誉。袁克文《说曲》载其“歌与白，固已超超，然尚为人所易能，其面目之传神表情，则多出天授，且又加以揣练，故能毕妙毕肖，求之昔之名伶中，亦不数数觏也”③。徐氏除有此园外，尚于海格路（今华山路）辟有“铭园”，又称“小西湖”，还于吴淞江曹家渡一带辟有“桃李园”“小兰亭”（见下文）“水云乡”等胜迹，夹江而峙，足见其财力与雅趣。

从《绘图游历上海杂记》（光绪三十一年刊）中所载徐园图（图 4－29）看，此园以主要厅堂“鸿印轩”等建筑与自然山林隔水相对，两侧以亭廊掩映，仍近于明代文人园的典型格局，只是建筑密度、比重更大而已。园北则另有楼阁多座，所谓“十二楼”应在其中，为主要园居活动场所，因尺度较大，故与主要山水景象空间保持了距离——“十二楼”取意于传说中昆仑仙境内的十二座玉楼，所谓“十二楼中月自明”，此楼也可代指徐园。

从建筑单体看，临水的鸿印轩面阔不过三间，取雅淡轻盈的单檐卷棚歇山屋顶，与同时期面阔七间、屋顶陡峭、屋脊高耸的西园点春堂以及面积似仅二亩余的九果园中面阔七间的绍修堂迥然不同——其中不难见出园北楼阁分担功能之

---

① （晚清）徐珂《清稗类钞·园林类》，转引自孙小力编著《咫尺山林——园林艺术文粹》，东方出版中心 1999 年 1 月第一版，213 页。

② （清）《上海杂记·卷六·徐家花园》，光绪三十一年刊绘图本，文宝书局印。

③ 转引自郑逸梅《清娱漫笔》，上海书店 1982 年 6 月第一版，123 页。

图 4 - 29　徐园核心景域

功。而山林一侧的重檐歇山二层楼阁则压迫相邻山体，带有前期海派风格，为其不显著的败笔。至于徐文提及的风力喷泉虽不见于传统园林，似亦无伤大雅。

综观全园总体布局与建筑风格，仍较多体现文人园格调，少见前期海派风习的侵染。故时人评价其“几几乎脱尽烟火气，真海上难得之境也”①，并于这方寸之间寻觅、品评出“草堂春宴、寄楼听雨、曲榭观鱼、画桥垂钓、笠亭闲话、桐荫对弈、萧斋读画、仙馆评梅、平台远眺、长廊觅句、柳阁闻蝉、盘谷鸣琴”②等十二佳景，一时脍炙人口。

随着沪西申、张二园的相继开放和成功经营，以及上海民众在租界市政公园的启发、刺激下对多元化公众游赏空间需求的高涨，徐园于建成四年后顺应时势，以银洋一角的合理价格对外开放。或许因园主亦儒亦商，故似较旧式文人更为圆通，善于在完整保持文人园林空间形式、建筑形态的同时以开敞胸襟合理调整功能设置，增设如“悦来容”照相馆、“又一村”“西洋影戏”放映场地（即电影，疑系露天放映）等多种满足大众休闲游赏需求并开时代先河的时尚功能设施，同时

① （清）《上海杂记·卷六·徐家花园》，光绪三十一年刊绘图本，文宝书局印。
② 曹聚仁著，曹雷、曹宪镛编《上海春秋》，上海人民出版社 1996 年 8 月第一版，222 页。

亦能保持对知识阶层的特殊吸引。且其地处阒静而又不失交通便利，有异于沪西诸园之喧闹，更成独特优势，故而此园能以闸北一隅、数亩之地与静安寺周的经营性园林抗衡近二十年之久。

20 世纪初，上海地域城市化进程日益加快，徐园周边地价也持续上升，环境更趋嘈杂；至光绪三十四年(1908)，徐鸿逵子冠云、凌云兄弟不得不将此园拆迁"置换"至相对阒静的康脑脱路五号重建。因新址面积增至十八亩，原空间尺度亦作了相应放大，以图保持名园旧貌，但新园建筑毕竟较旧园为多。宣统元年七月十二日(1909 年 8 月 27 日)，第二代徐园重新开放。或许因其过于偏僻，游人渐少，口碑亦较旧园逊色——园林幽趣终非简单放大所能复制。此后公共游乐方式日趋多元化，功能划分也日渐明晰，"一锅烩"式的经营性海派园林不免走向衰颓，此园亦于民国十六年(1927)关闭，至倭寇占领上海后为难民所居，不幸失火遭焚，遗址遂改建为住宅。

徐园开放后的光绪二十二年(1896)，《万国公报》编者沈寿康于《匡时策》一文中称："中西学问本自互有得失，为华人计，宜以中学为体，西学为用。"①某种程度上，以传统文人园完整躯壳作为鲜明特色与重要卖点，为近代公众城市生活服务的徐园已提前"实践"了这一理念。这对于传统园林形式来说，也堪称"柳暗花明又一村"了。

当时风格与徐园大致类似的尚有上海县城西园及晚期之半淞园，但半淞园尺度要大得多。

② "半参西式"的愚园：辜鸿铭之书条石

"愚园为上海租界之名园，与静安寺相近。入门过小桥，即见一楼，楼前多乔木，有紫藤一棚。楼后为池，池上有水亭，曰'如舫'，过此即为'敦雅堂'。堂后为假山，石笋颇多，山上为'花神阁'，有闽人辜鸿铭英文诗、德文诗石刻在焉。池之东西南富有亭榭，楼之西北隅复有小楼，曰：'飞云'。楼西为球场，场之东北隅为弹子房，弹子房东为鹿砦、虎栅，西为'唐花室'。"②

这是晚清人徐珂《清稗类钞》中关于愚园的记载。愚园由宁波巨商张氏兴建于光绪十四年(1888)，至十六年(1890)又将相邻经营不善的西园并入后开放。园占地 30 余亩，门券二角，起初两年经营极佳，"日可获利数百元"③。后因区位

① 转引自陈祖武、汪学群撰《清代文化志》，上海人民出版社 1998 年 10 月第一版，336 页。

② (晚清) 徐珂《清稗类钞·园林类》，转引自孙小力编著《咫尺山林——园林艺术文粹》，东方出版中心 1999 年 1 月第一版，213 页。

③ (清末民初) 陈无我《老上海三十年见闻录》，上海书店出版社 1997 年 1 月第一版，87 页。

及特色不足等原因渐落张、徐二园身后，五度易主仍难以振作，不得不于民国初期改建为市屋。

此园可分东、西两部。西部为花圃、菜圃及小型动物园，另有大型玻璃花房“唐花室”。东部则建筑繁密，以四面厅“敦雅堂”为主要厅堂，面池背山（图4－30），池对岸为可容纳数百人集会的二层洋楼，宛如张园“安恺第”之姊妹篇。池周则有似为写意型的“如舫”及鸳鸯厅、倚翠轩等建筑。敦雅堂一侧尚有名贵的楠木厅，除大木多以楠木为之外，小木部分也以香楠木精镂，厅内家具亦极精工，显系为高档聚会服务的场所；堂背后则横卧着以松江府城古倪园石材堆掇的大型假山。其余尚有杏花村（酒家）、云起楼、飞云楼等景物。人称“花木参差，湖山曲折”①，颇具胜概。

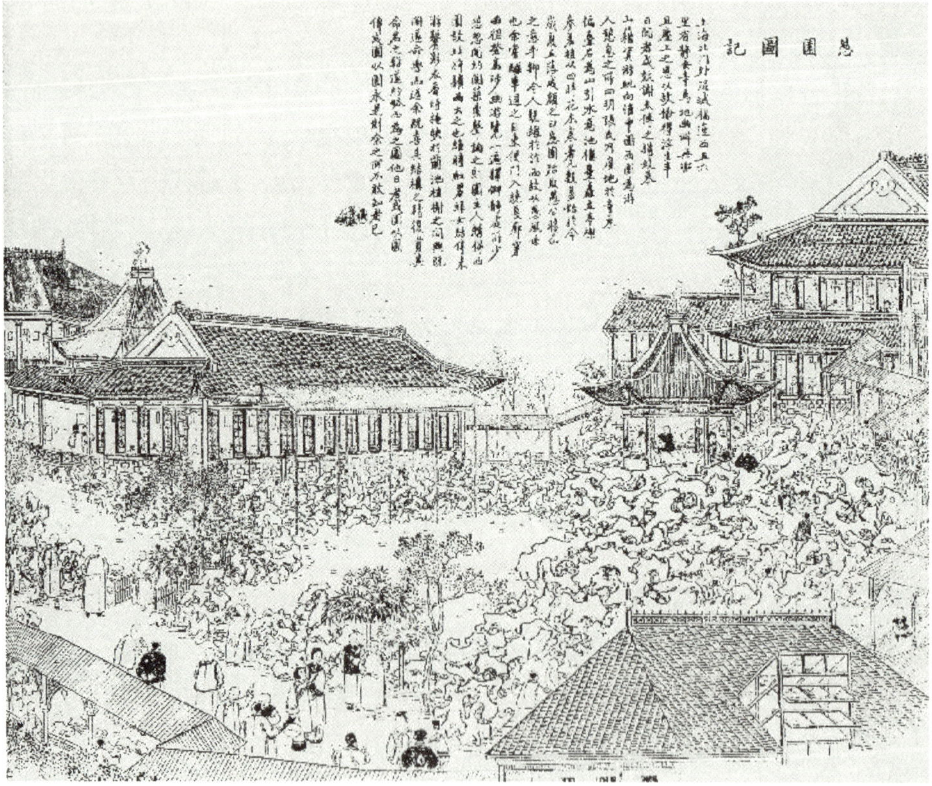

图4－30　愚园东部核心景域

① （清）《上海杂记·卷六·愚园》，光绪三十一年刊绘图本，文宝书局印。

上海地区旧城隍庙园中多有花神祠，今青浦县曲水园、宝山县罗店镇城隍行祠花神堂尚存，已毁者尚有朱家角城隍行祠花神堂、上海县城隍庙西园花神阁、东园花神祠等，足见信仰之盛。不知是否为承继这一传统信仰抑且为招徕游客，愚园大假山巅也矗立有花神阁，登阁可俯瞰园景，成为园中最脍炙人口的景致。同样知名的还有此阁壁间书条石上镌刻的、一代怪杰辜鸿铭(1857—1928)以英文、德文写就的诗章——中西两种文化形式如此出人意表地统一于小小一方书条石上，使人过目难忘。一定程度上，这数方书条石恰可成为整座愚园的风格缩影——既保有较多传统园林风貌，也不惮吞吐采纳异域风情，即所谓"半参西式"①。

当时风格与愚园大致类似的尚有申园，"大花园"则似较其更偏中式。

③ 全盘西化的张园：极致对比与饱满撞击

"海天胜景让张园，宝马香车日集门；客到品花还斗酒，戏楼箫鼓又声喧。"②

诗中描述的张园本是侨居沪上的洋人格农(Grone)所营花园住宅，为租界闹市与静安寺间众多花园住宅之一，当时占地不过 20 余亩，因格农原以经营园圃为业，故而此园花木雅洁，已具胜观。光绪八年(1882)，无锡寓沪富商张鸿禄(字叔和，1850—1919)以价银万余两购得此宅，用于奉养老母，园名"味莼"，显系取意西晋张翰于秋风中思念家乡莼菜羹、鲈鱼脍的旧事③，不乏暂将他乡作故乡的况味。老母去世后，张氏在友人劝说下勉力整顿心绪与园景，于光绪十一年上巳(三月初三，即 1885 年 4 月 17 日)追随申园对外开放，收取门券一角——张叔和曾以广东候补道身份帮办轮船招商局事务，历经风浪，阅历非徐园主人徐棣山或愚园主人张氏等人可比。他于经营张园的同时尚拥有多家企业股份，并投资数万于无锡荣氏创办的申新一厂——张氏这一特殊身份背景对于张园此后持续有力的资金投入与几近全盘西化的风格养成起到了决定性的作用。

开放之初的张园景物较为有限，不过主楼(疑后期改设为旅馆)、草坪、花房、茅亭、人工湖、假山及山巅的日式板屋等，总体以"西式"为主而渗入东方风格，稍具有同时期风行欧洲的浪漫主义倾向，布局较为散漫。虽然园主所邀文人大加揄扬，称其"集诸园之大成……佳妙更出于众园之上"④，但公众更广泛而客观的

---

① (清末民初)孙家振《退醒庐笔记》，上海书店出版社 1997 年 1 月第一版，63 页。

② 《沪江商业市景词》，转引自《民国丛书・第四编・81・上海研究资料续集》，上海书店，570 页。

③ (南朝宋)刘义庆《世说新语・识鉴》。

④ (晚清)寒食生《游味莼园记》，转引自《上海园林志》编纂委员会编写《上海园林志》，上海社会科学院出版社 2000 年 4 月第一版，647 页。

评价不过是“薄具西式园林之胜”①(图 4 - 31)。此后园主投入日多,经营亦日盛,园林规模随之逐步扩大至六十余亩,渐至不收游资,纯以园内设施牟利,而游人因之愈夥,赢利更丰,至 19 世纪 90 年代中后期形成稳定的良性循环,步入其鼎盛期。

图 4 - 31　盛期的张园水面与灯舫

此时的张园最为人称道的“景观”并非山林湖沼等取意自然的景物,而是可容千人品茗聚会的“安恺第”大厅(Arcadia Hall)、厅前可容数千人休憩、交流或举办大型露天舞会及马戏表演的大草坪、可供“髦儿戏”班(女童组成的京剧班)等演出的“海天胜处”剧场以及弹子房、照相馆、电气屋等众多纯粹西式的建筑设施及偏于规整的园林景观;旧有的假山等景象构成要素则几乎淡出时人的视野——不同于徐、愚二园之着意于景象空间的塑造,张园真正推广与“销售”的实

① 《上海园林志》编纂委员会编写《上海园林志》,上海社会科学院出版社 2000 年 4 月第一版,648 页。

为令人耳目一新的、几近“全盘西化”的生活理念与方式——显然张氏已准确地把握了晚清上海的城市生活脉搏，深深地明了这座城市稀缺的究竟是怎样的“景观”，渴望的是怎样的“游憩”。

对于张园的经营之道时人多给予积极评价：“此园为海上仅见之园也”①、“城外园林甚多，而以味莼园为最”②……亦有道学家悻悻道出张园兴盛的部分原因：“张园林木之丛茂，亭榭之清幽，溪径之曲折，屋宇之精雅，曾不逮愚园之半，而独以‘安恺第’轩敞之故，致东都浪子、北里名姬流眄送情、履舄交错，所谓仰观俯窥而各如所欲者，又非愚园所能冀其什一也”③——这类对张园景象空间的批评固然有审美取向差异的因素在作怪，但园主本无心于此实为根本肇因；至于其对青年男女于公共场所顾目流盼的横加指责则令人反生庆幸，庆幸有张园在如此禁锢的年代为追求放纵的欲望、渴望飞翔的心灵撑起了一片自由的天空。

当社会进步到需要不同的单元体来更好地承担其日益分殊化的功能时，张园的金色年华终于走到了尽头。大约自民国建立后，张园门前车马日稀，经营日衰，而地价却日益高涨，如此反差使其至民国七年(1918)即告停办，翌年拍卖，逐步改建为里弄住宅——物质的张园黯然退至时代幕布的背后，但它以近乎“全盘西化”的表现形式给这座城市 19 世纪末的传统生活带来的极致对比与饱满撞击却再也无法抹去。

当时风格与张园大致类似的尚有静安寺畔的西园。

(4) 功能的异化与延续：政治场所与文化窗口

自 19 世纪 80 年代起，在张、徐、愚等经营性海派园林先后向社会开放的同时，县城隍庙东、西两园及上海县域其他部分私园也逐渐开放，只是有时不免有些中国特色，如东园“大门阖，无启期，出入由侧门，无人司阍……只须抽隙间麻绳向下，则门辟矣”④。

一时园亭错综，时人不免作多种横向对比。如“西园，学生之天乐窝也，徐园，名士之天乐窝也，愚园、张园，豪客、妓女之天乐窝也”⑤，这是就各园所汇聚主流人群而言，其中张园实囊括各阶层并具有全国性。再如“张园乃是政治的摇

① (清)《上海杂记·卷六·张家花园》，光绪三十一年刊绘图本，文宝书局印。
② (晚清) 李维清编著《上海乡土志·第二十四课·园林》，上海劝学所光绪三十三年丁未二月出版。
③ (清末民初) 陈无我《老上海三十年见闻录》，上海书店出版社 1997 年 1 月第一版，87 页。
④ (清末民初) 陈伯熙编著《上海轶事大观》，上海书店出版社 2000 年 6 月第一版，129 页。
⑤ 《上海之百面观》，载《民立报》1910 年 12 月 27 日。

篮，徐园则是昆曲复兴的温床”①，这是就各园所承担社会功能而言，实际上后期海派园林盛期所承担的社会功能尚不止于此——“公园的辟设和私园的开放，为晚清上海市民社会拓开了一个崭新的公共空间……对于上海移民社会的整合、上海人意识的形成、市民公共意识的孕育等方面，都有着重要的作用。”②以下就其几方面社会功能作一分析。

① 政治舞台：从湖心亭到“安恺第”

上海园林与家国天下的因缘关系萌动于晚明几社诸子之名园雅集(松江府城宜园、南园)，大行其道于清末的后期海派园林，其中又以张园为翘楚。下列这一时期张园部分政治活动时间表(表 4-12)。

表 4-12　晚清至民国初张园部分政治活动时间表

时　间	人　物	事　件	详　　情
1897 年 12 月 6 日	中外妇女百余人	讨论设立女学事宜	为“张园第一次百人以上的大型集会”③，上海道夫人亦到会以表官方支持
1900 年 7 月 26 日	唐才常等 80 多名维新人士	成立“中国国会”	选举容闳(1828—1912)、严复(1854—1921)为正副会长，唐才常(1867—1900)为总干事，宣布决不承认清政府有统治中国之权，公然向北方专制政府叫板，但又拥护光绪帝，实则倾向君主立宪。不到一月后，唐才常英勇就义
1901 年 3 月 15 日	各界人士 200 余人	拒俄集会	致电清廷及各省督抚，要求“力拒俄约，以保危局”④，并发表《告中国文》。此后张园集会成为惯常现象
1901 年 3 月 24 日	士农工商各界近千人	拒俄集会	有数十外国人旁听
1902 年	中国教育会及爱国学社	欢迎从南京陆师学堂及日本退学学生的集会	中国教育会由蔡元培、章太炎等人创办，为上海最早资产阶级革命团体，爱国学社由该会创办，平时每周末至安恺第大厅演讲
1902 年 5 月 5 日	中国教育会、爱国学社发起各界人士	拒法大会	传闻广西巡抚欲以路权、矿权换取法军入境“助剿”广西民众抗捐暴动

① 曹聚仁著，曹雷、曹宪镛编《上海春秋》，上海人民出版社 1996 年 8 月第一版，223 页。
② 熊月之主编《上海通史·第五卷·晚清社会》，上海人民出版社 1999 年 9 月第一版，354 页。
③ 熊月之《张园与晚清上海社会——一个游乐场所的兴衰与公共空间的形成》，转引自《南方周末》(2002.4.4.C22)。
④ 转引自张仲礼主编《上海近代城市研究》，上海人民出版社 1990 年 12 月第一版，689 页。

续　表

时　间	人　物	事　件	详　　情
1903 年 4 月 27、30 日	士农工商各界人士	两度举行拒俄大会	通电反对沙俄新约
1911 年 12 月 31 日	士农工商各界人士	欢迎孙中山大会	孙先生在会上发表演讲，当时散文家郑逸梅先生亦在台下①。当夜孙先生即登车赴宁，翌日就任中华民国临时大总统
1912 年 4 月 17 日	中华实业联合会召集各界人士五百余人	欢迎孙中山大会	此会正值孙先生辞去总统职位以填袁世凯欲壑之际，会中选举孙先生为中华实业联合会会长，孙先生并再次发表演讲
1912 年 4 月 24 日	各界近千人	悼念秋瑾（1875—1907）大会	会上十多人发表演说
1913 年 4 月 19 日	国民党交通部及其上海分部召集两千余人	纪念广州黄花岗烈士大会	陈英士（1877—1916）主祭，章太炎等十余人发表演说
1913 年 3 月（?）	各界约三万人	追悼宋教仁大会	宋教仁（1882—1913）于是年 3 月 20 日晚遭遇袁世凯所遣刺客刺杀，22 日身亡

上述不过是张园政治活动的一斑。事实上，自 1901 年拒俄集会始，上海民众已经形成风习与默契，一遇重大事件便云集张园，尤其是园中“安恺第”大厅商议；这是上海爱国绅商市民在时代浪潮的濯洗以及张园公共空间的濡染中民主精神与群体意识增强的可贵表现，而租界当局之坚拒清廷魔爪的介入更使租界内张、愚诸园成为上海乃至全国各省民众张扬个性、驰骋豪情、痛斥专制、呼吁革新的宽广而坚实的舞台。据熊月之先生统计，“从 1897 年 12 月到 1913 年 4 月，张园举行的较大的集会有 39 起”②——多年以来上海民众第一次从“勿谈国事”之类的森严禁忌中解放出来，放言抗辩，倾吐心声，相互砥砺，奋发成长。这对于上海民众独立人格的形成及其从“臣民”向“公民”的转化，对于“开新、灵活”③的上海城市精神的健康发育都起到重要作用。作为这一历史进程的特定容器与庇护所，作为永久进入城市记忆的特殊政治场所，张园功不可没；而带有尖峭望楼、挺拔

① 郑逸梅《艺海一勺续编》，天津古籍出版社 1996 年 11 月第一版，3 页。

② 熊月之《张园与晚清上海社会——一个游乐场所的兴衰与公共空间的形成》，转引自《南方周末》(2002. 4. 4. C22)。

③ 陈旭麓《说海派》，转引自《上海：记忆与想象》，文汇出版社 1996 年 2 月第一版，166 页。

壮观的"安恺第"大厅更一如旧日上海县城隍庙西园之湖心亭,为这个场所提供了一个形态饱满的物质象征与记忆核心——"许多人想起革命往事,也就想起张园的'安恺第'来;'安恺第'虽是姣童轶女的谈情之所,却也是革命的摇篮。"①

此外如晚清革命志士李平书(1854—1927)、孙玉声等曾集中爱国商界青年主办商余学会,会址先设在城南一粟庵,后迁至青莲庵。该学会后来发展为商团,成为辛亥革命中攻打制造局的核心力量②,是为传统寺庵园林为民众革命服务之一例。

② 文化艺术舞台:云起楼与"海天胜处"

光绪三十三年(1907),陈去病(1874—1933)、吴梅(1884—1939)、刘三等十一人在愚园成立神交社,酝酿成立近现代著名的文学而兼政治色彩的进步团体"南社"。宣统三年(1911)春,南社社员三十余人集会于愚园,此后其每年春、秋两度集会常在上海愚、徐二园,其中愚园十四次,徐园四次,愚园云起楼即为其雅集之处。

张园"海天胜处"剧场等处则以其优越的场地、设备条件成为当时众多新文化艺术崭露头角的重要舞台。如以新剧为例,张园"新剧"表演活动时间表即很能说明问题(表 4-13)。

表 4-13　1908—1910 年张园"新剧"表演活动时间表

<table>
<tr><th>时　间</th><th>活 动 内 容</th><th>备　注</th></tr>
<tr><td>1908 年 2 月</td><td>新剧团体"春阳社"在张园举行七天筹款演出</td><td rowspan="6">通常认为中国话剧正式发端于 1908 年 3 月</td></tr>
<tr><td>1908 年 7 月</td><td>金应谷组织新剧团体"慈善会",公演于张园</td></tr>
<tr><td>1909 年 2 月</td><td>"一社"、"天义社"、"慈善会"合组"上海演剧联合会",在张园公演</td></tr>
<tr><td>1909 年 7 月</td><td>袁芪之成立"亦社",公演于张园</td></tr>
<tr><td>1910 年 7 月</td><td>王钟声等合组"文艺新剧场",公演于张园</td></tr>
<tr><td>1910 年 8 月</td><td>汪处庐组织"广济社",公演于张园</td></tr>
</table>

同"海天胜处"的铿锵新剧表演(当时新剧多大段即兴演说)形成鲜明对比的是愚园内"寿仙班"表演的、盛极一时的"髦儿戏"(即由女童表演的京剧,此后诸园竞相仿效)以及袅袅轻飏于徐园戏台的昆腔——搬迁新址后的徐园主人徐凌云父子均雅擅此道,园内戏台也因而成为苏州五亩园"昆剧传习所"学童们满师

① 曹聚仁著,曹雷、曹宪镛编《上海春秋》,上海人民出版社 1996 年 8 月第一版,221 页。
② 郑逸梅《清娱漫笔》,上海书店 1982 年 6 月第一版,65 页。

后在上海的试演之地,“一班‘传’字辈的昆剧演员,没有一个不在徐园中演出过的”[①],园主也常登台自娱。以徐园与徐氏父子的声望,为赓续、推广这一传统文化艺术瑰宝起到过积极作用。

古老的昆剧以外,因徐园集结文人较多,其氛围之雅洁也有异于张、愚二园——“徐园……有池亭水竹之胜,民国二年(1913)为永和后第二十六癸丑,吴兴周梦坡大集名士,作修禊会。今年姚志梁亦于三月三日借此园以觞咏”[②]。文人中固多书画名家,故园中亦常举办书画展览会,其中以民国十四年(1925)一次较为知名,海上、吴门画派名家多有作品参展。此外光绪二十二年(1896)徐园“又一村”“西洋影戏”的放映尚是我国放映电影之嚆矢,而园内的“悦来容照相馆”也是上海最早的商业摄影社。

③ 民俗舞台:徐园花会

百年前的清中叶,上海县城民俗活动多萃集于城隍庙东、西两园(见前文),但时至晚清,两园园景及空间尺度均已不足以,且不适宜吸引大量人流,于是沪上众多传统民俗行为纷纷延至后期海派园林中展现。如各园均常举行各种花会,如张园之菊花大会,而徐园每年春秋佳日应时举办的花会更有梅花会、兰花会、菊花会、杜鹃会、牡丹会等多种,已迈过西园时代,另有琴会、曲会及元宵时的灯谜会,满园灯彩、焰火,很是热闹——光绪十三年九月(1887 年 10 月),徐园举办历时近一月的菊展,是为经营性海派园林举办花展之始,此后年年常办不辍,直至民国时期闭园:“逢到霜清风肃,篱菊怒开,园中乃设菊花会,檀板金樽,佐以寒芳冷艳,于是联翩裙屐,盛极一时。海上漱石生孙玉声的清末民初著名小说《海上繁华梦》中,即把徐园当时的盛事,载入一二回”[③]。而“每逢元宵前后,张灯供客夜游,那灯儿是雇巧工制的,玲珑透剔,无奇不有。且年年不同,岁岁各异,颇能引人入胜……又制灯谜,由游客随意猜射”[④]。

传统民俗行为的生命力是长久的,经营性海派园林认识并抓住这一点,凝聚了人气,获得了效益,并与租界当局所办活动形成呼应、抗衡局面——光绪元年(1875),英美租界首次举办花卉展览会,此后每年举办一至二次。

④ 休闲场所:袁氏“五乐”与张园“十快”

明中后期散文名家、“公安派”领袖袁宏道(字中郎,1568—1610)曾在《与龚

---

① 郑逸梅《艺海一勺续编》,天津古籍出版社 1996 年 11 月第一版,249 页。
② (清末民初)陈伯熙编著《上海轶事大观》,上海书店出版社 2000 年 6 月第一版,132 页。
③ 郑逸梅《艺海一勺续编》,天津古籍出版社 1996 年 11 月第一版,249 页。
④ 郑逸梅《艺苑琐闻》,四川人民出版社 1992 年 7 月第一版,337 页。

惟长先生书》中放肆地宣告："然真乐有五，不可不知……士有此一者，生可无愧，死可不朽矣。"①(表 4-14)

表 4-14　袁氏五乐

内　　容	序号	浅　　释
目极世间之色，耳极世间之声，身及世间之鲜，口及世间之谈	一快活也	官能享受之总纲，但"口及世间之谈"表现出对信息、观念交流与言论自由的有限渴望
堂前列鼎，堂后度曲，宾客满席，男女交舄，烛气熏天，珠翠委地，金钱不足，继以田土	二快活也	奢华而不计花费与后果的宴席，但"女"恐为妓妾等，普通妇女尚无此自由权利
箧中藏万卷书，书皆珍异；宅畔置一馆，馆中约真正同心友十余人，人中立一识见极高，如司马迁、罗贯中、关汉卿者为主，分曹部署，各成一书，远文唐宋酸儒之陋，近完一代未竟之篇	三快活也	契友之学术、思想交流、探讨。司马迁(约前145—约前87)、罗贯中(约1330—1400)、关汉卿(约1226—1300)皆颇具另类光彩，并非主流文化所着力推崇之楷模
千金买一舟，舟中置鼓吹一部，妓妾数人，游闲数人，泛家浮宅，不知老之将至	四快活也	目的地不确定的休闲旅游。此说可为前文所述陆深、孙克弘、施绍莘等人为园居生活特制的游舟作注解
然人生受用至此，不及十年，家资田地荡尽矣；然后一身狼狈，朝不谋夕，托钵歌妓之院，分餐孤老之盘，往来乡亲，恬不知耻	五快活也	极端化地表达了对社会礼制秩序的藐视、对独立人格尊严的渴望，以及由于无力改变现状而产生的消极、放纵心态，其中还隐含着社会平等理念

一连串足以令道学家震愕、使今人困惑的怪论实为晚明园居生活之浓缩版本，是肯定物欲合理性、强调个性解放的人本思潮之极端化表达方式——与之相应成趣的是三百年后清末民初报人陈无我于《老上海三十年见闻录》中记录下的"游张园十快"②之说，兹列表 4-15 记录于下，以见晚清沪上张园休闲行为之总总(图 4-29)。

表 4-15　游张园十快

序号	内　　容	浅　释
其一	五六月赤日当空，挥汗如雨，急命马车赴园纳凉，距园约里许，浓荫夹道，溽暑全消，车声辚辚，清风徐引，岂不快哉！	租界及张园的浓荫绿树
其二	甫入园，至"安恺第"大洋房，忽与素心人相遇，煮茗清谈，举凡嫫母、无盐之流，概未之见，询知今日皆未来园，心为之一爽，岂不快哉！	茶事

① (明)袁宏道著《袁中郎小品》，文化艺术出版社 1996 年 8 月第一版，6 页。

② (清末民初)陈无我《老上海三十年见闻录》，上海书店出版社 1997 年 1 月第一版，91 页。

续　表

序号	内　　容	浅　释
其三	清晨访友，连走十余家皆未把晤，及抵张园而晨间所访之友均在座，此呼彼应，瀹茗纵谈，岂不快哉！	茶事
其四	与友人赌打弹子，至第九周，友人得数八十七，余得数七十八，自料万不能胜，及第十周，友人三击皆不中，余则一弹掷去十杵俱倒，反胜友人一筹，岂不快哉！	保龄球
其五	夜间看影戏，正苦日光短视，而眼镜忘未携带，忽友人以千里镜相借，得以纵视，岂不快哉！	以望远镜看电影
其六	看放潮州焰火，数套甫毕，忽然寂灭，众皆逼视，俄闻毕扑之声大作，流星火炮四面迸射，众皆抱头鼠窜而逃，岂不快哉！	夜间焰火
其七	偶思看猫儿戏，适值吴新宝演《天门扫雪》，接连桂芳又演《三娘教子》此两戏系二人擅长，一日之间皆得寓目，岂不快哉！	“猫儿戏”即髦儿戏，女童表演的京剧
其八	家中僮仆顽劣，呼应不灵，正在呵斥之时，适友人以马车来，偕至张园遣闷，无论大菜小酌，堂倌侍应极为周到，唯唯诺诺，愉色婉容，岂不快哉！	用餐及标准化服务
其九	在青草隙地见有多人试演脚踏车，有一人躯体粗肥，见猎心喜，必欲一试，友人苦劝不听，甫踏上即跌下，车既滚倒，此人费尽力气尚未爬起，岂不快哉！	学自行车
其十	半夜看俄国技师演技毕，乘车回寓，甫过泥城桥，于转弯处回头凝眸，见有数百马车联镳而至，车边灯火两两光明，岂不快哉！	马戏及租界流行的“夜马车”景观

图 4－32　张园门前的繁华景象

今人看来或许微不足道的琐屑细事在张园中交相累积，于无形中悄然改造着晚清海上知识分子的审美趣味乃至精神世界。他们更多地将中晚明人无从突破围城、改变现状的焦灼与狂狷化为接触、探究西方先进文明的理性与从容，在心理上逐步走出中世纪的阴森堡垒，长啸一声，再无反顾。

经营性海派园林的众多休闲特质均延续至晚期的半淞园。此园于山水景观之外，尚多照相馆、跑驴场之类设施，引得众多市民欣然参与，也引来曹聚仁先生或许有些过分的讥嘲："这样的园林，在我们乡下人眼中，怕不笑脱了下巴；可是在上海这样的热闹世界，剪取半边吴淞江，确乎淡雅胜繁华了……事实上等于郊外的游艺场……和其他游艺场差不多，只是舒畅一点而已……周末假期，车马交集，士女纷沓。有一回，我带了学生作秋日旅行，交通阻塞，几乎到了午夜才算回到新闸路。"①

(5)"后期海派园林"分析

后期海派园林是在上海租界这一特定地域与晚清至民国初期这一特定时域内，园林艺术与功能形态在中西碰撞与新旧交替的重大发展隘口所呈现之多元面貌的特定载体。下文试图对其主要代表——经营性海派园林种种特性作一分析：

① 城市性：张园与"新天地"

如果将城市理解为人类物质与精神财富(包括制度财富)在一定时域与地域内呈层递结构的高度集中，则多元、多层共同发展应是其与生俱来、须臾不可或缺的天然属性，对于近现代城市则尤为如此。经营性海派园林的城市性即表现在其形态、功能特征与近代城市属性的高度契合，以及其生成与发展过程与城市生活的充分互动与交融。

经营性海派园林客观上为适应与完善近代城市多元化功能要求而生(否则经济性无从谈起)，暂时地填补了华人城市公园的空白，并于华界公共空间极为匮乏的特殊时代顺应时势，极大拓展了近代城市公园固有的服务功能，承担了诸如城市广场、博览会、游艺场、商场等多种复合的功能形态，在弥补传统城市功能之严重不足的同时也令自身获得丰厚回报与长足发展，较近千载前宋代城市中的繁华瓦肆以及同治年间上海县城隍"庙、园、市"三位一体的城市空间均已大为过之，以致有观点认为其中的张园已不能纳入园林范畴。如此众多的城市功能有但仅有区区数座园林来承担，既是时代的幸事，也是其一时

① 曹聚仁著，曹雷、曹宪镛编《上海春秋》，上海人民出版社 1996 年 8 月第一版，218 页。

的大不幸。

经营性海派园林还在特殊年代里以特殊方式于牟取利润的同时挟强势文化之威对上海县域乃至更广大地区的民众进行了一次平等而多元、多层的化育，为海上民众辟设了一扇展现西方世界物质、精神与制度文明，尤其是近代都市型生活形态的时尚窗口。如张园特设的演说、集会场地“安恺第”、可供西洋马戏表演及千人跳舞、休憩的大草坪、展示西洋科技的电气屋、照相馆……使其成为较今日风行沪上之“新天地”休闲娱乐街区有过之而无不及的城市魅力空间。有了老城厢墟市化的城隍庙西园，有了租界内整洁的市政公园，有了华人自办、五光十色的经营性海派园林，上海作为一座近现代城市的形象、特色才日渐丰满鲜明，上海民众从传统意义上的城市平民走向近现代意义上合格市民的步伐才会日益加快。

某种程度上，这一亲近、迎合普通民众，将民众个体与整座城市联系在一起的特性也可表达为经营性海派园林的市民性，这一市民性还可以部分地看作明中晚期江南地区兴起的市民文化在乾隆年间重新兴起后的再度高蹈。

② 经济性：“申园公司”与张园悲剧

经营性海派园林的建设、维护与发展某种意义上仍属纯粹的经济行为，必须依靠其自身的运作以获取超额的资金回报，所谓“以园养园”不过是最基本的运营要求。“大花园”之由大花园公司、西园之以招股方式营造、运作均是为适应其经济特性所采取的合理方式，申园更系公一马房为拉动马车租赁业务而建，时称“申园公司”——这与明中晚期文化官僚个人经营的文人园、清中叶由合邑商贾市民锱铢积累、合力供养的城隍庙园以及近现代意义上纯属公益事业、需要全社会纳税人共同供养的公园迥然不同，并直接导致了其形态、功能构成与审美取向的全面改变——单纯而沉重的利润压力使得如何吸引更多人流入园并实现园内消费的最大化成为园主首要考虑的问题，优美园林景象的营造则由明中晚期文人园及近现代公园的首要追求沦落为实现这两点的辅助工具，完全可以为迁就、迎合部分市民群体的消费及审美需求而随意扭曲乃至部分牺牲。当这种牺牲在利润追求的驱使下愈演愈烈，以致完全失去商业目的与社会服务、化育功能间的有机平衡时，这类园林的生命也就接近了尽头。

下面以表格形式列出当时张园的“游览须知”，以见其经济运作、利润博取方式之一斑(表 4 - 16)。

表 4-16 “后期海派园林”张园的“游览须知”内容

序号	项　目	收　费　标　准
1	茶资	泡茶每碗两角，并无小账
2	茶座果品	每碟一角
3	洋酒	起码二角
4	点心酒菜	汤面每碗一角半，炒面每盘三角，绍酒每斤一角，鱼翅每碗八角，牌南每盆三角，狮子头每盘五角，卤鸭每盆三角
5	望楼	登者概不取资
6	书场	“安恺第”夏季有之，每人六角
7	滩簧	“海天胜处”有时有之，每人约二三角
8	弹子房	租一大木弹一盘给二角，租小象牙弹一盘给二角五分
9	铁线架	打者给二角
10	抛球场	租地一方，每月十五元
11	照相	四寸六角，六寸一元，八寸二元，十二寸四元，“光华楼”主人在园开设
12	外国戏	有时有之，座价计分三角、二角、一角等三种
13	花圃	有玻璃花房，出售外国花，如石兰红、美人粉等，价数角至一元数角不等；又有“益田花园”出售日本花，如寒牡丹、樱花、青帘枫、红帘枫等，价目一元至数元不等
14	假座演说	包租“安恺第”一日，价四五十元，茶房另给十二元。夜加电灯费十二元，礼拜日酌加租价。如事关公益，亦可酌减。凡租赁者，须先一日关照
15	假座燕客	每天给煤气及伺候人等各费共十四元，厨房代办酒席，每桌自五元至十余元不等，在外叫菜亦可。凡租假者，须先一日关照

(1) 揣摩普通市民消费心理，以免收门券的大胆方式最大限度地接纳社会人流，为后续消费拓展空间。

(2) 提供多层次、多渠道的消费门类，最大限度地契合多层次游客的需要，并用足游客消费潜能。

(3) 透明、公开的消费方式，如价格明晰，并杜绝小费。俨然是现代契约社会的小小缩影。

如两人入园以两碗茶，两碟果品于这一新异时尚环境中消磨一下午不过银洋六角，如晚餐亦在园中用汤面两碗，则再加三角可消磨至夜，观赏“夜花园”及焰火，其消费水准似尚为中等收入市民所能接受——这应是经营者确定价格的基本参照。

同时期"公共租界上的公园，除出售常券外，还零售门票，每券二角"((民国)郁慕侠《上海鳞爪》，上海书店出版社 1998 年 3 月第一版，162 页)，但其门禁显然过于森严，对国人亦不具有亲和力。徐园以门券一角包含茶资，似更显实惠，但区区门券已在园林空间与普通社会公共空间之间划出了截然的鸿沟，实不利于人流的聚集，况且园中也缺乏更多层次的消费渠道、余地。而华界的县城隍庙内园虽基本可随意进入(见前文)，但"园丁必以茗敬客，味甚劣，不论饮否，每人总须给予铜元六枚，若问值，知为生客，非小洋一角不可"①，活脱脱仍是中世纪嘴脸。

然而失去社会制约与人文关照的纯粹经济属性对于园林艺术的生存与发展来说决非长久之计，经营性海派园林之迅速走向没落以及"张园悲剧"均肇源于此——张园的开阔草坪与成片绿荫本应成为租界闹市中不可或缺的缓释元素(姑且不论"安恺第"大厅等建筑)，然而租界当局未能如对待兆丰花园那样将其及时赎买，而是坐视这一宝贵的城市绿地空间自行湮没于茫茫市屋与无厌欲求之中，成为租界发展史上不大不小的败笔与悲剧。同样的一幕也发生于愚园；徐园因系自行拆迁至新址，可姑且不论。

在张园独领沪上休闲娱乐空间风骚之际，多已归属商贾的杭州诸园也开始作起风雅生意。晚清至民国时，湖上刘庄、高庄与岳坟、净慈、灵隐一样，是游屐必到之处。庄主不胜迎迓之苦，又不便拒客门外，索性专辟茶室，提供茶点，作起风雅生意。游客湖上泛舟，庄内分茶，且行且住，不由得乐不思归。在旧日文人笔下，这样的游历更是如诗如画。他们心目中，没有这些于经营之际不失雅趣的"庄子"，便不成其为西湖了。

③ 过渡性：景象空间与社会功能

经营性海派园林的过渡性主要表现为其形态与功能的过渡性特征以及存在时域的狭窄。

一种新型园林风格的产生，往往一方面带来园林艺术的进步、拓展，另一方面又因打破了旧有园林形态、功能、审美意蕴间的平衡关系，激化了其内在的艺术、功能矛盾，从而显现出前所未有的浅薄、多变与偏激。愚园的半掺西式以及张园的几近全盘西化(但其假山、水面、灯舫仍具传统遗痕)、墟市化均为其形态与功能过渡性的表现，徐园之中体西用虽有传统园林形式作为根柢，但又因过于

① (清末民初) 陈伯熙编著《上海轶事大观》，上海书店出版社 2000 年 6 月第一版，129 页。

保守而缺少形态上的进步意义。

经营性海派园林又大都骤兴骤亡。静安寺西园存在不过两年，上海县城西门外西园大约八年，申园约十一年；愚园自光绪十六年(1890)开放，至光绪二十四年(1898)即拍卖易主，约至民国五年(1916)彻底消亡，前后历时二十七年；张园自光绪十一年(1885)开放至民国八年(1919)拍卖，计三十五年——比起园林史上诸多动辄赓续百年的名园均只是昙花一现。经营性海派园林的短暂寿命同样是由其经济属性决定的。正如上文所述，服务于城市公众的游憩园林空间理应由全社会纳税人共同奉养，并以塑造优美园林景观，为公众提供缓释压力、亲近自然的最佳途径为首要的任务与目标，不必、且不宜以赢利为目的，不必具备自我维持的功能；而希图依靠门券及园内各项设施牟取利润的经营性海派园林却不得不颠倒两者主从关系，赋予园林景象空间以过多的社会功能，甚至不惜伤害景观空间本身，走向墟市化。在尚无其他社会单元分担这类功能的特殊时段，经营性海派园林会因拥有这些“稀缺资源”而赢得民众的青睐与利润回报，发挥积极甚至重大的社会影响，其景观质量的优劣并不重要；然而随着社会与城市的发展，当它们赖以生存、盈利的这类功能被专业场所一一分担，如民国元年(1912)新新舞台(九江路、湖北路、浙江路口)屋顶平台“楼外楼”游乐场的开设，民国四年(1915)“新世界”游乐场的开设，尤其是民国六年(1917 年 7 月 14 日)，满足官能娱乐与消费需要的“文化工业”代表、号称“远东第一大俱乐部”的“大世界”娱乐中心开业后，经营性海派园林低层次的“大杂烩”格局便显落伍，景观质量的缺陷愈显突出——即便是景观优越者，仅依靠门券等微薄收入自存也非易易，则其走向陨落就势所必然了。“三十年来，稍知沪事者无不知有张园、愚园，自夜花园出而此两园之声色稍替，自屋顶花园出而此两园几无人过问矣。”①

徐园则是一个相对特别的例子。它延续着上海文人园的悠久传统，拥有相对丰厚的人文积淀，并未因追求商业利润而牺牲景观质量；又不一味炫耀孤高，脱离民众，因而在海上三大经营性私园中开放时间最为长久。而晚期经营性海派园林半淞园也步武徐园，主要采用偏于保守的中国传统形式，在塑造优美景观环境的前提下附设各种已不同于张园时代、适合园林自身的特色游乐项目，建成后成为沪人丛集之所，实现了自我维持与发展；但因其游乐项目过多，也已遭到文化人士如曹聚仁先生的嘲讽(见前文)，建筑家童寯先生亦称其“已沦为商贾争

① (清末民初)陈伯熙编著《上海轶事大观》，上海书店出版社 2000 年 6 月第一版，135 页。

利之场”①。可以想见，即便未遭逢倭寇炮火，此园如欲长久存在，净洁园林环境、走向公有仍是最终的必然选择。

④ 殖民性：“民族”与“人”

最具代表性的经营性海派园林均厕身租界，在多方面接受着欧风美雨的熏沐与工部局、公董局们的统辖与庇佑，其殖民性显然不容回避。但其在风雨如磐的晚清政治背景下以部分“民族”尊严的牺牲换取了经营的自由与言论的舒张，换取了对整座城市近代化进程的推进，换取了新一代海上公民“人”的尊严的回归——其总体熔铸出的气度与胆识至今仍令人追思不已。

(6) 九果园的脉脉余晖

与租界内车马喧阗的张、愚诸园形成鲜明对比的是上海城南梅家弄的日涉园。早在开埠前的清嘉庆初年，这座始终保持清雅格调的文人园林就已大半荒废，到了晚清的光绪后期，更因园中山石被哈同花园购去堆掇“海派”假山而彻底消失，只余下口碑与文献记载中黯然远去的依稀背影——同墟市化的城隍庙西园（即明代豫园）与中秋之夜斗香缭绕的蕊珠宫（即明代南园）比起来，颇有宁为玉碎，不为瓦全的悲壮意味。

然而文人园林不会随着日涉园的远逝而彻底死亡，文人格调或近于文人格调的古典园林在开埠后的整个上海地区仍是为数众多，只是数量、规模已无法与明中晚期相比，且已失去了昔日的主流地位，不再有一园之成即名传万口的光彩。其中除方志所载较多难以判断具体存在时域的私园外，各类方志附图中尚可见上海地区各衙署、祠庙、书院等公共建筑直至晚清仍多具有规模不等的园亭之胜，如奉贤县署庭院、上海县学宫东南庭园（水面经民国时期整饬，今仍存）以及前述松江府署“海石堂”庭园、上海道署“濬园”等；而其他文献的缝隙中也时常透出点点光亮，如上海市档案馆藏光绪三年（1877）七月“杨顺德堂卖房地契”中有“上海县城内贰拾五保捌图头铺曲尺湾坐北朝南门面”“西首平屋、旱船三间”字样②；光绪十三年（1887）八月高纯嘏等卖同一房产的房地契中又有“东西两厢楼房上下三间，又假山一座”、“西首花厅楼上下陆间”字样③——此宅庭院有旱船、假山及少见的花厅楼（苏州东花桥巷汪宅及旧“修仙巷”宋宅有之），已具一定规模与特色，但向无方志记载，且早已湮没无存。而上海县城天灯弄“书隐楼”郭宅向来被疑为明日涉园旧址之一部，其东侧庭园于方寸之间以船舫（图4－33）与

① 童寯《江南园林志》，中国建筑工业出版社 1984 年 10 月第二版，34 页。
② 上海市档案馆编《清代上海房地契档案汇编》，上海古籍出版社 1999 年 9 月第一版，171 页。
③ 同上，236 页。

图 4－33　书隐楼船舫现状

小面积水体组成景象核心，体现出浓重的晚清特征，而其华美繁缛的细部装饰则偏重商家趣味。今其山池、花木已毁，而花厅、船舫、游廊等建筑仍存。

除此以外，开埠后的上海地区值得一提的准文人园林群落可能尚有上海县城北郊吴淞江畔的曹家渡晚清江湖地园林群，包括九果园及面目模糊的小兰亭诸胜，以及风格特殊的小万柳堂。它们既借水色帆影，又相互因借，艺术上不失成功之处，只是颓废速度之快亦令人惊讶。

① 九果园

位于曹家渡西，吴淞江弯曲处东北岸，今普陀区光复西路 1301 弄一带，其核心区域占地似仅二亩余，光绪年间洋行买办吴文涛兴建，以旧有果树九株而得名，俗称吴园。园北有吴氏家祠。

园中有"环江草堂、闹红画舸、萝补小筑、望江楼"①等建筑，总体仍取以主要厅堂等建筑群隔水面山的传统文人园布局，虽然大厅(即环江草堂)面阔七间，"仿佛爱俪园的天演堂，场面很大"②，已带有前期海派园林建筑之压迫山水景观的倾向，但其余建筑尚觉精巧得体，尤其是能依据地形作恰当的正侧变化，令人窥见营造者历练有素的匠心，望江楼之斜临江面、饱借江流帆影则尤觉动人。缺憾如主要厅堂所面对水面及山林有一平直界面，似毫无处理，不知是否为初建时原状，其他如园中折桥亦有中分水面之嫌，线型并嫌僵直，似应北移并稍加缓和。总体看来，可视为偏于文人化之江湖地商家园林。

园中建筑题名文人意味颇浓，如"闹红画舸"应出自北宋人宋祁《玉楼春》中"红杏枝头春意闹"③句，同时代苏州府吴江县同里镇退思园中亦有旱船名"闹红一舸"；而"萝补小筑"应出自唐人杜甫《佳人》中"侍婢卖珠回，牵萝补茅屋"④句。墙壁间还镶嵌着米芾《英光堂帖》等碑刻、书条石，足见传统文人园积习之深远。

---

① 曹聚仁著，曹雷、曹宪镛编《上海春秋》，上海人民出版社 1996 年 8 月第一版，220 页。

② 曹聚仁著，曹雷、曹宪镛编《上海春秋》，上海人民出版社 1996 年 8 月第一版，220 页。

③ (北宋) 宋祁《玉楼春》词，转引自湖北省社会科学院文学研究所编《历代诗词曲佳句名篇大全》，长江文艺出版社 1992 年 1 月第一版，241 页。

④ (唐) 杜甫《佳人》诗，转引自(清)孙洙《唐诗三百首・卷一》。

抗战前童寯先生踏访时此园已“被杂居割据，秽败不堪”①，但格局未改，童先生并录有其总平面(参见图 6 - 20)及部分单体建筑照片，其中绍修堂应即“环江草堂”、红萝画舫应即“闹红画舸”。大约抗战中园毁。

② 小兰亭、桃李园、水云乡

位于西光复路(今光复西路)一带之吴淞江两岸，光绪年间徐园主人、浙江海宁徐棣山建。其中“小兰亭”位于南岸西光复路(今光复西路)1141 弄内，小万柳堂、九果园对岸，俗称曹家花园。“桃李园”在其一侧，“水云乡”则在两园对岸。三园均于抗战前湮没，其中“水云乡”之面貌已不得而知。

“小兰亭”门悬“剪淞徐渡”横额，内植大片竹林，环以曲涧，渲染出兰亭情境，似最偏传统文人园林格调。每逢上巳(三月初三)，园主还仿造东晋兰亭旧事，广邀宾客雅集于园中，以老牛戽水于曲涧以流送酒杯，一觞一咏，畅叙幽情。但园中亦种植美国种“大丽花”数十本，曾于中秋夜开办“大丽花会”，足见其园居生活之多元化、公众化。

1928 年 4 月出版的《老上海三十年见闻录》则称徐园主人“复在新闸西南四五里之曹家渡地方另辟新园，名曰桃李园。地广数十亩，堆山叠石，凿地成池，别具丘壑，游人亦众……今则……渐就荒废，鲜有知之者矣”②，疑其类似明末徐光启子徐龙与辟于上海县城北郊、吴淞江南之桃园，仅以果树栽植为主，并适当营造地景。

③ 小万柳堂

位于曹家渡西，吴淞江北岸，今白玉路苏州河边，清光绪三十年(1904)建，为无锡文士、书画家、度支部郎中廉泉(字惠卿，号南湖)与书法家吴芝瑛(字紫英，? —1933)夫妇双栖之地，园以帆影楼(似以楼下悬“小万柳堂”额)最为知名，另有剪淞阁、西楼等胜。

女园主吴芝瑛为桐城派古文名家吴汝纶(字挚甫，1840—1903)侄女，擅瘦金体，十九岁嫁廉泉，时称“万柳夫人”。她与女侠秋瑾(1875—1907)为异姓姐妹，曾助其脱离家庭羁绊，负笈东瀛；秋瑾遇害后，她与徐自华趁夜收葬忠骨于杭州西泠桥畔，为此几遭不测。徐自华撰、吴芝瑛所书墓表至今仍嵌于秋瑾墓上，照耀湖山。

此园建造前，廉氏夫妇原于杭州西湖苏堤南端“花港观鱼”一带建有第一代小万柳堂，俗称廉庄，占据西湖西南角“南湖”之胜，廉泉因之自号南湖；而其主要建筑“小万柳堂”则得名于廉氏先祖、元中书平章政事、畏吾儿人(即维吾尔族人)

---

① 童寯《江南园林志》，中国建筑工业出版社 1984 年 10 月第二版，34 页。

② (清末民初) 陈无我《老上海三十年见闻录》，上海书店出版社 1997 年 1 月第一版，88 页。

廉希宪(1231—1280)建于大都之“万柳堂”(在今北京右安门外草桥至丰台之间)——万柳堂与日涉园、后乐园等名称均为文人园林所酷爱。宣统年间(1909—1911)此园转售蒋苏盦后称兰陔别墅,俗称蒋庄,其建筑风格杂糅,今大部尚存,但空间格局已打破,为“花港观鱼”景区的一部分。

或许是受到沪上欧风美雨以及“万柳夫人”自身激进鲜明的思想感染,第二代小万柳堂较第一代更偏西风,其主体建筑四阿坡顶,上下拱券围廊,似属早期殖民地风格(Colonial Style),与倾向中国风的邻近圣约翰大学建筑相映成趣。登楼并可借景吴淞江,晚霞、水色极佳,楼内收藏之富亦负盛名。楼南则有偏于传统风貌的南园,占地约六亩,地临吴淞江支流丁浦,“溪流环抱,竹流成荫,有亭耸立”①,环池杨柳数百株,仿佛当日西湖西南角之南湖,足见园主夫妇于革命倾向之余的西湖情结——总体看来,此园风格交糅,属后期海派私园。

“小万柳堂”建成后多书画界人士及革命党人来往,颇具明代南园遗风。光绪三十一年(1905),秋瑾自日本归国,途经上海时应曾居住于此,园亦因此生色。但园主夫妇于革命与风月之余不谙经济,不得不以典卖收藏维持,大约至民国十九年(1930)园废,自此吴淞江畔“有帆影而无楼了”②。

开埠至民国初年的上海园林综述:为城市的改良与裂变

(1) 从开埠至民国初年的上海园林总体上表现为:在传统与外来两股经济文化力量与发展趋势的彼此抗衡、消长中,已处于类似后成熟期的上海地区古典园林形式的主流地位继传统文人园之后渐趋瓦解,园林形态、功能与审美取向在犹豫、彷徨与多种尝试中日趋多元化、多层化、复合化,并暂时地填补了新旧交替时代社会功能的诸多真空,园林功能亦于短时间内扩张至前所未有的广泛领域,相应形成无比瑰丽的园林文化图景。这一总体发展趋向并向周边地区渗透,使江南园林继明末清初张涟时代之后第二次、且更加广泛地承受着上海地区的影响,当然其风格异化之程度及速度均不及上海之甚。

(2) 这一时期的上海园林在发展时域上可大致以光绪八年(1882)左右第一座经营性海派园林申园开放为界,分为开埠前期与开埠后期。其前期更多地表现为古典园林形式在时代浪潮的冲击中趋于极致的、带有改良主义色彩的自我调整与发展,并以前期海派园林风格的出现为主要园林现象;后期则表现为纯粹

① 郑逸梅《艺苑琐闻》,四川人民出版社 1992 年 7 月第一版,323 页。
② 曹聚仁著,曹雷、曹宪镛编《上海春秋》,上海人民出版社 1996 年 8 月第一版,220 页。

古典园林形式主流地位的崩溃及其与多种外来风格的交互渗透，并以后期经营性海派园林的出现为主要园林现象。

(3) 就其不同地域而言，则上海县域较清中叶更加占据压倒性的发展重心地位，而负荷着沉重古典传统、乡土精神的上海地区西部如松江府城、嘉定县城等地园林则较多表现为古典园林形式的惯性发展与微弱调整，处于相对的发展滞后状态。

(4) 就不同园林类型而言，则传统文人园的发展空间更形萎缩，世俗化程度益见加深。更新意义上的文人私园、商家私园及公众园林均较多地向前期或后期海派园林风格靠拢。

(5) 出现了如营造爱俪园的“乌目山僧”黄宗仰以及营造半淞园及闵行镇敏园的画家姚伯鸿这样手法稚嫩、想象丰富、发挥余地广阔的后期海派造园家。

(6) 峰石审美日益向单纯而世俗的象形化发展，如爱俪园之“苍髯上寿”一景即以状如寿星的石峰伴以古松构成，再如丁香花园水池边的湖石动物造型以及深受上海地区影响的苏州狮子林众多象形叠石。

(7) 传统九峰三泖自然风景区间的园事由于上海地区发展重心的压倒性东移而失去了就近服务于中心城市的发展基础，“太平军”战事的冲击更彻底终结了如王氏遂高园这样的最后大型作品。

虽然带着那么多的浅薄和浮躁，有清一代的上海园林依然如一条遍体满载挫辱与希冀的巨龙作过飞扬的腾跃，它的目光注视着“海天胜处”，那是它最向往的地方。

结语（上篇）

上海地区园林自宋、元以来长期处于江南园林圈的边缘地带，追随着苏州等地文人园林的主流风格，直至明中晚期才在地域经济文化环境的哺育中蔚为规模，闪烁光彩，自明末清初的张涟（1587—约 1671）时代起更厚积薄发，具有了显著而独立的风格流派。进入清中叶以后，它在汹涌的城市经济浪潮冲击中逐渐挣脱相对轻简的传统负荷，逸出苏州文人园林清雅朴茂的风格体系，呈现出更趋多元与世俗的面貌，直至晚清登峰造极的前期海派园林风格的出现——后者成为江南古典园林形式为适应近现代商业社会所作的极限调整。

就目前的实物留存而言，上海地区古典园林大致具有以下特点：

一是数量少而分散。现存主要七座古典园林竟分散于相距较远的四个区中，这与苏州、扬州市区部分官僚文人聚居地域之（留存）园林密布状况形成鲜明对比——如苏州市中心察院场一带怡园、鹤园、听枫园、曲园园林群，扬州市花园巷一带寄啸山庄、片石山房、小盘谷园林群等（明清两代上海县城南部亦曾形成日涉园、南园、枫树园、宜园园林群）。

表 4 - 17 为目前上海各区留存园林及园林遗迹的主要情况。

表 4 - 17　目前上海各区留存园林及园林遗迹的主要情况

地　域	完整或大致完整的园林留存	园 林 遗 迹
黄浦区	豫园、上海县城隍庙内园	尚存花厅、船舫、曲廊及基本空间格局之“书隐楼”郭宅庭园；上海县学宫东南庭院水面
闵行区		疑属城隍庙园之七宝镇四面厅
松江区	醉白池、颐园	明孙衍别墅（即清初高家园、清末复园）之部分山石花木、明杨忠裕园山池遗迹等

续 表

地 域	完整或大致完整的园林留存	园 林 遗 迹
嘉定区	秋霞圃、沈氏园(秋霞圃东邻)、古猗园	嘉定县学宫“应奎山、汇龙潭”山水园区、安亭镇震川书院因树园之土山、池沼、折桥、花木
青浦区	曲水园	
崇明区		寿安寺园“金鳌山”遗迹
金山区		顾野王读书堆遗迹(疑)

二是保存状况一般。由于现存诸园大都历史上即以公众园林形式留存,其公共功能往往一直延伸至1949年后,为满足现代公园功能要求,不免扩大面积,增加设施,造成对传统景象空间的扰动,如古猗园与曲水园。而醉白池与秋霞圃则于扩充同时一直注意维护旧有园林空间的完整独立,豫园、上海县城隍庙内园于20世纪50年代即纳入文物保护系统,均无此问题。

此外尚有一直作为文人私园的松江区颐园,此园长期处于被分占割据状态,使用单位虽有心维修亦无从措手,一度屋颓山摇,濒临毁灭,现虽已精心修复,但部分历史信息恐已难以寻觅。“书隐楼”郭宅庭园虽破败极甚,因种种原因尚待抢修。

三是类型集中,特征鲜明。现存七园除颐园外均通过转化为公众性园林才免于湮没,其中除醉白池外又都是作为城隍庙园才得以幸存的。这使得上海成为我国、尤其是江南地域城隍庙园数量留存最多、风貌最为完整集中、类型最为丰富的地区,其中既包括由文人园林直接归属城隍庙的秋霞圃、古猗园,也有归属城隍庙后经历大规模重建的豫园,还有专为城隍庙新建的曲水园和上海县城隍庙内园。

四是时代风格完整连续。其中秋霞圃为清初文人园林经典格局的宝贵证物,而颐园、古猗园亦存留部分明末清初布局特征;曲水园则基本保持清中叶格局;上海县城隍庙内园较多反映晚清时代特征;豫园更是于一墙之内连续反映出自明中晚期至清同治年间的风貌特征,成为无字的园林史书。

下文将面对这七座风貌不很完整的古典园林实物与相对丰富的文献记载对上海地区园林艺术做一个很不全面的研究。由于实物佐证的限制,讨论的范围主要限于明中晚期至晚清,一些特殊的风格要点将被重点阐述。而后期海派园林由于风格杂糅而宽泛,暂不纳入讨论之列。因此更准确地说,“下篇”名称应为“上海古典园林艺术研究”。

下　篇

上海传统园林艺术研究

第5章

造园思想：张涟之回归现实主义园论

作为对造园艺术的归纳、反思与瞻望、超越，造园思想的发展水准实为某一时域、地域内园林艺术发展水准高下的重要标尺。君主专制时代辟处一隅的上海地区对江南乃至整部中国园林史的最大贡献即在于以其特殊的社会文化艺术生态环境孕育出了张涟这样开宗立派的一代大师。随着张氏回归现实主义造园理论的提出，中国古典园林艺术体系与思想宝库得到了极大丰富，并焕发出前所未有的理性与简约的光彩。

第1节　产生背景

繁盛的社会经济文化基础

明、清两代天下田赋大部出自江、浙两省，而江、浙两省田赋又大半出自苏(苏州府)、松(松江府)、常(常州府)、镇(镇江府)、太(太仓州)、杭(杭州府)、嘉(嘉兴府)、湖(湖州府)七府一州。其中明中晚期苏松地区空前发达的社会经济、雄厚的物质基础、繁荣的都市文化更孕育出了鼎盛的造园活动与庞大的造园产业，成为造园思想滋生的肥沃土壤。

追求个性与个人空间的时代思潮

明代后期继王守仁“心学”之后由李贽等人兴起的、具有启蒙色彩、肯定物欲合理性的社会新思潮令知识群体从千年的道德严压、森严的思想牢笼中初步解脱出来，在文学创作上冲破鸿篇巨制的藩篱，创作率尔天意的小品，在造园活动中也不再妄求长山大水，只求塑造能为个人所有的山林一隅，获得真实宁静的个人空间，成为与文学小品相呼应的山林小品。

山水画坛、画论的鲜明导向

早在南宋时期，马远、夏圭就已通过对山水局部的刻画将无限空间、不尽之意推向画外。元代大画家倪瓒构图则好以一层平坡、几株寒树为前景，以大片水面为中景，以远山、远坡为远景（即所谓“一河两岸”式，如上海博物馆藏倪氏《渔庄秋霁图》，此图曾经上海地区名流、名园主人董其昌题签、孙克弘题识、陈继儒收藏），其强调“近坡”与“远山”间笔断意连的创作意匠也与张涟园论颇多相似之处。而晚明松江画坛“南北分宗”画论对北宗山水画的批判更对稍多炫技色彩、不强调真实尺度与感人力量的北宗掇山产生了一定压制作用，直接推动了张涟以园内写实之笔写园外无尽之意的造园思想的产生，前文述之已详。

艺术自身发展的一般规律

即由整体的表现转向细部的刻画，由博大翔实而归于简约精悍。正如北宋李成、范宽大气磅礴的山水画轴之转化为南宋的“马一角”“夏半边”，此前同在上海地区的张南阳等掇山家也已在很大程度上把全景式的北宗掇山发展至较为完善的境界，虽然此后的北宗尚有清中叶戈裕良（1764—1827）等人的巨大发展，但转向细部刻画，别开宗派的条件已经成熟。从另一意义上说，这也体现了造园艺术在经过宋、元以来长期写意、提炼之后重归写实，向“师造化”根本传统的回归与升华。

能够佐证这一客观趋势的是大致同时期类似理论倾向与实践作品的出现，如计成（1582—?）之“未山先麓，自然地势之嶙嶒；构土成冈，不在石形之巧拙”①，李渔（1611—1679）之“用以土代石之法，既减人工，又省物力，且有天然委曲之妙”②以及诸如“墙中嵌理壁岩……似有深境也”③这样的话语。而同在松江府城的顾正谊所营造濯锦园中即有对山麓景观的饱满刻画，名噪一时，应对张涟产生过较大影响，前文述之已详。

上海地区自然山水风光的熏染

张涟、张然父子平淡柔和的造园风格多少也带有家乡山水的印痕，“平冈小

---

① （明）计成原著，张家骥著《园冶全释》，山西人民出版社 1993 年 6 月第一版，288 页。
② （清）李渔《闲情偶记·掇山》，天津古籍出版社 1996 年 2 月第一版，339 页。
③ （清）李渔《闲情偶记·掇山·厅山》，天津古籍出版社 1996 年 2 月第一版，297 页。

坂，陵阜陂陁”①描述的似乎就是峰泖间的景色，或许这就是法国史学家、文艺批评家丹纳（Hiptolyte Adolphe Taine，1828—1893）在《艺术哲学》一书中所说的“自然界的结构留在民族精神上的印记”②。

第 2 节　历 史 意 义

张涟造园理论的基本内容前文表述已详，以下试对其重大影响及深远意义作一探讨。

基本矛盾的崭新解决：“截谿断谷”与“三一律”

纳须弥于芥子的中国古典园林艺术从诞生之日就面临着一个基本矛盾，即真实自然环境的无限空间与园林虚拟环境的有限空间之间的矛盾，这一矛盾与中国传统戏剧艺术所面临的现实生活无限时空与舞台艺术有限时空间的矛盾颇为类似，而其惯常的象征主义解决途径也如出一辙——“一峰则太华千寻，一勺则江湖万里”③与“三五步走遍天下，八九人雄会万师”何其相似！

西方古典主义戏剧流派却试图通过另一途径处理同样矛盾。古希腊亚里士多德即已提出悲剧情节之“整一性”与演出时间对戏剧创作的限制，文艺复兴时期的意大利学者更提出一出剧目应围绕“一个事件、一个整天、一个地点”展开的主张，习称“三一律”，我国观众习见的曹禺先生名作《雷雨》之部分段落就是这一模式的精彩展现，17 世纪之法兰西学院亦极力推行这一原则④。“三一律”实际就是通过对现实生活中最具矛盾冲突与表现力的时空片段的刻画来展现广阔久远的现实生活，剧中的时间频率、空间尺度与现实生活基本一致，其空间跨度则以镜框式舞台的三面布景之“墙”及舞台与观众间的一面无形之“墙”加以限定——即所谓透明的“第四面墙”。这与中国传统戏曲之无视现实生活的时空束缚，意兴所至，倏忽千里，中国绘画之散点透视，高度概括均有极大分别。

然而张氏“截谿断谷”造园理论却如异峰突起，出现于相去甚远的东西方主

① （清初）吴伟业《梅村家藏稿・卷五十二・张南垣传》，转引自《续修四库全书・1396 册》，上海古籍出版社 2002 年 3 月第一版。
② 《傅雷译文集・15・艺术哲学》，安徽文艺出版社 1994 年 12 月第三版，286 页。
③ （明）文震亨《长物志・卷三・水石》，江苏科学技术出版社 1984 年 3 月第一版，102 页。
④ 据《辞海・缩印本》，上海辞书出版社 1980 年 8 月第一版，17 页。

流艺术理念之间——同为真实的空间尺度,同为对最具表现力的空间片段的刻画,同样将所刻画对象的无限主体推至墙外……这一园论竟宛如西方古典主义戏剧流派之园林版,较南宋画坛之“马一角”“夏半边”更趋简约具象,成为前述中国古典园林艺术基本矛盾的崭新解决方式。

传统写意型园林的“默认”原则: 程式的间离性与传神的幻觉感

传统写意型园林的一大审美特征在于其“默认”原则,即观赏者默认其整套尺度不真实的虚拟表现体系并逐渐产生对体系本身的审美观照。这仍与中国传统戏剧艺术的表现手法极为相似,后者从总体上的舞台空间尺度、时间节奏直至细微的一颦一笑均保持着与客观生活间的审美距离,从而为自己赢得了绝对自由与便利的艺术创造、表演天地。著名戏剧家阿甲(1907—1994)对此有精到论述:“如舞蹈身段与生活动作,有联系又有距离,歌唱与生活语言有联系也有距离……我把它叫作中国戏曲的‘间离’形式……戏曲程式的间离和它所产生的幻觉感具有力的对峙和结合……‘传神的幻觉感’,就是要把歌舞表现性质的艺术和戏剧再现性质的艺术灵活地结合在一起……‘程式的间离性’和‘传神的幻觉感’,就是要使观众感动得几乎到忘我的同时,在流泪的眼眶里蕴含着审美的喜悦”①——所谓“程式的间离性”和“传神的幻觉感”用于传统写意型园林也异常精彩贴切,杨鸿勋先生曾评述道:“江南园林的创作,也如京剧写意画之艺术概括乃至必要的程式化。古典京剧脸谱以抽象图案揭示角色性格于面部,给观众以强烈的真实的感染;借助一条马鞭、一支船桨的歌舞,可以烘托出特定的境界和情节。同样,江南园林的一道‘云墙’,可发人以山庄的联想;一湾清水,几块山石,可予人以深山濠濮的印象。”②

只是对于传统写意型园林来说,其间离效果被审美习俗与客观条件限制于特定尺度内,往往不可能如戏剧那般强烈、纯粹,并往往因此陷入写意与写实间的尺度摇摆,造成审美感受的混乱。而一衣带水的日本庭园却用较为纯粹的方式解决了这一问题,为世间贡献出了极端间离,或称极端写意的园林作品——枯山水。

现实主义精神的回归: 以墙内之“实”写墙外之“意”

占据晚明江南艺术思潮主流地位的无疑是松江画派的“南北分宗”理论。董其昌们将院体画风所强调的、对客观对象细致入微的理性观察、刻画,尤其是或

① 阿甲《戏曲的美学原则——“程式的间离性”和“传神的幻觉感”的结合》,转引自《中国戏曲艺术教程》,江苏人民出版社 1991 年 12 月第一版,11 页。

② 杨鸿勋《江南园林论》,上海人民出版社 1994 年 8 月第一版,13 页。

许最具理性精神的界画视为艺术末流，从而将绘画艺术推向了“文人主义”的高峰。从长远来看，它既为客观艺术作品注入了更多的主观精神与情感，又对整个晚明艺术生态造成了与时代所呼唤的理性倾向背道而驰的消极影响，当这一理论成为一个时代的艺术法则并被形而上学化、泛化至整个社会领域时，所造成的潜在危害就更令人叹息了。

约略同时期，欧洲大地正吹拂着文艺复兴的春风，达·芬奇（Leonardo Da Vinci，1452—1519）们正在为更好刻画人体外表而不惜冒宗教教义之大不韪，趁夜盗掘他人尸体加以解剖。可以想见如果令他们以太湖石堆掇喀斯特地形，他们首先会去研究这一地形的科学成因——“除设计大胆和伟大外，达·芬奇还加上对自然界一切细节的精妙摹仿，恰如其是真的一般……”①同这种基于写实主义与理性精神的艺术创作相比，中国传统艺术、文化常常倾向于未充分经历理性写实主义阶段的、感性的写意、写神主义，这使其在一定程度上失去了持续向上攀升的坚实基础而易流于玄虚，走向衰微。

已经历长期写意型提炼而初步走向程式化的明中晚期园林艺术也有着同样的隐忧，而张氏强调真实凝练刻画艺术表现对象细节、以园内之“实”写园外之“意”的现实主义园论的出现虽然与“南北分宗”画论有着显著的渊源关系，却在一定程度上平衡了这一画论带来的单一艺术发展趋势，使园林艺术获得了向理性写实主义的宝贵回归。著名建筑家童寯先生曾用他特有的精练话语概括道：“……狮林仅得其形，戈（裕良）得其骨，而张（南垣）得其神矣。”②按“狮林”即苏州狮子林，“戈”即戈裕良，“张”即张涟。

第 3 节　工 程 实 例

除前述面貌不详的上海地区李逢申“横云山庄”等处外，现存江南古典园林中能成为“张家样”图解的大致只有无锡寄畅园与苏州艺圃两处了。此外，张然作品如北京大学士王熙怡园尚有藏于浙江博物馆的清人焦秉贞所绘《怡园图》可作面貌参考，仅从画面看，其建筑量加大，形态富丽，似已入乡随俗，减损了江南的雅淡飘逸之致——此园至乾隆时似已半废，纪昀（1724—1805）《阅微草堂笔

① 《Cambridge Introduction to the History of Art》(《剑桥艺术史·一》)，中国青年出版社 1994 年 5 月第一版，466 页。

② 童寯《江南园林志》，中国建筑工业出版社 1984 年 10 月第二版，18 页。

记》即称“宛平相国废园……廊下有诗二首……墨痕惨淡”①，按王熙系宛平人。

寄畅园的卓越升华

位于江苏省无锡市西门外惠山直街（旧称“惠山街”）与惠山横街（旧称“秦园街”）交接处的惠山东麓，东南与锡山相望，占地约14.8亩，属山林地文人园。

寄畅园前身“凤谷行窝”由明弘治六年（1493）进士、南京兵部尚书秦金创建于明正德年间（1506—1521），至清顺治年间（1644—1661）由其后人秦德藻敦请造园巨匠张涟及其侄张鉽对全园加以大刀阔斧的改建，就此奠定完美格局——想来是由年逾花甲的张涟提出基本方案，由张鉽具体经营实施。此后自康熙二十三年（1684）至乾隆四十九年（1784）的一百年间，康、乾二帝每下江南必至此园，有时甚至往返两度游历，前后达十四次之多，“圣眷”之隆颇为罕见。咸丰十年（1860），骤然兴起的“太平军”战事一度给此园带来毁灭性的打击，好在其山水骨架、建筑基址仍存，战后秦氏族人仍得以依照旧貌逐渐修复，使其留存至今（图5－1）。

此园以狭长水面“锦汇漪”南北横陈，建筑、山林隔水东西相对。其中山林一区并不别起峰峦，而是依照惠山坡势于池西人工堆掇麓坡，向东缓缓伸入池中，园西围墙则深藏坡后，坡上密植林木，几乎略无人工痕迹，一派山野气息。自园东濒水一带亭廊望去，远处巍峨的惠山峰顶与眼前草木葱茏的巨大麓坡融为一体，使人宛如正处泉流淙淙、塔影横斜的惠山之麓（图5－2，园址所处山麓本较平淡，已成“听松坊”市井）；景象尺度真实、自然，毫不矫饰，而景象空间又似无限广阔，诚为张氏造园思想经历长期砥砺，于特定环境中实现的伟大升华。故周维权先生称其为“江南地区唯一的一座较完好保留至今的明末清初时期的文人园林”②。

园中细部也多能体现清初旧貌，从另一层面诉说着张氏造园思想、审美趣味的精湛透彻。如位于全园山水对话处的“鹤步滩”仿照江南乡村常见的濒水浅滩，老树斜倚，乱石散点，亲切动人之至（现状已有所变动）；而园北“七星桥”（后世所命俗名，栏杆系后加）则由七块庞然巨石连续架成，不事雕琢，不作曲折，浑厚感人，静穆无语，有着寻常桥梁无可比拟的、旷野中“巨石阵”般的视觉冲击力与感染力（图5－3），令人于钦佩之外，无话可说。

---

① （清）纪昀《阅微草堂笔记》，浙江古籍出版社1998年6月第一版，2页。
② 同上。

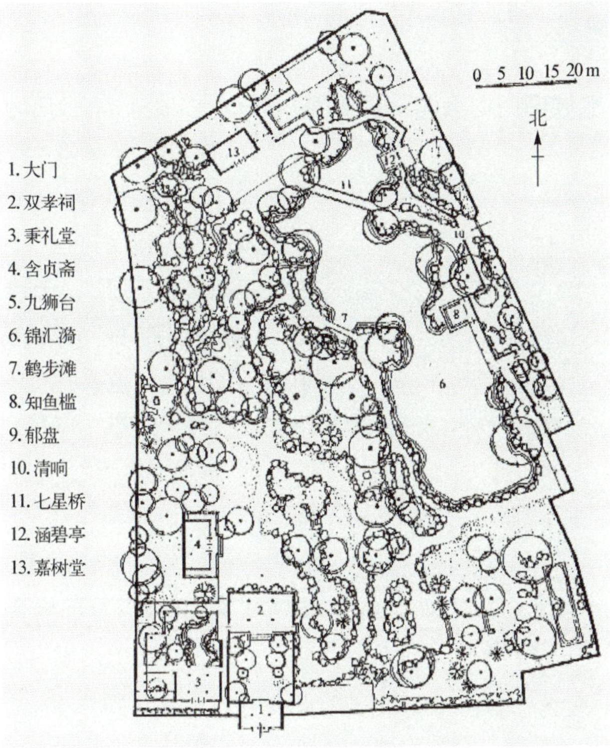

图 5－1　无锡寄畅园平面图

图 5－2　寄畅园和鱼槛与锡山

图 5－3　寄畅园七星桥与知鱼槛、锡山

艺圃的典型意义

位于苏州老城阊门内天库前文衙弄5号，现占地5.7亩，属城市地文人园。

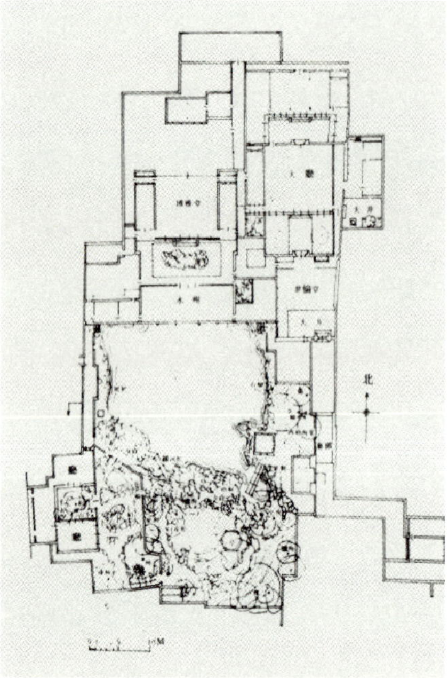

图5-4　苏州艺圃平面图

此园前身“醉颖堂”由礼科副使袁祖庚创建于明嘉靖年间(1522—1566)。继有此园的文震孟(1574—1636)则是吴门艺坛领袖文征明后人，天启二年(1622)状元，官至礼部尚书、东阁大学士。文氏赋闲家居期间，在胞弟、造园名著《长物志》作者文震亨(1585—1645)襄助下整顿袁氏废园，建成“药圃”，大致奠定其基本格调。此后至清康熙年间(1662—1722)，又有明崇祯四年(1631)进士、礼部给事中姜埰购得文氏药圃，重加修葺，其次子、高士姜实节改园名为“艺圃”。至道光十九年(1839)，园归苏州绸缎业公会“七襄公所”，但仍保持文人园气质，只是规模大为缩小。此后再无大的变化(图5-4)。

艺圃以极为精练集中的水面为中心，池北为主要厅堂“博雅堂”及低平横长、天真烂漫的水榭“延光阁”等建筑，池南为蓊郁的土山，其东、西、南三面均由高墙截断，戛然而止，惟有北坡缓缓延伸至池畔。此坡原本石骨隐现，草木蔓发，如长山余脉般亲切自然，惜乎后世修缮中逐渐增加用石，别起琐碎峰峦，反而凋伤元气，使原该存乎游人想象中的园外长山面目日渐模糊。

刘敦桢先生曾称此园“风格自然朴质，较多地保存了建园初期的规制”①。杨鸿勋先生则称其“湖南……靠南墙而下，为一平岗小坂散点埋设石骨，这正是张南垣理论的体现……土山点石及葱郁的林木所造成的景象，仿佛自然山麓余脉的一角；又由于景面北向，是逆光的阴面，所以更显得其幽深”②。此园以市廛间的方寸之地塑造尺度真实、形象饱满的麓坡，与寄畅园之于得天独厚自然环境

① 周维权《中国古典园林史》，清华大学出版社1990年12月第一版，89页。

② 刘敦桢《苏州古典园林》，1979年10月第一版，71页。

间的艺术升华相比，似更具现实的典型意义。

此园之文、姜数世园主均高雅隽洁，惺惺相惜，文震亨氏更享有造园盛名，故而后世园主如非迫不得已，不大可能轻易改变园林格局，斩断借以追思先贤的地脉，况且庞然麓坡也非轻易所能改变。因此虽然此园旧有面积较今日为大，但麓坡一区仍有可能较多保持着明末文震亨时代的面貌，成为彼时造园风尚的证物，坡脚的明代石桥也能为其佐证。

第 4 节　衰落及影响

一传而衰的原因：文人社会的异化

一代造园大师张涟有张然、张熊等四子"衣食其业"[①]，其中张然甚至有出蓝之誉，而如前文述及的其侄张鉽等人显然也具有不俗的艺术水准。然而风华一代过后，竟再无杰出人物、作品见于记载，后世所谓"山子张"在艺术上亦与先世并无多少相通之处，以致陈从周先生叹道："抑祖宗虽圣，无补子孙之童昏耶？"[②]

非但张氏后人不能继承先祖衣钵，清初以后，这个曾在造园史上产生如此重大影响，引领一代风骚的写实主义艺术流派竟然迅速消泯，难见痕迹，令人于惊诧之余，不能不对其中原因作一探讨：

(1) 园林艺术与审美取向发展世俗化的客观规律：作为现实主义审美倾向在更高层次回归的产物、文人个人情怀的特殊寄托，张氏造园手法实属园林艺术中曲高和寡的阳春白雪，虽能于文人趣味占据主导地位、高度文人化的晚明至清初社会成为一时主流，但清初以后政治文化氛围的压抑、社会经济的发展、社会基本格局的变更均逐渐消除了其赖以生存的土壤。

(2) 文化表层与基层的客观审美差距：深受传统审美理念、尤其是传统戏曲艺术沾溉的广大商贾民众、包括世俗化的文人群体尚无力实现对自身的审美超越，他们对传统写意型园林虚拟表现体系的接受与认同以及他们追求更丰富多样视觉享受与心理体验的特殊时代心理都催促着"张家样"的谢幕。

(3) 北宗掇山的特殊魅力：北宗掇山的强劲表现力与炫耀色彩及其参与性、游乐性均大大增强了写意型园林的吸引力（当然写意型园林也可采用南宗

① 杨鸿勋《江南园林论》，上海人民出版社 1994 年 8 月第一版，296 页。

② （清末）赵尔巽等纂《清史稿·卷五百五·列传二百九十二·艺术四》，中华书局 1977 年 8 月第一版。

掇山)。

(4)“张家样”之特殊要求:“张家样”之麓坡堆掇需要特别高大厚重的围墙以承托、包围(如艺圃“芹庐”小院标志性的高墙,寄畅园西墙外地形较高,故墙高可减),这一点也常为客观条件所限,并为时代风尚所不喜。

影响:景象空间的切割与延展

然而如此风行一时的风格流派毕竟不可能彻底湮没于园林历史的长河之中。虽然不大可能准确认定,但相信此后重新占据主流地位的写意型园林风格缝隙中会时常透出“张家样”的光亮——“后张涟时代”的造园、掇山佳作应当更能够注重地形变化的连续性,尤其注重通过边缘的截断感暗示园墙外景象空间的延展。如大约由掇山巨匠戈裕良(1764—1830)创作于嘉庆十二年(1807)前后的环秀山庄湖石巨山,其东、北两面均由高峻的园墙切断,西北角次山更属纯粹的倚壁假山。其他例子比比皆是。①

但总体看来,愈至晚清、民国,在多方面因素作用下(可参照下文对上海县城隍庙内园之评价),平地起峰、无源无脉、小处着眼、游戏自然的掇山手法愈是盛极一时,世易时移,“张家样”终成绝响。

① 陈从周《园林谈丛·怡园图》,上海文化出版社 1980 年 9 月第一版,159 页。

第6章 布局

就时代特征划分，现存上海古典园林的总体布局可大致分为三类。一类较多留存了明代至清初园林布局的特点，如秋霞圃、颐园和面貌依稀的古猗园、醉白池；一类大致保存着清代中期园林的平面布局，如曲水园；还有一类平面布局具有鲜明的晚清前期海派园林的特点，如豫园点春堂、得月楼两区及内园。

第1节 明代至清初的园林布局

凝练幽邃的"一河两岸"式布局

嘉定县秋霞圃至今仍大致留存了具有标志性特征、经典意义和较高审美价值的晚明至清初文人园林布局特征，成为江南园林史的宝贵见证和上海地区现存名园中艺术价值最高者。

(1) 秋霞圃与寄畅园

秋霞圃是以东西走向的狭长水面"桃花潭"为中心，北岸以建筑为主，南岸以大片湖石山林为主，相互渗透，对比成趣。北岸中段并向潭中突出一小巧的单檐歇山方亭"碧光亭"，直面南山，与山上林木呼应，对本已狭窄的水面及水上空间再作局部压缩、分隔；潭东、西两端则以建筑略事围合，互为对景；而主要厅堂"山光潭影"退处东北隅，避免了对主体景象空间的尺度干扰。自桃花潭水东、西两端回望，均觉水面深远，层次不尽，其中三面临水的碧光亭犹为全园视觉中心，是看与被看的焦点——以此园之南北进深，完全有余地拓展桃花潭宽度，形成貌似眩目的汪洋景象，但营造者却刻意牺牲景宽以换取景深，着力保持桃花潭水与水上空间之狭长深远，宁可将南面大片余地塑造为连绵的山地，并于其间点缀高林曲径，体现出鲜明、果决的审美追求(图 6 - 1)。

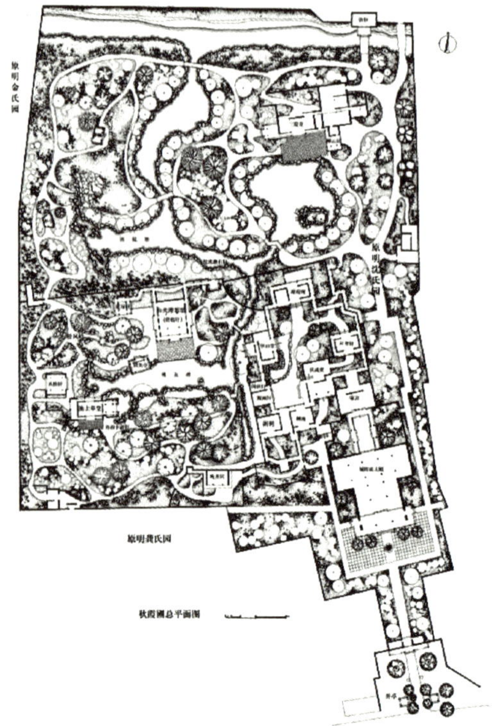

图 6-1(a)　秋霞圃总平面图

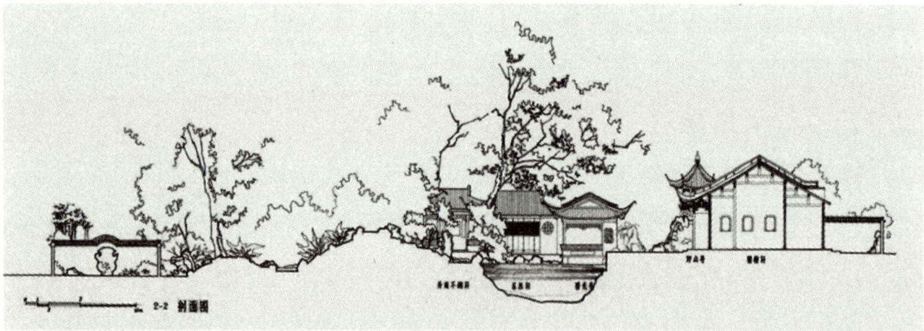

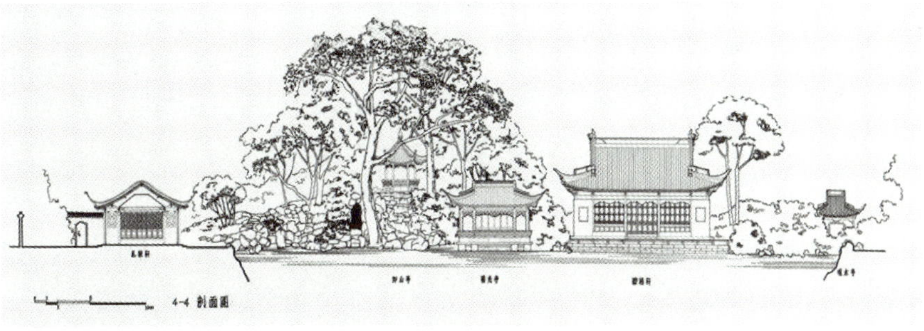

图 6-1(b) 秋霞圃南北纵剖面、东西横剖面之南山景观、东西横剖面之北山景观

值得指出的是，此园平面布局与前文所述无锡寄畅园(参见图 5-1)颇为类同，其中“碧光亭”之形态、位置与所扮演角色与寄畅园“知鱼槛”更是如出一辙(图 6-2)，以至被公众不约而同地选择为两园标志性景观；只是秋霞圃南岸山林部分更多变化，且于北岸另起了黄石峰峦“松风岭”，已进入景象更为丰富的虚拟写意尺度体系，气魄似稍逊一筹。此外，现状残破的松江府城颐园中段布局也与秋霞圃有类似之处，只是与山林隔水相对的方亭已退至岸上，位置较高(图 6-3)，似系为塑造濠濮型水体所作牺牲，不知是否为明末旧貌？

如仅就局部而言，则古猗园内“鸢飞鱼跃轩”之形态、位置也与前述“碧光亭”

图 6-2 寄畅园“知鱼槛”

图 6-3 颐园方亭

等建筑类似。此轩单檐歇山，挑临水面，直面对岸“小松冈”，主要建筑逸野堂则偏在水池一隅——但此区仅为古猗园一隅。

(2) 布局共性与时代特征

① 共同的布局特征：狭长水面与突出水阁

上述两园布局大致有以下三个主要共同特征：

A. 以建筑群体与山林景象隔狭长水面相对，并交互渗透。其中狭长水面以江河型为主，但有时略偏似宁静的渊潭，如秋霞圃桃花潭；有时偏似清浅的漫滩，如无锡寄畅园锦汇漪（北部偏于深沉宁静）；有时表现为濠濮，如颐园中部水面（北部似扩展为湖泊型），可具相当形态变化。而建筑群体则宜以一带轻巧低矮的亭廊烘托对岸山势，如寄畅园水面东岸“郁盘、知鱼槛、涵碧亭”一带建筑；秋霞圃水面北岸除碧光亭与松风岭外，其余部位、尤其是水面东北隅“山光潭影馆”一区可能较清初原状变化较多，已趋于平板单调。

B. 自建筑一侧中段以形态可人、尺度适宜的单檐歇山方亭（水阁）突出岸线，直面对岸高大山林，形成对水上空间的最主要划分与全园“看”与“被看”的焦点，如秋霞圃“碧光亭”与寄畅园“知鱼槛”；其他次要划分则以桥梁、种植等其他手段完成，共同构成深远不尽的水上视廊，如秋霞圃水面尽端的“曲篆仙桥”与寄畅园类似位置的七星桥。明人文震亨曾称园林水面“最广处可置水阁，必如画图中者佳”①(图 6-4)，其实“最广处”也只是相对而言，并非一定指湖泊般弥漫处。

图 6-4　明《日涉园景图》中的单檐歇山顶水阁

① (明) 文震亨《长物志·卷三·水石》，江苏科学技术出版社 1984 年 3 月第一版，103 页。

C. 主要厅堂较多退离核心景象空间，以避免形态压迫、尺度干扰与功能混杂。如秋霞圃之山光潭影馆与寄畅园之卧云堂，颐园旧日主要厅堂亦应在园南一带自成一区。

② 相近的时代特征：晚明至清初

如以两园沿革相较，则秋霞圃自清顺治二年(1645)嘉定沦陷，龚氏家族英勇抗清至举族覆没后重归于徽商汪氏家族，并经历大规模整饬，形成“松风岭、数雨斋、桃花潭”等十景，此后再无大的改筑记载，而其南北两岸湖石、黄石山林尚保持着明中晚期至清初面貌，故可基本认定其平面格局奠定于清初大修后。而寄畅园布局之形成于清顺治年间(1644—1661)的张涟时代则早无异议。此外格局相近的颐园则大致建于明万历年间(1573—1619)，入清后几易其主，但园南观稼楼与园中黄石主山为明代原构无疑(山上朴树已寿近四百年)，由山体高度及其与对岸方亭呼应关系判断，其核心山水景域极可能大致留存晚明面貌未改，且后世园主通常不会轻易改变全园最为苍古动人之处——这样看来，三园现有局面可能均大致形成于晚明至清初的狭窄时域里。

(3) 更大范围的比较：拙政园与片石山房

如将比较的范围进一步放大，则苏州拙政园与扬州片石山房均可纳入我们的视野。

① 苏州拙政园：倚玉轩与岛山

此园由明监察御史王献臣建于正德四年(1509)，其主体部分于清初归大学士、海宁陈之遴(1605—1666)，陈大加整治后未及一见便获罪遭贬，但今日此园中部18.5亩景域之山水格局与空间气质即可能奠定于此时。

此区以宽阔弥漫的水面为中心，邻近住宅的池南有面向水面的主要厅堂等系列建筑群，池中则以一系列岛屿、岛山与池南建筑群相对，共同约束出东西走向的狭长主体水面与水上视廊，池北则为一带背景式的杨柳堤岸。其中“岛山”的设置兼顾了水面的深远与辽阔，增加了景观层次，最为关键；而南岸建筑群中单檐歇山顶倚玉轩(即“南轩”)以侧面向北突出，濒临水面，逼近岛山，也略具寄畅园“知鱼槛”、秋霞圃“碧光亭”风采，只是其同时又作为主要厅堂“远香堂”之西厢与后者共同构成全区建筑主体——但不知清初面貌如何。

② 扬州片石山房：“方亭情节”

此园大约建造于清初，“……二厅之后，湫以方池，池上有太湖石山子一座，高五、六丈，甚奇峭，相传为石涛和尚手笔。”①（按石涛和尚俗名朱若极（约1642—1724年后），为明末清初划时代的山水画大家与著名造园家。1961年前后陈从周先生踏访时此园仅存南向的倚壁假山一列及山南明代楠木厅一座，且假山已被一门一屋斩为东、西两段，山下水池亦被填没，其旧日园貌已较为模糊。

图6-5 片石山房旧貌，近处即攒尖顶方亭

好在片石山房晚清旧主何维键（字芷舠，1835—1909?，也即相邻寄啸山庄主人）之孙何适斋作有《记扬州园林片石山房》一文，可供今人揣测当日格局：“清光绪年间，经我祖父何芷舠公将此片石山房辟为寄啸山庄之一部分……园中有方池，南岸有水榭突出池面，遥遥与假山主峰相对，轩窗三面，观赏游鱼，生意盎然。由水榭观全园，最是小中见大。徜徉其间，恍若置身于福地洞天大自然之胜境，致足乐也。”②其女并据其回忆绘有园图（图6-5），图中可见园中现存假山下原为一方形水池，池南有一方亭（单檐四方攒尖顶水榭）挑临水面，与主峰相对。从今存楠木厅与假山间不大的距离看，此水池可能为狭长方形，而此亭应距假山主峰较近，处于仰观主峰的位置——仍为类似于寄畅园“知鱼槛”、秋霞圃“碧光亭”的建筑，只是屋顶形式不同（晚清扬州园林较少见单檐歇山顶方亭）；而体量硕大的主要厅堂楠木厅则退居其后，避免了对主要景域的尺度干扰。由于此园清初假山与明代楠木厅俱在，故其格局可能较多留存清初面貌；只是置方形规整水面于曲折假山下，殊觉不称。虽然清中叶的钱泳（1759—1844）时代就已经如此，但仍疑其非清初原状，可能为乾隆年间吴家龙在此建双槐园时所留烙痕。

由于此亭位于全园焦点位置，仰观绝壁，俯临清池，景致凝练，角度奇佳，很自然地进入了何氏族人难以磨灭的家族记忆，何维键曾孙何祚兴言及童年偕妹

① （清）钱泳《履园丛话·卷二十》，中华书局1979年12月第一版，532页。
② 何适斋《记扬州园林片石山房》，转引自杜海《何园》，南京大学出版社2002年3月第一版，128页。

随父盘桓此园、指点湖山的情形时，也对楠木厅与假山间行将坍塌的方亭最为眷恋："我站在一座直接伸向池塘水面、正对假山的方亭里……厅后那座当时已将坍塌的方亭，岸水临风、古意盎然……"①

只惜此园近年的修复似并不理会旧日意匠与何氏族人的"方亭情节"，取消了这一确切可考的灵魂建筑，而令硕大朴实的楠木厅堂直接面对主要山水景域——谅石涛和尚当年必不至此。

(4) 艺术溯源与流变：从"钓殿"到壶园

陈从周先生曾评述道："江南私家园林在设计时，与假山隔水的建筑物，往往距山石不远。因为假山不高，其后复为高墙而无景可借，所以在较近的距离之下，仅见山的片断，既是深谷石矶，峰峦古木，亦皆成横披小卷；如墙外有景可借，则在平岗曲岸衬托之下，便是直幅长轴。此观苏州诸园与无锡、常熟诸园，便可分晓。"②其中"与假山隔水的建筑物"之最典型代表便是上文所述"碧光亭"、"知鱼槛"等建筑，秋霞圃便是"横披小卷"，寄畅园便是"直幅长轴"。从现存江南园林中时代相近的有限旁证推断，以寄畅园、秋霞圃作为范式、具备前述三个条件的特殊园林布局有可能为明中晚期至清初、尤其是晚明至清初的江南园林习用布局形式。我们不妨仿照元代山水画坛盛行的、表现河道两岸景色的"一河两岸"式构图称这一特殊园林布局为"一河两岸"式。其中寄畅园地处山麓，得天独厚，似更宜视为这一手法的山林地变体，而位居城市地的秋霞圃则尤具典型意义。

① 溯源："钓殿"与"茅盖水榭"

"一河两岸"式布局的肇源已难以捉摸，但日本平安时代(781—1185)后期之寝殿造庭院中主体建筑一侧向前探入水面的钓殿实与其颇为神似③；而前述元代山水画构图亦可能对其产生过潜移默化的影响，因晚明江南画坛多以元人为宗，造园家难免受到感染。然而更具直接启发意义的或许是现实生活中的丰富原型，如至今仍留存着类似面貌的扬州城西北水关外的濒河茶肆。

清中叶扬州园林鼎盛时期曾拥有令康、乾二帝流连不去的北郊"二十四景"，其中"丰市层楼"一景就位于城西北邻近瘦西湖的护城河一带，以临河茶楼酒肆闻名。1949年后，这里只留存河道转折处的两处茶肆，一名"水绘阁"，一名"香影廊"，均于横长的硬山瓦顶建筑前部向狭长河面挑出翼角轻扬的歇山茅顶抱厦，习称"茅盖水榭"，直面对岸高耸的城墙遗迹及参天老树，溶入盈盈一碧之间，

---

① 转引自朱江《扬州园林品赏录》，上海文化出版社2002年3月第三版，209页。
② 陈从周《园林谈丛》，上海文化出版社1980年9月第一版，127页。
③ 参见张十庆《〈作庭记〉译注与研究》，天津大学出版社1993年7月第一版，22页。

自不远处的“御码头”回望，竟与寄畅园、秋霞圃中核心景致神似，多年来亦成为扬州园林之标志性画面(图 6－6，现建筑增多，景观已大为逊色)。

图 6－6　扬州冶春“茅盖水榭”

② 流变:“袖珍版”的壶园与书隐楼庭园

寄畅园、秋霞圃之后的清中叶江南园林似乎更青睐弥漫的湖泊型水体，如青浦曲水园，并不乏如苏州网师园“彩霞池”这样的杰出作品；然而凝练动人的狭长型水体仍会于中小型园林中偶获一见、闪烁异彩，如建于晚清的苏州庙堂巷畅园、壶园——“城中尚有小园，以畅园、壶园为最”①，童寯先生如是说。

畅园面积约 900 平方米，以貌似朴实随意，实则极为工巧的亭廊周绕主体水面，已非常见于明代的建筑、山林隔水相对的布局，而属纯粹的清中叶以后格调，并体现出超越前代的建筑群体处理水准。

已毁的壶园则占地仅 300 平方米左右(图 6－7)，以南北走向的狭长水面为核心，西岸以湖石花台及石峰、花木构成自然山林的象征性表达，东岸为一带倚墙的亭廊，南北两端则以建筑围合，其中北端为其主要厅堂——全园宛似“一河两岸”式布局的“袖珍版”变体，而水面东岸中段突出的半亭更带有秋霞圃碧光亭的影子，只是其向对岸探出有限，并不至构成对水上空间的划分，形成构图核心——想来因全园空间极为有限，已不容再作划分了。

① 童寯《江南园林志》，中国建筑工业出版社 1984 年 10 月第二版，32 页。

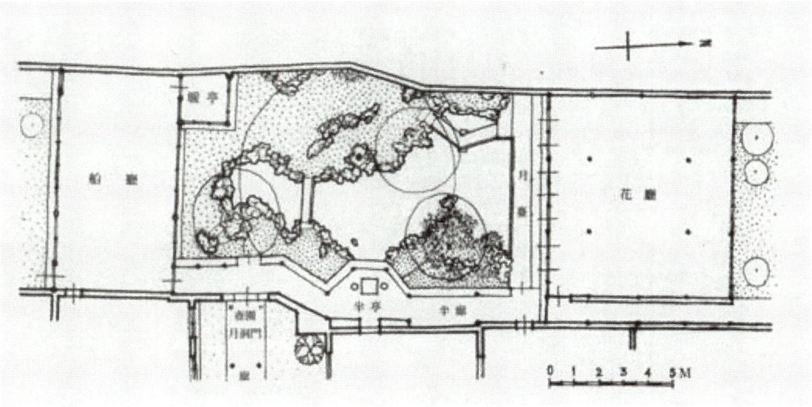

图 6－7 壶园平面图

与壶园时代相近而面积相似的上海县书隐楼郭宅庭园也采用了以处理为船舫形式的、突出水面的水阁对全园狭长景象空间作最主要划分，并以此构成全园景象核心的布局形式，因此园建筑体量较大，装饰繁缛，艺术表现力似不及壶园，但亦从侧面证明了这一布局范式丰富的变化余地与强大的生命力、招引力。

古猗园“小松冈”的间离效果

如将 20 世纪 30 年代童寯先生所测绘古猗园图(《江南园林志》附图，图 6－8)与清人沈元禄为乾隆初年大规模拓修后的古猗园所作园记①相比较，虽然亭台轩廊不能一一对应，但山水格局与主要建筑实相差无几，足证此园至抗战全面爆发前仍大致存留着清中叶旧貌。惟童先生所摄录其瓦石作部分如月洞、花墙洞、地穴、墙头的夸张花饰、过多变化大都灿然如新，应为其遭民国二十一年(1932)“一·二八”倭寇战火后重修的结果。

但以园图中土山之绵亘，水面之宛曲，尤其“小松冈”半岛之若不经意而姿态横生，颇疑其核心区域仍沿袭着晚明的山水骨骼，也即竹刻名家朱三松的巧思；清中叶的增拓或许主要向东、北两方向，如东部的梅花主题景域及北部泛春渠、柳带轩一带。而图中建筑位置、朝向之整齐划一则为晚清园林建筑群组风貌的体现，如苏州留园东、北部的“五峰仙馆”“林泉耆硕之馆”“花好月圆人寿”“佳晴喜雨快雪”等建筑群；清中叶的网师园建筑尚多微妙动人的欹侧变化。

① (清) 沈元禄《古猗园记》，转引自(清) 程其珏修，杨震福等纂《嘉定县志·卷三十》，光绪六年修。

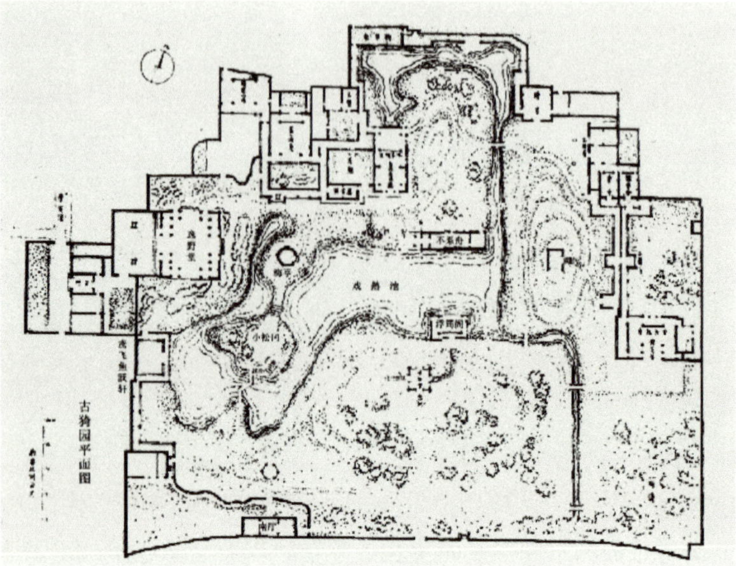

图 6－8　20 世纪 30 年代的古猗园

(1) 半岛与“呆港”

正如苏州拙政园中部景象构成的关键点在于池中曼妙起伏、划分景域的岛山，古猗园核心区域景象构成的关键点亦在于自主体水面西北岸向西南斜斜探出，横亘于逸野堂与戏鹅池之间的“小松冈”半岛。这一“探”既真实地模拟了江南水乡丘陵起伏，湖荡逶迤，时有半岛、“呆港”(不通的河道)出现的自然景色，又举重若轻地将主要厅堂隔在了全园主体景象空间(竹枝山与戏鹅池一区)之外，使两者间出现了绝妙的“间离”效果，隔而不断，相得益彰——后者几乎完全排除了巨大厅堂的尺度干扰，呈现出纯净感人的面貌；而自逸野堂向东望出，碧波沦涟，松冈耸峙，冈外的主要山池影影绰绰，亦拥有景物森然，层次不尽的视觉感受。这一处理实精妙地解决了古典园林主要厅堂与核心景域间固有的矛盾关系——主要厅堂需要拥揽核心景域，以求拥有完美画面并发挥后者的最大“效益”，而后者又需力避前者的形态、尺度与功能干扰。

(2) 更大范围的比较

纵览江南现存古典园林中类似问题的大致三类处理方式，似乎更加有利于我们认清“小松冈”的特殊审美价值：

① 布局性处理：寄畅园与网师园

指通过全园的布局处理从宏观层次避免两者的冲突、对峙，化解矛盾，调配关系，具体可分为以下三类作法：

A. 通过山体等景象要素将主要厅堂自然地隔出核心景象区间之外，并保持一定视线联系，如古猗园逸野堂及苏州网师园小山丛桂轩等。后者通过黄石假山“云岗”与彩霞池核心景域保持了间离，但“云岗”隔断效果过强，似不及“小松冈”之笔断意连。此类作法既省笔墨，又多情致与神采，但实例较少。

B. 将主要厅堂独置一区，另行营造对景，如无锡寄畅园卧云堂、苏州艺圃博雅堂、青浦曲水园凝和堂、松江府城云间书院东园静成斋(已毁)、苏州留园五峰仙馆、狮子林燕誉堂等。其中曲水园凝和堂庭院按轴线布列，两侧对植树木，南端有仪门，不脱城隍庙园气息(参见图9-1)；云间书院东园静成斋似以主要景象空间之山林余脉引入院中作为对景，显得精练而自然(见图4-7)；留园五峰仙馆庭院专掇仿庐山五老峰的大型厅山，一派富贵人家气象；狮子林燕誉堂前庭院则较为简洁，但亦嫌单薄。此类作法较费笔墨，适用于面积较大，原本就需要多个“次景象核心”的园林。

已毁的晚清上海徐园将主要园居活动置于园北“十二楼”等建筑中，使主要厅堂“鸿印轩”获得功能的解放，得以缩小至三开间，也近似此类。

C. 于主要厅堂与核心景区间留出距离，点缀小型景象元素，作为形态、尺度与心理的过渡，如醉白池四面厅、秋霞圃山光潭影馆、明代豫园乐寿堂、南京瞻园静妙堂等。其中醉白池四面厅与主体水面间有花台、老树掩映，包括充满表现力的明代香樟，起到很好的过渡作用；秋霞圃山光潭影馆与桃花潭间则有大片露台与对植的盘槐，相信清初此区面貌当更具层次与幽趣；明代豫园乐寿堂与主体水面间有“广庭，纵数仞，横倍之，甃以石如砥，左右累奇石，隐起作岩峦坡谷状，名花珍木，参差在列”①，今日此“广庭”已半在园内，半在园外了；瞻园静妙堂则以大片草坡过渡至北部山池，亦觉简洁。总体看来，此类作法稍嫌消极，但尚可接受。

② 形态性处理：拙政园、留园与小盘谷

指通过对主要厅堂自身体量的弱化处理以消解这一矛盾。除如醉白池四面厅那样减小体量，压低檐口的基本方式外，大致有以下三种处理方式：

A. 化整为零：如拙政园中部面积广阔，故以“远香堂”与“倚玉轩”两座建筑一正一侧，相互揖让，形成类似宋画中“一堂一厢”乡间野宅的视觉效果，共同构成全区中心(图6-9(a))，这较此园东部新建区域试图以体量逼人的“秫香馆”统

① (明)潘允端《豫园记》，转引自(清)宋如林修，孙星衍等纂《松江府志·卷七十八·名迹志》，嘉庆二十三年修刊本。

率全区要自然得体许多。但此类作法仍需主次分明，不忘保持主要厅堂的统率地位。

B. 搭接延展：如留园中部以主要厅堂“涵碧山房”与相邻“明瑟楼”搭接为写意型船舫形式，厅如中舱，楼似前舱，风起浪涌，疑是画舫翩跹，构成显著而尚不觉触目的体量——但亦稍有牵强之感。

C. 拓扑变形：如扬州小盘谷主要厅堂——矩形楠木厅之削去距湖石主山最近一角，形成面向主要山水区间的曲尺形平面，无形中延长了游赏线路，丰富了观赏角度，屋顶高度亦因之出现变化，因其周边为廊，故自山崖水际看去，宛似回廊一转，不觉有庞大厅堂在侧，而厅堂自身除面积仍足敷使用外，又彻底融入山水之间，空明透彻，实为简约之至的神来之笔(图 6－9(b))。

图 6－9(a)　拙政园中部主要厅堂组

图 6－9(b)　小盘谷曲尺形楠木厅堂背面

日本皇家名园桂离宫中的主要建筑群组——“古书院”“中书院”“新御殿”亦采取面向主要景象空间逐次退进的布列方式，人称“雁行式”。

③ 夸大性处理：内园与点春堂

主要指前期海派园林之颠覆建筑、山水间尺度关系，尽情夸大其逆向对比，以炫示财富，突出实用空间的主导地位。如内园静观大厅及豫园点春堂庭院，此外尚有将主要厅堂处理为厅楼者，如豫园得月楼庭院。

至于苏州耦园之东园城曲草堂与扬州寄啸山庄(何园)蝴蝶厅虽处理为厅楼，但因与山水保持距离，尚觉得体，不在此列。

上述前两大类手法实可相互结合使用，如拙政园主要厅堂既化整为零，又尽可能地退后水面安置——比照诸多手法，古猗园之“小松冈”一笔仍予人惊艳之感，或许这正是三百年前的竹刻名家留给我们的惊鸿一瞥。

然而 1949 年后好心人以此园水面梗阻于此，竟将其西、北两部水体贯通，令半岛变为全岛，“呆港”变为活港，扰乱了戏鹅池的整体拟形（略似鹅形的水面，尚可取），也减损了欲连还断、欲说还休的布局情致，更破坏了以反映自然地貌多样性为己任的园林艺术的多元化，令人惋惜。

醉白池：乡村野塘意匠的水景园

醉白池之布局粗成于清顺治七年(1650)画家顾大申于明代旧园基址上的兴造。顾大申去世后园经数度易主，转归丹徒县训导顾思照，经其修整后，格局已与现状相去不远。清嘉庆二年(1797)起，园为地方善堂购得，在其维护下历经变乱而未有大的改变。故全园今日总体布局仍带有清初至清中叶特征（图6-10）。

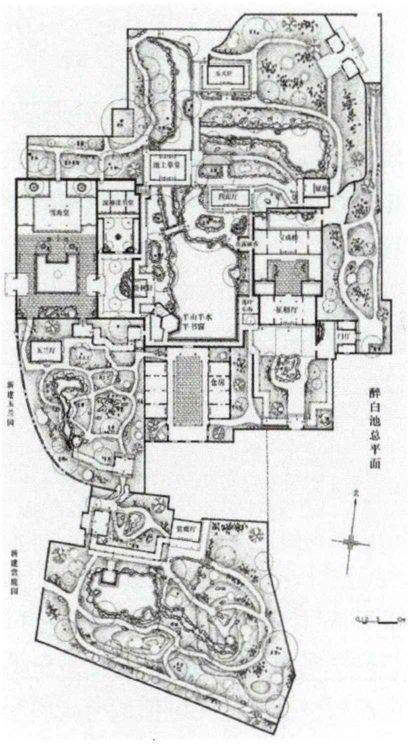

图6-10 醉白池平面图

松江戏曲家黄之隽(1668—1748)为我们记录下了经顾思照修整后的清中前期醉白池面貌：“池方而长，可三四亩，据宅之右。池东有老榆槎枒，二百年物，轩荫其下，临流而坐，曰：‘老树轩’，贯以长廊，池西畎亩连瓦，限之以篱，篱疏可眺也，池南两三人家，窗户映带，妇孺浣汲，望若画图。池北堂临之，敞其四面，堂北与西竹石环列，又北则池尾绕而东。又北有隙地可构屋莳花木，亦篱限其外焉……”①从文中看，此园为纯粹的水景园，以类似乡村野塘的水面为景象核心与表现主题，完全不强求山林景象的不合理介入。塘东为住宅，住宅与园的结合部，可能于高墙下临园的一面作低下临水的轩廊如“老树轩”以求变化。塘北为四面厅及竹石花木。塘西与南俱开敞，其中塘西为一片田园、农舍风光，为不遮挡视线，仅以疏篱作为园界，塘南亦面对园外人家，以追求与乡野风光的融合及园林空间的延展。塘北的四面厅以北则另有一片天地，塘水亦自四面厅南绕至此处，作塘尾的收头

---

① （清）黄之隽《醉白池记》，转引自（清）宋如林修，孙星衍等纂《松江府志·卷七十八·名迹志》，嘉庆二十三年修刊本。

处理，形成空间与水面连绵不尽的效果——这种开敞疏朗，平淡质朴的园林布局仍具有较强的清初文人园气质，是未经乾隆时代园林风格充分转折前的作品。唐代诗人白居易《池上篇》诗云：“十亩之宅，五亩之园，有水一池，有竹千竿……有堂有序，有亭有桥，有船有书，有酒有肴……优哉游哉，吾将终老乎其间。”①从园主对白氏及宋代贤相韩琦的追慕（见下文）以及醉白池的园宅关系、池塘意匠的水体、偏在一隅的船舫以及旧日池北竹石环列的面貌看，此诗实可作为醉白池之造园意匠陈述。

今日醉白池仍大致保存了这一布局，只是减损了水面，闭合了空间，加大了建筑比重。其中池西北水口上跨建的“池上草堂”与原先的主要厅堂（四面厅）以相似形态、朝向并列一处，令后者陷入尴尬境地；环池南三面的亭廊则隔断了园林内外部空间的联系，成为自我封闭心态的体现，且其中竟不设一处暖亭、暖廊，既不利冬日盘桓，亦缺乏形态上的虚实变化；挑临水面的“半山半水半书窗”亭屋既高峻厚重，亦具有典型晚清特征。

第 2 节　清中叶园林的布局

清中叶的江南园林在总体布局上有由明代的建筑、山林隔水相对、交互渗透转变为以人工建筑围绕山林、水体的重大趋势，苏州网师园就是这一转变的代表与巅峰之作，而乾隆二十五（1760）起在明代豫园山水格局上兴建的上海县城隍庙西园也带有这一鲜明的时代特征，前文述之已详。

目前上海地区尚大致存留清中叶园林布局者几乎仅有青浦曲水园一处。

曲水园：散漫与斩截

曲水园今日格局的形成大致经历了三个阶段。第一阶段为乾隆前期，青浦县城隍庙东路、市河“殷家兜”以西地带之庭院式庙园基本形成；第二阶段为自乾隆四十九年（1784）起的数年间，“殷家兜”河东之大型山水园区建成，全园形成跨河局面；第三阶段则为此园遭“太平军”战事摧毁后的光绪年间，全园陆续重建并一一恢复旧日景域。故今日曲水园总体上仍留存着清中叶布局面貌，并带有较

① （唐）白居易《池上篇》及序，转引自陈植、张公弛选注《中国历代名园记选注》，安徽科学技术出版社 1983 年 9 月第一版，5 页。

多晚清的时代印记(图 6－11)。

正如约略同时期建成的上海县城隍庙西园因建设周期过长、政出多门而予人以散漫零乱之感一样，曲水园之总体布局亦因类似原因而予人以山无起伏照应、水无聚散离合、建筑零落臃肿、景域显豁暴露之感，惟其局部处理尚不失可圈可点之处。

园在邑庙之东，以笔直的南北向河道(即“殷家兜”)分作东西两部。西部邻邑庙，为早期形成的一系列小尺度庭院园林空间；东部则以形态呆板的大型土石假山“小飞来峰”为景象核心，峰南北均有水面，面积、形态对比不很显著，山水周遭则以亭台围绕。其中南部水面为全园主要景象区间(图 6－12)，如单就此景域论，则主要厅堂凝和堂、花神祠均在水面南岸，

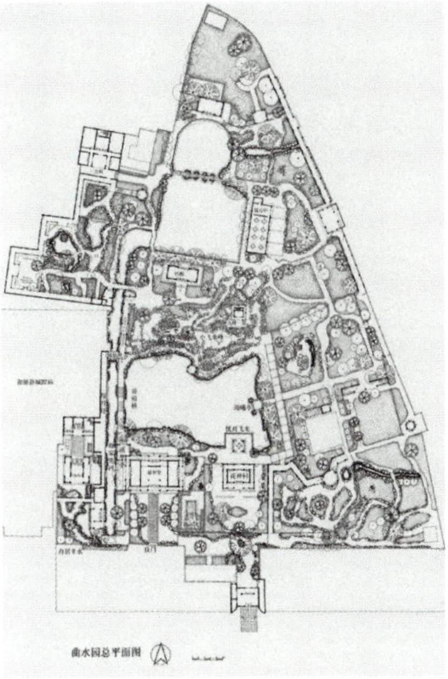

图 6－11(a) 曲水园总平面图

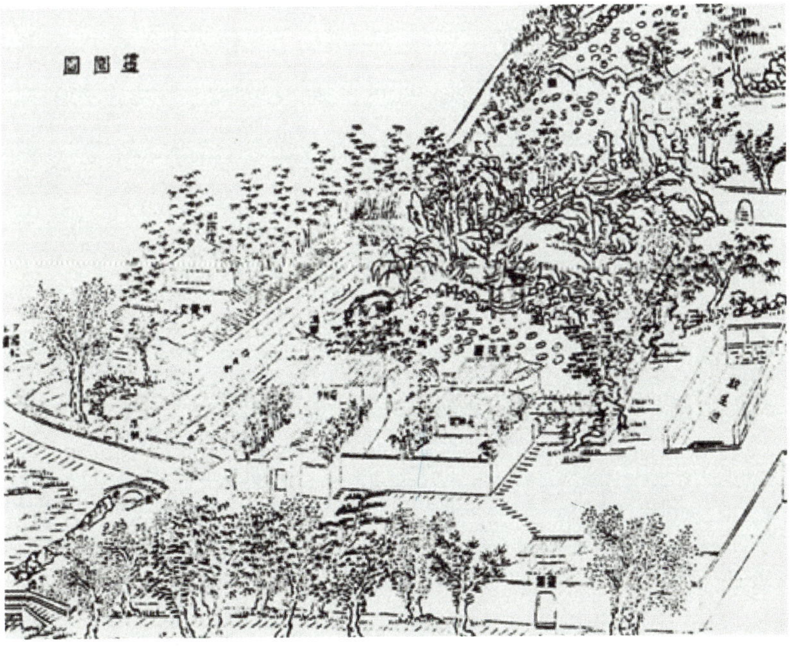

图 6－11(b) 民国时期的曲水园

图 6－12　主体水面与小濠梁

图 6－13　长堤与拱桥

隔水与郁郁葱葱的大假山相望，仍依稀存留着主要厅堂隔水面山的布局。

（1）理水：河道与湖泊

园中最具特色处是其东南核心景域的理水方式。不知名的造园者在开挖“殷家兜”河东、“小飞来峰”南的水体时特意留出土堤作为与河道的间隔，堤上尚架有拱形“喜雨桥”以示象征性通航。这类用堤与拱桥，或纤道与纤桥、拱桥的组合将水面划分为修长河道与弥漫湖泊，或者称交通性水面与游憩性水面的意匠原型常见于江南水乡，著名的苏州宝带桥便是划分京杭大运河道与澹台湖的界限，而绍兴境内至今仍存留着较长一段纤道、纤桥与拱桥，但于城市地园林中对此进行自觉的艺术刻画、再现者则惟见于曲水园（图 6－13）。

（2）建筑：二层楼廊的跋山涉水

值得注目的还有“殷家兜”河西的沿河二层楼廊“得月轩”，建于整齐的条石驳岸上，略具江南水巷意匠却又驱驰数十米不作丝毫曲折（图 6－14），仅于其南端降为一层，处理为山花面向南的“舟居非水”船舫作为起首；而于北端跨越过河，仿佛水乡的双层过街廊桥，复北折，降为一层的玉字廊，翻越小飞来峰西麓，以单檐歇山顶“玉字亭”收头。这段楼廊同时亦为城隍庙东路厢廊，这或许是其如此修直的原因之一；但更深层次的肇因或许源自朴素的、以简洁为美的设计理念，因河道东岸已全无限制，堤岸却依旧笔直如矢——园名“曲水”，可最引人注目者却是这道“直水”与两侧的楼廊、长堤，尤其是其中的二层楼廊——这斩截利落的一笔几乎贯穿了全园主要景域，分花拂柳，跋山涉水，以自身必要的质朴单调将园景映衬得明艳动人。

图 6－14 “得月轩”楼廊

图 6－15 曲水园东部轴线

(3) 布局：轴线的呼应与渐变

作为邑庙园林，此园西、东两部各有一南北向轴线。西轴经夕阳红半楼、有觉堂，终止于御书楼；东轴则经花神堂、恍对飞来亭，跃过水面，终止于“小飞来峰”上的“九峰一览阁”(图 6－15)。两道轴线与邑庙中轴相呼应，由庙向园逐次放松，既体现出空间性质的渐变，也强化了庙与园内在的整体性与秩序感。这与清中后期上海县蕊珠宫(即明代南园)一区穿越书院、园林、道观的主轴线颇为神似，而晚清建造的豫园点春堂、得月楼两区之建筑轴线就远没有那么层次分明了。

第 3 节　前期海派园林的布局

正如前文所述，对于前期海派园林来说，园林空间只是从属于建筑空间并使其柔化、趣味化的工具，仅能于建筑间的隙地或沿墙隙地内巧作腾挪。为满足商人以最小面积创造最丰富园林景观的投入产出惯性思维，其山、水、建筑各景象要素必须尽最大限度相互咬合，作集中展现。其中假山多半贴壁，水面须穿堂入谷，反复穿插，建筑则形态异常小巧丰富。

点春堂之货架式展示

图 6-16 打唱台背面的水榭效果

晚清著名文人王韬在其《瀛壖杂志》一书中曾对清中叶所建点春堂一区面貌作了“园亭轩敞，花木阴翳，虚槛对引，泉水潆洄，精庐数楹，流连不尽”①的美好回顾，而对同治年间重建的点春堂一区则叹道：“后虽重建，然殊逊旧观，令人顿有昔是今非之感矣”②，则此区前后面貌之悬殊可以想见。

典型前期海派风格的点春堂一区由南向北依次由和煦堂、打唱台、点春堂、藏宝楼四进建筑构成强有力的中轴与压倒性的空间骨架，周遭垣墙围绕，并以轴线西部作为出入各建筑的通道与人流集散地，而集中于轴线东部贴墙营造线性山水空间，向西展开，颇有货架展示的意味，充分体现出公所建筑于注重威仪、夸示财力的同时不忘讲求实效、附庸风雅的特点。

图 6-17 快阁

由于点春堂面阔极大，故又将这一山水区间拦腰斩为暌隔的南北两部。其中北部贴壁山上建有小体量“学圃”，勉强与西侧井亭形成对景；山下水体且与点春堂背面所突出单开间抱厦相缠绕，获得局部的轩窗临流般的静谧感受。南部山水主体区间则以湖石山“抱云岩”及山巅快阁为景象核心，以山上“旱瀑”象征性地汇为山下主体水面，与轻盈的打唱台背面袅袅融合，使后者兼具独立水榭的景象功能（图 6-16），并沿和煦堂向南作涓涓细流以示水源深远，而挺拔尖峭的快阁更为全景域提供了邻借全园、俯借园外市廛的制高点（图 6-17）。快阁东

① （清）王韬《瀛壖杂志》，上海古籍出版社 1989 年 5 月第一版，38 页。
② 同上。

南则以围墙隔出景象深度，自成一区，中有听鹂亭、静宜轩，曲折高下，煞费苦心（参见图8-19）。

总体看来，此区之利用中轴建筑如点春堂、打唱台背立面稍加变化以参与景象塑造，拓展有限园林空间，加强建筑、园林空间交融的手法对今人仍不失借鉴价值；而其建筑正、背立面间礼仪与景观功能的不同侧重也充分说明了前期海派园林中这两者间的地位关系——值得一提的是，此区于内部功能与景象的苦心经营外还锐意强化外部立面的表现力，尤其是东临安仁街的整体立面效果。这一侧园墙不仅具有精美的墙顶、颇富节奏感的花墙洞，还随内部建筑高度跌宕起伏，塑造出颇具水准的动人曲线（图6-18）；而墙内隐隐的楼台花木更增添了立面的层次感，令墙外人生出联翩遐想。这与传统文人园林之一味深藏若虚形成鲜明对比。

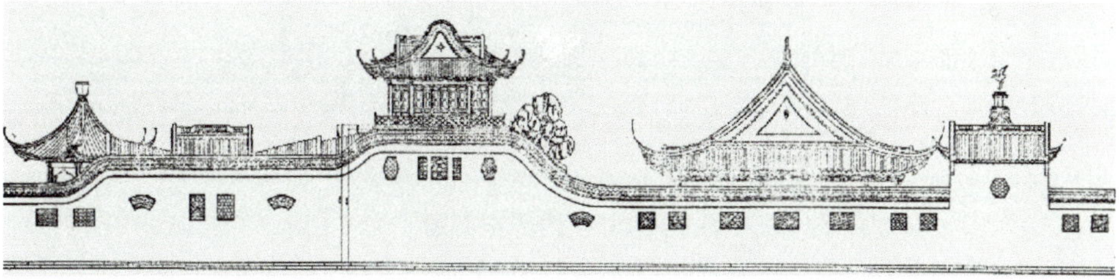

图6-18 点春堂东部沿街立面

内园之密度与高度

如前文所述，内园在经历晚清重修后，成为较典型的前期海派园林。

此园以剑拔弩张的太湖石山为景象核心，其北有面阔五间、体量雄大的静观大厅，西、南两面楼廊周绕，东面的沿墙隙地则处理为与点春堂东部相类似的一系列精巧园林空间。主体水面——渊潭型的九龙池偏在东北一隅，与主山睽隔，形成耐人伫留的幽深水院；但主山也因之缺乏映带，更显突兀（图6-19）。

内园景象空间的塑造具有极富前期海派园林风格的两点特征：

（1）求多求全

方寸之间的内园与面积广大、景物纷繁、由豆米业等公所分据的西园为邻，相形之下，终显逊色，这是钱业人士所难以容忍的。于是其空间潜能被强度开发，亭阁廊舫一应俱全，路径奥曲，景象杂陈，难免堆砌罗列之弊，各细部亦有过度装饰化的倾向。

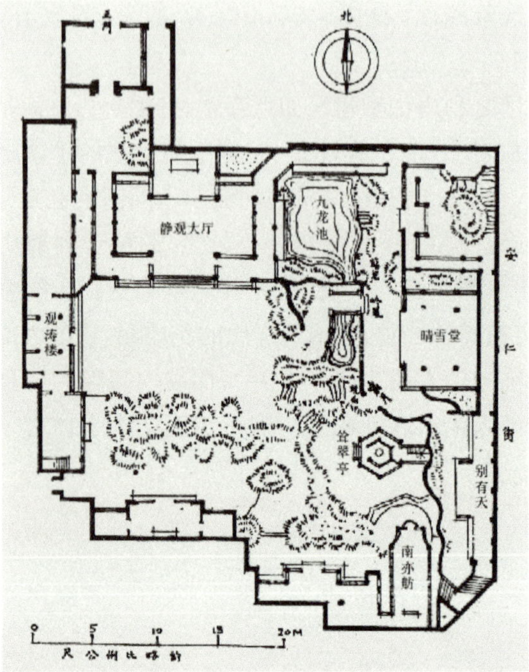

图 6-19　内园平面图

(2) 求高求峻

因其用地有限，建筑、景象密度既大，只能尽力向高空伸展，恰与金融建筑坚实雄厚、富丽挺拔的时代形象相吻合。于是静观大厅陡峻森严，耸翠亭鹤立峰巅，南亦舫则在假山上以波纹状花街铺地营造“旱天池”，观涛楼更拔地三层，成为清代上海老城厢最高的建筑。假山自身也石笋、石峰林立，争高直指。这一倾向同时造成全园立体交通的畅达，延清楼、还云楼、观涛楼、南亦舫与假山上层皆连通一气，形成迷境，宛如常以二层楼廊周绕全园、串通住宅的扬州清代商家园林如个园、寄啸山庄(何园)。

以上所列三个时期的不同园林布局只是上海园林布局艺术发展的不完整反映，其他如前述明代豫园之大型全景式山水园布局及晚清九果园之以少胜多的妙局均值得一提。前者以湖泊型水体为中心，主要厅堂“乐寿堂”隔水面向池南“阁云碍月”①的南山，堂北则另有濠濮型水面及恢宏的武康石大假山，其余景域

① (明) 潘允端《豫园记》，转引自(清) 宋如林修，孙星衍等纂《松江府志·卷七十八·名迹志》，嘉庆二十三年修刊本。

亦山环水复，景物森然，一时难以穷尽。后者则以主要建筑“绍修堂”面对小型山水全景，堂左右以层楼与画舫萦带，构成园中高度集中而又不失变化的一组主体建筑，其余不过寥寥数笔，即成既借江景、又得野趣的佳例(图 6－20)。

[注释]

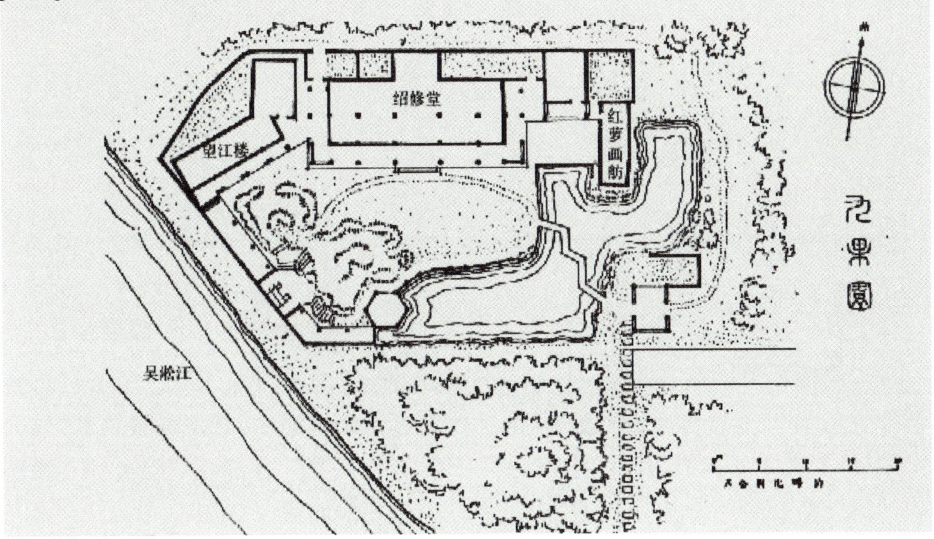

图 6－20 九果园平面图

第7章

掇山与理水

第1节　掇　　山

上海地区最早的大型掇山作品或许首推南宋“云间洞天”中之“东岩”“观音岩”“桃花洞”①等景物，其中“东岩”至元代仍存留于寺庙中，峰顶尚残留着“朋云亭”基址。元末王逢最闲园中之“先民一邱”“先民一壑”“怀湘坂”“幽贞谷”“海曙岩”“林屋余清洞”②则疑为以土带石的假山，因仓促而成，体量不会很大，艺术上也未必成熟。至于掇山艺术鼎盛的明中晚期，名家、名作一时远迈前代，并可粗分为南、北两宗，各尽其妍，前文述之已详。

遗憾的是，上海地区今存掇山作品数量已极为有限，且多遭损改，好在仍有少量经典之作历劫不磨，为后人依稀勾画出盛期风采。

武康石山

(1) 豫园大假山

山高十二米，现占地三亩有余，以土为胎但不露痕迹，刻意展现峻朗风骨，为明中晚期“北宗”掇山代表作、江南现存最大的武康石山作品(图7-1(a)，并参见图3-12)。

陈从周先生曾对此山有完整评价，可参见前文，这里采摘另外一段：“假山雄健，复有三绝之胜：石壁、飞梁、平桥，石壁森严，飞梁临涧，平桥缘水，皆因山势而作层次，高下相间，错落有致，形成山有态而水有容，波光潋滟，凭栏舒展

---

① (清)宋如林修，孙星衍等纂《松江府志·卷七十八·名迹志》，嘉庆二十三年修刊本。
② (清)宋如林修，孙星衍等纂《松江府志·卷七十八·名迹志》，嘉庆二十三年修刊本。

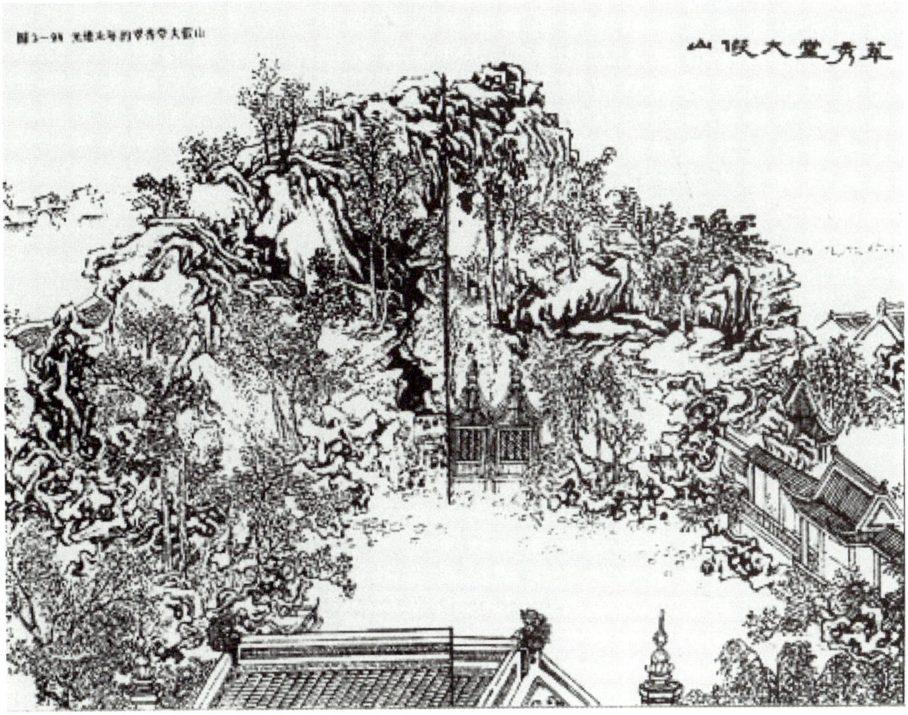

图 7－1(a)　光绪年间的豫园大假山

成图。”①

此山对谷涧、矶滩、盘道、隧函、峭壁、飞梁等多种自然形态均有经典刻画，堪称武康石山“手法大全”，为上海地区掇山盛期的吉光片羽。但经数百年无节制的攀爬与未尽审慎的修理，目前此山砌痕累累，表面肌理几乎完全改变，仅山中洞壑部分因人力绝少触及而尚存初掇时的雄浑气势。

(2) 颐园假山

此山位于颐园中部，西倚园墙，东临濠濮型狭长水面，并与隔水亭廊形成紧凑对景，南北绵亘约二十余米，最高处残高约四米余。其倚墙的西侧用土较多，故而林木丰茂，有助于增强山势，渲染山林气氛。而临水的东部则以大量石材作精细饱满的刻画，其东崖更顿挫为绝壁，主峰向前鼓出为悬崖，具有迫人气势，为全园构图中心，山脚则有盘道临水蜿蜒，映衬山体。自园南尚有磴道可攀至山顶，山中另有 3 米见方的洞室。

---

① 陈从周《上海豫园・序言》，载上海豫园管理处编《上海豫园》，文物出版社 1993 年 3 月第一版，2 页。

图 7－1(b)　颐园危崖下的折桥

此山上部现已有所崩坏，面貌已不很完整，好在亦未见后世扰动的明显痕迹，依旧苔痕四布，石缝参差，斑驳古奥，动人心旌(图 7－1(b))，总体看存留状况反较修理太甚、气度已失的豫园大假山为佳。

作为虚拟尺度的小型北宗掇山精品，此山精妙地再现了危崖、濠濮一隅的森严气势与幽邃氛围，与全景式展现的豫园武康石山尺度悬殊而时代相近，从不同角度为明中晚期上海地区掇山艺术之鼎盛局面作出了弥足珍贵的注解。

(3) 秋霞圃“松风岭”

由名称即可知山形横长，以塑造平缓山岭为主旨，故以土为主；但局部亦用石较多，以构造斩截果断的形态变化，形成饱满对比——总体上仍多“南宗”掇山风韵(图 7－2，参见图 6－1(b))。

图 7－2　秋霞圃归云洞、水崖处理

此岭横亘 40 米，高 2—3 米，山形东峻西缓，西坡有平冈小坂韵味，利于栽植，故林木参天，有数百年古银杏一株，又多植青松，以扣岭名。山岭东部则结合与水面的交接自然塑造出峭壁、隧函、谷涧、矶滩等峻急多变的自然形态。此部尚有长 12.6 米、高 1.9 米的"归云洞"略作曲折，沟通南北，其山南洞口恰与水池南岸的"舟而不游轩"构成美妙对景。

陈从周先生于文革前对此山的评价是"所叠石壁绝佳……结构浑成，石壁山洞的结构，山径的安排及亭的设置，略低于山巅平台等处理，皆为明代假山惯用手法，与上海豫园手法相类似，应为明代嘉靖间的原构，时代可能仿佛于豫园"①。

但由此山目前状况判断，因其谷涧、矶滩等部手法过于纯熟完美，疑为"文革"后修缮的结果。

湖石山

上海地区所存早期大型太湖石山作品如明代张南阳所掇豫园湖石南山等早已凋零殆尽，现存最早的秋霞圃湖石南山实已成残迹，西园点春堂一区之"抱云岩"则为经 1950 年代整饬的清中晚期作品。此外上海县城隍庙内园湖石山为典型晚清作品，豫园东部新叠湖石山体量雄大而浑成，为现代佳作。

(1) 秋霞圃南山

秋霞圃桃花潭南岸湖石假山绵亘数十米，几乎贯通全园南部，以纯净自然的山林景观与园北建筑形成美妙对比，原应为"南宗"掇山优秀作品，只惜现状损毁太甚(参见图 6 - 1(b))。

此山高度在 2—3 米，以土为主，滋养参天林木，仅于南岸临水处集中用石，刻画出山水吞吐，石骨显露的多样景观，包括戛然壁立的崖岸、蜿蜒低下的盘道及渗入山中的石潭、水口(图 7 - 3)，距水面较远处则渐成土坡，以"没骨"手法塑造山坳、曲径，既合自然地脉，又具手法的收放感。其作法与北岸黄石堆掇的"松风岭"及时代相近的无锡寄畅园、苏州艺圃相似。

陈从周先生对此山的评价是"曲岸断续，水口湾环，泉流仿佛出自山中，复汇于池内，又溢出于园外。临水断岸处则架以平桥，人临其上，宛如凌波，与对岸黄石假山临水手法，有异曲同工之妙。不过南岸以玲珑见胜，北岸以浑成见长"②。

此园南北两岸以不同石材堆掇峰峦，固然是时代风尚与园主喜好的反映，且

---

① 陈从周《园林谈丛》，上海文化出版社 1980 年 9 月第一版，127 页。
② 同上。

图 7－3　秋霞圃南山临水盘道

能分清主次，但毕竟有变化过多、割裂地脉之感；自然界中此类景象固然时有，终究不觉典型。

（2）豫园“抱云岩”

即豫园点春堂一区倚墙之抱云岩。此山体量不大，以石为主，土胎几不显露，属“石包土”类型。其特色有二：

图 7－4　豫园抱云岩

一在于西北临水处“旱瀑”、石矶等景象的塑造，手法厚重雄健，毫不琐碎；与近邻晚清内园假山之以单座石峰、石笋矗立山头，令人齿冷的手法形成鲜明对比。

二在于与山巅大体量建筑“快阁”的结合处理（图 7－4），除结构上显然有独到之处外，沿主峰蹬道南折即可登上快阁二层，亦觉生趣。

此山于倚壁山中虽远不及扬州片石山房清初假山之高峻浑成，但亦能注重大体块，强调技巧性，属典型“北宗”掇山作品。

从旧图中看（参见图 4－2），清中叶之西园此部即有小型山体，山巅有花神阁，晚清文人王韬（1828—1897）亦回忆此区重建前“循石磴曲折而上，有小榭颇堪延爽”①，故疑此山系于清中叶湖石山基础

① （清）王韬《瀛壖杂志》，上海古籍出版社 1989 年 5 月第一版，38 页。

上改筑而成，可能存留部分清中叶旧貌。1952年此山倾颓，招致对全园的修缮，从手法看，其西北精彩的“旱瀑”、石矶部分或为20世纪50年代修葺的结果。

(3) 内园“厅山”

内园静观大厅对面之湖石山亦以石为主，并成为全园景象核心及立体交通环线的重要组织者；但以其与静观大厅之体量、位置关系来看，倒更像一座厅山。

就常理推断，此山至迟肇自清中叶钱业公所拓建内园之际；但就现状看，肯定经历过晚清的全面增饰、改建。其山不高而广，峰顶杂峙刀枪剑戟般奇峰异石如天官峰、九狮峰以弥补山形之平板，洞隧则架石为梁，梁上敷缀湖石，显得生硬粗糙，不堪入目。惟幸山上草木华滋，历经百年的石榴、黄杨、白皮松等古木藤蔓掩盖了其部分不足。此山掇法类似于苏州狮子林与已毁的苏州西百花巷程氏园，

晚清湖石山多酷爱象形、追求逼似，此山亦据说藏有猴、狮、豹、象各种动物，可于静观中逐渐发现——这种手法实为市民文化、趣味全面侵入园林的前期海派风格的展现。

土山：从“俨山”到“竹枝山”

上海园林中现存土山以明天顺四年(1460)官方所堆掇之嘉定文庙应奎山为最古，因正德元年(1506)此山被南移约百米，故其现状为后世于明中期基础上增饰的结果。此山以“上应奎星(文星)”并作为学宫“案山”为创作主旨，故形态单纯而简洁，不作过多变化，反觉自然浑厚；但因其山形偏于陡峻，易于颓圮，故后世多次加砌黄石护坡，层层驳牢，向上加固，类似古人堆筑高台的手法，但一经变化，也能模拟自然土山中被雨水冲刷而暴露的石骨。与其同为大型土山作品的崇明县金鳌山则堆掇于清康熙初年，亦带有浓重官方色彩；此山以《华严经》中的南海普陀珞珈山为假想原型，分为五峰，山形平缓而形态似觉呆板寡韵。

文人私园中年代较早而又最大型的土山作品或推明嘉靖前期之陆深后乐园“俨山”土冈，此冈绵亘数里(或许有所夸张，颇疑此地本有土垄可借)，与宽广悠长的黄浦江面形成美妙呼应与刚柔对比，成为园中景象构成与景域划分的关键因素，尤能体现出重土不重石的早期掇山风范。此山至民国时遗迹仍存。而嘉靖后期顾名世露香园中之土山“积翠冈”则横亘园北，起到遮挡朔风与园北街肆，并与园南主山遥相呼应的作用。

现存园林中，嘉定秋霞圃桃花潭南岸土筑山坳中信手挥洒的曲径被陈从周先生誉为“大手笔”[①]，明风显著。古猗园“竹枝山”则几乎纯系土山，满山竹翠，柔若无骨，成为对江南丘陵地区山林风光不加矫饰的写真，具有石山难以达到的艺术效果，但亦稍觉骨感不足，疑其仍应为明代遗存。乾隆年间的曲水园“小飞来峰”以土为主，局部用石较多，东部还别具隧函，但总体形态缺乏变化与情致；现状将土山坡面整理为不同高程的坡台，以自然石块铺砌，并留出树池，各坡台间则堆掇石崖过渡，虽然满山林木繁茂，侵人衣裾，总觉堆砌多而野趣少。道光年间堆掇的嘉定安亭镇震川书院因树园土山高不过五、六米，山形横长质朴，乱石散点，与风貌类似的苏州可园土山同具书院园林掇山特质。

上海园林中尚有一些其他掇山作品留存，如古猗园逸野堂南的“小云兜”湖石假山曾享盛名，但现状过于零乱，似为“文革”破坏后重修的结果。逸野堂东南小松冈上的黄石山堆掇颇具气势，但显系近年来的作品。

第2节　理　　水

上海园林中的水景塑造渊源已久。东吴陆氏家族的池亭固然渺不可追，而北宋青龙镇诸多名园如醉眠亭即临水而筑，巧借江景；南宋“云间洞天”中更有“桃蹊”“明月湾”“来禽渚”[②]等多样化水景，显示出理景水准的进步。时至今日，上海园林中仍存留着较为丰富、独特的理水手法。

水体类型

(1) 湖泊型(湖泊、河道结合型)：豫园、古猗园戏鹅池

明代豫园中部主体水面南岸有南山，水中有岛屿及疑为单檐卷棚歇山顶的凫佚亭，四周多有河汊延展至园内各部，并与市河相连，为在旧日城区积潦基础上浚治而成的大型湖泊型水体，今虽成为城市公共水域，并饱受四周建筑及湖水亭、九曲桥的凌迫，但仍依稀存留着盛期形态。

① 陈从周《园林谈丛》，上海文化出版社 1980 年 9 月第一版，127 页。
② (清) 宋如林修，孙星衍等纂《松江府志・卷七十八・名迹志》，嘉庆二十三年修刊本。

古猗园戏鹅池于明代始建时疑仅有今竹枝山北的核心水面一区，包括小松冈一带，其艺术价值前文已阐述甚详，至清中叶始拓展为四通八达的洄游式水体，成为对江南地区湖荡密布的自然水景不加藻饰的成功概括。杨鸿勋先生评述道："南翔猗园主体水景'戏鹅池'，实为湖泊型，湖西部有比例较大的半岛'小松岗'，使得周围水面形成迂回萦绕的构图，泛舟其间可得扬州瘦西湖一类风景的感受。由于'小松岗'的处理，使这一湖面分成东、西两种趣味不同的景象。"①

其余如嘉定文庙应奎山北水面及旧日上海县文庙东南庭院水面也均属湖泊型，而豫园东部九狮轩前湖泊型水面则为1950年代新凿。

此外尚有湖泊与河道通过长堤与拱桥相结合的特殊形式，也即前述之青浦曲水园山南水面（参见图6-11(b)，图6-12）。如将其中拱桥改为平桥，不仅形态呆板，也破坏了其源自生活的基本意蕴。

(2) 江河型（水巷型、溪流型）：秋霞圃、曲水园

名为潭，实采用"一河两岸"形式的秋霞圃桃花潭水面于拉近北岸建筑与南岸山林间距离的同时也令水上空间显得深远不尽，或许可算该类水体中的代表作品。在园林纵深有限而水体本身亦不便作大的曲折时，该类水体易显得一览无余，故桃花潭南北两山濒水处及西端均作了水湾、水口处理，潭东则向南、北分出支流，以强化其不尽的层次感（参见图6-2）。

上海地区另具江河型水体的部分特殊形态，如前述曲水园河道的水巷形态。

此河道原属市河，于乾隆年间的曲水园二、三期扩建中纳入园内，但很大程度上仍存留着城市河道的景象特征：其一侧为相当高度的整齐驳岸，岸上临水建有兼作青浦县城隍庙东路厢楼的两层楼屋"得月轩"，绵延百米，视线尽端为过河廊屋（参见图6-14），乘船行驶其中，颇有江南水巷般的空间感受——当然这应非造园者的初衷。然而河道另一侧近于完全开敞，以求向园林空间的合理过渡，无形中干扰了水巷主题的表达。

此外尚有缩微的江河形态，也即溪流型水体，以古猗园中溪流如"泛春渠"等最为曲折幽长，野趣横生；而豫园万花楼前溪流北依平台，南绕湖石花台，穿墙入院，亦期望给人"桃花尽日随流水，洞在清溪何处边"②的联想，只是过于显豁暴露，缺乏植物掩映与合理的岸线变化，终归平庸琐碎。

---

① 杨鸿勋《江南园林论》，上海人民出版社1994年8月第一版，73页。

② （唐）张旭《桃花溪》，转引自湖北省社会科学院文学研究所编《历代诗词曲佳句名篇大全》，长江文艺出版社1992年1月第一版，677页。

(3) 池塘、池沼型：醉白池、因树园

醉白池既以池名园，也取白居易《池上篇》诗句①意匠塑造其园中水体。其主体水面大致呈长方形，岸线仅略作变化，池岸处理亦简单质朴，水中且不设岛屿、桥梁作为分隔，一望而尽，是较典型的自然池塘意匠的水体。建于民国四年(1915)的扬州瘦西湖徐园水体亦取类似意匠，是其少数同类之一(参见图 10－9)。

嘉定区安亭镇因树园水面具一定宽度，岸线亦颇觉宛转有致，似取湖泊意匠，但其水位相对低下，折桥俯临水面，似无意摹仿江湖之弥漫而专注于山林间的曲池一泓。因这一水面现状扰动已多，故姑且推测、命其名为"池沼型水面"。

(4) 渊潭型：内园九龙池

内园静观大厅东面的"九龙池"为其典型实例，亦成为内园中难得的优美片段。

杨鸿勋先生于《江南园林论》一书中为渊潭型水体创作定下五个要点：① 空间狭隘，水面集中；② 以石为岸，不宜用土(保证池岸陡峻)；③ 光线处理宜暗；④ 水位宜低；⑤ 潭壁叠石参差，层递而下，使人可接触水面。② 而"九龙池"正是上述要点的集中体现——此区以池面为核心，构成建筑围合的幽邃水院，池畔种植数株横生的老夹竹桃，兼具花香竹影，对水上空间及光影形成独特的修饰作用。

陈从周先生亦评价此区"一泓澄碧，倒影亭台，坐池边游廊，望修竹游鱼，环境幽绝。此池面积至小，但水自龙墙下洞曲流出，乃无局促之感"；"九狮池附近一部分，尚曲折有致。"③

书隐楼郭宅庭园船舫下水面原状已难辨别，但就其狭小的面积与开凿年代看，亦有可能为渊潭型，只是如此则船舫高临水上，有失意匠之完整了。

(5) 濠濮型：颐园

颐园中段水面狭长，水位低下，西侧山体高峻，与山上林木共同向水面投下浓重阴影，东岸建筑亦退至坡上，保持了与水面的距离，而高跨水面的三折曲桥更加深了其濠濮般的幽深感。该水体至园北船舫一带始展开为湖泊。

与颐园相类似，江南园林掇山名作亦多以幽深的濠濮型水体反衬山体之巍峨，如明代豫园武康石山下水体之推测原状(详见前文)，目前此山下古怪的湖泊

---

① (唐)白居易《池上篇》及序，转引自陈植、张公弛选注《中国历代名园记选注》，安徽科学技术出版社 1983 年 9 月第一版，5 页。

② 杨鸿勋《江南园林论》，上海人民出版社 1994 年 8 月第一版，71 页。

③ 陈从周《园林谈丛》，上海文化出版社 1980 年 9 月第一版，123 页。

型水体可能为豆米业公所单独经营此区时被迫开凿。而堆掇于清初的苏州耦园武康石山下水面“过午山林阴影笼罩……更觉濠濮之幽深”①。较晚的清中叶，扬州小盘谷假山下水体及苏州环秀山庄水体之局部也均为濠濮型。

（6）前期海派型：豫园点春堂南北水面

主要指带有前期海派风格的特殊理水方式。如前述豫园点春堂南北两片水面，其面积实不算小，但在大体量建筑的凌迫下只得宛转图存，周旋于自然景象（假山）与人工建筑之间，并部分地延伸入中路建筑基座下，使其发挥部分景观功能，实已绝无湖泊之弥漫、池塘之质朴抑或渊潭之幽邃，姑名之为“前期海派型水体”。

或为豆米业公所拓展而成的豫园武康石山下湖泊型水体在前期海派风格的卷雨楼等建筑压迫下亦具有类似前期海派型的尴尬与无奈，但尚不典型。

水源处理的特殊例子

与多数江南园林一样，上海园林中的水体也多与园外河道连通或于池底掘井成源，江南稠密的水网则为其提供了良好的客观条件。古猗园、醉白池、曲水园、秋霞圃中水体原均如此，明代豫园主体水面也曾连通市河“野芳浜”，嘉定汇龙潭更汇集五条市河，借此形成幽邃深远的水景与“五龙抱珠”的特殊形胜。

此外，上海地区园林尚有一些颇具特色的引水思路。

（1）暗通潮汐：“声借”

即以园内水面与江潮、实即海潮相通。上海地区西部松江府一带多与吴淞江相通，东部上海县则与黄浦江潮汐相通，而明清两代海潮顶托所至极远，为此喜好提供了客观肇因与实现契机——“（上海）城中巨室园池，多与黄浦潮通，每以潮来独高为异”②。“异”在何处——“上海县城内化龙桥为乔氏世居，厅事前有小池，一夕潮忽至，直通堂上，高一二尺许，潮退，荇藻浮萍淋漓满壁，莫不惊异。未几，乔公光烈为湖南巡抚，其弟照为浙江提督。后三十年，陆氏竹素堂上小池亦通潮，陆耳山先生锡熊为工部侍郎，著四库全书提要，海内闻名”③。其中乔光烈即清中叶凤树园主人，清初的宜园当时也归其所有，而竹素堂陆氏即明陈所蕴日涉园之清代主人。明代松江府旧西湖畔的“阁老”徐阶（1494—1574）旧宅也曾有此现象。

---

① 杨鸿勋《江南园林论》，上海人民出版社 1994 年 8 月第一版，302 页。
② （清）王韬《瀛壖杂志》，上海古籍出版社 1989 年 5 月第一版，103 页。
③ （清）钱泳《履园丛话・卷十四》，中华书局 1979 年 12 月第一版，368 页。

潮水登堂，族子登科——这样的例子总是具有无限的自我放大功能，一时上海地区凡家有池塘者莫不挖空心思沟通市河，如方法得当，运气又佳，即可间接沟通江潮，期待水漫金山的“灾难性”场景。明代之豫园、日涉园、南园（也是园）、清代之一粟庵等处均有此现象，连清末的哈同花园也未能免俗。据说其中南园效果最佳，独对池莲时可隐隐听见江上潮声，境界高远，恍如梦寐，前文称之为“声借”。

（2）辘轳引水与老牛戽水

与前例相映成趣的是，浦东陆家嘴之陆深后乐园为不使园中水面受到黄浦江潮汐顶托影响，可能不直接沟通江水，而是在园外架辘轳引泉水入园，其声悠扬，更添园林情趣。而晚清上海县吴淞江畔的徐棣山“小兰亭”则于园中“上巳”（三月初三）雅集时以老牛戽水入园内曲池，以助“流觞”雅兴——这两例说明濒江的上海园林是如何巧于因借、不拘成式地处理园林水源的。

水面分隔

大致包括桥（桥堤结合）、跨水建筑、岛屿、水花墙等四种形式，其中“岛屿”即前述古猗园池西之以“小松冈”分隔水面、增加景观层次的手法，与“桥堤结合”及“水花墙”同具较高艺术价值与一定地域特色。

（1）平桥、拱桥（桥堤结合）与廊桥

① 上海园林中今存平桥似应推松江颐园内濠濮上的三折桥最为曲折有致，格调苍古，或许为清中前期遗物（参见图 7－1）。嘉定安亭因树园三折桥则贴近水面，属古风犹存的道光年间作品。

明人文震亨《长物志》中称：“石栏最古……傍池或可用，然不如用石莲柱二、木栏为雅……顶用柿顶、朱饰，中用荷叶宝瓶”（图 7－5(a)）①——两根断面为方形的石望柱间连以断面为圆形的木栏至今仍是上海园林中最常见的平桥栏杆形式，豫园、古猗园、秋霞圃中均时常得见，因其木石、方圆、刚柔相济的朴拙形态与各类园林景象均能协调一致，但秋霞圃桥栏望柱石狮蹲踞，已是一派庙园气质（图 7－5(b)）。醉白池为避免干扰池塘型水体的意匠，至池北方有石桥，且系新筑。

② 上海园林中仅见两处拱桥。一处即前述曲水园长堤中央之“喜雨桥”，花

① （明）文震亨《长物志·卷一·室庐》，江苏科学技术出版社 1984 年 3 月第一版，25 页。

图 7－5(a)　苏州天平山高义园望柱

图 7－5(b)　秋霞圃石狮望柱

岗石造，应为乾隆年间原构，望柱头部雕刻石狮，现出庙园本色，但有藤萝攀绕，顿生雅趣；此桥且与长堤结合划分水面，野趣横生，前文述之甚详。另一处即豫园内环龙桥（桥名为后世所命），原为可贵的明代青石原构，惜毁于“文革”；近年陈从周、蔡达峰先生据历史资料复原，仍用青石，桥型古朴，体量妥帖，触手温润可人，风驳雨蚀之后，当更见雅驯（图 7－6）。

图 7－6　重建的豫园环龙桥

③ 单层廊桥见于豫园卷雨楼东与东部玉华堂一带。前者并于中部耸起单檐歇山屋顶，与卷雨楼的飞扬翼角形成亲切对话，但风格亦趋于繁缛，应为晚清作品（图 7－7），卷雨楼北的池水即由此桥下流入九狮轩南的大池。后者则是近年陈、蔡两先生的意匠。

④ 双层廊桥仅见于青浦曲水园，且系近年的新筑（原作为单层）。自南、北两面看去，此桥均较好地分隔了水上空间，增加了景观层次（参见图 6－14）；只是其北面上层完全封闭，影响了虚实相间的视觉效果。

图 7-7　豫园廊桥

(2) 跨水建筑

即醉白池北跨水口而建的单檐歇山顶池上草堂，系据白居易《池上篇》中文字描写①构筑于清末，抛开前文所述对园林整体景象空间之不良影响，此堂除翼角发戗过高，似不及用水戗来得雅致外，尚觉别致入画，未沾染过多时代恶习；尤其是于堂上凭栏，闲看游鱼成群自脚下流向身后的真实凌波感是足快人意的。

形态、位置与之相近的建筑包括苏州网师园中的“濯缨水阁”与耦园中的“山水间阁”，后两者均挑临水面，原状为面阔三间、单檐卷棚歇山的干阑式水阁，且均为清中叶以后作品，但风趣与前者相较显然更强调呼应水面的横向线条。苏州拙政园“小沧浪”也为跨水轩屋，但位置接近水湾尽头，且以卷棚硬山为顶，体量亦较之远逊，是典雅轻盈、更多明风与文人气质的成熟作法。

(3) 水花墙

水花墙可大致分为梁式与拱式两种。

前者系于水上架设墩台，墩台间连以石梁，再于梁上砌筑粉墙，上部辟有花墙洞——此类墙体头重脚轻，体态僵硬，似较后者远逊，但如不若苏州戒幢律寺西园那样于众目睽睽中作连续数跨，而是如扬州小盘谷那样于水面一角稍作展现，亦觉朴实动人(图 7-8(a))。后者则几乎仅见于上海豫园、内园与已毁的也是园，秋霞圃中的水花墙则是近年的仿建。

晚清上海园林中的墙体应用大胆泼辣，几乎可与任何景象要素组合，只是大都生硬勉强，成为前期海派风格的肇源，惟独其与水面的组合竟产生了轻巧美妙、具有特殊表现力的拱式水花墙——跨水的拱式水花墙下部有弯月形的涵洞，上部往往是一方大小、位置适中的方形花墙洞，虚实相生，刚柔相济，是将拱桥与墙体的意匠融为一体的产物，下部的拱洞更给人以向上的承托感和纵深方向的

① (唐)白居易《池上篇》及序，转引自陈植、张公弛选注《中国历代名园记选注》，安徽科学技术出版社 1983 年 9 月第一版，5 页。

视线延伸感。凭栏观赏水花墙下的游鱼来往，给人以泛舟穿越的美好联想(图7-8(b))。但这类墙体如处理过度，亦有搔首弄姿之感。

图7-8(a)　梁式水花墙

图7-8(b)　豫园拱式水花墙

旱园水作

即陈从周先生指出的秋霞圃屏山堂东、原晚明沈氏园主要庭院的特殊景象塑造手法："该处地面较低，似自成一区，远望仿佛为池，即所谓'旱园水作'的假象办法。"①类似的例子尚可见于清中叶的扬州"二分明月楼"(近年已开掘水面，化虚为实)、晚清的扬州寄啸山庄(何园)东部及苏州东北街李宅东路末进庭院。而上海县城隍庙西园(豫园)之"亦舫"庭院、东园(内园)假山之巅"南亦舫"周边的"旱天池"等旱地船舫周边处理亦人都略具这一意匠。

就严格意义而言，"旱园水作"的景象构成通常需以下几个条件：

① 景域周边界面与内部地面铺砌相对独立完整，自成一区，地面铺砌最宜取水波图样。

② 景域内地面标高作整体性降低。

③ 景域内部点缀的景象元素亦需各有完整界面，且品类应相对一致，最宜为花池、树池，因其恰似岛屿，并应点缀一二船舫意匠的建筑作为景象核心。

④ 景象空间中的联额匾对应扣紧这一主题予以文字形式的意境提示。

---

① 陈从周《园林谈丛》，上海文化出版社1980年9月第一版，126页。

⑤ 这一景域应与真实水体保持一定距离，否则就如素火腿与肉火腿同吃，不知其味了。

这一手法很容易使人联想起风靡东瀛三岛寺院的“枯山水”庭园，前文已指出其特有的、与自然景象间斩截的艺术间离效果，然而江南士大夫恬适优容的物质与精神生活毕竟容不下僧寮般的枯淡与玄想，中华民族传统思维与审美习俗的混沌倾向也容不下如此纯粹的表白，他们只愿在山光潭影之外用上一点不枯不淡，郁郁葱葱的“旱园水作”，意到，就够了。

第8章
建 筑

作为影响广泛深远的苏州园林文化圈的外围，上海地区园林建筑之类型、形态、包括其大木、小木、瓦石等各部作法长期以来实与苏州地区相差甚微。只是自乾隆年间城隍庙园初步兴起始，上海园林建筑才开始具有了世俗化的、相对独立的体貌特征，这一特征并于晚清的前期海派园林中被进一步强化，渐成风格。

然而即使在此类园林中，其大、小木作仍基本不出传统的“苏州样”范畴，其风格特征则更多是通过建筑体量、屋顶组合形式及瓦石作等其他方面来展示——对照清末民初苏州香山帮名匠姚承祖先生所著《营造法原》①一书，即可明了这一点。

下文即主要就清中叶以后上海地区现存园林建筑之地域性特征展开探讨。

第1节 建筑类型

厅堂

乾隆年间以后，尤其是在晚清，上海地区园林厅堂沾染了较多前期海派特征，前文对此已有详尽阐述，下文仅就前文未及部分展开讨论：

(1) 隅墙的庙宇联想

不知自何时始，上海地区绝大多数城隍庙园厅堂均在四角的尽间设隅墙封堵，墙上设大面积矩形花墙洞(有些可能为后世添加)。如豫园三穗堂、萃秀堂、点春堂、和煦堂，上海县城隍庙内园静观大厅，曲水园凝和堂、花神祠、有觉堂，秋

① 姚承祖原著，张至刚增编《营造法原》，中国建筑工业出版社1986年8月第二版。

霞圃山光潭影馆(民国时原状似无)、丛桂轩(图 8-1),甚至包括古猗园微音阁以及可能属七宝镇城隍庙园的上海交通大学农学院四面厅,惟未归属城隍庙的醉白池池上草堂、四面厅(图 8-2)得以免受沾染,古猗园逸野堂、南厅等建筑则系近年新构,故亦未取此式。

(a)

(b)

(c)

图 8-1　豫园三穗堂、曲水园花神祠与秋霞圃丛桂轩隅墙

隅墙的设置实与园林厅堂、尤其是四面厅之“不安四壁怕遮山”①的赏景功能、意趣相悖,以下试探讨其两方面成因:

① 庙宇化倾向:江南寺庙殿宇为强化宗教建筑空间的实用性与建筑的体量感,丰富立面的变化,多在尽间设隅墙封堵,并于墙上辟圆形窗户,沿袭既久,几

① (南宋)陆游《巴东令廨白云亭》。

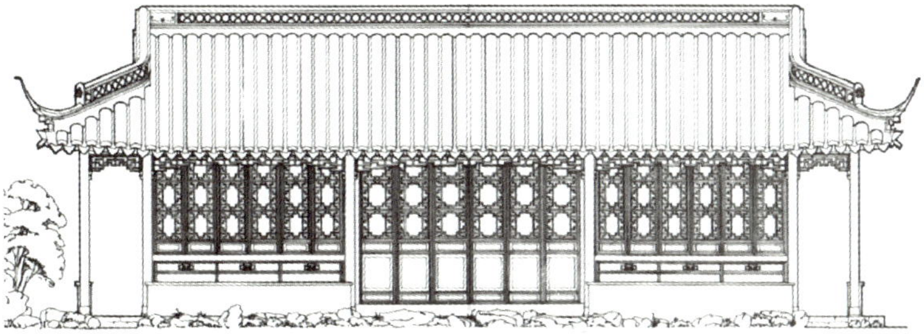

图 8-2 松江府城醉白池四面厅

成特定文化符号，连20世纪50年代上海创作的美术片《大闹天宫》中孙悟空所变山神庙亦取此式。而20世纪20年代重建前后的上海县城隍庙大殿更是近在咫尺的例证(图8-3)，城隍庙园厅堂作类似处理应主要受此影响，只是多易圆为方，添加花饰。

图 8-3 晚清(上)至民国(下)时期的上海县城隍庙大殿

② 晚清上海园林厅堂多与园墙或其他建筑粘连，较少出现四面脱空的四面厅，四角的隅墙恰为这种形态的粘连提供了材质与空间的便利过渡，如曲水园凝和堂与涌翠亭的组接。当然这未必是构造者的初衷。

(2) 抱厦的宗教内涵与景象功能

园林厅堂体量放大之后不免带来僵硬与疏离感，一种常用的变通手法即在厅堂背后附加突出的抱厦，形成暖阁，借以融入园林景象空间，如明代的豫园玉华堂就已经“堂后轩一楹，朱槛临流”[①]了。而清代上海县城隍庙内园静观大厅与豫园点春堂背面的抱厦则均兼具安放神龛的功能，体现出庙园特质——这也可视为上海园林厅堂的特色之一。民国时期建造的黄家花园(今桂林公园)四教厅亦延续了这一传统，只是前后均出抱厦，构成了特殊的十字平面。

(3) 内部分隔及木作差异

上海园林厅堂内部尚未见到如苏州鸳鸯厅那样精巧的空间处理，只是七开间的凝和堂及点春堂均于两厢辟有内室，谨慎地保持了核心区域三开间的尺度(图8-4)，体现出公共化的园林厅堂在专制政权无微不至的蛮横限制中对大尺度使用空间的曲折追求，文人的儒雅与私家的精致在这里既无市场，也无必要。

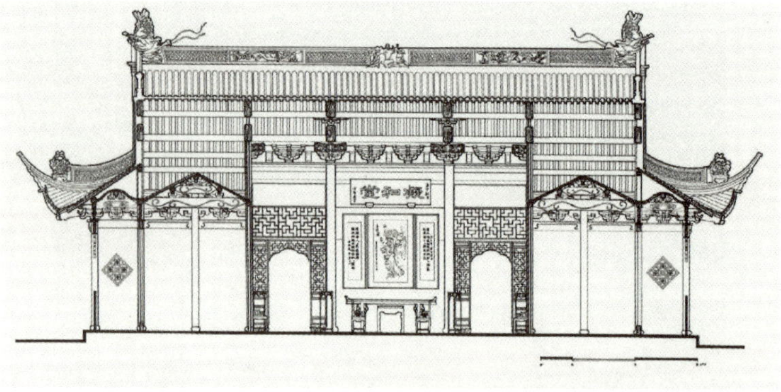

图8-4　曲水园凝和堂纵剖面

就大木而言，诸厅堂主体梁架前后大都使用磕头轩(图8-5)，抬头轩及半磕头轩均少见，轩式则多为船篷轩、鹤颈一枝香轩等。这既简化了屋架体系，也令外部屋面举折更加陡峻，形象更趋卓异；加上繁复的瓦作，屋顶的分量便更趋厚重了，同样现象于楼阁轩馆等其他建筑中也存在。此外如点春堂一区面阔、进

① (明)潘允端《豫园记》，转引自(清)宋如林修，孙星衍等纂《松江府志·卷七十八·名迹志》，嘉庆二十三年修刊本。

深均为三间的和煦堂内部梁架于“内四界”之外用“假花篮吊柱”与连续的磕头轩，精致程度几乎可与其北小巧玲珑的打唱台媲美，体现出晚清的时代特征与闽浙一带欢快的地方风韵。

约略建于同时期的曲水园有觉堂之类似戏台式样的精巧藻井（图8－5上右、下左）、秋霞圃丛桂轩类似斗笠形的简洁“顶格”则属小木作范畴，均予人以“工不伤雅”之感，后者尤近于文人园格调（参见图8－12）。厅堂（也包括其他建筑）小木作还常使用行业特征鲜明的装饰母题，如豆米业使用的豫园三穗堂长窗裙板上的稻穗图案（图8－5下右）。

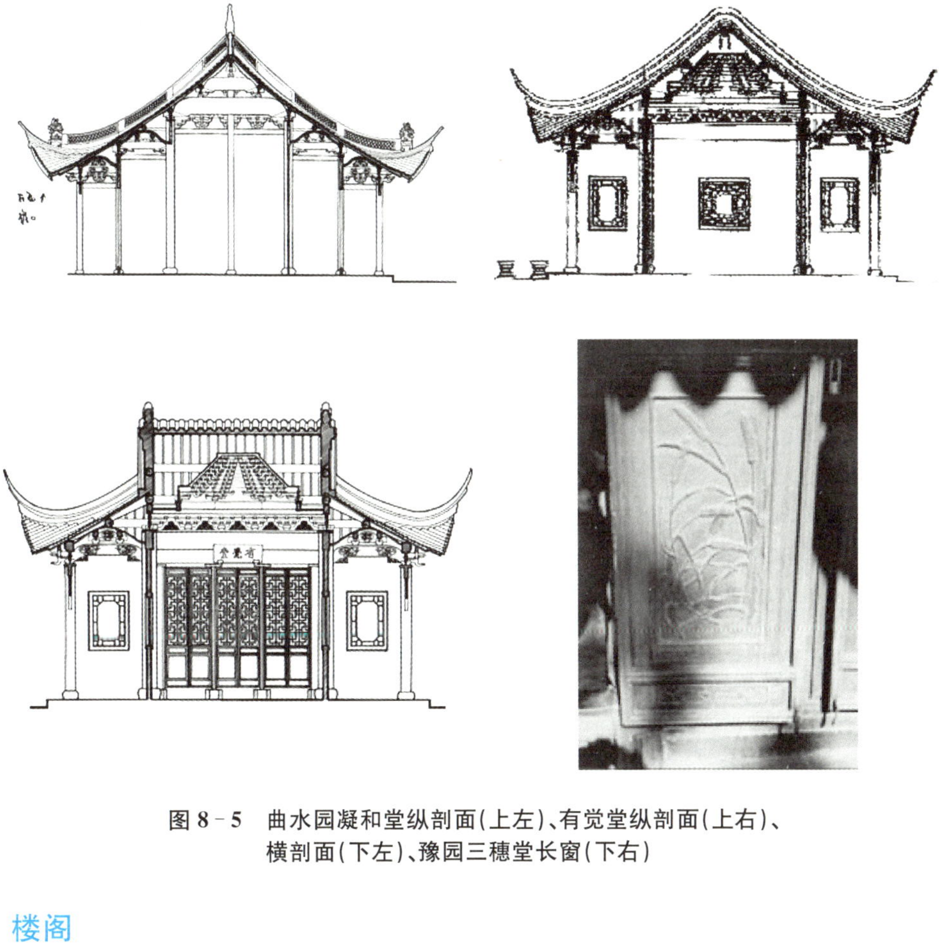

图8－5　曲水园凝和堂纵剖面（上左）、有觉堂纵剖面（上右）、横剖面（下左）、豫园三穗堂长窗（下右）

楼阁

现存上海园林楼阁除一骑突出的颐园明式观稼楼外多建于晚清，最具代表性者集中于豫园与内园，包括卷雨楼（图8－6）、湖心亭（实则非亭）、万花楼、藏

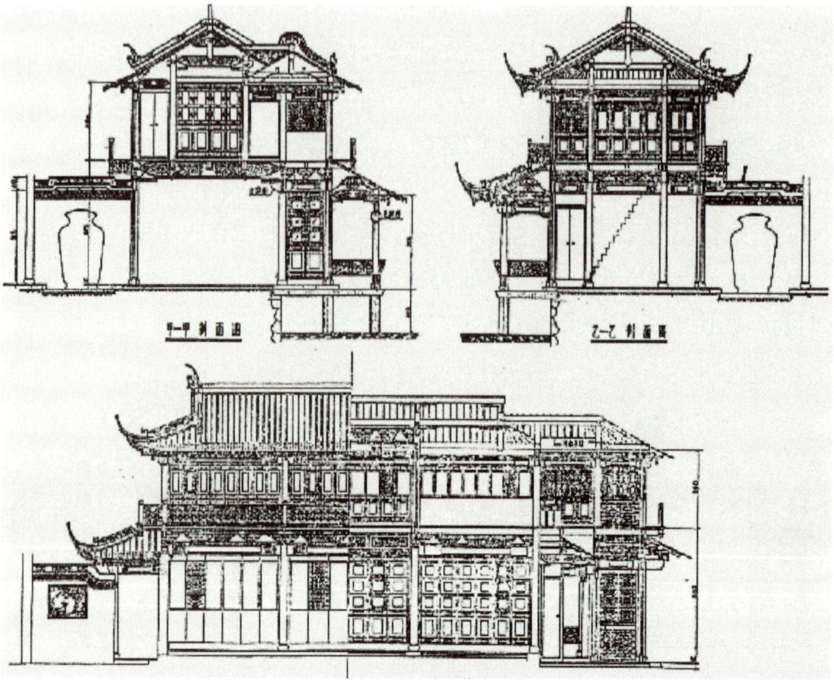

图 8-6　豫园卷雨楼

图 8-7　豫园得月楼

宝楼、得月楼(图 8-7)、观涛楼等,曲水园长达数十米的得月轩楼与坡仙、迎仙诸阁则是别具特色的另例,手法上与前者差异较大。下文分类阐述:

(1) 前期海派风格的楼阁

除具有前文所述前期海派风格特征外,尚有以下两点可供注意:

①“小平座”的设置

几乎所有这类楼阁均在二层挑出宽仅约半米的小平座(图 8-8),设高半米左右的栏杆,底部作弓形轩,如藏宝楼;有时底层亦加披檐,与平座配合,形成丰富的阴影,如卷雨楼;有时甚至使用“假平座”,即底层有披檐,二层平座被抬高至距二层地面一米处,如万花楼——这一设置同样是为削弱楼阁体量感,丰富其形体变化,与苏州园林中偶尔为之的虚假处理如留园曲谿楼、冠云楼的虚假立面不同,仍是海上好矫饰、尚卓异的世风所致。楼阁的非观赏面则通常不设平座。

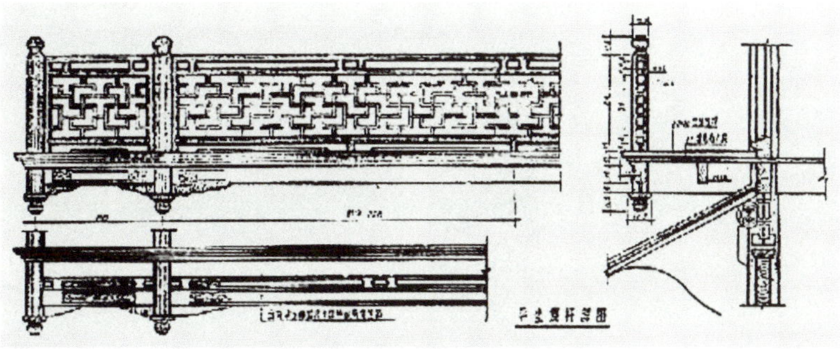

图 8-8(a) 豫园卷雨楼“小平座”

图 8-8(b) 豫园快阁“小平座”

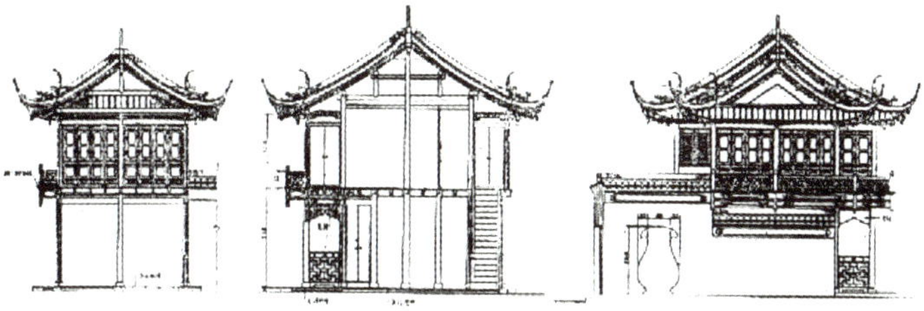

图 8-8(c) 豫园藏宝楼“小平座”

② 内部分隔

由于体量变化丰富，楼阁内部空间也丰富多彩，往往在主要空间外缘出现诸多类似于晚清苏州拙政园“卅六鸳鸯馆”(图 8-9)隅亭空间的“袋形空间”，当然这也是由其外部形体决定的，湖心亭与卷雨楼均为典型实例。

(2) 曲水园诸阁

曲水园坡仙阁与迎仙阁一北一南，由二层楼廊“得月轩”连为一体，其屋顶平缓，不起屋脊，虽带有较多近年修缮的痕迹，仍大致保留着旧日面貌(参见图 6-14)；而其形态之简洁连贯、棱角分明实少见于别处，堪与苏州拙政园中部见山楼西的楼廊、爬山廊(图 8-10)形成鲜明的风格对比，前文已有述及。我们不妨将其看作一个整体：

坡仙阁是其北端，折向东，实际是一座下层透空，上层以半窗与雨挞板封护的过河廊桥，东端跨于园中长堤北端，嫩戗发戗，翼角轻扬，尤生动的是将阁的东面稍稍扭转，使其略偏向喜雨桥另一端的涌翠亭、凝和堂，形成亲切的对景。

得月轩楼是其中段，上层用半窗加雨挞板，下层用地坪窗，绵延数十米不作曲折进退，仅以观音兜山墙略作分割，于简洁中透出韵律，反较故作曲折者亲切自然得多。

图 8-9　苏州拙政园卅六鸳鸯馆

图 8-10　拙政园见山楼西楼廊

迎仙阁是其南端，折向西，隔墙与城隍庙戏楼相接。阁西首撞入湖石假山（近年新掇），山上有悬“夕阳红半楼”额的半亭自阁上层生出，成为其西端收头。此阁进深极小，层顶平缓，与阁前小院共同组成动人画卷。

舫

上海似乎“无园不舫”。对于一座依托航运业兴起的商业城市来说，这不仅来自传统文人对不系之舟的精神追求，也源自新兴市民阶层对“财富之舟”的朴素依恋。方头平底、云帆高挂的海上运输业骄子——沙船一度同豫园墙头的巨龙一样，成为上海市民心目中财富与权力的图腾。

（1）写实主义的舫

现存实例仅有抗战后重建的古猗园不系舟（书画舫）最近似之，舟在戏鹅池中，分头、中、尾三舱，基座处理为船体形象，而头舱更加上了类似“欢门”的牌楼形眩目舱门，与苏州拙政园“香洲”相比更趋写实，也更加华美繁缛（图 8-11(a)）。

（2）“写意主义”的舫

可分为濒水及旱地两类。

① 濒水船舫

实例含秋霞圃“舟而不游轩”、曲水园“舟居非水轩”、豫园“两宜轩”、醉白池“疑舫”、颐园“半舫”、书隐楼郭宅船舫等。

舟而不游轩是以写意为主、刻意避免过分形似、强调园林整体氛围的例子——临水的头舱单檐歇山，形态、比例尚具写实意味，其后的中舱即卷棚硬山顶的“池上草堂”，形态已与头舱若即若离，更多强调的是与桃花潭水及对岸“松风岭”的对话，尾舱则被完全省略，诱人产生隐入树丛的错觉（图 8-11(b)，并参见图 4－25)——整组建筑大巧若拙，为上海地区船舫建筑之尤者，其侧立面颇为朴实耐看。

“舟居非水”轩则仅将船头，头舱及中舱刻画得神完气足，随后接入得月轩楼，以数十米长楼作为尾舱，是浪漫主义的一笔。其自身也成为得月轩楼在南端的又一收头。

“两宜轩”写意更甚，自万花楼东侧远看方知其以轩为头舱，以轩后复廊为中舱，以体量雄大之万花楼为尾舱，构思奔放不羁，与“舟居非水”轩暗合。但其各“舱”形态似宜更多内在呼应，以求气脉贯通，非只简单搭接便可了事。

“疑舫”实为一轩，仅略具舫意。此舫以山面为入口，轩侧临水处施吴王靠，并以和合窗唤起舷窗的联想，题名疑舫，令人兴味盎然，是着墨不多、尽得风流的例子，仿佛常州近园“虚舟”之大写意。苏州环秀山庄“补秋舫”意匠也与之类似，可能更近于明代园林中舫的形象(图 8－11(c))。

图 8－11(a) 古猗园不系舟

图 8－11(b) 秋霞圃舟而不游轩

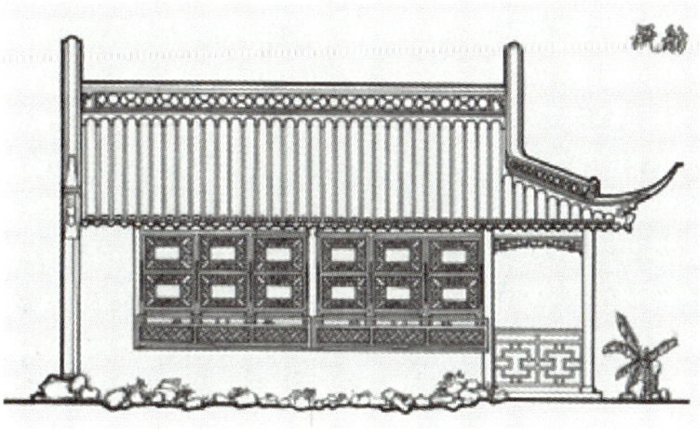

图 8－11(c) 醉白池疑舫

图 8－11(d) 颐园“半舫”现状

颐园“半舫”(图 8－11(d))北倚园墙，南临园湖，隔湖与黄石主山相对，为单檐歇山顶的横长建筑。其临水基部似处理为船体形象，上部旧日应有和合窗(现状已改)，且由侧面进入，属与醉白池“疑舫”形态类似的写意型船舫。因其屋顶西端及北坡均撞入西、北园墙，实际面积仅为外观之半，故可仿半亭之称，称其为“半舫”，系为留出最大水面而苦心腾挪的结果。但其以横长线条烘托南岸山势同时亦令园北水体岸线过于僵直，为其最大弊端。

此舫为颐园中除观稼楼外另一保存稍完整的建筑，似属晚清作品。

书隐楼郭宅庭园船舫仅为一单檐歇山顶临水建筑(参见图 4－33)，旧日面貌已不清晰，但知其仅以自身位置及美人靠、舷窗等细节暗示船舫意匠，属大写意一路，与豫园两宜轩多相似之处。

② 旱地船舫

实例含豫园亦舫与内园南亦舫，前者枯置独院，后者竟安置于假山上。两者均不濒水，而以自身较为写实的形态及四周波纹图案的花街铺地等环境处理予人以船舫的联想。

亭

一度于宋代上海园林中占据统率地位的亭于清代呈现出更丰富的面貌，我们可大致将它粗分为山亭、水亭等类。

(1) 山亭：望江亭与耸翠亭

豫园黄石山上的望江亭六角攒尖，屋顶高峻厚重，水戗发戗，宝顶形象也浑厚朴实，与纤细的柱身形成对比，而与下部厚重的黄石山相呼应，虽不入传统文人法眼，却不失为有特点的佳作。旧时登亭可远眺浦江帆樯，为重要借景建筑。

图 8－12　内园耸翠亭

秋霞圃即山亭重建于民国时期，1981 年再度重建，但挂落似沿用民国旧物。此亭踞松风岭上，旧时可俯瞰全园并俯借附近的金、沈二园，亦为重要借景建筑。

曲水园中部土山上的三角亭位居山腰，形制特异，饶有野趣，亭周乔木围绕，非为观景，而为憩息设，是山腰设路亭的一例，但似系近年新建。

内园假山上的耸翠亭(图 8－12)为八角重檐攒尖顶，东侧附加方形抱厦作为楼梯间，形体复杂高峻，鹤立峰巅，实与其脚下假山同属先海派一流。

(2) 水亭：跂织亭与“半山半水半书窗”亭

豫园黄石山下临水的挹秀亭与峰巅望江亭同属屋顶厚重、柱身纤细的一类，但位置有根本不同，处理亦不及后者来得浑成，宝顶犹嫌夸张，起翘亦觉生硬，与环境极不协调。

豫园万花楼东的鱼乐榭则与内园耸翠亭同为重檐攒尖顶，属公共园林亭型，因万花楼一区于清中晚期属豆油饼业公所，故有如此形式出现。

豫园得月楼院落西面临水处有跂织亭，是半亭的一例(图8－13)，亭面积较大，屋顶陡峻，出檐较小，临水处施吴王靠，条石基座，亭内有十六扇雕刻精美的屏门，整体上更像一座水阁。位置、形态与之类似的是醉白池“半山半水半书窗”亭，此亭半入池中，半踞岸上，屋顶亦厚重，只是亭底透空，亭顶高立一鹤。这种对宝顶、屋脊的刻意夸张求异亦带有前期海派倾向，但较登峰造极之内园耸翠亭尚有很大距离。

图8－13　得月楼跂织亭

青浦曲水园池周三亭除形状各异外，亦均于宝顶、脊饰动足脑筋；但三亭并列池周，实有“排排坐”之感，令人忍俊不禁。

至迟始建于乾隆年间的古猗园戏鹅池西、小松冈北之梅花亭以梅花形为基本构造母题，平面、月洞俱作梅花形，属肖形类建筑，虽有过分形似之嫌，仍堪与苏州西百花巷潘宅内康熙年间建造的海棠亭(今存于环秀山庄)竞秀，惜现状已有改变。

轩榭

古猗园“鸢飞鱼跃”轩与秋霞圃“扑水亭”实均属轩榭类，前文述之已详。

豫园万花楼一带之“会心不远”与“两宜轩”均小巧精美，与园廊有复杂交接，属有别于苏州文人园的、带有浓重公所园林特征的作法。

秋霞圃丛桂轩面阔、进深均为三间，四面明间设长窗，实为一小型四面厅；但其四面次间均以隅墙封护，设圆形花窗，亦带有庙宇化倾向；内天花则作简洁的穹顶，很为别致。其总体风格介于文人园与城隍庙园之间，最具上海地域特征(参见图8－1，图8－14)。

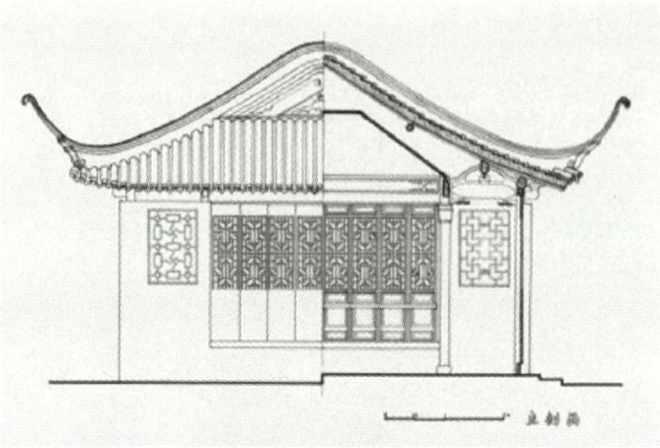

图 8－14　秋霞圃丛桂轩侧立面及剖面

醉白池“池上草堂”可称为榭，形体规整，虽建于清末却不失斩截利落，惟失之体量过大。而园内建于民国前期的“卧树轩”(图 8－15)卷棚为顶，水戗发戗，清淡秀雅，以横卧的线条与轩前四株百年女贞构成和谐画面，风格类似于苏州拙政园玲珑馆等建筑，实为上海地区最具文人园气质的轩类作品。

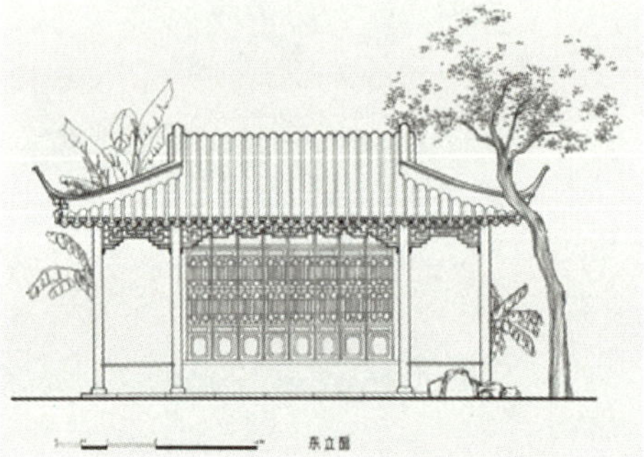

图 8－15(a)　醉白池卧树轩立面

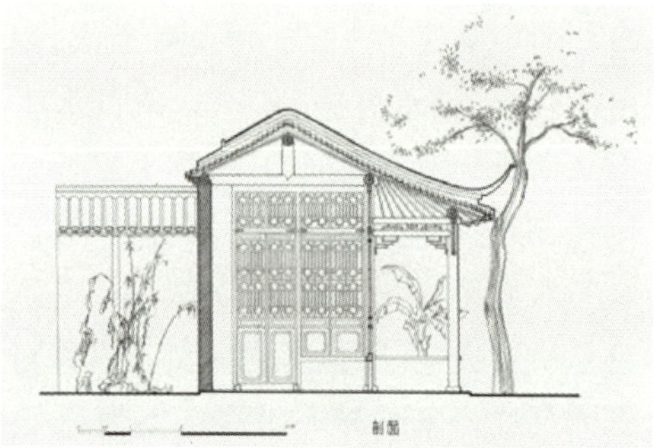

图 8－15(b)　醉白池卧树轩剖面

廊

廊也是较能体现前期海派园林风格的建筑元素。内园“小有天”一带爬山廊异乎寻常的陡峻转折为较典型的例子，豫园万花楼前复廊梁架的鸳鸯型处理亦颇具特色，而曲水园玉字廊则是传统的一例，后文另作分析。

(1) 内园爬山廊

内园东南角“别有天”一带空间局促，需在极有限空间内构筑由地面到假山顶层(相当于楼道二层)的途径，造园者用一道陡峻宛转的爬山廊干脆利落地解决了这一问题，不失空间开阖、角度宛转的特殊游赏趣味。而其地面纯以大块山石垒掇为坡，仿佛为隔墙假山之一部，亦给人以盎然野趣。

(2) 豫园复廊

这段复廊西起“会心不远”，北半廊接万花楼，南半廊接两宜轩，是交通组织的关键之处。廊以砖墙分隔，墙上辟有月洞，可步步成图。有趣的是南半廊因通向精巧的两宜轩，于廊顶施精巧的扁作船篷轩；而北半廊则不施天花，以圆堂梁架露明。这小小一廊，竟可称为鸳鸯廊，但其梁架衔接处处理草率，显现出有别于私家园林的构造特征。

(3) 书隐楼郭宅庭园半廊

此廊自庭园南部花厅北行，背倚中路院落的高峻外墙迂回行至船舫，复北行至园北端，为贯穿全园的主要游路兼景象要素。其宽度虽小，但全程采用"鹤颈一枝香"廊轩，于现存上海园林诸廊中工艺最为精湛，与其偏于羁直的整体走势共同显现出鲜明的晚清特征。惜现状破落极甚，亟待抢修。

园墙

前期海派园林风格总是更容易从瓦石细部中首先体现出来。上海豫园、内园之园墙、月洞、花墙洞、地穴等部均较为集中鲜明地体现了这一风格特征，而经1932年"一·二八"倭寇炮火后重修的嘉定古猗园瓦石作亦曾呈现类似的缤纷面貌，但随即毁于全面抗战的炮火中。

其他如曲水园东云墙仍带有文人园格调，并富颇具匠心的高低变化；但因无竖向变化如土坡的呼应，亦乏其他景象元素的穿插映带，影响了类似"云中漫步"的心理体验的形成。

(1) 墙头处理

完整的园林墙头应由屋脊、披檐组成，但豫园、内园中墙头往往夸张屋脊，并使之图案化，有时索性省去披檐，墙头仅余一条装饰带作为立脊的象征物——豫园大假山与鱼乐榭之间以及得月楼西的墙体最为典型。其登峰造极的处理则是将墙头处理为龙身，突出部分堆塑龙头——前文已经述及。

较之苏、扬二州园林瓦石作之喜用清水砖细作法(图8-16)，前期海派园林似更偏好于瓦作中掺杂混水泥灰堆塑，而不喜纯以清水材料精心加工，当然这并不影响其于墙面镶嵌大型清水砖刻作品。

图8-16 扬州小盘谷月洞

(2) 花墙洞、月洞、地穴

花墙洞以规整的方形数量最多，除厅堂隅墙(参见图8-1)几乎必用外，还常用于园墙、尤其是水花墙上部。水花墙上部四角微弧的一方花墙洞可与下部拱券形成微妙的呼应与对比，起到吸引视线、渗透景象的作用(参见图7-8)；园墙上部连续运用的方形花墙洞则可削弱大面积墙体带来的沉闷感，形成类似平面构成的效果，如醉白池南与旧粮仓间的隔墙及豫园点春堂一区之东围墙(图8-17)。

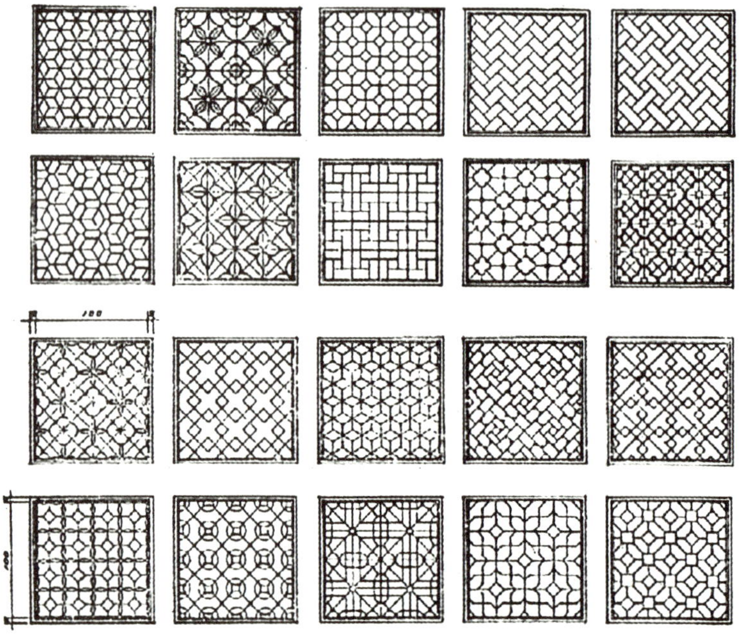

图8-17　豫园点春堂东围墙花墙洞

月洞中较具特色者为豫园万花楼前复廊隔墙上之月洞，均素白无边，内嵌木框，形状各异，具有北方园林漏窗倾向。

地穴形状则多作夸张恣肆的变体，如目前仅能见于童寯先生《江南园林志》中旧影的豫园大如意头地穴、斜贝叶地穴等多种形态，疑于20世纪50年代的修缮中遭到统一改动。

以上三者均可素白无边或作砖细“门景”。前期海派园林中，此类门景常较厚重，与苏州园林中儒雅有度的、厚三厘米左右的清水砖细门景有别。最夸张者是豫园得月楼院落东墙上的地穴门景——如果也能称作门景的话，被刻意处理为图案化的外方内圆形式；在深色门景衬托下，门内景象如同天上月宫幻影，有相对突出的视觉效果，暗示了院落主题。

(3) 墙底处理

前期海派园林于两种情况下要对园墙底部作特殊处理:

① 与山体相结合的处理:指用园墙将假山强行拦断、辟出类似山庄意匠的隙地时对园墙底部的处理。通常是以山石砌为墩座,其间架以石梁,再于石梁上砌筑墙体,一如前文所述之梁式水花墙,如豫园点春堂东静宜轩一带园墙的处理。

这类处理的优点是可自墙上部的花墙洞与下部架空处同时窥见隔墙山势,有时假山局部破墙而入,更有远山欲过此墙来之感,但静宜轩一带的处理亦失之僵硬做作。

② 与水体相结合的处理:主要指水花墙,前文述之甚详。拱式水花墙这一颇富创意的艺术构思集中出现于上海园林并几成其于龙墙外之另一象征,这恐仍与上海古典园林于江南园林圈中之非主流地位及中晚清海上城市化审美趣味的驱使有关。

(4) 墙体的收头处理

苏州园林中园墙处理较为老到缜密,除园周作为背景而虚化处理的高墙外,园中较少以纯粹墙体对景象空间作生硬切割(艺圃"芹庐"小院与核心景域间高墙为标志性特例)的例子,而多与建筑、山石等景象元素相结合。这时的墙体往往充作柱间墙,不存在收头问题。有时也用较单纯的墙体划分,如拙政园之枇杷园、耦园之西园,但为避免产生空间压迫,且便于藏头处理,墙体总是较低,游人很少注意到其确切起讫。

前期海派园林中的园墙则要飞扬跋扈得多,常以高出一头的地位划分园林空间,几乎随意地与建筑、山体、水体、栏杆等景象元素组合,突如其来,戛然而止,不加掩饰,以至园中处处可见园墙之千姿百态的断头。其中与濒水栏杆相接时常作弧形处理,例见于豫园万花楼东南(图 8-18)与曲水园凝和堂西南,似乎是为呼应水面所作的柔化处理,颇具装饰意味。

图 8-18 豫园万花楼前墙体断头

第 2 节　建筑组合与建筑空间

建筑组合

主要讨论前期海派园林与偏于传统的公众园林为适应特殊功能与形态追求而塑造的特殊建筑组合形式。

(1) 功能组：豫园三穗堂与卷雨楼

两者面阔大致相同，但高度、形态、建造时间、空间性质迥异。前者为建于乾隆年间、面阔五间的单檐歇山顶建筑，曾是宣讲“圣谕”、恭贺“万寿”及讨论要事的礼仪空间；后者则建于同治年间，形态精巧多变，为仰观山景、俯瞰清流的纯粹休闲空间。然而两者前后间距仅两米余，其间为狭长院落，两端以院墙封护(图 8 - 19)。由三穗堂后檐看卷雨楼(下层名“仰山堂”)时仰角极大，不可能窥见全貌，由后者看前者也有类似问题——这一特殊位置关系使三穗堂、卷雨楼分别失去了其北、南立面，两者共同构成了园林中的一个特殊功能与景观区块，而其内部的功能分区更使其成为一座放大的“鸳鸯厅”——这一特殊建筑组合形式可以看作前期海派园林在不欲改变早期厅堂建筑原状而欲增大其使用面积时采取的特殊举措，同治年间的点春堂即直接建为面阔七间的巨型厅堂，并于后部凸出单开间临池暖阁，形成水榭般效果，免却了拼凑的麻烦。某种程度上，点春堂北的暖阁正是卷雨楼之微缩版。

图 8 - 19　堂、楼之间

(2) 尺度链：曲水园凝和堂与涌翠亭

两者均为单檐歇山顶建筑，然而前者面阔七间，为全园主要厅堂，后者面阔三间，为小型点景建筑，体量、地位悬殊。涌翠亭被安置于凝和堂西北角，恰位于大体量厅堂与小尺度园林空间的过渡地带，以其自身小巧体量隔“喜雨桥”与北面“坡仙阁”相对，一亭一阁，一仰一俯，如同桥亭与桥楼，形成很好的对景，悄然完成了凝和堂与主要山水区间的尺度转换、衔接关系，构成了“尺度链”中不可或缺的一环。亭南面则以柱间墙与凝和堂西北隅墙巧妙结合，组织了厅与亭之间的交通，是厅堂与亭粘连的例子（图 8－20），也是通过隅亭改善厅堂僵硬外观，调整其与园林空间尺度关系的例子。苏州拙政园西部“卅六鸳鸯馆”四角用四只隅亭，手法亦与其有相通之处，但这四只隅亭已不成其为单体了。

图 8－20　涌翠亭与凝和堂(右)

建筑空间

这里仅举两例，一例为已被广泛关注、评论，具有鲜明前期海派风格的豫园鱼乐榭水院；另一例则为偏于传统的曲水园玉字廊一带的空间处理。

(1) 豫园鱼乐榭水院

这一景域格局可能初成于道光后期豆油饼业的重建，并于咸丰五年(1855)之“小刀会”战事后经历了较大更改——清人王韬曾叹“(大假)山旁本有精庐数楹，乙卯春尽付一炬，后经有力者集资重筑，增拓旧规，而求如向时之苍幽不可得矣”①，似应即指此处，按“乙卯”即咸丰五年。但因其主体建筑万花楼未毁，故重建后的布局仍带有旧日痕迹；虽有偏于前期海派风格的两宜轩等建筑介入，却并未形成如点春堂、内园东部沿墙地带那样过于繁密的前期海派空间结构，成为豫园中相对平和的段落，其中较具特色之处是其中墙体的不同应用。

此院西部入口部位以墙体结合紫藤架组成空间序列，进入鱼乐榭前的小院被压缩、封闭至近于窒息，随后的豁然开朗就在情理之中了。站在鱼乐榭中，迎面是院东堪称经典的水花墙，墙的静峙与水的流动形成鲜明而隽永对比，墙上部的花墙洞与下部的涵洞则将人的视线引入隔院的参天银杏与隐约楼台。院北有曲折的复廊横亘，其隔墙上月洞不断，亦于变化中体现着空间的渗透与韵律感，而院南的粉墙则隐身于湖石花台后，起到为春花秋月留痕的“底”的作用，但由于缺乏大型植物掩映，较显呆板。

① (清)王韬《瀛壖杂志》，上海古籍出版社 1989 年 5 月第一版，38 页。

这组院落空间相互渗透而富于层次与流动感，墙体的灵活穿插、变化在其中起到重要作用。但也因其过于单纯地倚重墙体，使空间构建、转折偏于生硬，与苏州留园曲折隽雅的入口导引时代相近而有显著的高下差别，带有浓重的地域风格烙痕。

(2) 曲水园玉字廊

嘉庆三年(1798)，江苏提学使刘云房应青浦知县杨东屏之邀在曲水园作诗酒之欢，乘兴将诗句勒石，嵌于廊壁，因觉诗如美玉，故名廊为玉字廊，并建一亭名玉字亭——曲水园玉字廊空间大致形成于此时。

此廊位于曲水园中部土山“小飞来峰” 西麓，市河“殷家兜”东驳岸上，南接坡仙阁，北以歇山顶方亭“玉字亭”收头，长约二十米，是山南与山北两大景域间的重要通道，其两端的过分开敞、松散使造园者动用各种手段对这段空间进行压缩，使其成为哑铃状园林景象空间之“柄”。

此廊西侧紧临涓涓河道，却一反常规，以柱间墙完全封闭，甚至不辟花墙洞，仅以刻有刘云房学使杰作的书条石点缀墙面；廊东虽开敞，却以土山西麓紧紧压迫，并于廊边截为断崖，如欲破柱而入，崖上更密植树木，遮天蔽日，使得廊间光线晦暗——当然也令书条石的阅读成为难题，是其不周处；廊中段并稍稍隆起，作出细密夸张的多级踏步，与山势相呼应。总的看来，这一大致形成于清中叶的局部空间塑造虽与上述豫园鱼乐榭水院一样有直奔主题的生硬之弊，但仍不失为全园较为成功之处。

第9章 种植

传统上海园林中多植物景观，这与江南素来水土温和、草木丰茂有关。

两宋之间上海地区有柳园，从宋人“芳草池塘暖，东风桃杏繁”[①]的吟哦看，园中植物景观似颇具野趣；而南宋“云间洞天”中已拥有“橘坞”“桃溪”“柳村”“杏村”“薝葡林”[②]等一系列以植物为主题的景域了，这也与宋代园林注重植物造景的大背景相符。元末陶宗仪则在九峰之间筑有“菊庄”，植物景观至此似已独立负载起上海地区文人的精神寄托。

明代嘉定县猗园（古猗园）以曲水、竹林景观为景象塑造主题，暗寓着对挺拔高洁的精神境界的诉求。晚明施绍莘之西佘山居则充分注重运用乡土植物营造缤纷而不失自然野趣的山林、山麓植物景观，并指出园林花木应“择其易活者，省培植”[③]。同时期的张涟在提出写实主义园论的同时亦主张：“树取其不凋者，松杉桧栝，杂植成林”[④]，倾向于常绿、静穆种植景观的刻画，这也可能是针对世人追求过多种植变化的癖好而发。清初秋霞圃中的“松风岭”为以松为主题的景域，仅适当种植松林，以烘托山势，连缀季相，寄寓情怀——植物景观至这一时期已融造景、写意、抒情、言志于一身，进入自由、自觉创作的天地了。

清中叶的上海县法华镇李氏泖溪园以自洛阳携归的牡丹闻名，称盛一时；镇北的丛桂园则以牡丹、老桂称奇；同时期上海城内吾园景物亦多围绕园中旧有桃林展开，某种程度上似乎表现为以植物景观为主题的宋代园林风尚的回归。而

① （清）《钦定四库全书·集部四·别集类三·宋·华亭百咏》，上海古籍出版社 1987 年 6 月第一版。

② （清）宋如林修，孙星衍等纂《松江府志·卷七十八·名迹志》，嘉庆二十三年修刊本。

③ （明）施绍莘《西佘山居记》，转引自陈植主编《中国历代造园文选》，黄山书社 1992 年 1 月第一版，133 页。

④ （清初）吴伟业《梅村家藏稿·卷五十二·张南垣传》，转引自《续修四库全书·1396 册》，上海古籍出版社 2002 年 3 月第一版。

清中晚期的邑庙西园(豫园)、东园(内园)及后来的经营性海派园林则定期举办各种花会,既是园林种植的特殊形态与有益补充,也成为其走向民众共享的时代趋势的美好体现。

现存上海园林中,豫园因屡遭兵燹及墟市化,保留旧日种植面貌最少,现存古树有的是近年移入;颐园虽长年荒芜,仍存有假山上的山林和明代老朴;而内园、曲水园、秋霞圃、醉白池、古猗园尚存有较多旧日种植面貌。

第1节 植物品类

除使用与周边地区类似的造景植物外,上海园林长期以来似乎有对桃林的特殊偏爱,明代的顾名世露香园甚至拥有自己的桃林与名种,明末的徐龙与桃园亦面积广阔,介于园圃之间。但至后期,桃林似更多地出现在静安、龙华诸寺等公众场所,私家园林中则日渐稀少,但清中叶的吾园仍是自桃圃改建而成,布局时亦不忘借取数枝,营造画面,民国初年的半淞园也有类似身世。

以下仅以秋霞圃、醉白池两园为例,列表反映出其目前所存古树之品种、数量,以见上海园林植物品类之一斑。虽然短寿甚至一年生草本植物于表中无从反映,但其种植习俗、手法实至今未改。

园别	树名	树龄	数量	备注
秋霞圃	山茶	130	1	—
	构骨	150—200	2	
	木瓜海棠	100	1	
	女贞	100	1	
	瓜子黄杨	100	2	
	桂花	100	8	
	榔榆	250	1	
	枫杨	200	1	在池畔、碧光亭西,核心景观树
	银杏	150	1	重要景观树
	五针松	不详	3	—
	盘槐	不详	1	

续 表

园别	树 名	树 龄	数 量	备 注
醉白池	银 杏	250	1	重要景观树
	香 樟	150—300	2	在池北四面厅前一株为核心景观树
	罗汉松	250	1	—
	腊 梅	100	1	
	牡 丹	100	1	
	女 贞	100	2	两株均在池西，为重要景观树
	桂 花	120	2	—
	榉 树	100—200	5	
	紫 藤	120	1	

第2节 种植实例

厅堂前的对植

这是上海园林种植较异于苏州地区的一点。其中主要厅堂前盘槐的对植似乎蔚然成风——槐树向来暗喻三公之位，而盘槐少年老成，盘曲虬劲，更宜于园林空间的种植。故古猗园逸野堂前至今仍存建园之初栽植的明代盘槐一株（另一株已毁），曲水园凝和堂（图9-1）、秋霞圃“山光潭影馆”前亦存百年盘槐。其他如清乾隆年间乔钟吴所撰《西园记》中亦有豫园（当时称西园）三穗堂“之前分植桧柏”①的记载。

图9-1 曲水园凝和堂庭院种植

厅堂前同种树木的对植具有

① （清）乔钟吴《西园记》，转引自薛理勇编著《文以兴游——豫园匾对、碑文赏析》，同济大学出版社1987年8月第一版，65页。

强化轴线、烘托气势的作用，尤适合多作为庙园的上海园林。与之形成对比的是苏州私家园林，从拙政园远香堂至留园涵碧山房，均有类似豫园三穗堂前的宽大临水平台，但为不遮蔽游赏视线，平台上均不植一树，仅常以一对大体量盆花作为点缀。而不临水的大型厅堂如留园五峰仙馆亦只在厅前堆掇厅山，厅后筑不规则湖石花坛，杂莳花木。苏州住宅庭院则多于建筑前对称位置栽植两株不同植物，通常有特殊寓意，如植玉兰、海棠之寓意"玉堂富贵"。这类手法不太适用于公众园林。

山林种植

豫园黄石大假山上植物疏朗，既为突出山体轮廓，也因山上石多土少，不可能种植过多树木；古猗园竹枝山目前则满山种植箬竹，并以高大乔木增拓山势，构成第二道天际线；秋霞圃南、北山上均多植落叶乔木，气象开朗，季相变化鲜明，南山坳中的曲径与高大乔木配合，被陈从周先生誉为"大手笔"①。

图 9－2　坡仙阁与古柏

曲水园中部土山"小飞来峰"的种植则极为茂密，且注意到了乔、灌木，常绿、落叶乔木的混植，其西麓除以茂密的绿荫压缩"玉字廊"空间外，还以几株挺拔苍劲的桧柏挑破柔和的绿化天际线，勾勒出朴茂的山林气氛，并与横向展开的坡仙阁形成很好对比，从得月轩或长堤上看，均有不错的视觉效果(图 9－2)，略似于扬州瘦西湖小金山上桧柏与山体的构图。

濒水种植

以下为通过池畔植物烘托水体个性、强化景观效果的例子。

(1) 秋霞圃"桃花潭"

秋霞圃中部狭长的江河型水体"桃花潭"两侧树木、尤其是潭西段树木枝杈斜伸向水面上方，浓荫交织，笼蔽水面，进一步缩小了碧光亭与南山间的距离感，

① 陈从周《园林谈丛》，上海文化出版社 1980 年 9 月第一版，127 页。

强化了凝练深沉的山林氛围。其中潭东段空间相对开敞，光线四布，自潭西丛桂轩回望潭东时，由于明暗的巨大反差，加上斜出水面的老树阻隔，尤觉空间深远，层次丰富，而自潭东屏山堂西望时，则见潭西一片幽邃，宛若洞府，令人称奇，是以种植配合造园意匠、强化景深与空间氛围的好例子。其中乔木以枫扬为主，亦注意到了乡土树种的自然运用，不妄求生硬变化，贴切之至。

（2）内园“九龙池”

内园“九龙池”为渊潭型水体，除四周建筑围合外，为强化荫蔽效果，临水植数株枝繁叶茂的夹竹桃，花开时瓣落水面，通过水花墙下涵洞流出，因其花形似桃花，花期又较桃花长得多，而枝叶又似竹，确能给人以“桃花尽日随流水，洞在清溪何处边”①之类的美好遐想。

（3）醉白池

醉白池之池塘型水体四周除小灌木如迎春花外未种植荫蔽水面的植物，稍大的乔木则均退后栽植，使池塘四周显露，形象完整，池上空间开敞，水面明亮，能体现“半亩方塘一鉴开”②般的意境。

花架

上海园林中花架之现存者大致有豫园萃秀堂与万花楼间、曲水园山池东、古猗园逸野堂东三处，架上均攀援紫藤，因其寓意“紫绶”，其中以古猗园一处较为别致。这座花架低伏水中，高不过一米余，顶部作拱形，两端扼住水湾入口，令人兴“水关”的联想。其现状是水泥浇筑，不知原状如何？曲水园东的花架亦少作曲折，一如西部的得月轩，但无丰富环境衬托、穿插，顿见板滞。

① （唐）张旭《桃花溪》，转引自湖北省社会科学院文学研究所编《历代诗词曲佳句名篇大全》，长江文艺出版社1992年1月第一版，677页。

② （南宋）朱熹《观书有感·其一》，转引自湖北省社会科学院文学研究所编《历代诗词曲佳句名篇大全》，长江文艺出版社1992年1月第一版，327页。

第10章 上海园林实例分析

以下主要就前文所未及者对现存七例上海园林之历史沿革与艺术价值作一总体梳理、分析。

第1节 豫　　园

位于上海市黄浦区豫园路，东临安仁街，东南与城隍庙毗邻，现占地近三十亩（含近年东扩部分，含内园，图 10－1）。

历史沿革

豫园主人潘允端字仲履，号允庵，明嘉靖四十一年（1562）进士，官至四川右布政使。

嘉靖三十八年（1559），春试落第、黯然南归的潘允端开始在住宅西面的菜畦上营造小园——其时上海城内余地尚多，又有大片积潦，正利于失意科场者的艺术发泄。同一年，后来的露香园主人、上海人顾名世金榜题名，荣归故里，这或许加重了潘允端的失落。三年后，潘氏再度进京，终于高中。此后沉浮宦海，无暇回顾，小园的经营只能断续进行。

万历五年（1577），他自四川右布政使任上辞归，这才一心一意充拓全园，迅速奠定全局，并祭起“豫悦老亲”的大旗，名之为豫园（“豫”为《易》六十四卦之一）。可惜其父潘恩尚书未等到全园竣工就于万历十年（1582）撒手西去，令这番美意落了空。实则《诗经·小雅·白驹》中有“逸豫无期”之句，《周易》亦有卦名“豫”，应均为豫园得名的由来。

大约到了万历后期，园中的兴作才基本停止。当时的豫园面积达六七十亩，

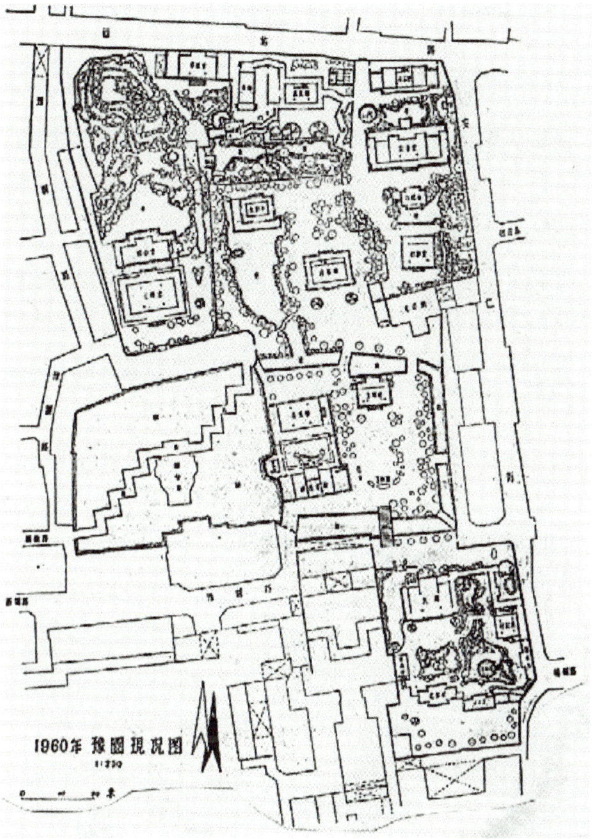

图 10－1　20 世纪 60 年代的豫园、内园平面图

其南界疑直至方浜河道，一时山雄水阔，有与太仓王世贞弇园并称东南名园双璧之说；然而眼界较高的王氏在游此园后除对“玉玲珑”石峰赞叹有加外，称“方伯(即潘允端)志大而力不副，廊庙多而泉石寡”①，颇有羞与为伍的不屑，此论实较潘氏自身的矜夸及他人之一味吹捧更为可信。今存武康石大假山、玉玲珑石峰均是这一时期的遗物。

明末园一度归潘允端孙婿、通政司参议张肇林，其时园已渐废。入清以后，更加式微。

清康熙年间(1662—1722)，逐渐有县内同业公所占据园中厅堂，整改为自己的集议场所，如布业公所之占据得月楼，还曾有人谋划在园中创建清和书院，后

① (明) 王世贞《豫园记》，转引自(清) 宋如林修，孙星衍等纂《松江府志・卷七十八・名迹志》，嘉庆二十三年修刊本。

未果。乾隆二十五年，园址大半归入邑庙（疑主体水面南岸部分地域已为市屋所占），以下盛衰前文述之已详。

民国年间园内曾开办豆米业、花糖业小学。1937 年“八·一三”抗战中豫园被划入“难民区”，无辜难民大量涌入，搭建棚户，蚕食园景，为猪行公所使用的香雪堂（在玉华堂故址）更遭日寇炸毁。当时海上其他名园如也是园、徐园亦有类似遭遇，并就此平毁。

1952 年，点春堂东南“快阁”下的假山“抱云岩”倾颓，文化部门因其与“小刀会”关联，决意修葺，又推及全园，自 1956 年下半年起大规模修缮，并将内园并入，1958 年重建玉华堂，1959 年堆掇九狮轩前水池驳岸，至 1961 年九月全园对外开放。

文革后期，豫园新华书店前人防施工，曾发现明代豫园西北部水池驳岸，竟痛加破坏。

1986 年至 1987 年 10 月，由陈从周、蔡达峰、张建华等人主持恢复了豫园东部九狮轩、玉华堂景区，这次复原设计得到了地下明代遗迹的印证。

图 10－2　明潘宅世春堂现状

（1）关于潘宅

明代潘宅在园东，北临福佑桥，原为明四川布政使沈恩宅第，规模宏丽无匹。明末衰败，局部曾改作天主教敬一堂，复分为关帝庙、申江书院（后称敬业书院）等。今其主要厅堂“世春堂”尚存于梧桐路 137 号福佑路第二小学内，除前部留有关帝庙时代添加之抱厦外规制犹存，价值极高（图 10－2）。

（2）关于上海县城隍庙

上海县旧日仅设上海镇松江府城隍行祠，在今永嘉路 12 号，俗称淡井庙。明永乐年间（1403—1424）在原金山神霍光行祠基础上兴建上海县城隍庙，奉祀秦裕伯。民国初年数经火灾，由“海上闻人”黄金荣、杜月笙等流氓大亨发起，连同荷花池上九曲桥一并重建为钢筋混凝土结构，至民国十六年（1927）落成。1965 年后长期作为仓库、工场使用；1980 年重修，用作工艺品商店；1995 年起撤去商店，补塑神像，对外开放。今存头门、仪门（背面为戏台）、大殿、寝宫等建筑，其中前两进仍为木构。

艺术分析

作为清中叶以来江南文人园林演变历程的珍贵标本，豫园经历了从明代的文人园到清中叶的城隍庙园，从清中后期的公所园林化到晚清的前期海派园林的风格嬗变全过程。除近年复原的东部外，可将其现存部分分为三穗堂（含大假山）、萃秀堂（含鱼乐榭、万花楼）、点春堂与得月楼四区，四区历史上分属四个公所，建造年代各异，相互毗邻而又自成系统，因此豫园实际上已成为一组公所园林群的总称了。

三穗堂一区保存原状最多，文物价值尤高。全区以湖泊型水体为核心，北岸为明代大假山，南岸有三穗堂、卷雨楼，其间的东岸以“渐入佳境”游廊、廊桥映带，山巅与山麓则分别点缀望江、挹秀两亭，此区之弊在于核心水体处境尴尬，既不似湖泊般漫溢，亦无渊潭、濠濮般的深邃感。究其原因，在于临水建筑、尤其是卷雨楼地坪出水过高，形成对水面的俯视，而楼阁本身的体量、高度更对水上空间形成很大压迫，这是晚清公所园林追求宏大建筑面积与体量的必然结果。于主要厅堂与水面间加设水阁的类似例子有道光年间（1821—1850）建造于苏州艺圃博雅堂与南部水面、山林间的单层水阁“延光阁”，此阁为单檐卷棚硬山屋顶，屋脊平直，檐口低压，以横长简洁的水平线条呼应水面、衬托南岸麓坡。相形之下，充满垂直线条的卷雨楼则给人以类似哥特建筑的观感。放大自我，藐视环境，是前期海派园林建筑的通病。

萃秀堂、万花楼一区除深藏山背的萃秀堂外，由东、西两个庭院组成，是以楼阁为中心布置庭院的例子。为解决大体量楼阁给狭窄庭院带来的压抑与板滞，将体量巨大的万花楼隔在东院，在楼前布置小巧的两宜轩作为体量的过渡，而集中精力布置西面鱼乐榭庭院，作为东院的先导空间。前文已有分析。此院有万花楼作为借景，产生隔院楼台的效果，更加大了景观深度点春堂与得月楼两区均沿轴线布置，属纯粹的前期海派风格。其中点春堂一区前文述之已详，而得月楼一区是以游廊将前后两座歇山顶楼阁连缀为院落，院内略作花石点缀，楼西濒水（即明代主体水面）处则以跂织亭突出围廊，映照荷池，与湖心亭相呼应，获得颇佳的外部立面；这与前述点春堂一区东侧之外部立面处理相映成趣，体现出同类型园林的共同关注（图 10 - 3）。

令人欣慰的是，近年陈从周、蔡达峰先生等人对豫园东部九狮轩、玉华堂一带的复原设计以疏朗、平和的空间格调中和了周边景区的相对压抑、激烈，使原本失之破碎的豫园各部更好地走到了一起。

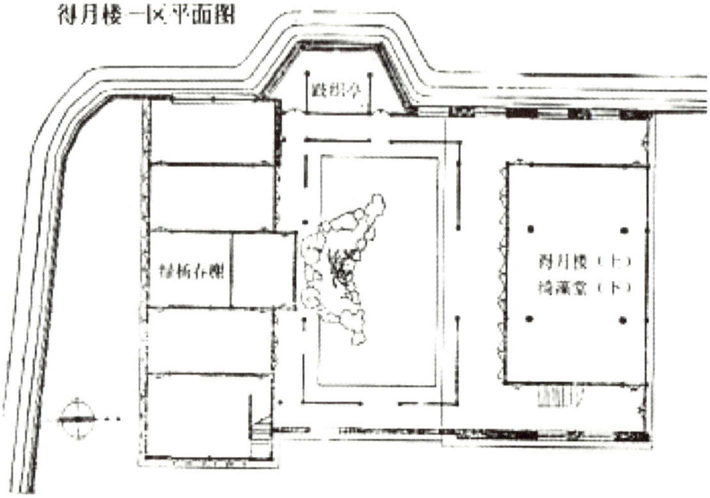

图 10－3(a)　得月楼一区平面图

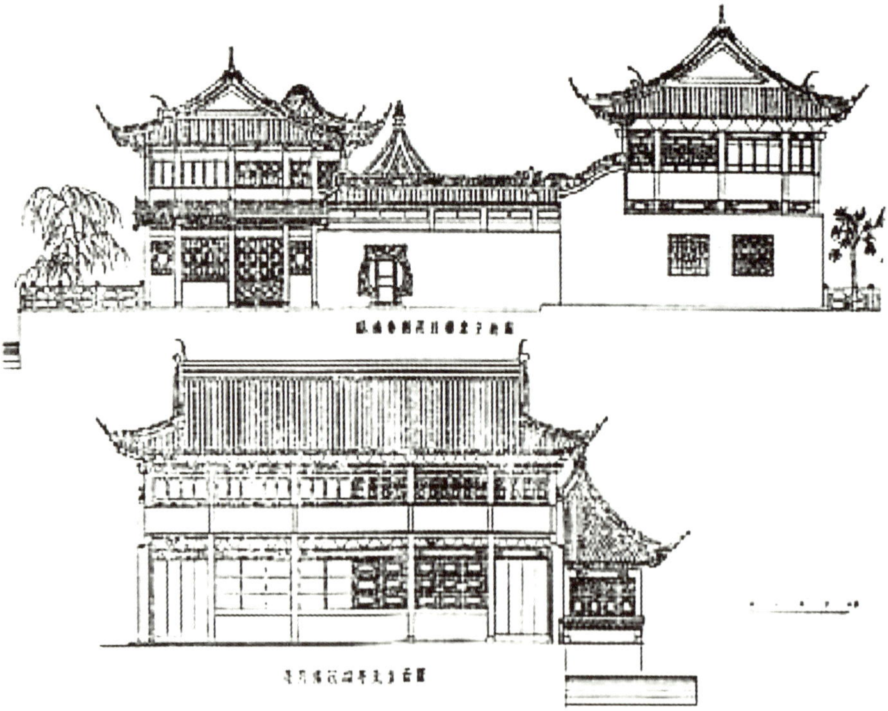

图 10－3(b)　得月楼一区立面图

第2节 秋霞圃

位于上海市嘉定区东大街314号，现占地45.36亩。其中核心区域，也即明龚氏园部分占地约8亩(图10-4)。

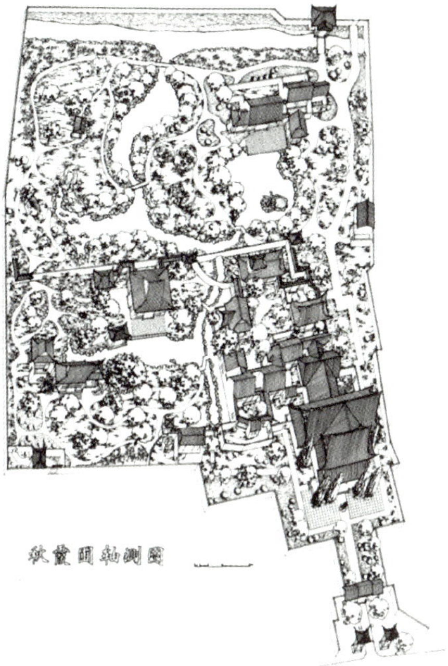

图10-4 秋霞圃轴测图

历史沿革

秋霞圃前身龚氏园主人龚弘(1451—1526)，字元之，号蒲川，明成化十四年(1478)进士，官至工部侍郎，晋工部尚书致仕。

嘉定龚氏祖籍福建邵武(今邵武县)，北宋天圣年间(1023—1032)迁至吴地，庆历年间(1042—1048)与章氏合购沧浪亭，在苏州园林史上留下漫不经意的一笔，此后东迁至昆山县黄姑村(今嘉定县娄塘乡北境)，就此落地生根，成为当地望族，并多有兴建园亭的记载，前文已有述及。

龚氏园大致建于龚弘致仕后的晚年。嘉靖三十四年(1555)龚氏式微，园、宅俱作价归于徽商汪氏。万历元年(1573)，龚弘玄孙龚锡爵乡试中举，汪氏又知趣地将园宅璧还。翌年龚锡爵"乡会联捷"，高中了甲戌科进士，此后沉浮宦海，任过永新知县、营缮司主事、广东参政、按察使、广西布政使等职，最终被豪强中伤罢归。负痛归来的龚锡爵与著名的"嘉定四先生"唐时升、娄坚、程嘉燧、李流芳等人诗酒流连在自家庭园里——龚氏园的黄金岁月在他们忘情的吟哦中匆匆流逝着。

清顺治二年(1645)，嘉定沦陷，龚氏家族矢志抗清，几至覆没，其宅基与后园复归汪氏后人。汪氏将其一并辟为园林，并大兴土木，建成"松风岭、莺语堤、寒香室、百五台、岁寒径、层云石、数雨斋、桃花潭、题青渡、洒雪廊"①等十景，称为

① (清)程其珏修，杨震福等纂《嘉定县志·卷三十》，光绪六年修。

秋霞圃(此前似未有正式名称)。这次重修可与无锡寄畅园、苏州拙政园于清初经历的较大规模重修相比照,其基本格局均大致留存到了今天。

清雍正四年(1726),秋霞圃被邑绅醵资购赠邑城隍庙。步其后尘的还有东邻沈氏园,此园为明万历、天启年间(1573—1627)诸生沈弘正购得龚氏园东侧废地兴建,后归申氏,乾隆二十四年(1759)并入邑庙。大致与此同时,去此不远的上海县豫园、南翔镇古猗园也分别成为当地城隍庙园,青浦县则正在兴建自己的城隍庙园——曲水园。

咸丰十年(1860)的“太平军”战事之后,秋霞圃惟余乔木数本,废池一泓,至光绪二年(1876)始重建池上草堂,十二年(1886)重建丛桂轩,二十年(1894)复重建延绿轩——缓慢的重建速度透射出物力的匮乏、世风的委顿,而其近乎纯正的文人园格调的延续则显示出文化古城特有的矜持。

民国九年(1920),启良学校校长戴思恭迁校入园,发动合邑民众认修园中楼台二十余处,其中主要厅堂“山光潭影馆(碧梧轩)”得以于民国十一年(1922)重建。

抗战爆发后启良学校成为伪区公署用房,园西池上草堂、丛桂轩、延绿轩一带则被伪知事冯诚求窃为私宅,并于民国二十七年(1938)耗资修葺,增筑茅亭,园东则设日军医院,园内匾额、对联多遭毁坏。战后全园各建筑重归启良学校管理,节假日对外开放,称邑庙公园。

1949 年后为改善启良学校(后与人民中学合并为嘉定一中)办学条件,征用园北明万历十年(1582)举人金兆登祖父金翊所建园林遗址(此园亦毁于咸丰兵火),辟为操场,自此金氏园亦成为这组建筑群的一部分。

文革中全园惨遭破坏,南北假山皆失原状,1969 年碧光亭因失修被拆除,1974 年即山亭被狂风摧毁,全园仅山光潭影馆、丛桂轩、池上草堂三处建筑残存。

1980 年起政府拨款修复原龚氏园,1981 年重建“碧光”“即山”两亭,1983 年开放。同年拨款修复原沈氏、金氏园及邑庙,1987 年开放。自此一庙三园合璧,仍称秋霞圃。

关于嘉定县城隍庙

嘉定县城隍庙创建于嘉定立县之初的南宋嘉定年间(1208—1224)后期,与县文庙建造时间相去不远,当时位置在南大街富安坊(今李家弄一带)。明洪武三年(1370)移建至今址,此后屡废屡建。今存井亭、大殿与寝宫,后两者为工字殿形式,颇觉精美,大致建于“太平军”战事后的清光绪八年(1882)。1983 年起重新修缮,现占地约 4 亩。

艺术分析

今日意义上的秋霞圃实包括清前期一度比邻而存的秋霞圃及沈氏、金氏两园，当时三园毗邻，免不了巧为因借，至今仍保留部分手法痕迹。其中几幢建筑实处于其空间转换之关键位置，如凝霞阁、屏山堂与枕流漱石轩。

凝霞阁位于沈氏园中类似苏州拙政园西部宜两亭的位置，后者可俯借拙政园中、西两部园景，而此阁则可北借金氏园，西借龚氏园，借景区域更为宽广，其自身耸出林表，也为三园提供了很好的视觉核心或远景。

屏山堂与枕流漱石轩则分别为龚氏园与沈氏园、金氏园间的陆上与水上空间转换枢纽。屏山堂西与从桂轩形成对景，东可观赏沈氏园“旱园水作”庭院中的石屏；枕流漱石轩则北临金氏园大面积水面，南临龚氏园中平庭。

秋霞圃一区的分析可参见前文“凝练幽邃的‘一河两岸’式布局”部分。

第 3 节　古 猗 园

位于上海市嘉定区南翔镇，原占地 27 亩，现占地 129 亩（参见图 10－8）。

历史沿革

古猗园前身猗园主人闵士籍，字明卿，官至光禄寺署正、河南嵩县通判。

猗园由闵士籍创建于明嘉靖、万历年间（1522—1620），邀嘉定著名竹刻家朱稚征（号三松）擘画完成，当时全园面积似应在十余亩左右，园中曲水潆回，竹影纷披，故取《诗经·卫风·淇奥》中“绿竹猗猗”句意为名。

明崇祯年间（1628—1644），园为书画家、檀园主人李流芳之侄、贡生李宜之（字缁仲，1591—?）购得，成为当时南翔“李氏三园”之一，步入声名鼎盛的时代，此后又次第为陆、李两姓所据。

清乾隆十一年（1746）冬，苏州府洞庭东山人叶锦（叶氏为东山世家）购得此园，次年春大兴土木，拓地至二十七亩，对旧有园景多有改筑，似基本奠定此园直至民国时期的基本布局，乾隆十三年（1748）秋工程告竣，易名为古猗园。乾隆五十三年（1788），此园复由地方士绅醵资购赠太仓州城隍行祠（清时嘉定县属太仓州），易名古漪园。其后嘉庆十一年（1806）、同治七年（1868）两度重修。

同治、光绪年间(1862—1908),作为晚清城市工商业发展初期的共有现象,园中出现了由镇内各同业公所筹款建造,作为自己专用集议场所的厅堂,并开设有茶肆、点心铺、照相馆,初现墟市化趋势。邑人泛舟戏鹅池、分茶不系舟之余更能大快朵颐,留影而去。

民国二十一年(1932)"一·二八"淞沪抗战中园为倭寇占据,损失惨重。1933年(民国二十二年)4月初邑绅募款六千元修复,11月竣工,但已不能尽复旧观。当时大建筑家童寯先生曾测绘有此园平面图,并留有多帧摄影,反映出其甫经重修后缤纷绚烂,带有浓郁时代、地域特征的瓦石作面貌。民国二十六年(1937)倭寇复将全园炸毁,仅补阙亭、五老峰、逸野堂前盘槐及小云兜假山留存。抗战胜利后邑绅募款七百万元,次第修复南厅、白鹤亭、不系舟(即书画舫),修缮补阙亭;其中不系舟尤为繁复精美,但大局更远逊前观。民国三十六年(1947)新建微音阁。

1959年政府拨款拓展园基,在竹枝山南开挖鸳鸯湖,并于湖南堆掇南山,重建竹结构浮筠阁,并移云翔寺唐代经幢一对及宋代普同塔一座入园,当时全园面积87.5亩。1959年开放。1962年复兴建梅花厅。至文革中凿毁两幢一塔佛像,1967年更名南翔公园。1973年重建"鸢飞鱼跃轩",增垒小松冈假山,1974年重建白鹤亭,1975年重建南厅、补阙亭,1976年改浮筠阁为钢筋水泥结构,1976年起修复全园,并恢复"古猗园"故名。1979年起拓展园基至92亩,1982年重建逸野堂,1983年东扩37亩,1985年移原上海县城火神庙戏台入园,经改建易名翠霭楼。

关于太仓州城隍行祠

园南太仓州城隍行祠建于清康熙初年,奉祀威灵王张乘,毁于抗战炮火,今仅存门前青石狮一对,已移至古猗园门前。

艺术分析

古猗园向来以水、竹为基本的造景元素。

《诗经·卫风·淇奥》写道:"瞻彼淇奥,绿竹猗猗,有匪君子,如切如磋,如琢如磨……"擅画山水树石的朱三松与他的后继者正是以这段诗句为基本创作意匠,以如同江南湖荡港汊一般灵动的水体映衬岸边猗猗绿竹,曲折传达出园主与设计者的审美趣味与精神追求。

然而就现状而言,在上海现存古典名园中,古猗园保存旧貌最少,园林景象空间缺少分隔、围合,缺乏层次、深度。1949年后的修复又滥用钢筋水泥材料,使其文物价值、园林趣味进一步降低。但其总体布局疏朗寥阔，仍保留了明代旧园的部分空间特征。

进一步的分析见前文“古猗园‘小松冈’的间离效果”部分。

第 4 节　颐　　园

位于松江区秀南桥西，秀南街陈家弄东侧，现占地约 2 亩(图 10－5)。

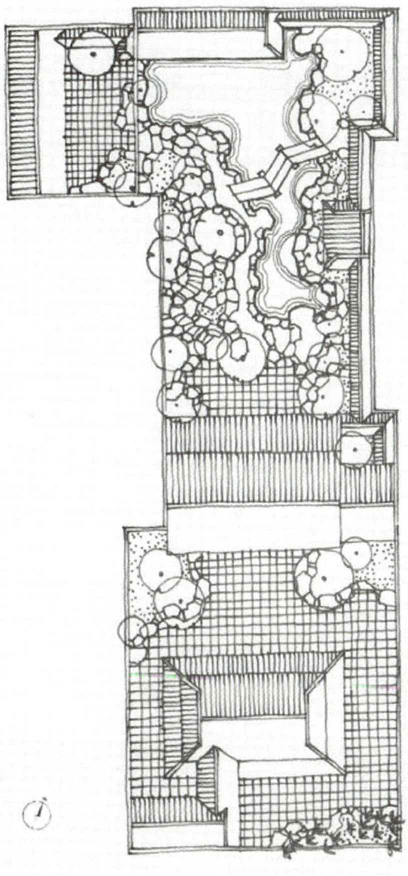

图 10－5　颐园平面图

历史沿革

上海现存诸园中，颐园历史最为扑朔迷离——或许因其规模有限，又乏名人题咏、流连，竟为体例完备、收罗详尽的嘉庆《松江府志》等重要志书所不载。

此园始建年代约在晚明万历年间(1573—1620)，系自园中假山上老树年龄逆推而出，最初为赵氏宅中庭园，称因而园，又有怡园之称(图 10－6)；清嘉庆、道光年间转归罗姓，时称罗氏园；光绪年间由罗氏转归浙江归安县知县许威(号铁山)；民国初年许氏没落，园及部分宅第归南社诗人、金山县张堰人高吹万(1788—1958)次子高君藩，时称高家花园。因高氏父子缘故，此园成为民国前期沪上文人雅集之地，作家郑逸梅曾回忆园中“丹桂白薇，掩映牖户，老树崛挺，结实累累，可快朵颐”①。现此园之半在上海市第四福利院内，留存面积约 2 亩，颓败之甚，使

① 郑逸梅《艺苑琐闻》，四川人民出版社 1992 年 9 月第一版，335 页。

图 10－6　颐园观稼楼廊轩

人心惊。

(1) 关于许威宅第

府城西门外秀南街一带为松江巨族许氏聚居地，旧日宅第连绵，规模宏大，建筑年代跨越明清，今仍存其最东路中后部之扁作大厅、走马楼以及最西路之颐园，其余尚存雕花大厅等建筑，部分宅屋至民国初期归于高君藩。

(2) 关于“闲闲山庄”

高吹万既雄于文辞而又饶于家财，故在家乡金山张堰秦山之麓另有占地十亩的闲闲山庄，有袖海堂、慈竹长春室、六弓湾、十亩桥诸胜，时称八景，著名画家黄宾虹寓此庄时绘有《闲闲山庄图》。1937 年 11 月，日寇于“淞沪抗战”胶着之际自金山卫登陆，迂回包抄正面战场，令我抗日健儿含恨西退，此园亦殉于国难中。

(3) 关于“松风草堂”

高君藩于松江县西门外大街别有一大型宅园，称松风草堂，即前述清中叶望云山庄主人、工部尚书张祥河故宅，宅中庭院有松风草堂，四铜鼓斋、漱月池、小天瓶斋、总宜船、鸥墨廊等十二景，惜于近年遭毁。

艺术分析

此园虽叠经改易、侵削，但今存其中部自然山林与人工亭廊隔狭长濠濮相对的格局似应为晚明原貌，并为旧日园中核心景域；而就黄石主峰及濠濮之体量、宽度看，该景域之东西、南北总体空间尺度亦应大致如旧，否则将失去凝练幽邃的饱满感受，堕入大而不当的俗套。至于旧日园周从属景域之面积、状况现尚难以逆料，但以常理忖度，总不致大过核心景域，故而此园旧日总体面积不过较今存者稍大而已，实属“庭园”尺度，与同时代广袤百亩之顾正心熙园、四十余亩之顾正谊濯锦园以及董其昌、陈继儒、莫是龙等济济高士、名宦之家园相比实微不足道——这正是其为方志所漏载之主要原因。

换而言之，此园黄石主山之高度、体量实已基本体现、决定了其总体规模的大小，但如将住宅部分稍具花木点缀的重重庭院一一计入，面积就要大得多了。

就园林景象而言，除前文（“凝练幽邃的‘一河两岸’式布局”等部分）述及者外，此园中部濠濮型水体至园北扩展为小面积湖泊，亦觉变化有度——此湖如一味弥漫，实不知置不过数米高的黄石主峰于何地。但湖北以写意型船舫横亘水面，隔湖面山，作为全园收头，似觉缺乏掩映，过于板滞，而园南观稼楼与假山间的二层楼阁（已圮坏）亦距山体稍近，均疑其非旧日面貌。

第 5 节　醉白池

位于原松江老城西门（谷阳门）外，今上海市松江区人民南路 64 号，旧有面积近 10 亩，1949 年后增建外园，拓展至七十六亩（图 10－7）。

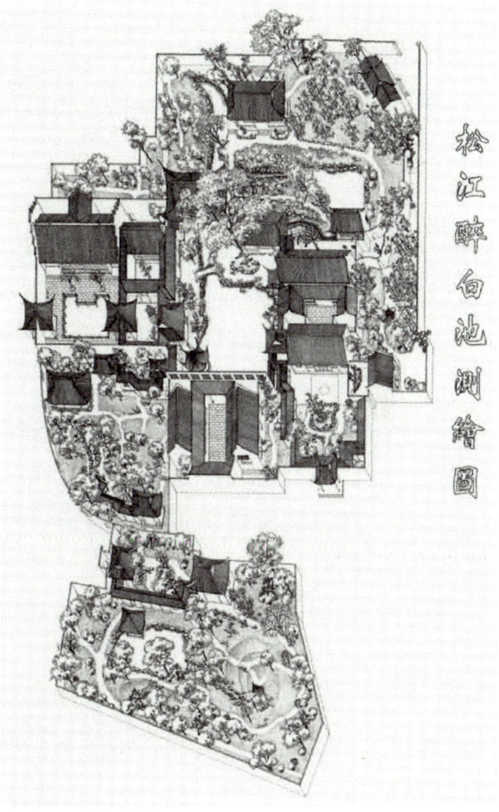

图 10－7　醉白池轴测图

历史沿革

醉白池主人顾大申，初名镛，字振雄、震雉，号见山，顺治九年（1652）进士，官至工部郎中。

醉白池园址一带据说原为明万历年间（1573—1620）礼部尚书、书画大家董其昌（字玄宰，号思白，1555—1636）的觞咏之处。当时这里有寒塘一片，塘东老榆一株，婆娑可爱（此树今不存，但园外小巷至今仍名“榆树头”），树下为“老树轩”，轩北有“深柳读书堂”等建筑。至清代初年，这里为云间画派后劲、画家顾大申购得。

顾大申为人喜文辞，多著述，有《堪斋诗存》、《鹤巢诗选》等作品传世，今日江南各博物馆亦往往存其画作。他将这一明代旧园重加葺治，作为自己放浪形骸的世外桃源。因唐人白居易于《池上篇》中表达的临池“中隐”[1]的超然情怀正与此园风致恍然契合，也因宋代贤相、韩国公韩琦曾追慕白氏高风，在家乡安阳筑“醉白堂”，顾大申乃追随白、韩，以堂名池，以池名园，命园名为“醉白池”。

顾去世后六十余年，园数次易主后归曾任丹徒县训导的顾思照，顾对此园加以修整，格局已与现状相去不远。清中叶时，此园并未像上海现存其他名园那样归属邑庙，而是在嘉庆二年(1797)为地方善堂购得，内设育婴堂与收租处。道光至咸丰年间(1821—1861)善堂重修“大湖亭”(即“花露涵香”)、“小湖亭”(即“莲叶东南”)、长廊等。光绪二十三至二十五年间(1897—1899)建“疑舫”、“半山半水半书窗”亭。宣统元年至二年(1909—1910)建“池上草堂”、“雪海堂”，并于园中建两座茅亭，于雪海堂前广植梅花，于池北植桃、梅、茶、杏。民国十三至二十年(1924—1931)建“卧树轩”，拆去茅亭一，改建为“乐天轩”。

民国二十六年(1937)园被倭寇占据，大部分建筑门窗改为和式，许多匾额对联被毁。

1949年后园为驻军使用，1958年迁出，1959年政府拨款修葺，并纳入池西农田六十亩，建为醉白池公园。旧园则仍自成一体，成为其内园。1965年易名人民公园，文革中匾额、碑刻遭破坏，1979年恢复今名。1981年重修各建筑、园路，拆除池南旧粮仓，改建为碑廊，并在园南新建玉兰园、赏鹿园。

关于善堂

今存门厅、征租厅、宝成楼及园南粮仓一区。其中门厅系近年重建，惟檐枋为清代旧物。宝成楼、征租厅(即轿厅)则于清道光至咸丰年间(1821—1861)由善堂征地兴建。园南粮仓亦建于道光年间(1821—1850)，至八十年代改建为碑廊，但形制尚存。现存地方善堂建筑为数不多，嘉定地方善堂因醉白池而部分留存，值得珍视(图10-8)。

艺术分析

白居易《池上篇》诗云：“十亩之宅，五亩之园，有水一池，有竹千竿，勿谓土狭，勿谓地偏，足以容睡，足以息肩，有堂有序，有亭有桥，有船有书，有酒有

---

① (唐)白居易《池上篇》及序，转引自陈植、张公弛选注《中国历代名园记选注》，安徽科学技术出版社1983年9月第一版，5页。

肴……优哉游哉，吾将终老乎其间。”[①]醉白池全园即可视为白诗图解。

对照白诗，我们可以解读园中“池塘意匠”的水体（“有水一池”），跨水的池上草堂（“有堂有序”）、偏在一隅的疑舫（“有船有书”），以及旧日池北竹石环列的面貌（“有竹千竿”）。创作于民初的扬州瘦西湖徐园亦有以谢灵运名句“池塘生春草，园柳变鸣禽”[②]为主题的池塘意匠水体，醉白池与之同为不可多得的理水姊妹篇（图 10－9）。此外，作为常见园宅关系翻版的园与善堂宛转通达的空间关系、园中以轻盈优美的临水小体量亭榭作为起伏高峻的善堂山墙面前景的界面处理手法均值得称道。

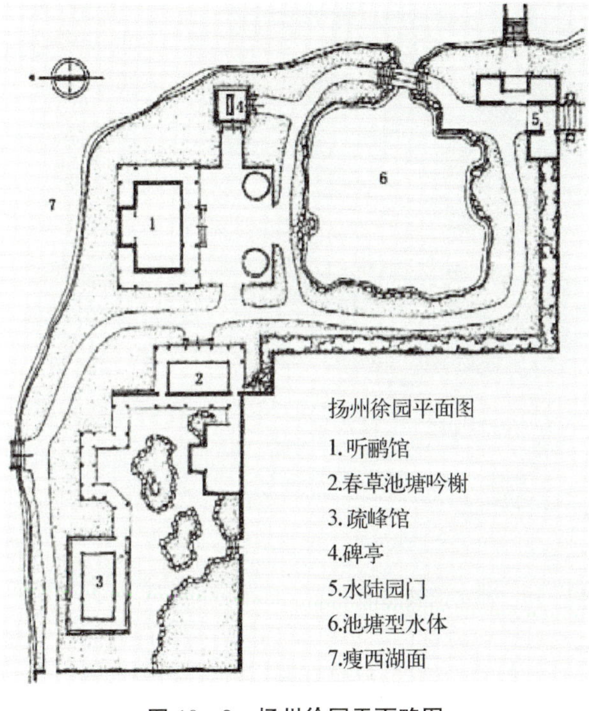

图 10－9　扬州徐园平面略图

进一步的分析见前文“醉白池：乡村野塘意匠的水景园”部分。

① （唐）白居易《池上篇》及序，转引自陈植、张公弛选注《中国历代名园记选注》，安徽科学技术出版社 1983 年 9 月第一版，5 页。

② （南朝）谢灵运《登池上楼》，转引自湖北省社会科学院文学研究所编《历代诗词曲佳句名篇大全》，长江文艺出版社 1992 年 1 月第一版，409 页。

第6节　曲 水 园

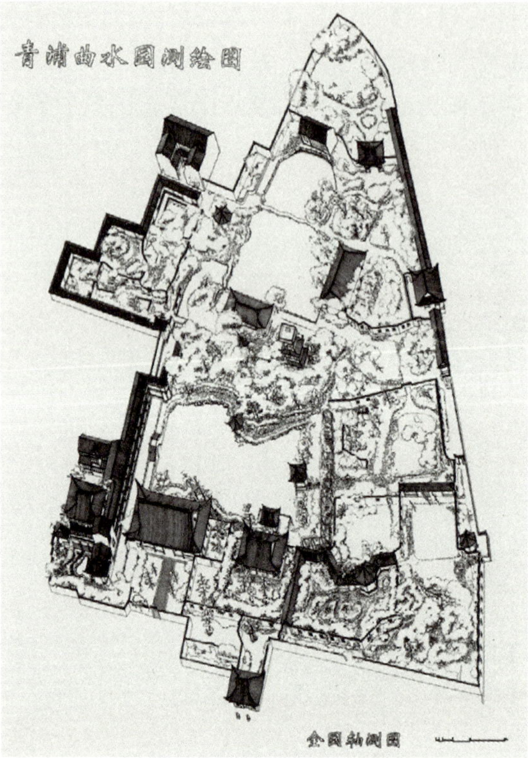

图 10－10　曲水园轴测图

位于青浦区城中东路，西邻县城隍庙，东濒古城濠大盈浦，现占地二十七亩（图 10－10）。

历史沿革

曲水园之全局形成可大致分为两个阶段。

第一阶段为河西庭院时期。自乾隆十年（1745）起，青浦县开始于县城隍庙东路营造庭院式园林，建成“有觉堂、歌熏楼、迎晖阁”数进建筑及其东厢：东临市河“殷家兜”的得月轩。二十余年后又沿此河增建船舫、夕阳红半楼和凝和堂，其中凝和堂应为越河而建、以小桥相通并临街辟有专门——因河西恐再无余地兴筑了。该阶段建设范围主要在城隍庙中路建筑与南北走向的市河之间，形式主要为庭院化的园林空间，其建设规模与速度则反映出当时青浦县社会经济之发展水准。至今该区犹被单独称为西园。

第二阶段为跨河山水园时期。乾隆四十九年（1784），青浦县令王希伊在民众强烈要求与全力支持下于河东全面凿池掇山，营造大型山水园区，建成蔚为大观的二十四景——此时青浦县经济繁荣，物力充沛，人心恬适，故能有此浩大动作。值得注意的是，该年正是同在一府的上海县城隍庙西园大规模兴建完工之时，青浦县此举亦透出几分不甘人后的争胜心理。

此后曲水园照例毁于咸丰十年（1860）的“太平军”战事，至光绪十年（1884）重建旱舫（“舟居非水”）、“夕阳红半楼”，十三年（1887）建御书楼（后又毁，今重建)，十五年(1889)建有觉堂、得月轩，十六年(1890)筑围墙(1949 年后拆城墙时一并拆去)，十八年(1892)凿放生池(1949 年后挖防空洞时毁)，建坡仙阁、玉字亭、涌翠亭，二十年(1894)建"恍对飞来"，二十三年(1897)建凝和堂，二十四(1898)年建花神祠(现名花神堂)，历经十五载，总算楼台鼎新，花木重光，基本奠定了今日规制。

宣统三年(1911)，全园正式脱离邑庙，改为公园。

民国十六年(1927)，此园更名为中山公园。邑绅张景周捐资一千二百银圆修复中部大假山(小飞来峰)，其子后来在山巅建阁，人称"景周阁"(1949 年后更名"九峰一览")。

抗战时此园在日寇炮火中毁坏严重，日伪时期及战后有所修复。"恍对飞来"原为临水一轩，被日伪改建为亭，艺术上是成功的，但亦因此与池北同为单檐的"小濠梁"亭相抵牾，迎曦亭重建后则更见单调重复。

1949 年后屡次扩展园基，1980 年起作大规模整修，改建坡仙亭为坡仙阁，重建迎曦亭，堆掇西园迎仙阁南北湖石、黄石假山，并恢复曲水园故名。现全园占地七十余亩。

关于青浦县城隍庙

青浦县城隍庙始建于明万历元年(1573)，崇祯年间(1628—1644)起奉祀显佑伯、四川左布政使沈恩(即豫园主人潘允端宅旧主)，清咸丰年间(1851—1861)与园同毁于"太平军"战事，后与园同时修复。今存光绪年间重建的头门、仪门(背面为戏台)、东庑、娘娘殿，大殿、寝宫等建筑已不存。1981 年起为青浦县博物馆址，1984 年重建西庑。

艺术分析

除前文"曲水园：散漫与斩截"部分中述及内容外，尚有以下几点值得一提：

(1) 线型的转换

园中"殷家兜"东的长堤实为"庙"的规则谨严与"园"的轻盈灵动两种平面线型的转换枢纽。一越长堤，园景迥异——笔直如矢的河道成了碧波漾溢的湖泊，重重院落成了郁郁山林，庙成了园。变化于"殷家兜"河道东岸线这一垂直界面上发生，平整的驳岸或延展为"喜雨桥"之侧塘，或延展为"涌翠亭"之坐槛，或延展为"玉字廊"之侧壁，越过这一界面，桥、亭、廊遂一一展现，再也不见河西那般规整划一的线型与形体了。长堤以东则更为自由活泼(图 10－11)。

图 10－11(a)　长提两侧线型转换

图10－11(b)　涌翠亭西侧垂直界面

应当说明的是长堤东、西两侧线型尚互有渗透，西侧有觉堂、夕阳红半楼一组院落便相对活泼，而东侧花神堂、"恍对飞来"、"九峰一览"一组轴线建筑便相对谨严。

这种在某一垂直界面上完成平面线型整体转换的作法是极少见于古典园林的。

(2) 视线的因借

庙与园之间的视线交流演绎出诸多画面。

如自园中"九峰一览"阁近眺城隍庙，惟见重重屋宇隐现于绿霭中，景观效果颇似苏州留园西部土山邻借西园寺；如极目远眺，则松江境内溯自浙江天目山的天马、横云、凤凰诸峰均一一在目(今似渐渐不见)。而自"恍对飞来"亭西北望，则见荷池西北以城隍庙高大楼阁(新建，体量失之过大)作背景的坡仙阁一组建筑更见玲珑轻盈。自邑庙戏楼或其他楼阁也可眺望园中郁郁葱葱的小飞来峰或俯瞰如近眉睫的园中河堤。

(3) 关于"恍对飞来"

也许是为突出凝和堂的核心地位，于花神祠与主体水面间的平台正中筑有"恍对飞来"亭。此亭面阔三间，单檐歇山，端庄而不失轻灵，既似神祠前的香亭，又富林泉气息，无论从形态或内涵看均堪称全园象征，故而成为曲水园之象征建筑——其实此亭形态、位置亦与寄畅园知鱼槛、秋霞圃碧光亭、古猗园鸢飞鱼跃轩有相似之处，故而能凝聚诸多目光。

第 7 节　上海县城隍庙内园

位于上海市黄浦区城隍庙东，豫园以南，占地 2.1 亩(图 10－12)。

图 10－12　光绪年间的内园图

历史沿革

如将清初以后相关历史事件列表陈述，则内园之发展历史不言自明(表 10－1)。

表 10－1　清初以后内园相关历史事件

时　间	事　件	备　注
清康熙二十二年(1683)	台湾郑氏政权在沉重的叹息中覆亡	此前清廷严申海禁
康熙二十三年(1684)	海禁重开，上海滩沙船鳞集，初显国内埠际交易重镇的轮廓。沙船业、棉布业、豆米业尤为兴盛	—
康熙四十八年(1709)	上海士绅醵资于邑城隍庙东创建灵苑，又称内园	面积极小

续　表

时　　间	事　　件	备　注
乾隆四十一年(1776)	初具规模的沪上钱庄业将毗邻内园的一亩四分土地购赠城隍庙,用于扩建内园,并在园中创立公所,以便轮值承办祭业。内园从此与沪上钱业紧紧联系在一起	当年钱庄业有石源隆等十七家
道光二十二年(1842)	内园遭英军五日蹂躏	由钱业修复
道光二十三年(1843)	上海正式开埠,新兴银行业对钱业影响渐著	—
咸丰三至五年(1853—1855)	"小刀会"战事	由钱业修复
咸丰十年至同治四年(1860—1865)	外军驻扎,毁改园景	由钱业修复
光绪九年(1883)	"活财神"胡雪岩收购生丝事件引发金融风暴	钱业受重挫
光绪十四年(1888)	沪北钱业退出内园,在闸北另建沪北钱业会馆,内园改设南市钱业公所,仍是钱业人士宴客游憩、折冲樽俎之处	老城厢称南市,租界、闸北称北市
光绪二十三年(1897)	留园主人盛宣怀创办的中国通商银行成立	—
民国九年至十年(1920—1921)	风光不再的钱业公所再度重修内园,修毕正式购入内园地产,但仍在园内奉祀城隍,以示不忘其旧	奠定今日面貌
1956年	内园被并入豫园,成为其园中园。	—

关于沪北钱业会馆

光绪十四年(1888)建于今河南北路塘沽路西北角,光绪十七年(1891)落成,为与沪南钱业争胜,建有戏台两座,盛极一时,1949年后为塘沽中学。后其一被移置内园还云楼北,另一戏台迁至嘉定区汇龙潭。

艺术分析

如从人工建筑与自然景素关系角度对明中晚期以来之江南园林布局变化作一简单梳理,则明中晚期至清初可概括为建筑"隔水面山",实例包括苏州拙政园、艺圃、无锡寄畅园、嘉定秋霞圃等；清中期可概括为“环水抱山”，实例包括苏州网师园、沧浪亭等，明代旧园亦多在这一时期被改建为这一格局，如留园中部；晚清至民初可概括为“俯水瞰山”，因其建筑面积进一步增大，高度增加，对山水景象空间形成环抱、俯瞰之势，其典型实例即包括上海城隍庙内园、扬州寄啸山庄、苏州拙政园西部（原补园）等，但这一时期新建或改建的苏州园林大都仍保存着清中叶布局特征，如怡园、耦园、鹤园、畅园等。

详细分析参见前文“内园之密度与高度”。

结语：为城市的园林

一座近现代意义上的城市总会拥有许多属于公众的园林景象空间，她们以自出心裁的优雅方式装点着城市的环境与生活，诉说着城市与市民、社会与个人应有的契约与亲和关系，直至点亮城市的精神世界。

当上海小城从中世纪的千年旧梦中缓缓苏醒、骤然跌入高速运转的国际轨道、风驰电掣般奔向近现代化的时候，这座城市中的众多园林景象空间也在追随城市步伐的同时，以各具风韵的助推力量回应着城市缤纷热切的诉求和期盼，直至悄然触及她的精神世界。

这其中包括近千年前华亭县西南角"旧西湖"上的风月堂、湖光亭。这组由官方兴建的开放式园林景区曾令当年的海上市民们在流连勾栏瓦肆的同时初尝城市公共景观空间的特殊乐趣。

还应包括四百年前佘山东峰下的东佘山居。兼具名士才情与商业头脑的"海派"园主陈继儒在"古香亭""鹦鹉冢""雪梅井"间送往迎来，与晚明朝野闻人、政客纵论国事，与云间画派、诗派名家弄墨飞觞，令这山林一隅名满天下，几成松江一府之城市客厅，进而提升了整座城市的文化艺术品格与知名度。

还有两百年前上海县城隍庙旁的东、西两园。城市景观、商业、休闲与精神空间在这里以特殊方式整合在了一起，湖心亭、玉玲珑与娘娘殿间的鞭丝帽影、钏韵衣香甚至袅袅香烟与鼎沸市声点亮了中世纪末期的海上城市生活，令上海小城第一次拥有了魅力无限的"城市磁极"。

当然还有一百年前公共租界中"薄具西式园林之胜"的张园。张园"安恺第"大厅(Arcadia Hall)的拒俄演说、大草坪的舞会与焰火、"海天胜处"剧场的文明戏、电气屋的电灯电话们为城市辟设了一扇展现西方世界物质、精神与制度文明的窗口，对于海上民众眼界与胸襟的拓展乃至从"臣民"向"市民"的转化，对于"开新、灵活"的海上城市精神的形成都起到过举足轻重的作用……

名园终会老去，而城市仍需前行。今日大上海鳞次栉比的高楼巨厦间已经不见了风月堂、鹦鹉冢与“安恺第”大厅们尽态极妍的身影，可千载以来旧西湖畔的徜徉、东佘山下的经营、城隍庙前的祈愿与张园大草坪上的狂欢却早已汩汩汇入城市的前世今生，汇入城市奔流的血脉里，今日海上社会的万千气象，直至一颦一笑间，仍然依稀包含着她们的跫跫足音与喃喃自语，就像那句著名的道白：

其实她们从来都不曾离去。

参考文献

1. 书籍

[1] （唐）陆广微. 吴地记[M]. 上海：商务印书馆，中华民国二十八年十二月初版.

[2] （宋）范成大. 吴郡志[M]. 南京：江苏古籍出版社，1986.

[3] （宋）龚明之. 中吴纪闻[M]. 丛书集成初编 · 3155 册. 上海：中华书局，1985.

[4] （宋）周密. 癸辛杂识[M]. 上海：中华书局，1988.

[5] （宋）朱长文. 吴郡图经续记[M]. 南京：江苏古籍出版社，1999.

[6] （元）陶宗仪. 南村辍耕录[M]. 沈阳：辽宁教育出版社，1998.

[7] （明）范濂. 云间据目抄[M]. 笔记小说大观 · 六. 杨州：江苏广陵古籍刻印社，1984.

[8] （明末清初）李节之. 云间杂志[M]. 四库全书存目丛书 · 子部 · 244 册. 济南：齐鲁书社，1997.

[9] （明末清初）王沄. 云间第宅志[M]. 丛书集成初编 · 3153 册. 上海：商务印书馆，1937.

[10] （明末清初）叶梦珠. 阅世编[M]. 丛书集成续编 · 50 册. 上海：上海书店出版社，1994.

[11] （清）褚华. 沪城备考[M]. 丛书集成续编 · 50 册. 上海：上海书店出版社，1994.

[12] （清）姚承绪. 吴趋访古录[M]. 南京：江苏古籍出版社，1999.

[13] （清）徐崧、张大纯辑. 百城烟水[M]. 南京：江苏古籍出版社，1986.

[14] （清）李斗. 扬州画舫录[M]. 山东友谊出版社，2001.

[15] （清）毛祥麟. 墨余录[M]//笔记小说大观 · 十. 江苏广陵古籍刻印社，1984.

[16] （清）钱泳. 履园丛话[M]. 上海：中华书局，1979.

[17] （清）王韬. 瀛壖杂志[M]. 上海：上海古籍出版社，1989.

[18] （清）葛元煦. 沪游杂记[M]. 上海：上海古籍出版社，1989.

[19] （清）上海杂记. 光绪三十一年刊，绘图本，文宝书局印.

[20] （清）张春华. 沪城岁事衢歌[M]//丛书集成续编 · 50 册. 上海：上海书店出版

社，1994.
[21] (清末民初) 陈无我. 老上海三十年见闻录[M]. 上海：上海书店出版社，1997.
[22] (清末民初) 孙家振. 退醒庐笔记[M]. 上海：上海书店出版社，1997.
[23] (清末民初) 陈伯熙. 上海轶事大观[M]. 上海：上海书店出版社，2000.
[24] (民国) 郁慕侠. 上海鳞爪[M]. 上海：上海书店出版社，1998.
[25] 曹聚仁，曹雷、曹宪镛. 上海春秋[M]. 上海：上海人民出版社，1996.
[26] 倪墨炎. 名人笔下的老上海[M]. 北京：北京出版社，1999.
[27] 薛理勇. 上海掌故辞典[M]. 上海：上海辞书出版社，1999.
[28] (南宋) 绍熙云间志[M]//丛书集成续编 · 47 册[M]. 上海：上海书店出版社，1994.
[29] (清) 郭廷弼等修，周建鼎等纂《松江府志》，康熙二年修刊本.
[30] (清) 宋如林修，孙星衍等纂《松江府志》，嘉庆二十三年修刊本.
[31] (清) 博润修，姚光发等纂《松江府续志》，光绪十年刻本.
[32] (清) 谢庭薰修，陆锡熊纂《娄县志》乾隆五十三年刻本.
[33] (清) 汪坤厚、程其珏修，张云望纂《娄县续志》光绪五年刻本.
[34] (清) 杨开第修，姚光发等纂《华亭县志》，光绪四年重修.
[35] (清) 程其珏修，杨震福等纂《嘉定县志》，光绪六年修.
[36] (清) 汪祖绶等修，熊其英、邱式金等纂《青浦县志》，光绪五年尊经阁刻本.
[37] (民国) 于定等修，金咏榴等纂《青浦县续志》，民国二十三年刻本.
[38] (清) 梁蒲贵、吴康寿修，朱延射、潘履祥纂《宝山县志》，光绪八年学海书院刻本.
[39] (民国) 张充高等修，钱淦、袁希涛纂《宝山县续志》，民国十年铅印本.
[40] (民国) 吴葭修，王钟琦纂《宝山县再续志》，民国二十年铅印本.
[41] (清) 金福曾、顾思贤修，张文虎等纂《南汇县志》，光绪五年刻本.
[42] (民国) 严伟、刘芷芬修，秦锡田纂《南汇县续志》，民国十八年刻本.
[43] (清) 韩佩金修，张文虎等纂《重修奉贤县志》，光绪四年刻本.
[44] (清) 龚宝琦、崔廷镛修，黄厚本等纂《金山县志》，光绪四年刻本.
[45] (清) 朱衣点修，黄国彝纂《崇明县志》，康熙二十年刻本.
[46] (清) 曹炳麟纂修《崇明县志》，民国十九年刻本.
[47] (明) 唐锦编纂，朱曜校正《上海县志》，弘治十七年刻本.
[48] (明) 郑洛书修，高企撰《上海县志》，嘉靖年间刻本.
[49] (明) 颜洪范修，张之象、黄体仁等纂《上海县志》，万历十六年刻本.
[50] (清) 李文耀修，谈起行等纂《上海县志》，乾隆十五年刻本.
[51] (清) 范廷杰修，皇甫枢等纂《上海县志》，乾隆四十九年四月刻本.
[52] (清) 应宝时修，俞樾等纂《上海县志》，同治十年吴门臬署刻本.
[53] (晚清) 李维清编著《上海乡土志》，上海劝学所光绪三十三年丁未二月出版.
[54] (清末民初) 吴馨修，姚文冉纂《上海县续志》，民国七年五月上海文庙南园志局刻本.

[55] 民国丛书·第四编·81·上海研究资料续集[M]. 上海：上海书店，1992.
[56] 熊月之. 上海通史[M]. 上海：上海人民出版社，1999.
[57] 张仲礼. 上海近代城市研究[M]. 上海：上海人民出版社，1990.
[58] 上海市档案馆. 清代上海房地契档案汇编[M]. 上海：上海古籍出版社，1999.
[59] 姚贤镐. 中国近代对外贸易史资料·第一辑[M]. 上海：中华书局，1962.
[60] 上海市文史馆文史资料工作委员会. 上海地方史资料·六[M]. 上海：上海社会科学院出版社，1988.
[61] 《上海园林志》编纂委员会. 上海园林志[M]. 上海：上海社会科学院出版社，2000.
[62] (北魏) 杨衒之. 洛阳伽蓝记[M]. 上海：上海古籍出版社，1978.
[63] (南朝宋) 刘义庆. 世说新语[M]. 吉林文史出版社，1996.
[64] (明) 阮葵生. 茶余客话[M]//续修四库全书·1138 册. 上海：上海古籍出版社，2002.
[65] (明) 祁彪佳. 越中园亭记[M]//续修四库全书·718 册. 上海：上海古籍出版社，2002.
[66] (明) 陈所蕴. 竹素堂集[M]//四库全书存目丛书·集部·172 册. 济南：齐鲁书社，1997.
[67] (明) 陈继儒. 岩栖幽事[M]//丛书集成汇编·卧游录及其他四种. 上海：中华书局，1985.
[68] (明) 陈继儒. 太平清话[M]//丛书集成汇编·卧游录及其他四种. 上海：中华书局，1985.
[69] (明) 屠隆. 考槃余事[M]//丛书集成初编·1559 册. 上海：中华书局，1985.
[70] (明) 林有麟. 素园石谱[M]//续修四库全书·1112 册. 上海：上海古籍出版社，2002.
[71] (明) 谢肇淛. 说郛续[M]//(元)陶宗仪. 说郛三种(全十册). 上海：上海古籍出版社，1988.
[72] (明) 袁宏道著，熊礼汇选注. 袁中郎小品[M]. 北京：文化艺术出版社，1996.
[73] (明) 文震亨. 长物志[M]. 南京：江苏科技出版社，1984.
[74] (明) 张岱. 陶庵梦忆[M]. 成都：四川文艺出版社，1996.
[75] (明) 计成原著，陈植注释. 园冶注释[M]. 北京：中国建筑工业出版社，1988.
[76] (明) 计成原著，张家骥著. 园冶全释[M]. 太原：山西人民出版社，1993.
[77] (清初) 吴伟业. 梅村家藏稿[M]. 续修四库全书·1396 册. 上海：上海古籍出版社，2002.
[78] (清) 李渔. 闲情偶寄[M]. 天津：天津古籍出版社，1996.
[79] (清) 戴名世. 南山集[M]//续修四库全书·1419 册. 上海：上海古籍出版社，2002.
[80] (清) 沈复. 浮生六记[M]. 上海：上海古籍出版社，2000.
[81] (清) 吴振棫. 养吉斋丛录[M]//续修四库全书·1158 册. 上海：上海古籍出版社，2002.

[82] (晚清) 徐珂. 清稗类钞・园林类[M]. 上海：中华书局，1984.
[83] (民国) 李详. 药裹慵谈[M]. 南京：江苏古籍出版社，2000.
[84] 谢兴尧. 堪隐斋随笔[M]. 沈阳：辽宁教育出版社，1995.
[85] 谢国桢. 瓜蒂庵小品[M]. 北京：北京出版社，1998.
[86] 郑逸梅. 清娱漫笔[M]. 上海：上海书店，1982.
[87] 郑逸梅. 艺苑琐闻[M]. 成都：四川人民出版社，1992.
[88] 郑逸梅. 艺海一勺续编[M]. 天津：天津古籍出版社，1996.
[89] 孙小力. 咫尺山林——园林艺术文粹[M]. 上海：东方出版中心，1999.
[90] 孙文光. 中国历代笔记选萃[M]. 上海：华东师范大学出版社，1998.
[91] 吴承学. 晚明小品研究[M]. 南京：江苏古籍出版社，1999.
[92] (唐) 张彦远. 历代名画记[M]//沈子丞. 历代论画名著汇编. 北京：文物出版社，1982.
[93] (明) 董其昌. 画禅室随笔[M]//沈子丞. 历代论画名著汇编. 北京：文物出版社，1982.
[94] 周积寅. 中国画论辑要[M]. 南京：江苏美术出版社，1985.
[95] 李既匋. 中国历代画家大观[M]. 上海：上海人民美术出版社，1998.
[96] 中国戏剧家协会艺术委员会，中国昆剧研究会. 中国戏曲艺术教程[M]. 南京：江苏人民出版社，1991.
[97] 傅雷译文集・15・艺术哲学[M]. 3 版. 合肥：安徽文艺出版社，1994.
[98] 剑桥艺术史・一[M]. 北京：中国青年出版社，1994.
[99] (清) 古今图书集成[M]. 上海：中华书局、巴蜀书社，1985.
[100] (清) 钦定四库全书[M]. 上海：上海古籍出版社，1987.
[101] (清) 张廷玉，等. 明史[M]. 上海：中华书局，1974.
[102] (清末) 赵尔巽，等. 清史稿[M]. 上海：中华书局，1977.
[103] 叶坦，蒋松岩. 宋辽夏金元文化志[M]. 上海：上海人民出版社，1998.
[104] 商传. 明代文化志[M]. 上海：上海人民出版社，1998.
[105] 陈祖武、汪学群. 清代文化志[M]. 上海：上海人民出版社，1998.
[106] 林晓明. 松江文物志[M]. 上海：上海人民美术出版社，2001.
[107] 翦伯赞. 中外历史年表[M]. 上海：中华书局，1961.
[108] 陈谦豫. 历代名篇选读[M]. 上海：上海古籍出版社，1997.
[109] 湖北省社会科学院文学研究所. 历代诗词曲佳句名篇大全[M]. 武汉：长江文艺出版社，1992.
[110] (德) 马克斯・韦伯(Max Weber). 儒教与道教[M]. 北京：北京商务印书馆，1995.
[111] 陈寅恪文集[M]. 上海：上海古籍出版社，1980.
[112] 吴方. 末世苍茫——细说晚清思潮[M]. 昆明：云南人民出版社，1997.
[113] 马逢洋. 上海：记忆与想象[M]. 上海：文汇出版社，1996.
[114] 王晓明. 人文精神寻思录[M]. 上海：文汇出版社，1996.

[115] 姚承祖原著，张至刚增编. 营造法原[M]. 北京：中国建筑工业出版社，1986.
[116] 童寯. 江南园林志[M]. 北京：中国建筑工业出版社，1984.
[117] 童寯. 东南园墅[M]. 北京：中国建筑工业出版社，1997.
[118] 刘敦桢. 苏州古典园林[M]. 北京：中国建筑工业出版社，1979.
[119] 陈植造园文集[M]. 北京：中国建筑工业出版社，1988.
[120] 宗白华等. 中国园林艺术概观[M]. 南京：江苏人民出版社，1987.
[121] 陈从周. 说园[M]. 上海：同济大学出版社，1984.
[122] 陈从周. 园林谈丛[M]. 上海：上海文化出版社，1980.
[123] 周维权. 中国古典园林史[M]. 北京：清华大学出版社，1990.
[124] 杨鸿勋. 江南园林论[M]. 上海：上海人民出版社，1994.
[125] 彭一刚. 中国古典园林分析[M]. 北京：中国建筑工业出版社，1986.
[126] 张家骥. 中国造园史[M]. 哈尔滨：黑龙江人民出版社，1986.
[127] 张十庆.〈作庭记〉译注与研究[M]. 天津：天津大学出版社，1993.
[128] 陈植. 中国历代造园文选[M]. 合肥：黄山书社，1992.
[129] 陈植、张公弛选注. 中国历代名园记选注[M]. 安徽科学技术出版社，1983.
[130] 刘先觉、张十庆. 东南大学建筑系理论与创作丛书·建筑历史与理论研究文集[M]. 北京：中国建筑工业出版社，1997.
[131] （日）杉村勇造中国的庭. 昭和四一年九月二五日，日本写真印刷株式会社印刷制本，发行者，石原龙一，发行所，株式会社未龙堂.
[132] （日）中国的园林——庭园文化学术交流视察团报告书. 日本造园修景协会发行，昭和五九年七月二十日.

2. 期刊报纸

[1] 赵子富. 明代学校、科举制度与学术文化的发展[J]. 清华大学学报·哲学社会科学版，1995，2(28)：83－89.
[2] 佚名上海之百面观[N]. 民立报，1910－12－27.
[3] 熊月之. 张园与晚清上海社会——一个游乐场所的兴衰与公共空间的形成[N]. 载《南方周末》，2002－4－4(C22).

3. 论文

[1] （日）森蕴等著，路秉杰译编《日本园林》.
[2] 胡石. 明清城市庙市[D]. 东南大学，2000.

后 记

“两句三年得，一吟双泪流。”我实未曾料到这篇貌似容易的论文最终会令我有苦吟诗人般的惆怅。

“惆怅”源自路师当年的一言点拨，落定方向，随后便是六载砥砺，反复裁量。在这时代车轮高歌猛进之际，六载光阴中实在有太多变化需要学术围城中人去努力适应、担当，稻粱与思想、个性与规则间的矛盾更时时纠缠书案，令论文的写作颇多出入现实的意趣与冷暖自知的况味。

好在伴随这六载光阴还有老师、同学与亲人的温暖鼓励，而仆仆奔波于图书馆与书肆间，为我抄录万字资料、复印数十部罕缺书籍的父亲，时时以当头棒喝出我迷途、以宽大胸襟容我狂悖的路师更令这篇拙文沾濡着学术之外的温馨光彩。

笔耕之暇曾戏改宋人诗句自勉：“年来功名意转疏，独窥蹊径取长途；孤窗到晓犹灯火，知有寒士夜读书。”书窗破晓，掷笔四顾之际，回首这首拙劣的小诗，依然有情怀激荡之感。

朱宇晖